사정한

조선어 표준말 모음

조선어학회

査定 語彙數

標準語	六、二三一
略語	一三四
非標準語	三、〇八二
附 漢字語	一〇〇
總計	九、五四七

머 리 말

一、표준말 査定의 經過。

조선 사람의 共通語로 될 표준말의 確立이 現時에 切實히 必要함을 알아, 朝鮮語學會는 따로 『朝鮮語 標準語査定委員會』를 두고, 去年 一月 二日부터 同 七日까지 忠淸南道 牙山郡 溫陽溫泉에서 조선어 표준말 査定 第一讀會를 열어, 일찍 준비하였던 査定案을 討議하고, 修正委員 十六人(金昶濟 金炯基 金允經 方鍾鉉 申允局 崔鉉培 韓澄 洪愛施德 安在鴻 李克魯 李基潤 李萬珪 李淑鍾 李浩盛 李熙昇 李允宰)을 내어, 이를 修正하게 하였다。이어서 同年 八月 五日부터 同 九日까지 京畿道 高陽郡 崇仁面 소귀 鳳凰閣에서 第二讀會를 열어, 먼저 討議한것의 修正案에 對하여 逐條 討議하고, 또 修正委員 二十五人(金東煥 金昶濟 金炯基 金熙祥 金良洙 金允經 文世榮 方鍾鉉 申允局 鄭魯湜 趙基栞 趙憲泳 崔鉉培 韓澄 洪愛施德 安在鴻 尹福榮 李克魯 李基潤 李萬珪 李淑鍾 李鍾麟 李浩盛 李熙昇 李允宰)을 내어, 이를 修正하게 하였다。끝으로 今年 七月 三十日부터 八月 一日까지 京畿道 仁川府 牛角里 第一公立普通學校 講堂에서 第三讀會를 열어, 修正委員으로서 提出한 討議案에 대하여 討議하여 最後의 會議를 마치고, 다시 修正委員 十一人(文世榮 張志暎 鄭寅承 崔鉉培 尹福榮 李康來 李克魯 李萬珪 李重華 李熙昇 李允宰)을 내어, 査定案 全體에 대하여 修正하게 하였다。이로써 표준말의 査定은 완전히 마치었다。

이 査定委員會의 委員은 아래와 같다。

孔濯 具滋玉 權悳奎 金克培 金東煥 金斗憲 金炳濟 金昶濟 金泰源 金炯基 金活蘭 金熙祥 金良洙
金允經 文世榮 朴允進 朴顯植 方信榮 方鍾鉉 白樂濬 白象圭 徐恒錫 申明均 申允局 申仁植 張志暎
張鉉植 全弼淳 鄭魯湜 鄭烈模 鄭寅燮 鄭寅承 趙基栞 趙憲泳 趙容萬 趙鏞薰 車相瓚 崔斗善 崔鉉培

[illegible] 瑩 [illegible]大[illegible] [illegible]發[illegible] 安晳柱 安在鴻 梁柱東 嚴恒燮 [illegible] 尹福榮 尹日善 俞鎭午 柳瀅基 李 鉀
李康來 李寬求 李克魯 李基潤 李萬珪 李命七 李秉岐 李常春 李世楨 李淑鍾 李鍾麟 李重華 李 鐸
李泰俊 李軒求 李浩盛 李熙昇 李沄鎔 李源喆 李裕應 李允宰 (ㄱㄴㄷ 차례)

二、표준말 査定의 方法。

표준말을 가려잡기(採擇)에 대하여는、물론 한글 마춤법 통일안에서 정한 「표준말은 대체로 現在 中流 社會에서 쓰는 서울말로 한다」한 原則에 의지하였다。그러나 가장 普遍性이 있는 시골 말도 적당히 참작할 필요로、委員은 各地方을 網羅하여 組織하였으니、곧 全 委員 七十 三人 가운데 반수 이상인 三十 七人은 京畿 出生(그중에 京城 出生이 二十 六人)으로 하고、기타 약 반수인 三十 六人은 各道別로 하되 各道의 人口數 比例에 좇아 代表로 選出되었으며、會議時에는 한개의 낱말을 處理함에 있어서、처음에는 다만 京畿 出生의 委員에게만 決定權이 있고、혹시 地方 出生의 委員中으로서 거기에 대하여 異議가 있는 때에는 반드시 이를 再審理에 붙이어、그 말의 分布된 地方을 調査하여、熟議上 全數票決로 작정하였다。討議中 조금이라도 그 말의 뜻에 대하여 未詳한 점이 있을 때에는 그것을 保留하여 追後에 調査할 餘裕를 두게 하고、그 保留된것을 書面으로써 一一이 大家에게 물어서 작정하였으며、各 專門語에 關한것은 各其 專門家에게 問議하며、職業上 專用語는 그 現場에 가서 實地 調査하였다。이렇게 하여 査定이 거의 끝났을 때에는 더욱 愼重히 處理하기 위하여 委員 以外의 여러 人士에게 널리 意見을 물을양으로、이 査定案을 印刷하여 各 教育機關、言論機關、宗教機關、文筆家 및 名士 五百餘處에 보내어 批評을 구하였다。이로써 보면、이 표준말의 査定은 단순히 少數 委員만으로써 된것이 아니요、全朝鮮的으로 된것이라 하여도 過言이 아닐것이다。

三、표준말의 發布와 一般 社會에 대하여 바라는 말。

위에 말한바와 같이、이 표준말의 査定은 討議에서 修正까지 가장 合理的 方法으로 最善을 다하여 努力하였다。아직 더무고 調査 審議할것이 없는것도 아니나、오늘날 世人의 이에 대한 要求가 切緊한것은 勿論、本會에서 現今 編纂中에 있는 辭典의 語彙 整理에 一時도 없어서는 안 될것임을 살피어、最後의 査定會가 끝난 뒤 석달 동안 修正委員은 晝夜兼行으로 조금도 쉬지 않고 苦心殫力한 결과、이것의 整理 修補가 全體에 亘한 關係를 세움에 이르렀다。그리하여 이제 한글 頒布 第 四百 九十回 紀念日인 이 날로써 이를 發布하는것이다。이 數多한 낱말中에는 하나의 흠절도 없이 잘 되었으리라고는 斷言하기 어려우리니、이 표준말의 完璧은 우리 社會의 善意的 協同을 기다려서 비로소 이루어질것이라 생각한다。만일 여기에 조금이라도 흠절이 분명히 指摘될 경우에는 적당한 기회에 바로잡을수 있을것이다。바라건대、天下 人士는 이 표준말의 協同的 愛用과 아울러 一層 懇篤한 指敎가 있기를 바란다。

표준말 査定이 完成되기까지에 두터이 贊助하여주신 鄭世楨 韓相億 金度演 鄭完圭 諸氏와 이 책 發布用의 印刷費를 捐出하여주신 金容起氏와 各專門 語彙에 관하여 多方으로 敎示하여주신 朝鮮博物硏究會 및 鄭文基(水產語) 趙福成(昆蟲語) 李德鳳(植物語) 宋錫夏(民俗語) 諸氏와 會議時 모든 便宜를 주신 京城 天道敎會、溫陽 溫泉醫院、溫陽 예수교회、仁川 第一公立普通學校 및 各 新聞社에 對하여 感謝의 뜻을 삼가 表한다。

一九三六年 十月 二十八日

朝鮮語學會

일러두기

一、여기에서 査定한 낱말(單語)의 範圍는 常用語 가운데에서 뜻이 같은 말(같은말=同義語)과 뜻이 비슷한 말(비슷한말=近似語)에 限하였다。

一、표준말은 대체로 現在 中流 社會에서 쓰는 서울 말로써 으뜸을 삼되、가장 널리 쓰이고 語法에 맞는 시골 말도 적당히 採納하여 취하였다。

一、이 책의 內容은 크게 두 부분으로 나누었으니、첫째는 같은말(同義語)이요、둘째는 비슷한말(近似語)이다 같은말은 그 여럿 가운데에서 표준말 하나를 가려삼았고、비슷한말은 제각기의 獨特한 뜻을 밝혀서、각각 獨立한 표준말로 認定하였다。

一、모든 낱말은 討議의 便宜를 위하여 먼저 같은말끼리와 비슷한말끼리로써 말떼(語群)를 만들고、다음에 다시 그 말떼 안의 各 낱말 사이의 소리를 살피어 그 差異點의 同類性을 따라、모든 말떼를 類聚하였다。

一、그 類聚한 各 部類 안의 말떼의 排列은 대체로 그 첫줄 말의 字母順에 의지하였다。

一、같은말의 말떼 가운데에서는 첫째것이 표준말로 뽑힌것이다。

一、표준말은 같은말 여럿 가운데에서 다만 하나만 취하였으되 간혹 實際 使用의 便宜를 따라 준말(略語)을 認定한것도 있다。

一、『한글 마춤법 통일안』 가운데에서 다만 표준말에 관한 낱말들은 여기에서 審査 處理하였다。

一、낱말의 뜻을 대개 比等한 漢字로 달았으니、이는 다만 적기와 박기의 簡單과、말뜻 알아보기의 便宜를 위한 臨時的 處理일따름이요、결코 漢字 對譯도 아니며、또 온전한 解釋도 아니다。

一、이 표준말 査定의 內容을 理解하기에 조금이라도 便하게 하기 위하여 『한결로 處理한 말떼를 附錄으로

하였으며、또 漢字의 本音이 반드시 漢字語의 標準이 되는것이 아님을 보이기 위하여 「漢字의 轉音」을 또한 附錄으로 하였다。

一、이 표준말 모음을 實際 利用하는데에 便利하게 하기 위하여、索引을 붙이었다。이 索引의 語彙 排列은 「ㄱㄴㄷ 차례 (字母順)로 하였으며、檢索의 便宜를 돕기 위하여 特別히 가로글씨(橫綴)를 對照하여 붙였다。

目 次

첫째 같은말(同義語) …… 一
(一) 소리가 가깝고 뜻이 꼭 같은 말 …… 一
(ㄱ) 소리와 通用에 關한 말 …… 一
(1) 닿소리(子音)의 通用 …… 一
(2) 홀소리(母音)의 通用 …… 一一
(ㄴ) 소리의 增減에 關한 말 …… 三六
(1) 닿소리의 增減 …… 三六
(2) 홀소리의 增減 …… 四二
(3) 音節의 增減 …… 四五
(ㄷ) 소리의 一部가 서로 같은 말 …… 四九

(1) 첫 소리가 같은것 …… 四九
(2) 첫 말이 같은것 …… 五六
(3) 끝 소리가 같은것 …… 六二
(4) 끝 말이 같은것 …… 六三
(二) 소리가 아주 다르고 뜻이 꼭 같은 말 …… 六六
둘째 비슷한말(近似語) …… 七〇
세째 준 말(略語) …… 一一三
附 錄
(一) 한결로 處理한 말례 …… 一一七
(二) 漢字의 轉音 …… 一二一
索 引 …… 一二七

사정한 조선어 표준말 모음

첫째 같은 말 (同義語)

(一) 소리가 가깝고 뜻이 꼭 같은 말

(ㄱ) 소리의 通用에 關한 말

(1) 닿소리(子音)의 通用

●ㄱ과 ㄲ의 通用

【ㄱ을 취함】

가스랑이 (名)小刺
까스랑이
까스렁이
까치락이
까치렁이

거꾸러지다 (動)倒
꺼꾸러지다

그슬니다 (動)焦
끄슬리다

그치다 (動)止
끄치다
근치다
끈치다

찌긋거리다 (動)頻蹙眉
찌끗거리다

찌긋찌긋 (副)頻蹙眉貌
찌끗찌끗

【ㄲ을 취함】

까뀌 (名)小釿
가뀌

까지 (名)角指
각지

까마귀 (名)烏
가마귀

까치 (名)鵲
가치

껍적껍적 (副)上下搖動貌
겁적겁적

꺼불거리다 (動)上下搖動
거불거리다
꺼불거리다

꼽치다 (動)二折
곱치다

끄덕끄덕 (副)點頭貌
그덕그덕

끄덕거리다 (動)點頭
그덕거리다

끌러지다 (動)自解
글러지다

끄르다 (變格動)解
그르다
끌르다

● ㄱ과 ㄳ의 通用

【ㄱ을 취함】

싹(名)芽
싻

색(名)色
샋

【ㄳ을 취함】

넋(名)魄
넉

몫(名)配分
목

삯(名)賃
삭

● ㄱ과 ㄴ의 通用

【ㄱ을 취함】

얄팍하다(形)稍薄
얄판하다

● ㄱ과 ㄹ의 通用

【ㄹ을 취함】

달려들다(動格變)闖入
달겨들다
달라들다

돌멩이(名)石塊
독멩이
돌뭉이

지절거리다(動)亂言
지적거리다

지절지절(副)亂言貌
지적지적

● ㄱ과 ㅂ의 通用

【ㄱ을 취함】

국지(名)截紙屑
굽지

【ㅂ을 취함】

곱새기다(動)曲解
곡새기다
곱사기다

● ㄱ과 ㅅ의 通用

【ㄱ을 취함】

문득(副)驀入
문듯

욕감태기(名)累辱
욕삼태기
욕주머니
욕자배기
욕사니

【ㅅ을 취함】

비슷하다(形)近似
비슥하다
비듬하다

선뜻(副)直
선뜩

● ㄱ과 ㅇ의 通用

【ㄱ을 취함】

광저기(名)豇豆
광정이

눈적눈적(副)脆潤貌
눈정눈정

문덕문덕(副)脆物擾敗貌
문덩문덩

문척문척(副)沒關貌
문청문청

발바닥(名)蹠
발바당

【ㅇ을 취함】

나부랑이(名)殘片
나부라기

두렁(名)畦
두럭
두듥

뱅어(名)白魚
백어

● ㄱ과 ㅈ의 通用

【ㄱ을 취함】

개짐(名)月經帶
재짐
서답

끈(名)繩
[illegible]

길(名)路
질
길다(變格形)長
질다
길삼(名)紡績
질삼
기름(名)油
지름
김(名)海衣、蒸氣
짐
김장(名)김장담다
짐장
김치(名)沈菜
짐치
짐채
기미(名)䵟黯
지미
깃(名)襟、羽
짓
기장(名)稷
지장

기직(名)藁席
지직
기지개(名)欠伸
지지개
깊다(形)深
짚다
팔따기(名)「팔」의鄙稱
팔따시
팔따시

【ㅈ을 취함】

갱지미(名)小鍮器
갱기미
점심(名)午飯
겸심
진달래(名)杜鵑花
긴달래
진달래
왁저지(名)熱장아찌
왁꺼기

◎ ㄱ와 ㅋ의 通用

【ㄱ을 취함】

간(名)저한간
칸
갈치(名)刀魚
칼치
덩굴(名)蔓
덩쿨
넝쿨
물구덩이(名)泥地
물쿠덩이
물쿵뎅이
물퐁뎅이
흥감스럽다(變格形)過張貌
흥캄스럽다

【ㅋ을 취함】

날샐녘(名)平明
날샐녁
부엌(名)廚
부억
부섭

살코기(名)正肉
살고기
시키다(動)使役
시기다

◎ ㄱ과 ㅎ의 通用

【ㅎ을 취함】

늦후다(動)緩
늦구다
잦혀지다(動)被翻反(小語)
잦겨지다
잦쳐지다
잦히다(動)翻反(小語)、潤飯
잦기다
잦키다
젖혀지다(動)被翻反(大語)
젖겨지다
젖켜지다
젖히다(動)翻反(大語)
젖기다
젖키다

● **ㄲ파 ㄸ의 通用**

【ㄲ을 취함】

부지깽이 (名)火杖
부지땡이
부지팽이

● **ㄲ파 ㅺ의 通用**

【ㄲ을 취함】

밖 (名)外
밨

● **ㄲ파 ㅆ의 通用**

【ㅆ을 취함】

어뽐싸 (感)恠嘆辭
어뽐까
어뽐께

● **ㄲ파 ㅉ의 通用**

【ㄲ을 취함】

볼끼 (名)防寒用依類具
볼찌

● **ㄲ파 ㅊ의 通用**

【ㄲ을 취함】

가깝다 (變格形)近
가찹다

도리깨 (名)連枷
도리채

● **ㄲ파 ㅋ의 通用**

【ㄲ을 취함】

으끄러지다 (動)潰碎
으크러지다

【ㅋ을 취함】

울컥 (副)食吐貌
울꺽
울떡

● **ㄲ파 ㅌ의 通用**

【ㄲ을 취함】

두께 (名)厚
두테

● **ㄴ파 ㄷ의 通用**

【ㄴ을 취함】

너테 (名)氷泣
더테
던테
턴테

【ㄷ을 취함】

겨두리 (名)間食
곁누리
샛밥
샛참

● **ㄴ파 ㄹ의 通用**

【ㄴ을 취함】

본치 (名)態
볼치

의논 (名)議論
의론

● **ㄴ파 ㅁ의 通用**

【ㅁ을 취함】

무명 (名)木棉
무녕
보병
보병목

붐비다 (形)混雜
분비다
붐뷔다

잠자리 (名)蜻蛉
잔자리

● **ㄴ파 ㅅ의 通用**

【ㄴ을 취함】

가뿐하다 (變格形)負擔忽輕(小語)
가뿟하다

가분하다 (變格形)負擔輕(小語)
가붓하다

거뿐하다 (變格形)負擔忽輕(大語)
거뿟하다

거분하다 (變格形)負擔輕(大語)
거붓하다

● ㄴ파 ㅇ의 通用

【ㄴ을 취함】

딴군(名)捕校下隷
땅군

한결(副)一層
항결
행결

한길(名)大路
항길
행길

안갚음(名)反報
앙갚음

인임(名)仍任
잉임

【ㅇ을 취함】

경마(名)牽馬
견마

두덩(名)非畔
두던
둔덩

명주(名)紬
면주

뭉크러지다(動)腐碎
문크러지다

● ㄷ파 ㄸ의 通用

【ㄷ을 취함】

돌배(名)山梨
똘배

둑(名)堤防
뚝
둑성이

두덜거리다(動)不平表現
뚜덜거리다

● ㄷ파 ㄹ의 通用

【ㄷ을 취함】

눋다(繼格動)焦
눌다

싣다(繼格動)載
실다

● ㄷ파 ㅁ의 通用

【ㅁ을 취함】

헤매다(動)迷路奔走
헤대다
헤지르다

● ㄷ파 ㅅ의 通用

【ㄷ을 취함】

곧(副)即、直時
곳

낟(名)穀粒
낫

【ㅅ을 취함】

곳(名)處
곧

고수머리(名)捲髮
고두머리

뜻(名)志
뜯

벗(名)友
벋

빗(名)梳
빋

● ㄷ파 ㅈ의 通用

【ㄷ을 취함】

맏(名)昆
맞

● ㄷ파 ㅌ의 通用

【ㄷ을 취함】

동명태(名)凍明太
통명태

전동(名)箭筒
전통

웅덩이(名)窪地
웅텅이

● ㄷ파 ㅎ의 通用

【ㄷ을 취함】

단판씨름(名)單回決勝
한판씨름

●ㄸ파 ㅌ의 通用

【ㄸ을 취함】

깨뜨리다(動)破
깨트리다
깨치다
내려뜨리다(動)墜下
내려트리다
넘어뜨리다(動)倒
넘어트리다
넘어치다
늘어뜨리다(動)延下
늘어트리다
떨어뜨리다(動)落下
떨어트리다
뚝배기(名)土器
툭배기
독수리
툭수리
뚝바리
먼지떨이(名)拂塵子
먼저털이
떨채
털어개

무너뜨리다(動)崩
무너트리다
무너치다
재떨이(名)拂灰器
재털이
치뜨리다(動)投上
치트리다
터뜨리다(動)綻
터트리다
헤뜨리다(動)散布
헤트리다

【ㅌ을 취함】

투레질(名)合唇吹氣
뚜레질
티끌(名)塵(集)
띠끌

●ㄹ파 ㅁ의 通用

【ㄹ을 취함】

가물(名)旱
가뭄

●ㄹ파 ㅂ의 通用

【ㄹ을 취함】

날뛰다(動)躍動
납뛰다
날치다

●ㄹ파 ㅅ의 通用

【ㄹ을 취함】

갈모(名)笠帽
갓모
씨알머리(名)「씨」의 蔑稱
씨앗머리

●ㄹ파 ㅇ의 通用

【ㄹ을 취함】

중대가리(名)削髮頭
중대강이
중다버지
까까중이
아가리(名)廣器의口
아강이
아갈찌

●ㄹ파 ㅈ의 通用

【ㄹ을 취함】

두루마리(名)周紙
두루마지
찜부럭(名)不快言動
찜부적
찌억
찌적
찜부럭내다(動)不快言動
찜부적 다
찌억내다
찌적내다
부적내다
찜부럭부리다(動)不快言動話
찜부적부리다
찌억부리다
찌적부리다

【ㅈ을 취함】

주[illegible]다 ([illegible])[illegible]
주[illegible]다

● ㅁ파 ㅇ의 通用

【ㅁ을 취함】

감기 (名)感冒
강기

꼼기다 (動)成膿
공기다

삼가다 (動)愼
상가다

삼키다 (動)嚥下
상키다
생키다
삼치다

섬기다 (動)事
성기다
셍기다

수세미의 (名)絲瓜
수셍이의

잠그다 (動)鎖
장그다

짧지다 ([illegible])淺, [illegible]
장기다
쟁기다

【ㅇ을 취함】

옹달 (名)陰地
음달

● ㅁ파 ㅉ의 通用

【ㅁ을 취함】

골막하다 (變格形)器不滿
골짝하다
골싹하다
고름하다

● ㅁ파 ㅋ의 通用

【ㅋ을 취함】

오도커니 (副)佇(小語)
오도머니

우두커니 (副)佇(大語)
우두머니

● ㅂ파 ㅃ의 通用

【ㅃ을 취함】

삐침 (名 [illegible]名(丿)
비침

지뻑거리다 (動)險路行
지벅거리다

지뻑지뻑 (副)險路步行貌
지벅지벅

● ㅂ파 ㅄ의 通用

【ㅄ을 취함】

값 (名)價
갑

● ㅂ파 ㅅ의 通用

【ㅂ을 취함】

줍다 (變格動)拾
줏다

● ㅂ파 ㅍ의 通用

【ㅂ을 취함】

개폐 (名)[illegible]
개피

고부리다 (動)僂(小語)
고푸리다
고브리다

구부리다 (動,僂(大語)
구푸리다
구프리다

낯바다기 (名)「낯」의 鄙稱
낯파다기

녹비 (名)鹿皮
녹피

덤불 (名)雜藪
덤풀

부기 (名)[illegible]
푸기

전반 (名)剪板
전판

조밥 (名)粟飯
조팝

이밥 (名)米飯
이팝

【ㅍ을 취함】

푼전(名)分錢
분전

●ㅃ파 ㅆ의 通用

【ㅃ을 취함】

함빡(副)全的
함싹

흠빡(副)洽足
흠씩
흠친
흠쪽

●ㅃ파 ㅊ의 通用

【ㅃ을 취함】

물뿌리(名)煙竹咬觜
물추리

●ㅅ파 ㅆ의 通用

【ㅅ을 취함】

슴베(名)劍柄中揷入部分
씀베
스떼

【ㅆ을 취함】

쏘가리(名)鱖
소가리

씩(名)하나씩
식

●ㅅ파 ㅈ의 通用

【ㅅ을 취함】

송곳(名)錐
송곶

젓(名)醢
젖

【ㅈ을 취함】

거무죽죽하다(變格形)薄黑
거무숙숙하다

낮(名)晝
낫

빚(名)債
빗

젖(名)乳
젓

흑죽학죽(副)不識字貌
흑숙학숙

흥정(名)價格講定
흥성

●ㅅ파 ㅊ의 通用

【ㅅ을 취함】

씻다(動)洗
씿다
싯다

【ㅊ을 취함】

꽃(名)花
꼿
꽅

낯(名)面
낫
낱

닻(名)錨
닷
닽

돛(名)帆
돗
돝

몇(名)幾
몃
몉
[illegible]

빛(名)光、色
빗
빝

살갗(名)皮膚
살갓
살같

숯(名)炭
숫
숱

옻(名)漆
옷
옽

●ㅅ파 ㅌ의 通用

【ㅌ을 취함】

끝(名)末
끗
끚

겉 名 表面
것
겇
곁(名)傍
겻
겾
낱(名)個
낫
낯
머리맡(名)枕邊
머리맛
머리맞
뭍(名)陸
뭇
뭋
밑(名)底
밋
및
밭(名)田
밧
밪
볕(名)陽
볏
볒

샅(名)兩股間
삿
샂
솥(名)鼎
솟
솣
숱(名)量
숫
숯
팥(名)豆
팟
팢
홑(名)單
홋
홏

[illegible] ㅅ과 ㅍ의 通用

【ㅍ을 취함】

놈팽이(名)男의賤稱
놈생이

[illegible] ㅅ과 ㅎ의 通用

【ㅅ을 취함】

사처(名)下處
하처
햐처
선반(名)棚
현반
설마(副)설마그러랴
혈마
세다(動)數
헤다
혜다
수세(名)休書
휴서
수지(名)休紙
휴지
심줄(名)筋
힘줄

【ㅎ을 취함】

혀(名)舌
셔
현판(名)懸板
선판

혓바닥(名)舌上面
셧바닥
휘파람(名)嘯
쉬파람
휘바람
수파람
흉(名)瑕點
숭
흉내(名)模倣
숭내
흉보다(動)謗
숭보다
흉잡히다(動)被謗
숭잡히다
흉하다(名)凶
숭하다
흉하적(名)欠談
숭하적
흉허물(名)欠點
숭허물

흉헙다(變格形)不[illegible]
숭헙다

힘(名)力
심

●ㅆ파 ㅋ의 通用

【ㅆ을 취함】

썰물(名)退潮
켤물

【ㅋ을 취함】

물켜다(動)引飮
물써다

●ㅈ파 ㅉ의 通用

【ㅈ을 취함】

전잡(名)[illegible]
견잡

조각(名)片
쪼각

집재(名)[illegible]子
찝게

집다(動)拾取, 挾
찝다

【ㅉ을 취함】

째(名)第次(첫째, 열한째)
재

쪽박(名)小瓢子
족박

●ㅈ파 ㅊ의 通用

【ㅈ을 취함】

만지다(動)撫
만치다

바가지(名)瓢
바가치

번지다(動)[illegible]
번치다

송아지(名)犢
송아치

자비(名)[illegible](職名)
차비

터전(名)垈地
터천

혼자(副)獨
혼차

【ㅊ을 취함】

꼬챙이(名)串用棒
꼬쟁이

꼬치(名)串
꼬지

머츰하다(變格形)一時止
머즘하다
머즈막하다

밑천(名)本錢
밑전

천량(名)錢糧
전량

●ㅊ파 ㅋ의 通用

【ㅋ을 취함】

가리키다(動)指
가리치다
가르치다

키(名)舵
치

●ㅊ파 ㅌ의 通用

【ㅊ을 취함】

멍청이(名)愚痴
멍텅이
멍텅구리
멍추

●ㅋ파 ㅍ의 通用

【ㅋ을 취함】

거쿨지다(形)身體壯大
거풀지다

●ㅋ파 ㅎ의 通用

【ㅋ을 취함】

켜다(動)點火
혀다
쎠다

(5) 홑소리(母音)의 通用

❸ ㅏ와 ㅐ의 通用

【ㅏ를 취함】

가랑이(名)股肢
가랭이

가자미(名)鰈
가재미
가제미

곰팡이(名)黴
곰펭이
곰랑

고장이(名)女褌衣
고쟁이
고장바지

난장이(名)侏儒
난쟁이

나바기(名)年多者
나배기

나인(名)內人(宮女)
내인

눈보라(名)吹雪
눈보래
눈바라

단추(名)鈕
댄추
단초

다년호(名)大年號
대년호

달라다(動)求請
달래다

다리(名)脚、橋
대리

달이다(動)煎
대리다

다리다(動)熨
대리다

다리미(名)熨斗
대리미
대루리

다붙이다(動)接近
대붙이다

당기다(動)引
댕기다
당긔다
다리다

다지르다(變格動)抵
대지르다

만들다(變格動)製造
맨들다
망굴다
맹굴다

멋장이(名)放逸者
멋쟁이
멋구려기

모가비(名)人夫頭目
모개비

미장이(名)泥匠
미쟁이

쓰르라미(名)寒蟬
쓰르래미

삭히다(動)醱酵
색히다

삭이다(動)消化
색이다

잠방이(名)犢鼻褌
잠뱅이

지팡이(名)杖
지팽이

지푸라기(名)草芥
지푸래기

차리다(動)準備
채리다

파다(動)[illegible]
패다

홀라기(名)[illegible]
홀래기
홀라구니

아끼다(動)惜
애끼다
아기(名)小孩
애기
아비(名)父
애비

【ㅐ를 취함】

깍대기(名)殼皮
깍다기
꼭대기(名)頂上
꼭다기
가난뱅이(名)貧者
가난방이
갈매기(名)鷗
갈마기
구태여(副)强
구타여
내리다(動)降下
나리다
나리우다

내색(名)外現容態
나색
노래기(名)香娘자씨
노다기
때꼽재기(名)垢滓
때곱자기
때리다(動)打
따리다
때문(名)緣由
따문
달팽이(名)蝸牛
달팡이
다래끼(名)小提籠
다라끼
대님(名)袴下端紐
다님
댕기(名)辮髮紐
당기
댕기다(動)引火
당기다

도깨비(名)魍魎
도까비
새끼(名)雛
사끼
새끼(名)藁繩
사끼
새기다(動)刻、翻譯
사기다
술래잡기(名)巡邏遊戲
술라잡기
순라놀음
재갈(名)銜
자갈
재강(名)糟
자강
재미(名)趣味
자미
채비(名)差備(준비)
차비
채사(名)差使
차사

포대기(名)襁褓
포다기
애처롭다(變格形)哀憐
아처롭다
올빼미(名)梟
올빠미
'오빠미
올챙이(名)蝌蚪
올창이
옹배기(名)小盆
옹바기

● ㅏ와 ㅑ의 通用

【ㅑ를 취함】

자갸(名)自家(당신)
자가
야청(名)鴉靑
아청

○ ㅏ와 ㅓ의 通用

【ㅏ를 취함】

까지(助)迄、
꺼지
까정
꺼정
꼬장꼬장하다(變格形)老健
꼬정꼬정하다
갑갑증(名)鬱陶症
갑겁증
갑갑하다(變格形)鬱陶
갑겁하다
같다(形)如、同
겉다
같이(副)如、共
겉이
개백장(名)狗屠
개백정
개장수
-고자(語尾)欲
-고저
놋갓장이(名)鍮器工
놋것장이
놋점장이

마디(名)頭數(한마리)
머리
마찬가지(名)同樣
마천가지
모지라지다(動)耗禿
모지려지다
살(名)年歲(한살)
설
십상(副)十成([illegible])
십청
작다(形)小(大의反)
적다
천장(名)天井
천정
하다(變格動)爲
허다
【ㅓ를 취함】
-거라(語尾、가거라)
-가라

검우엿(名)黑飴
검은엿
강엿
나머지(名)餘
나마지
남거지
-너라(語尾)오너라
-나라
딱정벌레(名)甲蟲類
딱장벌레
딱정이
딱장이
-러(語尾)보러간다
-라
말썽부리다(動)起言端
말쌍부리다
마새부리다
마루청(名)廳板
마루창
마저(助)殘餘
마자

벌써(副)早旣
발써
버리다(動)棄
바리다
적다(形)少(多의反)
작다
적은집(名)妾
작은집
첩
별가
별실
소가
소실
부실
차겁다(變格形)通冷
차갑다
차가웁다
턱(名)卓(한턱내다)
탁
아버지(名)父
아바지
아부지
어금이(名)牙
아금이

어머니(名 母
더마니
어무니

어치(接尾)値(한푼어치)
아치

오라버니(名)男兄
오라바니
오라버지
오라바지

오라버님(名)『오라버니』의 尊稱
오라바님

● ㅏ와 ㅔ의 通用

【ㅏ를 취함】

지라(名)脾臟
지레
질헤
질혀
질허

황아장사(名)荒貨商
황에장사
황우장사
황화장사

【ㅔ를 취함】

가게(名)店
가가
가개

데리다(動)領率
다리다
더리다

● ㅏ와 ㅓ의 通用

【ㅏ를 취함】

바깥(名)外邊
바껕

바깥쪽(名)外側
바껕쪽
바껕짝

【ㅓ를 취함】

비녀(名)簪
비나
빈혀

삼겹실(名)三合絲
삼갑실

티격나다(動)乾燥生璺
티각나다

한결같다(形)如一
한갈같다

이겹실(名)二合絲
이갑실

● ㅏ와 ㅗ의 通用

【ㅏ를 취함】

갑절(名)倍
곱절
곱장이

다랑귀뛰다(動)懸顚
다롱귀뛰다
다랑귀떼다

바구니(名)圓籠器
보구니
바구미
보구미、

발가락(名)足指
발고락
발구락

바스라기(名)小屑
보스라기

손가락(名)指
손고락
손구락

짜개(名)豆片
쪼개

【ㅗ를 취함】

께옵서(助)『께서』의 尊用
께압서

그쪽(名)其方
그짝
그편

저쪽(名)彼方
저짝
저편

홉(名)合(枡用單位)
합

회초리(名)笞鞭
회차리

맏속곳(名)最外的衣
맏속것
밑속곳
겹속것

모꾀재(名)會食
모꺼지

모본단(名)緞名
모번단

보굿(名)樹의鱗片
버굿

보늬(名)栗內薄皮
버늬
버비
보니
보네

보리(名)麥
버리

보채다(動)渴求
버채다

속곳(名)女內衣
속것

속속곳(名)最內的衣
속속것

흐떼(名)鞋
허디

이쪽(名)斷片
이쩍

● ㅓ와 ㅜ의 通用

【ㅜ를 취함】

담뿍(副)滿
담뻑

뭉텅이(名)軟物體
뭉청이

● ㅓ와 ㅡ의 通用

【ㅓ를 취함】

꺼리다(動)忌
끄리다

-면(語尾)하던때
-믄

-거나(語尾)하거나
-그나

-거라(語尾)가거라
-그라

-더라도(語尾)가더라도
-드라도
-드래도

서다(動)立
스다

섬빽섬빽(副)剪切貌
슴빽슴빽

어느덧(副)於焉間
어느듯

얼마(名)幾何
을마

없다(形)無
읎다

여덟(名)八
여듧

【ㅡ를 취함】

-거든(語尾)하거든
-그든

-던지(語尾)하던지
-든지

푸뜩푸뜩(副)間間現出貌
푸떡푸떡

● ㅔ와 ㅖ의 通用

【ㅔ를 취함】

메주(名)醬造
며주

베개(名)枕
벼개

켕기다(動)緊張
켕기다
켸다

【ㅖ를 취함】

며칠(名)幾日
메칠

폐(名)肺
페

벼(名)稻
베
나락

벼락(名)霹靂
베락

펴다(動)布。舒
페다

●ㅔ와 ㅖ의 通用

【ㅖ를 취함】

계수(名)桂樹
게수

계시다(動)在
게시다

계집(名)女
게집

폐단(名)弊端
페단

핑계하다(變格動)推諉
핑게하다

은혜(名恩惠
은헤

●ㅔ와 ㅗ의 通用

【ㅔ를 취함】

메밀(名)蕎麥
모밀
메물

【ㅗ를 취함】

모이(名)餌
메이
뫼
메

●ㅔ와 ㅚ의 通用

【ㅔ를 취함】

메(名)山
뫼

메나리(名)農謠名
뫼나리
미나리

메뚜기(名)螽斯
뫼뚜기
뫼뛰기
메뜨기

멧갓(名)山坡
묏갓

멧부리(名)峰
묏부리

베(名)布
뵈

【ㅚ를 취함】

에누리(名)不正價
외누리

우뢰(名)雷
우레
우래

●ㅔ와 ㅜ의 通用

【ㅔ를 취함】

돌멩이질(名)石打
돌뭉이질
돌질

●ㅔ와 ㅞ의 通用

【ㅔ를 취함】

제(名)盤
궤
그
거이

●ㅔ와 ㅡ의 通用

【ㅡ를 취함】

진드기(名)
진데기
진듸

●ㅔ와 ㅢ의 通用

【ㅔ를 취함】

께(助)아버지께
픠

께서(助)아버지께서
끠서

그네(名)鞦韆
그늬
건네

합께 (副)共
함피
한께
에게 (助)그사람에게
의게

ㅔ와 ㅣ의 通用
【ㅔ를 취함】
베다 (動)枕
비다
베다 (動)斬
비다
버히다
【ㅣ를 취함】
미투리 (名)麻鞋
메투리
무커리
미역 (名)甘藿
메역
미역감다 (動)浴
메역감다
멱감다

-ㅂ디다 (語尾)합디다
-ㅂ데다
-ㅂ되다

ㅕ와 ㅖ의 通用
【ㅕ를 취함】
겨 (名)糠
계
켜 (名)層
켸

ㅕ와 ㅗ의 通用
【ㅗ를 취함】
목접이 (名)折項死
멱접이
멱제비
목줄띠 (名)食道筋
멱줄띠
멱줄때기
멱두지

ㅕ와 ㅡ의 通用
【ㅕ를 취함】

미력 (名)彌勒
미륵

ㅕ와 ㅣ의 通用
【ㅣ를 취함】
트릿하다 (變格形)胸不快
트렷하다
이지러지다 (動)缺
여지러지다

ㅖ와 ㅣ의 通用
【ㅖ를 취함】
예쁘다 (形)美、憐
이쁘다
어여쁘다
데뿌다
이뿌다
어여뿌다

ㅗ와 ㅚ의 通用
【ㅗ를 취함】
도롱롱 (名)蜥蜴
되롱롱

모시다 (動)侍
뫼시다
온갖 (冠)各種
왼갖
온통 (副)全
왼통
오얏 (名)李
외얏
【ㅚ를 취함】
사뢰다 (動)白
사로다
사리다
쇠뇌 (名)弓名
소뇌
외양간 (名)廐
오양간
외어서다 (動)避立
오여서다
외아서다

ㅗ와 ㅜ의 通用

【上語 취함】

깡노하다(變格形)下短(强)
깡뚱하다

가까스로(副)僅
가까스두

가로(接)横
가루

가로말다(動)遮擋
가루말다

강동하다(變格形)下短
강둥하다

가오리(名)洪魚
가우리

거구로(副)倒
거꾸루
꺼꾸로
꺼꾸루

고풍(名)[illegible]
고뭉

[illegible](名 [illegible]入[illegible]
[illegible]

곰송그리다(動)[illegible]
곰숭그리다

고소하다(變格形)作香
고수하다

굽도리(名)壁下塗紙部
굽두리

날포(名)屢日
날푸

따로(副)別
따루

따오기(名)朱鷺
따우기

달포(名 一個月以上
달푸

도로(副)反
도루

도토리(名)橡實
도투리

목도리(名)頸巾
[illegible]
[illegible]

모조리(副)各皆
모주리

밑동(名)下部
밑둥

박공(名)屋端破風
박궁

바로(副)正、直
바루

봉오리(名)蕾
봉우리
봉오라지

사공(名)船人
사궁

서로(副)相
서루

세로(副)縱
세루

손톱(名)爪
손툽
[illegible]

송이(名)[illegible]
숭이
송아리

시골(名)鄕
시굴

장도리(名)鐵鎚
장두리

재촉(名)促
재축
최축

저고리(名)上衣
저구리

절로(副)自然
절루

조촐하다(變格形)潔
조출하다

풍속(名)風俗
풍숙

함부로(副)濫
함부루

해포(名)一個年以上
해푸

홀로(副)獨
홀루

아랫목(名)溫堗焚口部
아랫묵

아롱지다(形)斑
아룽지다

아홉(名)九
아홉

움폭하다(變格形)深凹
움푹하다

오목하다(變格形)凹
오묵하다
오묵하다

웃도리(名)上部
웃두리

웃목(名)溫堗焚口反對側
웃묵

일곱(名)七
일굽

【ㅜ를 취함】

깜부기(名)黑穗
깜보기

까투리(名)雌雉
까토리

꼴뚜기(名)飯蛸
꼴또기

꼬투리(名)豆莢
꼬토리

가두다(動)囚
가도다

가두리(名)評價差
가도리

갈구리(名)鉤
갈고리
갈쿠리
갈코리
갈구지
갈쿠지
갈고랑이
갈구랑이
갈코장이
갈쿠장이

가루(名)粉末
가로

감추다(動)藏
감초다

갖후다(動)備
갖호다

갖후쓰다(動)具書
갖호쓰다

가죽(名)革
가족

가운데(名)中
가온데
가온대
가운대

개구리(名)蛙
개고리

거북(名)龜
거복

거죽(名)表面
거족

겨우(副)僅
겨오

고두리(名)鯖子
고도리

고두리뼈(名)大腿骨頭部
고도리뼈

고두밥(名)剛飯
고도밥

고둥(名)螺類
고동

골고루 副)均
골고로

골무(名)指貫
골모

고루(副)均
고로

고추(名)蕃椒
고초
고치

-구나(語尾)크구나
-고나

귀퉁이 (名)耳際
귀퉁이

기둥 (名)柱
기동

나루 (名)津
나로

나룻 (名)鬚
나릇

나중 (名)終
나종
내존
낭중
내중
아종
양존
아중
양중

너무 (副)過히
너모
넘어

눈퉁이 (名)眼瞼
눈퉁이

딸꾹질 (名)膈氣
딸곡질
딸깍질
깔딱질

달구질 (名)鎚地
달고질

당두리 (名)大木船
당도리

다투다 (動)爭
다토다

대중 (名 標準
대종

대추 (名)棗
대초
대조

더욱 (副)尤
더옥

도루묵 (名)還麥魚
도로목

도무지 (副)都是
도모지

동무 (名)朋
동모

되우 (副)劇
되오
된통

마구리 (名)兩端面
마고리

망둥이 名)望瞳魚
망동이

맞후다 (動)合
맞호다

마주 (副)相對
마조

마중 (名)迎
마종

마주치다 (動)衝突
마조치다

매우 (副)甚히
매오

모두 (副)皆
모도
모다

몽둥이 (名)棒
몽동이

문둥이 (名)癩病者
문동이

바꾸다 (動)交換
바꼬다

바둑 (名)碁
바독

발구 (名)橇類
발고

발돋움 名 蹺
발돋옴
발돋음

바투 (副)近接
바토

벼룩 (名)蚤
벼록

복숭아 (名)桃
복송아
복사

봉우리 (名)峯
봉오리
봉두라지
봉우라지

사뭇 (副)直無碍
사못

사무치다 (動)透
사모치다

상투 (名)髻
상토

사투리 (名)方言
사토리

새우 (名)蝦
새오

세우 (副)強烈
쎄오

소쿠리 (名)簞類
소코리
소구리
쏘구리
쏘꼬리

수중다리 (名)水腫股
수종다리

자꾸 (副)頻頻
자꼬

자국 (名)迹痕
자곡
자욱
자옥
자죽
자족

자루 (名)柄
자로

장구 (名)杖鼓
장고

자주 (副)頻
자조
자로
자루

자투리 (名)短尺
자토리

재주 (名)才
재조

젖퉁이 (名)乳房
젖통이

주추 (名)礎
주초

주악 (名)떡의웃기
조악

천둥 (名)天動
천동

퉁견 (名)通絹
통견

퉁소 (名)洞簫
통소

푸주 (名)庖廚
포주

하루 (名)一日
하로

호두 (名)胡桃
호도

호추 (名)胡椒
호초

아무 (冠)某
아모

아무개 (名)某
아모개

아무데 (名)某處
아모데

아무렇거나 (副)不拘如何
아모렇거나

아무렇든지 (副)何如間
아모렇든지

아무렴 (感)勿論
아모렴

아무리 (副)如何히
아모리

아무쪼록 (副)某條
아모쪼록

아주 (副)全然
아조

아우 (名)弟
아오

아욱 (名)葵
아옥

앵두 (名)櫻
앵도

얼굴 (名)顔
얼골
면상

어루만지다 (動)撫摩
어로만지다

여북 (副)여북설으랴
여복

윤무 (名)戀故
윤모

이루 (副)勝
이로

입맞후다 (動)接吻
입맞호다
입맞히다

● **ㅗ와 ㅡ의 通用**

【ㅡ를 취함】

가끔 (副)往往
가꼼

고금 (名)瘧
고곰

고등어 (名)鯖
고동어
고둥어

그만큼 副)其程度
그만콤
그마큼
그마콤
그만침
그만치
그마침
그마치

만큼 (助)얼마만큼
만콤
마큼
마콤
만침
만치
마침
마치

맨드라미 (名)鷄冠花
맨도라미
맨두라미

사르다 (變格動)燒
사로다
살르다
살다

소금 (名)鹽
소곰

실큼하다 (變格形)頣厭
실콤하다

저만큼 (副)彼程度
저만콤
저마큼
저마콤
저만침
저만치
저마침
저마치

조금 (副)少許
조곰

하여금 (動)使
하여곰
하야금
하야곰

이만큼 (副)此程度
이만콤
이마큼
이마콤
이만침
이만치
이마침
이마치

● **ㅗ와 ㅣ의 通用**

【ㅣ를 취함】

가라지 (名)田生狗尾草
가라조
가랒

동티 (名)動土
동토

채찍 (名)鞭
채쪽
채쭉

치마 (名)裳
초마

● **ㅏ와 ㅐ의 通用**

【ㅐ를 취함】

괭이(名)鍬
광이

● ㅙ와 ㅞ의 通用
【ㅙ를 취함】
왜(副)何故
웨!

● ㅚ와 ㅜ의 通用
【ㅜ를 취함】
비추다(他動)照
비최다

● ㅚ와 ㅟ의 通用
【ㅚ를 취함】
아뢰다(動)告白
아뤼다
【ㅟ를 취함】
바퀴(名)輪
바쾨

사귀다(動)交
사괴다
자취(名)跡
자최

● ㅚ와 ㅣ의 通用
【ㅚ를 취함】
석쇠(名)炙鐵
석시
참외(名)甜苽
참이
참의
【ㅣ를 취함】
부시(名)燧鐵
부쇠
비치다(自動)照
비최다

● ㅛ와 ㅜ의 通用
【ㅜ를 취함】
제웅(名)俑
제용

● ㅜ와 ㅟ의 通用
【ㅜ를 취함】
꾸역꾸역(副)連出貌
꿔역꿔역
순무(名)菁
쉰무
예순(名)六十
예쉰
여순
여쉰
우선(副)于先
위선
【ㅟ를 취함】
귀글(名)句文
구글
글귀(名)句
글구
따위(名)類
따우
더위(名)暑氣、暑症
더우

뒤주(名)櫃
두주
두지
자귀나무(名)合歡木
자구나무
추위(名)寒氣
추우
치위
치우
오뉘(名)兄妹間
오누

● ㅜ와 ㅡ의 通用
【ㅜ를 취함】
까무러치다(動)氣絶
까므러치다
까무러뜨리다
까불다(變格動)簸
까블다
까불리다(動)被簸
까블리다

꾸러미(名)苞
끄러미
꾸럼지
끄럼지
꾸부정하다(變格形)曲貌
꾸브정하다
끄물끄물(副)明滅貌
끄믈끄믈
가물가물하다(變格形)杳然
가믈가믈하다
가물다(變格形)旱
가믈다
가물치(名)鱧
가믈치
가무리다(動)匿
가므리다
가뭇없다(形)無形迹
가믓없다
가무스럽하다(變格形)薄黑
가므스럽하다

거룩하다(變格形)偉大
거륵하다
거륵하다
거품(名)泡
거픔
버큼
거푸집(名)型
거프집
겨울(名冬
겨을
고구마(名)甘藷
고그마
고불고불(副)屈曲貌
고블고블
고붓하다(變格形)小曲
고븟하다
고부장하다(變格形)稍小曲
고브장하다
구불구불(副)緩曲貌
구블구블

구붓하다(變格形)緩曲
구븟하다
구부정하다(變格形)稍緩曲
구브정하다
그물(名)網
그믈
다물다(變格動)含口
다믈다
더불다(變格動)與
더블다
두레박(名)汲水瓢
드레박
두리박
드문드문(副)稀疎貌
드믄드믄
드물다(變格形)稀
드믈다
-ㄹ수록(語尾 을수록
-ㄹ쓰록
-ㄹ쓰록
-ㄹ차록

-려무나(語尾)가려무나
-러므나
머무적거리다(動)躊躇
머므적거리다
무릇(副)凡
므릇
부터(助)自
브터
부텀
비둘기(名)鳩
비들기
설다루다(動)不取締
설다르다
수더분하다(變格形)淳朴
수더분하다
순더분하다
주무르다(變格動)按摩
주므르다
주무시다(動)「자다」의敬稱
주므시다
지꺼분하다(變格形)疵雜
지끼분하다

징두리(名)屋周圍下部
징느리
징밑
진두리

지저부하다(變格形)不潔
지저분하다

품질 名 品質
픔질

하물며(副)況
하믈며

하품(名)欠伸
하픔

후무리다(動)掠取
후므리다

아물거리다(動)不明見
아믈거리다

아주머니(名)叔母、嫂
아즈머니
아자머니
아지머니

아주버니(名)媤叔
아즈버니
아자버니
아지버니

여무지다(形)堅實
여므지다

여울(名)灘
여을

오줌(名)小便
오즘
오좀

【ㅡ를 취함】

가쁘다(形)憊
가뿌다

갸륵하다(變格形)偉異
갸룩하다
갸록하다

고달프다 形)疲
고달푸다

고드름(名)氷柱
고두름

고르다(變格動)調
고루다
고로다

고프다(形)飢
고푸다

구름(名)雲
구룸

구쁘다(形)食慾感
구뿌다

궁금하다(變格形)鬱
궁굼하다

그만두다(動)停止
구만두다

그믐(名)晦
그뭄

기쁘다(形)喜
기뿌다

나쁘다(形)惡
나뿌다

늪(名)沼
눞

두드러기(名)癮疹
두두러기

두드러지다(形)中高
두두러지다

마늘(名)大蒜
마눌

며느리(名)婦
며누리
며나리

미늘 名)鈎鉤鱗
미눌

바늘 名)針
바눌

바쁘다(形)忙
바뿌다

비늘(名)鱗
비눌

슬프다 (形)悲
슬푸다

치르다 (動)經
치루다

치르다 (動)金錢出給
치루다

하늘 (名)天
하놀
하날

아프다 (形)痛
아푸다

어른 (名)長
어룬

오그리다 (變格動)縮、曲
오구리다

오긋하다 (形)小曲貌
오굿하다
오곰하다

오늘 (名 今日
오놀
오날

옥박지르다 (變格動)強壓
옥박지르다

●ㅜ와 ㅓ의 通用

【ㅓ를 취함】

오늬 (名)矢筈
오누

●ㅜ와 ㅣ의 通用

【ㅜ를 취함】

끼우다 (動)使挾
끼이다

가리우다 (使動)蔽
가리이다

겹두겹두 (副)兼
겹디겹디
겹사겹사
겹삽수삽

고무래 (名)丁
고미래
고물개
고밀개

낮추다 (動)使低
낮히다

메우다 (動)使塡
메이다

비우다 (動)使空
비이다

살찌우다 (動)使肥
살찌이다

새우다 (動)徹夜
새이다

스무나무 (名)刺楡
스미나무
스믜나무

지우다 (動)使荷負、使敗負
지이다

지우다 (動)使消、使落
지이다
짓다

춥다 (變格形)寒
칩다
추웁다
치웁다
츱다

피우다 (動)使發
피이다

여주 (名)荔
여지

이우다 (動)使皺
이이다

【ㅣ를 취함】

걸핏하면 (副)動輒
걸픗하면

늘이다 (動)伸、擴
늘우다

마치다 (動)終
마추다

비비다 (動)搽
부비다

비빔밥 (名)骨董飯
부빔밥

상치 (名)萵苣
상추
상취
생치
생취
부루

사침대 (名)攪棍
사춤대
사추미

종지뼈 (名)膝盖骨
종주뼈
종자뼈
장기뼈

침 (名)唾液
춤

양지머리 (名)牛胸肉
양주머리

양치질 (名)漱
양추질

● **거와 계의 通用**

【거를 취함】

원수 (名)讐
웬수

● **기와 ㅣ의 通用**

【기를 취함】

갈퀴 (名)爬鐵
갈키
갈킈

방귀 (名)屁
방기
방긔

할퀴다 (動)爪搔
할키다

【ㅣ를 취함】

구이 (名)炙魚肉
구위

나비 (名)蝶
나뷔
나븨

담비 (名)貉
담뷔

덤비다 (動)突進
덤뷔다
덤븨다

밉다 (變格形)憎
뮙다
믭다

비 (名)箒
뷔

비다 (形)虛
뷔다
븨다

설빔 (名)年始裝身
설뵘
설븸

수리취 (名)獨吉草
수뤼치
수루취
수리나물
수뤼나물

짬짜미하다 (變格動)密約
짬짜위하다

포기 (名)株
포귀

하비다 (動)刮搔
하뷔다

● **ㅡ와 ㅓ의 通用**

【ㅡ를 취함】

드리다 (動)獻
듸리다
디리다

어느 (冠)何
어늬

으레 (副)無論
의례

● **ㅡ와 ㅣ의 通用**

【ㅡ를 취함】

갖은 (冠)各樣
가진

거스르다 (變格動)逆
거스리다
거사리다

구슬(名)珠
구실
벼슬(名)官
벼실
쓰다(動)用、書、冠
씨다
쓰다듬다(動)撫
씨다듬다
쓸개(名)膽
씰개
쓸다(變格動)掃
씰다
쓸쓸하다(變格形)孤寂
씰씰하다
쓰라리다(動)辣痛
씨라리다
쓰러지다(名)靡
씨러지다
쓰레기(名)塵芥
씨레기

사슬(名)鎖索
사실
사슴(名)鹿
사심
스님(名)僧師
시님
슬근슬근(副)擦貌
실근실근
슬그머니(副)隱密
실그머니
슬며시(副)隱然
실며시
스라소니(名)土豹
시라소니
스물(名)二十
시물
스승(名)師
시승
승검초(名)當歸
싱검초

스치다(動)擦過
시치다
저그나하면(副)可及
저기나하면
즐겁다(變格形)悅
질겁다
즐기다(動)嗜
질기다
즈음(名)際
지음
옴츠리다(動)竦縮
옴치리다
요즈음(名)最近
요지음
요즈막
요지막
이즈음(名)此際、近日
이지음
이즈막
이지막

【ㅣ를 취함】
거짓(名)假
거즛
거칠다(變格形)荒
거츨다
구실(名)職
구슬
기이다(動)欺
그이다
기우다
넌지시(副)緩緩
넌즈시
다시마(名)多士麻(海帶類)
다스마
디디다(動)蹈
드디다
딛다
마지막(名)最終
마즈막
마침(副)適
마츰
마참

마침내 (副)竟
마츰내
마참내

묵직하다 (變格形)稍重
묵즉하다

뿌리치다 (動)拂
뿌르치다

버짐 (名)癬
버즘

부지런하다 (變格形)勤
부즈런하다

싫다 (形)厭
슳다

싱겁다 (變格形)淡味
승겁다
슴겁다

잘깃하다 (變格形)稍韌
잘긋하다

질러가다 (動)徑路行
즐러가다

질질 (副)曳貌
즐즐

질펀하다 (變格形)廣漠
즐펀하다

지레 (副)豫速
즈레

지름길 (名)徑路
즈름길
지럼길
질레길

짐짓 (副)故意
짐즛

짓 (名)行動
즛

징검다리 (名)渡梁
증검다리

징경이 (名)雎鳩
증경이

칡 (名)葛
츩

티적티적 (副)相詰貌
트적트적

편집 (名)編輯
편즙

하염직하다 (變格形)可爲
하염즉하다
하얌직하다

아직 (副)姑
아즉
안직

아지랑이 (名)嵐氣
아즈랑이

아침 (名)朝
아츰
아참
아적

오직 (副)唯
오즉

움직이다 (動)動
움즉이다

일찌기 (副)早
일쯔기

● ㅢ와 ㅣ의 通用

【ㅢ를 취함】

흰밥 (名)白飯
힌밥

흰죽 (名)米粥
힌죽

희다 (形)白
히다

희짓다 (變格動)妨害
히짓다

희읍스럽하다 (變格形)薄白
히읍스럽하다

【ㅣ를 취함】

끼무릇 (名)半夏
끠무릇

끼절가리 (名)升麻
끠절가리
낄멧가리
끼영가리

거기 (名)其處
거긔

거ᄆᆡ (名)蜘蛛
거믜

고ᄇᆡ (名)緊切機會
고븨

구기다 (動)皺
구긔다

기껏 (副)極力
긔껏

기다 (動)匍匐
긔다

길짐승 (名)走獸
긜짐승

기쓰다 (動)盡力
긔쓰다

기신기신 (副)無力動作貌
긔신긔신

나ᄇᆡ (名)蝠
나븨
나박지

넓이 (名)廣
넓의
너븨
널벅지

눈썰미 (名)目巧
눈썰믜

누이 (名)妹
누의

느티나무 (名)槻木
느틔나무

뚱기다 (動)撥
뚱긔다

띠 (名)帶
띄

띠다 (動)帶
띄다

띵띵하다 (變格形)力强
띙띙하다

띠엄띠엄 (副)稀貌
띄엄띄엄

다기지다 (形)敢然
다긔지다

덜미 (名)頸後
덜믜

도끼 (名)斧
도피

동이 (名)水盆
동의

드티다 (動)推移
드틔다

마님 (名)婦人尊稱
마늼

말미받다 (動)受由
말믜받다

모기 (名)蚊
모긔

뭉키다 (動)凝塊
뭉킈다

민둥산 (名)禿山
믠둥산

민머리 (名)白頭、禿頭
믠머리

뻬기다 (動)割
배긔다

바디 (名)筬
바듸

버성기다 (形)疎隔
버성긔다

부둥키다 (動)緊抱
부둥킈다
부등키다

부티 (名 機織用棒
부틔

살피 (名)間界
살픠

살피다 (動)不緻密
살픠다

설핏하다 (變格形)稍疎
셜핏하다

성기다 (形)疎
성긔다
서괴다

숫기좋다 (形)不恥
숫긔좋다

스미다 (動)滲
스믜다

시끄럽다 (變格形)喧擾
싀끄럽다

시누이 (名)媤妹
싀누의

시르죽다 (動)氣盡
싀르죽다

시새우다 (動)相妬
싀새우다

시시하다 (變格形)不需要
싀싀하다

시장하다 (變格形)空腹
싀장하다

시집가다 (動)嫁
싀집가다

시화 (名)苦苣
싀화

시아비 (名)媤父
싀아비

시어미 (名)媤母
싀어미

찡기다 (動)斜覺
찡긔다

찢다 (動)裂
쬣다

자디잘다 (變格形)極細
자듸잘다

저기 (名)彼處
저긔

저이들 (名)彼等
저의들

조기 (名)石首魚
조긔

진딧물 (名)菜蟲
진듸물

키 (名)身長
킈

티 (名)塵(個體)
틔

티눈 (名)鷄眼瘡
틔눈

피다 (動)發
픠다
퓌다

피어나다 (動)發興
픠여나다

허비적거리다 (動)搔發
허븨적거리다

아기자기 (副)姸妙貌
아긔자긔

앙끼 (名)怏心
앙끠
암끠

어기다 (動)違
어긔다

어기적거리다 (動)難進步
어긔적거리다

어기여차 (感)合力時發聲
어긔여차

엉기다 (動)凝
엉긔다

엉키다 (動)縈
엉킈다

여기 (名)此處
여긔

영피우다 (動)得意
영픠우다

오디 (名)桑椹
오듸

옹기옹기 (副)集合貌
옹긔옹긔

이기다 (動)勝
이긔다

이미 (副)旣
이믜

(ㄴ) 소리의 增減에 關한 말

(1) 닿소리(子音)의 增減

●ㄱ의 增減

【ㄱ이 더함을 취함】

꾸르륵(副)腹鳴音
꾸르르

가웃(名)半
아웃
가옷
아옷
카옷

날개(名)翼
나래

마굿간(名)厩
마옷간

【ㄱ이 줆을 취함】

가르랑가르랑(副)喘息貌
갈그랑갈그랑

그다지(副)如許
그닥지
그대지
그대도록

글겅이(名)刷毛鐵梳
그렝이
글게

나무(名)木
남구
낡

땀받이(名)汗衣
땀받기

동이다(動)束
동기다

모과(名)木瓜
목과

저다지(副)如彼
저닥지
저대지
저대도록

푸서기(名)不堅物
푹서기

언뜻하면(副)見輒
건뜻하면
얻뜬하면

이다지(副)如是
이닥지
이대지
이대도록

●ㄲ의 增減

【ㄲ의 줆을 취함】

이아치다(動)妨
끼아치다
이치다

●ㄴ의 增減

【ㄴ이 더 을 취함】

건넌방(名)正房越房
거넌방
월방

넌출(名)垂蔓
너출

눈깔(名)眼
누깔

던지다(動)投
더지다

둔덕(名)阜
두덕

언청이(名)唇缺人
어청이
언청샌님

【ㄴ이 줆을 취함】

가지런하다 (變格形)齊
간지런하다
가즈런하다
간즈런하다
-건대 (語尾)하건대
-건댄
고치다 (動)改
곤치다
녀석 (名.男子卑稱
년석
노가주 (名)杜松
노간주
노가지
다니다 (動)行
단니다
단기다
당기다
댕기다
무뜩 (副)意外
문뜩
무척 (副)多大
문척
문청
무뚱

어느새 (名)何暇
어는새
어뇌새
어린대 (名)小兒
어린내
예 (感)答語
비
네

● 근의 增減

【근이 더함을 취함】
굴레 (名)勒
구레
귀얄 (名)刷毛
귀야
둘레 (名)外圍
두레
물론 (副)毋論
무론
물소 (名)水牛
무소

뿔기 (名)莢穡
삐기
삐오기
벌레 (名)蟲
버레
버러지
벌러지
벌거지
사린교 (名)四人轎
사인교
시달리다 (動)使困
시다리다
시대리다
자벌레 (名)尺蠖
자버레
컬레 (名)신하컬레
커레
커리
흘레 (名)交尾
흐레
얼레빗 (名)月梳
어레빗

【근이 줆을 취함】
가르다 (變格[illegible])[illegible]
갈르다
거르다 (變格動)濾
걸르다
게으르다 (變格形)怠
게을르다
게르다
겔르다
겨레 (名)族
결레
고르다 (變格形)均
골르다
고루다
구르다 (變格動)轉
굴르다
굴다
그르다 (變格形)非
글르다
긇다
기르다 (變格動)養
길르다

나날이(副)每日
날날이
누치(名)訥魚
눐치
눕치
눈치
다달이(副)每月
달달이
다르다(變格形)異
달르다
닭다
마르다(變格形)乾燥
말르다
마르다(變格動)裁衣
말르다
마르재다
마속(名)斛量
말속
망그지르다(變格動)破毁
망그직르다
망기다
모래(名)沙
몰래

모르다(變格動)不知
몰르다
무르다(變格動)柔軟
믈르다
미뜨리다(動)押推
밀뜨리다
빠르다(變格形)速
빨르다
보조개(名)靨
볼조개
부르다(變格動)呼
불르다
소나무(名)松樹.
솔나무
자르다(變格動)切
잘르다
지르다(變格動)衝
질르다
차지다(動)黏
찰지다
차질다

화살(名)矢
활살
흐르다(變格動)流
흘르다
어르다(變格動)弄兒
얼르다
어루다
어우르다(變格動)幷合
어울르다
오르다(變格動)登
올르다
으르다(變格動)喝
을르다
이로부터(副)自此
일로부터
이르다(變格形)早
일르다
일다
이르다(變格動)謂
일르다

● ㅁ의 增減

【ㅁ이 더함을 취함】

청정미(名)青粱米
청정이
생동찰

【ㅁ이 줆을 취함】

보다(助)比
보담
보다가
알짜(名)最要部
알짬
알천
알토

● ㅂ의 增減

【ㅂ이 더함을 취함】

갈비(名)肋
가리
갈빗대(名)肋骨
가릿대

더럽히다 (動)汚損
더[illegible]혀다
더러이다
더레다

멥쌀 (名)粳米
메쌀

햅쌀 (名)新米
해쌀

올벼 (名)旱稻
올여

입쌀 (名)正米
이쌀

【ㅂ이 줆을 취함】

소나기 (名)驟雨
소낙비

● ㅅ의 增減

【ㅅ이 더함을 취함】

값어치 (名)價値
갑어치

과실 (名)果
과일
실과

머슴 (名)傭人
머음

비사리 (名)萩皮
비아리
바소리

주섬주섬 (副)收拾貌
주엄주엄

황소 (名)大牡牛
황요

어서 (副)速
어여

잇다 (變格動)[illegible]草
이다

이슥하다 (變格形)夜深
이윽하다

【ㅅ이 줆을 취함】

그야말로 (副)眞所謂
그얏말로

더럭 (副)過度
덜썩
철썩

무우 (名)菁根
무수

채반 (名)粗盤
챗반

야경스럽다 (變格形)夜間騷擾
사경스럽다

예닐곱 (名)六七
옛닐곱

● ㅇ의 增減

【ㆁ이 더함을 취함】

강파르다 (變格形)峻
가파르다

농어 (名)鱸魚
노어

땅 (名)地
따

뒹굴다 (變格動)轉轉
뒤굴다
뒤구르다
뒤굴르다

붕어 (名)鮒魚
부어

콧종배기 (名)「코」의 卑稱
콧주배기
콧사배기
콧주버기
콧배기

웅큼 (名)掬
우큼

웅그리다 (動)怒嚬
으그리다

잉어 (名)鯉魚
이어

【ㆁ이 줆을 취함】

마다 (助)每
마당

조용하다 (變格形)靜
종용하다

● ㅈ의 增減

【ㅈ이 더함을 취함】

당주리 (名)筐
광우리

누룽지 (名)焦滓
누룽이
누룽갱이

밤낮 (副)晝夜
밤나

부검지 (名)藁屑
부거미

찢어지다 (動)裂
찌어지다

【ㅈ이 줆을 취함】

가리마 (名)頭界線
가림자

건더기 (名)羹中物
건덕지
건던지
건지

불꾸러미 (包(火名
불꾸럼지

부스러기 (名)屑
부스럭지
부석지

조가비 (名)貝殼
조갑지

아가미 (名)鰓
아감지

아궁이 (名)焚口
아궁지

알량하다 (變格形)無價値
잘량하다
질량하다

올가미 (名)活紐子
올감지

오라기 (名)細長切片
오락지

● ㅊ의 增減

【ㅊ이 줆을 취함】

개미 (名)연줄에먹이는것
갬치

도랑 (名)小溝
돌창

● ㅌ의 增減

【ㅌ이 줆을 취함】

끄나불 (名)紐屬
끈타불

걸어앉다 (動)踞
걸터앉다
걸앉다

● ㅎ의 增減

【ㅎ이 더함을 취함】

꿇다 (動)跪
꿀다

끓이다 (動)沸
끄리다

가만히 (副)靜
가만이

공연히 (副)空然
공연이

괜히 (副)「공연히」의 略
괜이

고요히 (副)寂
고요이

넉넉히 (副)裕足
넉넉이

너희 (名)「너」의 複數
너의
너이

능히 (副)能
능이

똑똑히 (副)明白
똑똑이

마땅히 (副)當然
마땅이

바야흐로 (副)方
바야으로

분합 (名)대청앞障子
부납

불현듯이 (副)急遽
불연듯이
식히다 (動)使冷
식이다
전혀 (副)全
전여
저희 (名)小生等
저의
조용히 (副)靜
조용이
종용히
천천히 (副)徐徐
천천이
안간힘 名)內憤努力
안가님
오히려 (副)猶
오이려
외려
【흥이 즒을 취함】
가까이 (副)近
가까히

파녁 (名)貫革
관혁
고이 (副)順麗
고히
구렁 名)壑
굴헝
기어이 (副)期必
기어히
긔여히
그여히
나이 (名)年齒
나히
노엽다 (變格形)怒
노협다
모이다 (自動)會
모히다
무너지다 動)壞
문허지다
반가이 (副)歡
반가히
번번이 (副)番番
번번히

보이다 (動)示
보히다
부아 (名)怒氣
부하
부화
부엉이 (名)鵂
부헝이
부엉덕새
썩이다 (動)使腐
썩히다
쓰이다 (動)被用、被書
쓰히다
새로이 (副)新
새로히
속이다 (動)欺人
속히다
즐거이 (副)樂
즐거히
차라리 (副)寧
찰하리

추녀 (名)檐
춘혀
행여 (副)幸
행혀
아흐레 (名)九日
아홉에
엉클다 (變格動)縈
헝클다
엉크른다
여드레 (名)八日
여들헤
여의다 (動)喪失
여희다
여이다
외로이 (副)孤
외로히
이레 (名)七日
닐헤
이리 (名)狼
일히
일희
일일이 (副)每每
일일히

(2) 홑소리(母音)의 增減

●ㅏ의 增減

【ㅏ가 더함을 취함】

입아귀(名)口角
입귀

【ㅏ가 줆을 취함】

꽃샘(名)花辰寒氣
꽃새암

강샘(名)嫉妬
강새암
강짜

개미(名)蟻
개아미

냄새(名)臭
내암새

매미(名)蟬
매아미

뱀(名)蛇
배암

뱀장어(名)鰻
배암장어

샘(名)泉
새암

샘하다(變格動)猜
새암하다
새움하다
새음하다
새염하다

피마(名)牝馬
피아마

●ㅑ의 增減

【ㅑ가 더함을 취함】

새양쥐(名)小鼠
생쥐
골꾸쥐

【ㅑ가 줆을 취함】

대머리(名)禿頭
대아머리

●ㅓ의 增減

【ㅓ가 더함을 취함】

그어주다(動)劃給(爲替)
거주다

부럽다(變格形)羨
붋다
불다

【ㅓ가 줆을 취함】

꿰뜨리다(動)穿破
꿰어뜨리다

꿰미(名)繩, 串
꿰어미

빼나다(形)秀
빼어나다

●ㅔ의 增減

【ㅔ가 더함을 취함】

어스레하다(變格形)微暗
어슴하다

●ㅕ의 增減

【ㅕ가 줆을 취함】

역시(副)亦是
역여시

●ㅜ의 增減

【ㅜ가 더함을 취함】

걷어치우다(動)斂撤
걷어치다

게우다(動)吐
게다

때우다(動)修繕
때다

데우다(動)使溫
데다

배우다 (動)學
배다
배호다

새우다 (動)跖
새다

세우다 (動)建
세다

재우다 (動)使宿
재다

채우다 (動)使滿、使佩
채다

치우다 (動)撤
치다

태우다 (動)使乘、使燃
태다

양살피우다 (動)張虛勢
양살피다

에우다 (動)圍
에다

일깨우다 (動)使覺醒
일깨다

【ㅜ가 줆을 취함】

겹다 (變格形)過重
겨웁다

고깝다 (變格形)曲認
고까웁다

낚다 (動)釣
낚우다

냅다 (變格形)烟臭
내웁다

늘 (副)常
느루

뜨겁다 (變格形)熱
뜨거웁다

덥다 (變格形)暑
더웁다

막 (副)無碍
마구

막잡이 (名)粗用品
마구잡이

맵다 (變格形)辛
매웁다

반갑다 (變格形)歡
반가웁다

사납다 (變格形)暴
사나웁다

휘다 (動)揉
휘우다

얼리다 (動)使凍
얼리우다
얼구다

업신여기다 (動)侮
업수인여기다

외다 (動)誦
외우다

ㅣ의 增減

【ㅣ가 줆을 취함】

주먹 (名)拳
주머귀

ㅡ의 增減

【ㅡ가 더함을 취함】

고을 (名)郡
골

마을 (名)村
말

머무르다 (變格動)留
머믈다
머믈다

모으다 (他動)會
모다
몯다
모두다

부프다 (形)容積大
붚다

서투르다 (變格形)不慣熟
서툴다

【ㅡ가 줆을 취함】

끕다(變格動)[illegible]
꼬읍다
껄다

감(名)材料
가음

갑알다(變格動)幾甚
가음알다

걷다(動)捲
거드다

길마(名)鞍
기르마
질마

날다(變格動)飛
나르다
날르다

덤(名)加捧
더음

덤받이(名)加捧子
더음받이
더받이

멸치(名)鰯
며르치
메리치

브릏다(形)顯出
부르트다

셈(名)計算
세음

솎다(動)間拔
소끄다

솜(名)綿
소음

심다(動)植
시므다
심그다

싶다(形)欲
시프다
시브다

짤막하다(變格形)稍短
짜르막하다

잔셈(名)小會計
잔세음

업(名)[illegible]
어음

ㅓ의 增減

【ㅓ가 더함을 취함】

무늬(名)紋
문

【ㅓ가 줆을 취함】

가볍다(變格形)輕(小)
가비엽다
기비압다

거볍다(變格形)輕(大)
거비엽다

ㅣ의 增減

【ㅣ가 더함을 취함】

겨드랑이(名)腋
겨드랑

다그치다(動)[illegible]
다긋다

다지다(動)搗固
닺다

도라지(名)桔梗
도랒

두루마기(名)周衣
두루막
후리매

버무리다(動)混合
버물다

시치미떼다(動)不知様
시침떼다
스치미떼다

자리자리(副)關節痛貌
잘잘

【ㅣ가 줆을 취함】

깨다(動)使孵化
깨이다

가리다(自動)蔽
가리이다

개다(動)晴
개이다

곰곰(副)沈思貌
곰곰이

내다(動)出
내이다

다좇다 (動)追迫
다조치다

대다 (動)接觸
대이다
다이다

멍울 (名)凝結塊
멍우리
멍어리

메다 (動)擔
메이다

배다 (動)孕
배이다

별로 (副)別般
별로이
별로히

샛길 (名)間道
새잇길

솔개 (名)鳶
소리개
솔개미

쉬다 (動)休
쉬이다

시궁창 (名)下水
시궁창이
시궁치
시궁발치

째다 (動)不足、精密
째이다

재다 (動)尺度
재이다

진펄 (名)泥地
진퍼리

채다 (動)使蹴
채이다

패다 (動)使掘
패이다

에다 (動)淺切、抹消
에이다

(3) 音節의 增減

●音節이 더함을 취함

【처음에 더한것】

난봉나다 (動)亂捧
봉나다

버들개지 (名)柳絮
개지

산멱통 (名)咽喉
멱통

찍뿌드드하다 (變格形)氣分不好
뿌드드하다

한통치다 (動)撤界限
통치다

【중간에 더한것】

값나가다 (動)價貴
값나다
값가다

경황없다 (形)無景況
경없다
경적다

귀인성스럽다 (變格形)可慕愛
귀성스럽다

낚싯대 (名)釣竿
낚대

노오라기 (名)縷片
노오리

늦장마 (名)晩霖
늦마

따르다 (動)隨
딿다

따르다 (動)注
딿다
딸쿠다

달음박질 (名)走
단박질

독살풀이 (名) 陷人害毒
독풀이

매기단하다 (變格動) 遂成
매기다

미꾸라지 (名) 鰍
미꾸리

바수다 (動) 細碎
바다

부수다 (動) 碎
부다

부스럼 (名) 腫
부럼

비스듬히 (副) 婉曲、少傾貌
비듬히
비름히

사닥다리 (名) 梯
사다리

살그머니 (副) 秘密히
살금이
살금히
살곰이
살곰히

사라구니 (名) 「살」의 鄙
사라기
사다리
사추리
사추기

수두룩하다 (變格形) 豐多
수둑하다

점직하다 (變格形) 心愧
점하다

종작없다 (形) 無定見
종없다
짝없다

추리다 (動) 選擇
추다

퇴박맞다 (動) 被退却
퇴맞다

틈바구니 (名) 「틈」의 鄙稱
틈바귀
틈사리

팔팔결 (名) 大相不同에用
딴결

피딱지 (名) 粗裂格紙
피지

암상하다 (變格形) 猜毒
암하다

아뭏거나 (副) 「아무렇거나」의 略語
암커나

엇나가다 (動) 方向違
엇나다

【끝에 더한것】

겉곡식 (名) 皮穀
겉곡

곰배팔이 (名) 曲臂人
곰배

괴나리봇짐 (名) 行旅貧裝
괴나리

노망태기 (名) 繩袋
노망태

능구렝이 (名) 大蛇
능구리

더뎅이 (名) 瘡痂
더데
던데

막대기 (名) 棒
막대

망태기 (名) 網袋
망태

번데기 (名 蛹
번데

싸라기눈 (名) 霰
싸라기
싸락눈

삼태기 (名) 簣
삼태

새끼발가락 (名) 小足指
새끼발

새끼손가락 (名) 小指
새끼손

숟가락 (名) 匙
숟갈

펄쩍나게(副)頓
펄쩍
풋곡식(名)未熟穀
풋곡
햇곡식(名)新穀
햇곡
안달뱅이(名)吝嗇者
안달이
엄지발가락(名)足拇指
엄지발
엄지손가락(名)手拇指
엄지손
우뭇가사리(名)石花菜
우뭇가시

● **音節이 줆을 취함**

【처음에 준것】

나귀(名)驢
당나귀
너삼(名)苦蔘
쓴너삼
도둑놈의지팡이

두메(名)山峽
산두메
성냥(名)鏻寸
당성냥
양취등
소일(名)消遣
날소일
해소일
자갈(名)砂礫
돌자갈
돌재악
죽(名)粥
퀀죽
언치(名)馬鞍下毛布
땀언치
살언치

【중간에 준것】

까라기(名)穀芒
까끄라기
꺼끄러기
깔치
깔챙이
꺼럭

꺽지(名)杜父魚
꺽정이
꺽저기
뚝저기
뚝지
쳔징어
꼬리(名)尾
꼬랑이
꼬랑지
꽁댕이
꽈리(名)酸漿
꼬아리
꾸아리
갈꽃(名)蘆花
갈대꽃
가지(名)枝
가장이
가장귀
골짜기(名)峽
골짜구니
괴다(動)支、溜、酵
고이다
괴이다

넌더리(名)厭忌症
넌덜머리
넌더리나다(動)厭忌生
넌덜머리나다
너럭바위(名)盤石
너러석바위
노끈(名)繩紐
노내끈
나끈
딱지(名)痂
딱정이
따그랭이
두길보기(名)貳心觀機
두길마보기
말군(名)行馬業者
말몰잇군
마름질(名)裁斷
마름개질
메추리(名)鶉
메추라기
모추라기

묵날(名)陳田
묵정밭
뮨골(名)門型
문얼골
무덕지다(形)衆多
무드럭지다
미적미적(副)延拖貌
미루적미두적
미룩미룩
뺨따귀(名)「뺨」의鄙稱
뺨따구니
따귀
뿌리(名)根
뿌려기
뿌럭지
밤송이(名)栗房
밤송아리
볼따기(名)「볼」의鄙稱
볼따구니
볼태기

빙충이(名)愚人別號
빙추맞이
빙충바리
쐬다(動)晒風
쏘이다
사날(名)三四日
사나흘
새아씨(名)新婚婦
새아기씨
쬐다(動)曝
쪼이다
잔등이(名)背
잔등머리
저번(名)過去
저거번
거번.
죄다(動)縛、彫、懇請
조이다
주둥이(名)嘴
주둥아리

진구리(名)腰左右凹陷處
진허구리
토끼(名)兎
토깽이
편들다(變格動)加擔
편역들다
회리바람(名)旋風
회호리바람
회오리바람
옹두리(名)木瘤
옹두라지
외목(名)單一路入口
외통목
이죽거리다(動)喋口
이주걱거리다

【끝에 준것】

검불(名)草藁屑
검부러기

금(名)決價
금새
기슭(名)端
기슭카리
나깨(名)蕎麥內皮
나깨미
놋(名)鍮
놋쇠
먹은금(名)實價
먹은금새
목(名)要路
목정이
무릎(名)膝
무르팍
발등(名)足背
발등어리
버르장이(名)「버릇」의鄙稱
버르장머리

복(名)河豚
복쟁이
복생선

사내(名)男
사나이

삵(名)貍
삵괭이

숫제(副)眞率
숫저이

쉬(副)易、不遠
수이

신(名)鞋
신발

실곶(名)絲系
실토생이

장대(名)竿
장때기

주제(名)不美風采
주제꼴

더럭(名)頭髮
더러기

아귀(名)交會處
아귀탕이

옆(名)傍
옆댕이

잎(名)葉
잎사귀
잎새
이파리

(ㄷ) 소리의 一部分이 서로 같은 말

(1) 첫소리가 같은것

꺽자치다(動)抹消
꺽쇠치다

꺽거리(名)鼯鼠
껑치

꼭지표(名)時計名
꼭두표

끝찌(名)最末
꼬라비
바닥쳇째

꼬락서니(名)「꼴」의 鄙稱
꼬라구니
꼴막서니

꼽사등이(名)佝僂
꼽장이
꼽추
등꼽장이

꽹과리(名)鉦
꽹매기

꾀음꾀음(副)甘誘貌
꾀송꾀송

꾸지람(名)叱責
꾸중

끝끝내(副)最後까지
끗끗이

가댁질(名)遊戲名
갈래질
갸닥질

갈근거리다(動)小利汲汲
갈갈하다

가락옷(名)紡錘管
갈구자리

가로되(動、副詞狀)曰
가라대
가르대

감발저귀(名)巧智人
감발이

가막관자 (名)黑貫子
감칭관자
강아지 (名)狗子
강생이
개아지
가장자리 (名)沿邊
가생이
가위 (名)剪刀
가새
객적다 (形)不緊
객없다
객스럽다
거듭 (副)重
거푸
검댕 (名)煤
검디앙
거미앙
거머무트름하다 (變格形) 肥黑
거머무트룩하다

거스러미 (名)爪後逆皮
거스렁이
거츠렁이
거치렁이
거지 (名)乞人
걸인
거위 (名)蛔
거시
회
회충
거위 (名)鵝
거유
계우
계사니
거의 (副)殆
거진
건진
건저
거운
거위
거의거의 (副)殆
거진거진
건진건진
거운거운

게뚜더기 (名)眼瞼縮痕人
게뚜지
괴뚜더기
고갱이 (名)莖髓
고기양
곰방대 (名)小烟竹
곰망이
곰방담뱃대
곰비임비 (副)重集貌
곰비곰비
곰취 (名)熊蔬
곰달래
곱창 (名)曲腸
곱은창자
고수 (名)胡荽
고시풀
공으로 (副)無代로
공짜로
공히
고지기 (名)庫直
고자

고양이 (名)猫
괴
구년묵이 (名)古物
구벽다리
구멍 (名)穴
구녕
구먹
구명
구녁
구무
굼
구부러뜨리다 (動)曲
구부러치다
구유 (名)槽
구시
구융
귀융
귀유
귀뚜라미 (名)蟋蟀
귀뚜리
귀뜨라미
귀뜨리
귀리 (名)燕麥
귀밀

그끄저깨 (名)三昨日
그끄제
그저깨 (名)再昨日
그제
기다리다 (動)待
기두르다
기달리다
기둘르다
길이 (名)長
기럭지
기러기
기장
-**기에** (語尾)하기에
-길레
기울 (名)麩
기화리
나누다 (動)分
난호다
나느다
노느다
논호다
논다

날짐승 (名)飛禽
날즘생
날김생
낭떠러지 (名)懸崖
낭지겁
지겁
넝
냉이 (名)薺
나생이
나이
너벅선 (名)幅廣船
넉박선
너비아니 (名)炙肉
너브할미
너새 (名)野雁
너회
너서
너치
논다니 (名)遊女
노는계집
누이다 (動)使臥
눕히다

누개 (名)篠[illegible]
논떼기
똘기 (名)未熟果
또애기
똬리 (名)窶數
또아리
뚜아리
뙈기 (名)田區劃
되아기
뛰에기
뚜껑 (名)器蓋
뚜에
뚜께
뚫다 (動)穿
뚜르다
뜨악하다 (變格形)厭忌貌
뜨과하다
다닫다 (變格動)臨、抵
다다르다

다리 (名)髢
달래
다레
다태
달의
답치기 (名)無思行爲
답보
더벅머리 (名)賣春婦一種
덥추
덩저리 (名)塊體積
덩치
도둑 (名)賊
도적
도독
돌아서다 (動)回程
돌처서다
도리어 (副)反
도로혀
되려
됩더
됩데
돼지 (名)豚
도야지
돝

두렁이 (名)小兒裳
두렁치마

두리번두리번 (副)轉眼貌
두릿두릿

뒤범벅되다 (動)混雜
뒤한박치다

들큰거리다 (動)不快惱人
들컥거리다
들컹거리다
들쩍거리다

들큰들큰 (副)不快觸感貌
들컥들컥
들컹들컹
들쩍들쩍

드렁허리 (名)鱓魚
드렁치기
드렁뚜리

드리지르다 (變格動)「드리먹다」의 略稱
든지르다

만일 (副)若
만약

떡서리 (名)儀
떡대기
떡사리

목두깨비 (名)木斷片
목두기

모란꽃 (名)牧丹花
목단꽃

무거리 (名)麁末
목지

무슨 (冠)何
무삼

미닫이 (名)映窓
밀창

밉살머리스럽다 (變格形)「밉살스럽다」의 略稱
밉둥머리스럽다

밉살스럽다 (變格形)可憎
밉둥스럽다

빠듯하다 (變格名)僅及
바듯하다

뻐꾸기 (名)郭公
뻐꾹새

뾰로지 (名)小腫
뾰두라지

바위 (名)岩
바회
바우

벙어리 (名)啞
벙추

보리수 (名)菩提樹
보제수

보시기 (名)小皿
보아
보

봉숭아 (名)鳳仙花
봉선화
봉사

부등가리 (名)甕片火具
부등갱이
불뜨갱이

부손 (名)火爐用小鍤
부솝
불손

비게질 (名)依搔
비비질
부비질

빈정거리다 (動)嘲笑
비양거리다

비켜서다 (動)讓路
비떠서다
빕더서다

싸대다 (動)無用奔走
싸다니다
싸지르다
싸질르다

싸우다 (動)戰
싸호다

싸움 (名)戰
싸홈

쏘대다 (動)奔走
쏘다니다
쏘지르다
쏘질르다

쐐기 (名)楔
쏘아기
쒸애기

씀바귀 (名)苦菜
씀배

씩둑씩둑 (副)無用語貌
씩월씩월

사금파리 (名)砂器破片
사금치
사금팽이

삼발이 (名)三足鐵
삼발쇠
동그랑쇠

삽사리 (名)獚
삽살개

사박스럽다 (變格形)粗暴
사작바르다
사재하다

살강 (名)廚棚
사룽

새삼스럽다 (變格形)如新
생급스럽다

설것이 (名)食後整頓
서릇이
서름질
가스새

설것이하다 (變格動)食後整頓
서릇이하다
서름질하다

서산나귀 (名)大驢
서산이

서운하다 (變格形)悵然
서위하다

세모시 (名)細苧
세거

소갈머리 (名)「속」(心裡)의鄙稱
소갈찌

소댕 (名)鼎蓋
소디앙
솥뚜에
솥뚜께
솥뚜껑
소댕뚜껑

송골매 (名)隼
송고리

쇠룽 (名)「소경」의鄙稱
쇠배
소룽
소배

수구막이 (名)下流不見地
수살막이

수수께끼 (名)謎語
수수꺼끼
수수져끼
수수잡기

숭늉 (名)밥솥에부은물
숭님
숙냉

슬미지근하다 (變格形)微溫
슬미죽죽하다

식칼 (名)食刀
식도
부엌칼

심부름 (名)使喚
심바람
심바름

짧다 (形)短
짜르다
짧다
쩌르다

째마리 (名)末滓
재치
잿감

쪼다 (動)啄
좃다
쫍다
쫏다

찌끼 (名)滓
찌꺼지
찌꺼기

찔레 (名)野薔薇
지뤼
아장미

장구벌레 (名)釘倒蟲
장구아비
장개비

쟁퉁이 (名)心僻者
쟁괭이

저리 (副)저쪽으로
절려로

제뭍다 (變格形)澁
컴글다
컹글다
접때 (名)向者
저즘께
정수리 (名)頭頂上
정빼기
좀처럼 (副)如干
좀처
좀해
종달새 (名)雲雀
종다리
노고지리
무당새
깝죽새
운작
종이 (名)紙
조희
종우
종의
종희
줄곳 (副)不斷
줄창

주머니 (名)囊
줌치
주사니 (名)綢緞
주속
증편 (名)蒸餠
증병
지느러미 (名)鰭
지네미
나래미
지저깨비 (名)木削片
지저귀
지지겁지
차곡차곡 (副)整頓貌
차겹차겹
철딱서니없다 (形)「철없다」의 鄙稱
철따구니없다
철때기없다
초저녁 (名)初夜
초슬목
커다랗다 (變格形)巨大
커다마하다

탄알 (名)彈丸
탄환
턱살 (名)「턱」의 鄙稱
터거리
턱주가리
텡쇠 (名)內虛人
텡보
투박스럽다 (變格形)厚鈍貌
툽상스럽다
퍽 (副)頗
퍼그나
표주박 (名)瓢子
표자
풀떼기 (名)雜粥
풀떼죽
푸렝이
핀잔 (名)面責
핀둥이
핀등이
해산하다 (變格動)産
해복하다

허깨비 (名)幽靈
헛것
헷개비
헷것
허구리 (名)腰左右虛部
허구레
헛일 (名)虛事
헤사
홈질하다 (變格動)粗縫
호갬질하다
호박개 (名)大犬
호바기
화라지 (名)橫出長枝
활때
홍글방망이 놓다 (變格動)攪亂
홍뎅이치다
악다구니 (名)互罵
악다귀
옥다구니
알뢰다 (動)告知
알으키다

알음장 (名)竊知
알림상
아물다 (變格動)癒合
암글다
앙글다
아쉽다 (變格形)不便
아수롭다
아침밥 (名)朝飯
아적밥
아적
조반
아예 (副)自初
아이에
애예
아이 (名)兒
아히
아해
애초 (名)當初
애시
애국
애첬
애커텅
애젼
아시

양아들 (名)養子
양자
어그러지다 (動)錯誤
어기어지다
얼른 (副)速히
얼핏
얼핀
얼풋
얼뜬
어레미 (名)粗篩
얼멩이
엉덩이 (名)臀上部
엉덩머리
엉치
엉망 (名)荒亂錯雜
어걸
엊그저께 (名)數日前
엊그제
어제 (名)昨日
어저께
엎드러지다 (動)伏
엎더지다

엎어지다 (動)覆
엎터지다
어이없다 (形)기막히다
어처구니없다
여물다 (變格形)成實
염글다
영글다
영절스럽다 (變格形)如實
영지감스럽다
여우 (名)狐
여호
여위
오막사리 (名)小屋
오돌막
오들막
오징어 (名)烏賊魚
오적어
왕벌 (名)胡蜂
왕퉁이
용마름 (名)屋頂蓋草
용고새

욱기 (名)[illegible]性質
욱둥이
우리다 (動)拔汁
울구다
워낙 (副)顯著、元來
워느니
원간
원체
원청강
우엉 (名)牛蒡
우방
웬만큼 (副)可程度
웬만치
윤달 (名)閏月
윤삭
윤월
익숙하다 (變格形)熟達
익달하다
일컫다 (變格動)稱
일커르다
이름 (名)名稱
일홈

이리 (副)이쪽으로
일러로

임금 (名)王
임군
인군

이무기 (名)螭
이시미

이틀날 (名)翌日
이듬날

(2) 첫 말이 같은것

깨소금 (名)荏末
깨보숭이

깨자반 (名)荏穗油煎
깨보숭이

꽃술 (名)花蘂
꽃수염

꾀자기 (名)細才人
꾀보
꾀퉁이

꿀떡 (名)蜜餅
꿀편
꿀설기

꿇어뜨리다 (動)絶斷
끊어치다

갓모자 (名)笠帽
갓미우

가짓말 (名)虛言(小)
가짓부리
가짓부렁이

거짓말 (名)虛言
거짓부리
거짓부렁이

겉가량 (名)外見假量
겉어림

게정부리다 (動)不平言動
게정먹다

결기 (名)憤激性
결머리
결딱지

겹옷 (名)袷衣
겹것

경마잡다 (動)執轡
경마들다

골머리 (名)內頭
골패기

골치다 (動)型入
골박다
골켜다

고리장이 (名)柳器匠
고리백장

곰국 (名)肉湯
곰탕

곰팡나다 (動)黴發生
곰팡피다
곰피다

군더더기 (名 贅物
군혹

귀머거리 名)聾者
귀먹장이
먹추
먹보

귓구멍 (名)耳孔
귓구녕

귓불 (名)耳朶
귓방울

그러므로 (副)然故
그런고로

그르치다 (動 錯誤
그르뜨리다

금띠 (名)周邊飾金帶
금대

금붙이 (名)金屬造物
금속

금줄 (名)金脉
금맥

깃옷 (名)生綿喪服
깃것

날틀 (名)織機用具
날주

남쪽 (名)南方
남녘
남편

내것 (名)我物
내해

냉방 (名)冷突
냉돌

널반지 (名)板子
널판

널조각 (名)板片
널쪽

놋그릇 (名)鍮器
놋기명
유기

놓치다 (動)放失
놓뜨리다

눈꺼풀 (名)眼皮
눈껍질
눈거풀

눈구멍 (名)積雪中
눈구녕

눈매 (名)目態
눈찌

눈시울 (名)眼瞼
눈시위
눈시욹

눈총기 (名)眼聰
눈정신

눈총맞다 (動)見憎
눈살맞다

눈치레 (名)外飾
눈비음

눈어림 (名)不精確目測
눈짐작

딴살림 (名)別居
딴살이

땀띠 (名)汗疹
땀도야기

똥구멍 (名)肛門
똥구녕
분문
항문
황무니

뜬귀신 (名)惡鬼
뜬것

뜸뜨다 (動)灸
뜸놓다

단결에 (副)熱氣散前
단김에

단박에 (副)一擧에
단번에

단숨에 (副)一氣에
단바람에
단참에

덜미잡다 (動)壓而督促
덜미치다

동냥아치 (名)乞糧者
동냥군

동쪽 (名)東方
동녘
동편

동치미 (名)冬沈菹
동김치

동아 (名)冬瓜
동과

되걸리다 (動)被逆羈
되치이다

된서리 (名)嚴霜
된내기

되내기 (名)改作賣品
되지기

되넘기 (名)中賣品
되거리

되넘기장사 (名)中商
되거리장사
되먹이장사

두껍닫이 (名)障子入處
두껍창
두껍미닫이
두껍의집
거푸집
두동지다 (形)前後相異
두동싸다
두동그르다
두편 (名)兩便
두짝
두쪽
막걸리 (名)濁酒
막배기
탁배기
맑은술 (名)淸酒
맑은이
약주술
말막음 (名)防言
말방구
맛장수 (名)無味人
맛장이
맛보
맞은편 (名)對側
맞은짝
맞은쪽

맹탕 (名)無味湯
맹대
먹병 (名)墨壺
먹소용
먹음새 (名)飮食凡節
먹음먹이
목거리 (名)咽喉流注病
목돌림
목구멍 (名)喉
목구녕
목구녁
목메다 (動)嗚咽
목맺히다
모나다 (形)方
모지다
물말이 (名)水澆飯
물만밥
물장수 (名)水商
물동장이
빨랫방망이 (名)洗濯棒
빨랫방추

박이옷 (名)박아지은옷
박이것
바람둥이 (名)虛荒人
바람맞이
방정구러기 (名)不謹愼者
방청꾸니
벌판 (名)原野
벌떠구니
볏단 (名)稻束
볏뭇
본값 (名)本價
본가
볼품 (名)見貌
볼성
보서다 (動)立保
보두다
견달다
북돋우다 (動)培土
북주다
북쪽 (名)北方
북녘
북편

북채 (名)鼓棒
북방망이
분김 (名)憤餘
분결
붙좇다 (動)追附
붙따르다
싸전장이 (名)米店主
싸전시정
쓰레받기 (名)受塵器
쓰레장판
삯전 (名)賃金
삯돈
삭치다 (動)削除
삭하다
산가지 (名)籌
산개비
산대
숫가지
숫개비
숫대
춧가지
춧개비
춧대

쌀이 소맞(名)[illegible]
산매자

사로잡그다(動)半錠
사로채우다

섬누룩(名)粗麴
섬치

서쪽(名)西方
서녘
서편

세째(名)第三位
셋좌

속말(名)眞情語
속소리

속병(名)內臟病
속앓이

손녀딸(名)孫女
손자딸

손수(副)自手로
손조
손주

손어림(名)不精確手測
손짐작

솜옷(名)綿衣
솜것

쇠죽(名)牛粥
쇠물

술부대(名)酒客
술구러기
주태

숯검정(名)炭煤
숯검디양
숯검댕
숯검장
숯거망

수컷(名)雄
수놈
숫놈
숩놈

슬기롭다(變格形)聰明
슬갑다

실속(名)實利
실삽

실업의아들(名)不實者
실업엣도깨비
실업난송이

시루떡(名)甑餠
시루편

심사부리다(動)野心妨害
심사놀다
심사놓다

심술구러기(名)頑悖者
심술꾸니
심술장이

심술딱지(名)「심술」의鄙稱
심술머리

심술부리다(動)心術行使
심술놀다

심심풀이(名)消閑
심심파적

시집(名)媤家
시가

자국밟다(名)追跡
자국짚다
자국치다

잠구러기(名)多眠者
잠충이

[illegible](名)[illegible]
잠미

잡아당기다(動)牽引
잡아다리다

장가들다(變格動)娶
장가가다

장돌림(名)轉市商
장돌뱅이

장조림(名)醬煮肉
장고기
장엣고기
장육

찾아들다(變格動)漸滿
찾아가다

제각기(副)各自
제가끔
각자

좀먹다(動)蠹
좀집다

죽젓개(名)攪粥棒
죽젓팡이

주체스럽다 (變格形)處置難
주체어지럽다
지난번 (名)前回
지난적
먼젓번
전번
집터 (名)家垈
집자리
집안 (名)近親의 一族
집내
징걸이 (名)鞋釘截床
징모루
짚신 (名)藁鞋
짚석
짚서기
초혜
착살스럽다 (變格形)極吝
착살맞다
철부지 (名)無知覺人
철모르장이
처먹다 (動)貪食
쳐든지르다

첫밗에 (副)劈頭
첫대박에
총모자 (名)鬃笠
총대우
초잡다 (動)起草
초내다
초장 (名)醋醬
초지렁
층지다 (形)不齊
층나다
침놓다 (動)施鍼
침주다
코떼다 (動)망신하다
코싸쥐다
콧구멍 (名)鼻孔
콧구녕
콧구멱
콧대 (名)鼻幹
콧줄기

콩나물 (名)豆芽菜
콩기름
콩길금
퉁거리 (名)全體
퉁첩
퉁째
퉁채
퉁장사 (名)負擔行商
퉁장이
판가름하다 (變格動)是非判斷
판따지다
팔꿈치 (名)肘
팔꾸머리
퍼뜨리다 (動)廣布
퍼치다
편지틀 (名)尺牘
편지투
품삯 (名)勞賃
품값
풋나기 (名)新出者
풋군

풋나무 (名)刈生柴
풋장
풋담배 (名)生乾煙草
풋초
한돌림 (名)一巡
한순
핥아먹다 (動)舐食
핥아세다
하루걸러 (副)隔日
하두건너
하옷 (名)厚綿衣
핫것
해질녘 (名)日暮頃
해질결
해질머리
해질무리
허방짚다 (動)誤算
허방치다
헤엄치다 (動)水泳
헤엄헤다

혼나다(動)魂驚
혼뜨다
똥줄빠지다
혼내다(動)使魂驚
혼띄다
혼뜸하다
홑옷(名)單衣
홑것
황밤(名)黃栗
황률
훗날(名)後日
후일
훗서방(名)後夫
후부
흙방(名)不塗紙室
흙구들
흠지다(形)疵
흠나다
희떱다(變格形)衒
희고곰팡슬다
악치듯(副)[illegible]烈
악패듯

아귀세다(形)意氣堅固
아귀차다
안팎꼽사등이(名)龜胸龜背者
안팎곱장이
암컷(名)雌
암놈
아직까지(副)迄今
아직껏
약물(名)藥水
약수
언걸입다(動)因人被害
언걸먹다
걸먹다
엄쪽(名)鍥票片
엄찌
엄짚신(名)卒哭前草鞋
엄짚서기
엎드리다(動)伏
엎디다
엎데다

역성하다(變格動)加護
역성들다
역들다
열매(名)實
열음
열쇠(名)鍵
열대
쇳대
옥사장이(名)獄鎖匠
옥쇄장
오금뜨다(動)褻放有風致
오금밀리다
오량집(名)五樑屋
오량각
오른쪽(名)右側
오른편
오른편짝
바른쪽
바른편
바른편짝
옳은쪽

왼쪽(名)左側
왼편
왼편짝
욕장이(名)辱者
욕구러기
움집(名)土幕
움막
웃옷(名)上衣
웃걸이
웃음판(名)笑場
웃음바탕
의심스럽다(變動形)可疑
의심쩍다
인뚱이(名)印盒
인뒤웅이
이녁(名)自己
이편
이러므로(副)是故
이런고로

입천장(名)口蓋
입하늘

아사이(名)近邇
이동안
근간

잎담배(名)葉煙草
잎초
엽초

(3) 끝 소리가 같은것

끔장선(名)[illegible]
곡두선

개목(名)[illegible]
거여목

고의(名)內袴
중의
홑고의
홑중의

늙다리(名)老畜
노다다리

딱다구리(名)啄木鳥
때쩌구리

달력(名)月曆
월력

다목(名)蘇木
소목
소방목

덫드리다(動)無理刺戟
들때리다

뒤지다(動)"죽다"의 卑稱
뒤어지다

-래야(語尾)가며야
-ㄹ때야

맘보(名)不美根性
심보

메기(名)鮎
머여기

부엌데기(名)食母
밥데기

뱉다(動)吐
비앝다
배앝다
[illegible]

비렁뱅이(名)"거지"의 卑稱
거러뱅이
걸뱅이
거렁이
비렁이

서낭당(名)城隍堂
성황당

자드락(名)山麓
저드락

자배기(名)[illegible]
너러기
버러기

진짜(名)眞品
정짜

[illegible](名)[illegible]
[illegible]

천보(名)賤人
[illegible]

허수아비(名)偶
정의아비
정아비

아당주(名)[illegible]
반주

어줍다(形)言動[illegible]
주줍다

입담(名)口辯
말담

[illegible]

꽁보리밥 (名)純麥飯
장보리밥
맨보리밥

굴벌 (名)蜜蜂
참벌

끝장내다 (動)終局
필장내다

깜새채다 (動)見機微
기수채다

가늠쇠 (名)銃砲照星
밝은쇠

가랑비 (名)細雨
가는비
세우

감복숭아 (名)扁桃
또에복숭아

가죽신 (名)皮鞋
갖신

겉밥 (名)皮粟
피밥

겉장 (名)皮紙
피장

거위배 (名)蛔腹痛
회배
회복통

겹쇠질 (名)단연쇠를씀
맞은쇠질

끈쟁이젓 (名)細蝦醢
감동젓

편창다 (形)無妨
관계치않다

코의춤 (名)鼻上窩
사춤

굴뚝새 (名)鷦鷯類
호두새
덕새

구새통 (名)煙桶
굴통

금가다 (動)罅
태가다

그자리에 (副)卽席
당석에
즉좌에
즉석에
즉지에
즉기시에

날것 (名)未熟物
생것
날짜
생짜

나막신 (名)木屐
나무신

납작코 (名)低鼻
빈대코

냉국 (名)冷羹
찬국

네거리 (名)四街
사거리

물거주다 (動)殺示
떼이주다

닥음질 (名)鍛
다듬질

단벌 (名)單一物
홑벌

다듬잇돌 (名)砧石
방춧돌
방칫돌

댓돌 (名)階降石
섬돌
툇돌

대장간 (名)冶匠屋
성냥간
풀뭇간

대판 (名)大規模
큰판

돈놀이 (名)貸金業
빗놀이
돈놓이
빗놓이
돈장사
돈취리

도짓소(名)賭牛
멧소
뒷간(名)厠
칙간
정낭
통시
변소
디딜방아(名)足踏舂
발방아
만귀잠잠하다(變格形)萬籟寂寥
천귀잠잠하다
맏딸(名)長女
큰딸
맏사위(名)長壻
큰사위
맏손자(名)長孫
큰손자
맏아들(名)長子
큰아들
마른갈이(名)乾耕
건갈이
건깔이

마맛자국(名)痘痕
손님자국
망아지(名)駒
매아지
마아지
매지
맥질하다(變格動)塗土
매흙질하다
매화틀(名)大便器
뒤틀
멧새(名)山鳥
피죽새
너렵지기
산새
물오리(名)野鴨
들오리
밀가루(名)小麥粉
진가루
진말
밀초(名)蠟燭
황초
방아깨비(名)螽
땅깨비

뱀딸기(名)草苺
땅딸기
뱃길(名)船路
물길
목로
범나비(名)鳳蝶
호랑나비
벗가다(動)放縱
왜가다
산돼지(名)山猪
멧돼지
묏돼지
멧돝
뫼돝
산뽕나무(名)山桑
멧뽕나무
묏뽕나무
산벼락(名)被雷殞死
천벼락
산비둘기(名)山鳩
멧비둘기

살담배(名)細切煙草
썬담배
기사미
지사미
살림살이(名)生活
세간살이
사립문(名)柴門
싸리문
싸리짝문
사립짝(名)柴扉
삽짝
삼가르다(變格動)切胎緖
태가르다
삼거리(名)三街
세거리
삼씨(名)麻子
열씨
사슬시조(名)時調名
엮음시조
상관없다(形)無關
관계없다
계관없다

샌님(名)長上稱
생원님

새무지(名)未熟人
날부지
날군
날가루
날보배기

생벼락(名)不當橫厄
날벼락

석양판(名)夕陽
잔양판

센개(名)白狗
흰개

속겨(名)細糠
몽근겨

송곳이(名)犬齒
아금이

소쩍새(名)杜鵑
접동새

숙주나물(名)綠豆芽菜
녹두나물

수놓다(動)遇鑄
산놓다
주놓다
산두다

쉽게여기다(動)認容易
수이여기다

실증(名)厭症
염증

자갈밭(名)砂礫地
조약밭
돌짝밭

자국눈(名)薄雪
자취눈

장가락(名)中指
가운데손가락

종가래(名)小鍤
손가래

주릿대(名)古刑具名
경대

쥐눈이콩(名)鼠目太
자리콩 "
서목태

지난달(名)前月
간달
거월

지닐총(名)記憶力
담을총

지짐질(名)油煮
부침개질

천둥지기(名)天水畓
봉천지기
봉답

첫겨울(名)初冬
초겨울
초동

첫새벽(名)早晨
꼭두새벽

첫여름(名)初夏
초여름
초하

취범(名)葛虎
갈범

탯줄(名)臍帶
삽줄

토담(名)土垣
흙담

포승(名)捕繩
박승

표범(名)豹
불범

풀매(名)糊磨石
무릿매

핀퉁이쏘이다(動)『핀잔먹다』의 鄙稱
퉁쏘이다

한밤중(名)深夜
정박중
두밤중
야반중

할미새(名)鶺鴒
아리새

허벅살(名)股肉
함박살

헛코골다(變格動)鼾聲
산코골다

홍두깨틀(名)砧棒臺
다듬이틀

활촉(名)矢鏃
살촉

황새(名)鸛
한새

화젓가락(名)火箸
부젓가락

홰나무(名)槐
회야나무
회화나무
괴화나무
괴목

훌뿌리다(動)蔑待
휘뿌리다

후살이(名)改嫁
개살이

흑보기(名)斜視人
흘저보기
흰보기

흙벽(名)土壁
토벽

앙감질(名)隻足行
깨금질
깨끔질
앵금질

앙가슴(名)正胸
동가슴

어젯밤(名)昨夜
간밤
지난밤

여러대(名)屢世
누대

왕개미(名)大蟻
말개미

용마루(名)屋脊
지붕마루

움벼(名)稻切株生芽
그루벼
손주벼

움파(名)冬葱
황파
동파

웃청(名)上級人居所
상청

웃층(名)上層
상층

이듬해(名)翌年
담해

일부러(副)故意
역부러

이러이러하다(變格形)如此如此
여사여사하다
여시여시하다
여차여차하다
약시약시하다
약차약차하다

이번(名)今回
금번

잎나무(名)薪
섶나무

(二) 소리가 아주 다르고 뜻이 꼭 같은 말

깍두기(名)김치의一種
똑도기
송송이

깡깡이(名)奚琴
해금
깽금

꼭뒤(名)頭後
뒤꼭지

꿈속(名)夢想
몽중

끝판(名)終局
종국
종판
종결
끼니(名)定時食事
조석
조석반
가슴앓이(名)胃痛
흉복통
개잘량(名)狗皮席
갖머
개펄(名)滷邊泥地
퍼리
개호주(名)虎子
갈가지
개오지
괴질(名)流行怪疾
쥐통
회통
국물(名)汁
말국

군살(名)贅肉
췌육
굴뚝(名)煙突
연돌
귀밝이(名)正月望日酒
이명주
그러께(名)再昨年
재작년
금방(名)막
고대
그믐초생(名)月末月初
회초간
그사이(名)其間
기간
기저귀(名)褯
샅깃
기침(名)咳嗽
해소
기와집(名)瓦屋
와가

낚시찌(名)浮子
동동이
날라리(名)胡笛
호적
내빼다(動)「달아나다」의 鄙稱
뛰다
들구뛰다
들구버리다
들구주다
들구튀다
노름(名)賭博
잡기
땅벌 名)土蜂
오빠치
떠들다(自格動)喧囂
들레다
대그릇(名)竹器
죽기
대뜸(副)卽座
단통
더러(助)누구더러
다려

더펄새(名)鸕鶿
가마우지
도롱이(名)簑
누역
도장(名)印
투서
투수
둥굴레(名)黃精
대뿌리
뒷나무(名)大便用木
여목
뒤지(名)大便用紙
밑씻개
들메(名)鞋紐
신끈
마고자(名)八褂
반배
팔배
마팔
멸나물(名)牛尾草
밀매
[illegible]

명아주 (名)藜
농쟁이

물감 (名)染料
염료

무릎맞춤 (名)對質
대질

무명조개 (名)蛤
문합
대합

마퀴 (名)香娘子
강귀

배코 (名)髻底
상투밑

범 (名)虎
호랑이

변리 (名)邊利
길미

볏 (名)鷄冠
베실
면두

봉투 (名)封套
피봉

불경이 (名)紅煙草
홍초

썰매 (名)橇
구격지

씀씀이 (名)日常費用
용도

살쩍 (名)鬢
귀밑털
귀밑

삼치 (名)馬鮫
망어

새서방 (名)新郞
신랑

센털 (名)白髮
백발

쇠옹두리 (名)牛脛骨
옹두리뼈

술집 (名)酒家
주점

수박 (名)西瓜
서과

심지 (名)燈心
등심

잔솔 (名)稚松
치송

자리옷 (名)寢衣
침의

장끼 (名)雄雉
덜께기

장수 (名)商人
상고
상인

족대기다 (動)强迫
좁치다
좁히다

종아리채 (名)撻鞭
매싸리

주전부리 (名)亂食
군입정

지긋지긋하다 (連格形, 極慘酷)
지기없다

지남철 (名)指南鐵
쇠

짐바리 (名)馬背
태짐
복태

짐승 (名)獸
김생
즘생

집주릅 (名)家屋仲介人
가쾌

찬기운 (名)冷氣
냉기

참먹 (名)精製墨
진묵

참빗 (名)細梳
진소

창병 (名)梅毒
통
담
당옴
각창
양매창
매녹
용병

첫솜씨 (名)初手
초수
청어 (名)青魚
비웃
초 (名)醋
단것
콩팥 (名)腎臟
두태
푸대접 (名)冷待
냉대
풀솜 (名)眞綿
설면자
한나절 (名)半日
반일
한더위 (名)最盛暑氣
혹서
하늘밥도둑 (名)螻蛄
도두래
도로래
땅강아지

하루거리 (名)間日瘧
간일학
해마다 (副)每年
매년
연년이
해바라기 (名)向日葵
향일화
해파리 (名)水母
무럼생선
허리띠 (名)腰帶
요대
홀어미 (名)寡婦
과부
과수
호박 (名)南瓜
남과
홑몸 (名)單身
단신
흙비 (名)土雨
토우
흘림 (名)草書
초서

안뒷간 (名)內廁
내측
안손님 (名)女客
내빈
안찝 (名)衣服裏地
내공
암내 (名)腋臭
액취
아주까리 (名)蓖麻子
피마주
피마자
애꾸눈이 (名)片眼者
외눈통이
외대바기
양귀비 (名)罌粟
앵속
어느겨를 (名)何暇
하가
얼레 (名)籰絲卷
연감개
엉겅퀴 (名)大薊
항가새

연가시 (名)螳螂
범아자비
어영가시
사마귀
열구자 (名)神仙爐料理
탕구자
구자탕
여러가지 (名)各種
각색
각종
여러날 (名)屢日
누일
여러번 (名)屢回
누차
여러분 (名)諸位
제위
첨위
첨좌
여러해 (名)屢年
다년
누년
적년
엇탕망이 (名)關脫譜 [illegible]
여시

여태(副)于今
입때
입때까지

예로부터(副)自古
자고로

옥수수(名)玉蜀黍
강냉이

오지 그릇(名)陶器
옹기

완자(名)擂肉塊
모리

외아들(名)獨子
독자

우박(名)雹
누리
무리
느레

원(名)守令
수령

원숭이(名)猿
잔나비
원싱이

은조롱(名)何首烏
새박뿌리

이날(名)此日
본일

이날저날(副)此日彼日
차일피일

이달(名)此月
금월
본월

이달저달(副)此月彼月
차월피월

이마적(名)近者
근자

입맛(名)味覺
구미

입버릇(名)口癖
구습

이럿저럿(副)此話彼話
천산지산

이틀거리(名)二日瘧
이일학
양일학
당고금
당학
노학
해학

이평계저평계(副)此頉彼頉
차탈피탈

이엉(名)蓋草
개초
영

둘째 비슷한 말(近似語)

깍둑깍둑 切刻貌
꺽둑꺽둑 同 大
깍둑거리다 切斷
꺽둑거리다 同大

깍정이 少年땅군
재리 幼年땅군
까딱하면 若或少誤則
자칫하면 若或少錯則

까들까들 輕驕貌
까드락까드락 同 甚
꺼들꺼들 以下各大
꺼드럭꺼드럭

까들거리다 輕驕
까드락거리다 同甚
꺼들거리다 以下各大
꺼드럭거리다

깔깔 笑聲
껄껄 同大
깔끔깔끔 不潤滑
깔죽깔죽 同强頑
깜깜하다 眞黑
껌껌하다 同大
캄캄하다 深暗
컴컴하다 陰暗
깜박깜박 瞠瞬貌
깜빡깜빡 同强
깜작깜작 瞑瞬貌
깜짝깜짝 同强
끔벅끔벅 以下各大
끔뻑끔뻑
끔적끔적
끔쩍끔쩍
깜박거리다 瞠瞬
깜빡거리다 同强
깜작거리다 瞑瞬
깜짝거리다 同强
끔벅거리다 以下各大
끔뻑거리다
끔적거리다
끔쩍거리다

깜짝깜짝 驚愕貌
끔쩍끔쩍 同大
까맣다 瞑漠
까마아득하다 同甚
깝살리다 滑財、逐人
까불리다 散財
까붑까붑 連續搖動貌
깝죽깝죽 斷續搖動貌
깝작깝작 同 淺
깝신깝신 同 輕捷
꺼불꺼불 以下各大
껍죽껍죽
껍적껍적
껍신껍신
까불거리다 連續搖動
깝죽거리다 斷續搖動
깝작거리다 同 淺
깝신거리다 同 輕捷
꺼불거리다 以下各大
껍죽거리다
껍적거리다
껍신거리다
까불질하다 簸揚
사래질하다 簸淘
사름질하다 篩過

까팡이 陶片
까팡돈 同錢形
깨다 睡覺(自動、他動)
깨우다 使[illegible]睡(使役)
깨이다 睡被覺(被動)
깨닫다 覺
깨치다 理解
깨우치다 使理解
일깨우다 使覺醒
깨소금 荏末(調味用)
깨고물 同(塗餅用)
깨죽거리다 不平
께죽거리다 同大
깨지락깨지락 不敏捷貌
께지럭께지럭 同 大
껄떡하다 眼瘦
깔딱하다 同小
건어질리다 同甚
꺼멓다 深黑
까맣다 同小

껍질 皮
껍데기 殼
꺼풀 皮層
깝질 以下各小
깝대기
까풀
께 토(尊稱)
에게 同平等
께죽께죽 厭食貌
깨죽깨죽 同 小
꼭뒤 頭後部
덜미 項後部
꼴 狀
꼬락서니 同鄙稱
몰골 醜貌
꼬리 尾
꽁지 鳥類尾
꽁꽁 痛聲
꿍꿍 同大
꼬장꼬장하다 老强貌
꾸정꾸정하다 同 大
꼬챙이 串用棒
꼬치 串

딱차다 充滿
깍차다 食量充溢
땍땍 高叫聲
쩩쩩 同 大
땍지르다 高聲叫
쩩지르다 同 大
피쓰다 用詐
피피우다 同[illegible]表
피부리다 同行使
끌떡끌떡 嚥下貌
껄떡껄떡 同開口
끌딱끌딱 同 小
꿀쩍꿀쩍 液動音
끌짝끌짝 同 小
꿀쩍거리다 液動
끌짝거리다 同 小
꿈적이다 微動
꿈적거리다 同頻
꿈실거리다 同大
꿈질거리다 同遲鈍
꾸벅거리다 坐睡
꾸뻑거리다 同[illegible]

꾸부정하다 緩曲
꼬부장하다 同小
꿍꿍 鼙鼓音
쿵쿵 同 重
꿰매다 縫
읽매다 結合
찍어매다 略縫
끈끈하다 性質黏
깐깐하다 同 小
끈적끈적 黏貌
깐작깐작 同小
끈적거리다 黏
깐작거리다 同小
끊어지다 絶
끊치다 終絶
끄나불 紐屬
끈 紐
끔찍하다 極甚
놀랍다 可驚
끙끙 沈痛貌
낑낑 同[illegible]甚

끝나다 終了(自動)
끝장나다 終局
끝내다 終了(他動)
끝장내다 終局
끝막다 終結
끄트러기 切餘株
끄트머리 末端
끼다 挾
끼우다 挾入、使挾
낌새 事物徵候
눈치 人心徵候
매개 事物形便
낌새채다 忖度事機
눈치채다 忖度心機
눈치알다 知心機
끼얹다 撒加
끼뜨리다 撒投
각배 同母各生
이복 同父各母
간간하다 小鹹
건건하다 同粗
간드러지다 婀娜軟美
산드러지다 態度輕快

간수 滷水
간국 鹹汁
가누다 收拾
거누다 同大
가득하다 滿
가뜩하다 同强
그득하다 同大
그뜩하다 同强
가든하다 輕捷
가뜬하다 同强
갈꽃 蘆花
갈품 蘆絮
갈보 賣春女
간나회 醜行女
가랑가랑 洽溢貌
카랑카랑 同盛、晴冷貌
가래 痰涎
가래침 痰唾
가르랑가르랑 喘息聲
갈근갈근 同痰聲貌
갈잎 槲木葉
가랑잎 枯闊葉

감궂다 凶獰
감사납다 獰悍
감대사납다 同 甚

감하다 鑑
감쪼으다 同尊

가뭇가뭇 耿滅貌
까뭇까뭇 同 強

갑작스럽다 忽然
급작스럽다 急迫

갑자기 倉卒
갑작스레 倉卒然

가볍다 輕
가분하다 負擔輕
가뿐하다 同 強
거볍다 以下各大
거분하다
거뿐하다
경하다 言動輕

가분가분 輕輕
거분거분 同大

가시다 除去
부시다 洗

강밥 물안만밥
된밥 硬飯

강아지풀 狗尾草
가라지 同田生者

가장자리 沿邊
변두리 邊方

가칫가칫 小物觸手貌
까칫까칫 同 強

개 潮水出入川
개펄 浦邊泥地

개구리 蛙
머구리 蛙類
악머구리 同土色
청머구리 同青草色
청개구리 青蛙

개똥벌레 螢
반딧불 螢火

개다 晴
들다 雨收雲開

건건이 반찬用類
장건건이 醬類

건넛방 越便房
건넌방 正室越房

건정건정 略略進步貌
건성건성 同 無意識
건둥건둥 同 收拾貌
건중건중 同 選拔貌
건듯건듯 同 輕擧貌
건뜻건뜻 同 強

건하다 微醉
거나하다 適度醉
간잔지런하다 醉後眼細
가슴츠레하다 睡眼欲閉
게슴츠레하다 同 粗

거느리다 率(尊卑嚴格)
데리다 同(不甚嚴格)
더불다 與(平等的)

걷잡지못하다 未及措手(動)
걷잡을수없다 措手無策(形)

거두다 收
걷다 捲
걷어치우다 撤

결쩍결쩍 豪放貌
거슬거슬 同 粗

걸핏하면 動輒
언뜻하면 見輒
걸씬하면 觸輒
툭하면 隨時隨處

거르다 漉
받다 濾過

검다 黑
껌다 同強
감다 以下各小
깜다

검측하다 心黑
검측스럽다 同然
검측측하다 同甚

거뭇거뭇 黑點點貌
꺼뭇꺼뭇 同強
검적검적 同亂雜
꺼적꺼적 同強
검실검실 毛髮初生貌
검숭검숭 同 稍長貌
가뭇가뭇 以下各小
까뭇까뭇
감작감작
깜작깜작
감실감실
감숭감숭

거뭇하다 稍黑
검숭하다 毛髮等稍黑
거무스럼하다 軟黑
꺼무스럼하다 同强
거므죽죽하다 皮膚等濁黑
꺼무죽죽하다 同强
거머무트름하다 肥黑
가뭇하다 以下各小
감숭하다
가무스럼하다
까무스럼하다
가무잡잡하다
까무잡잡하다
가마무트름하다
거스르다 逆(他動)
거슬리다 同(被動)
경둥하다 下短
껑뚱하다 同强
강동하다 以下各小
깡뚱하다
경청경청 跳躍貌
껑쩡껑쩡 同强
껑청껑청 同重
경둥경둥 同輕
껑뚱껑뚱 同强

거적눈 上瞼垂眼
밥풀눈 瞼有小贅
거적자리 空俵蓆
짚자리 藁編蓆
거죽 表皮
겉 表面
밧쪽 外部
거짓말 虛言
가짓말 同小
헛말 浪說
거푼거리다 翻
거풀거리다 同重
게걸음치다 左右後退
가재걸음치다 後退
게검스럽다 貪食
개감스럽다 同小
게뚜더기 眼瞼縮痕人
밥풀눈이 瞼有小贅人
게정내다 不平言動
게정부리다 同 甚

겨 糠總稱
겉겨 粗糠總稱
속겨 細糠總稱
등겨 粗糠
왕겨 粗粗糠
쌀겨 粗細糠
견딜성 耐久性
참을성 忍耐性
겨를 暇(時間餘裕)
틈 隙(事物空隙)
겹두겹두 一時幾數事
연비연비 間接又間接
결방 附屬室
결간 同 間
고깝다 曲思
곱새기다 曲解
꼭하다 偏曲
고개 峴
재 嶺
고단하다 身疲
고달프다 心身俱疲
고둥 螺類
소라 螺

고들고들 硬飯狀
꼬들꼬들 同强
구들구들 以下各大
꾸들꾸들
골 洞
골목 同入路
골목짜기 同小
골짜기 峽地
골병들다 因傷致病
골탕먹다 一時損害
곰팡나다 黴發生
곰팡슬다 黴多着
고비 緊切機會
고빗사위 同 刹那
고비판 同 場面
고비 薇
고사리 蕨
과녁박이 正見點
맞은바라기 相對便
과녁박이집 正見建物
막다른집 小街終端屋
광나다 光澤
윤나다 潤澤

광내다	發光
광치다	誇張
괜찮다	無妨
상관없다	無關
괴덕부리다	戲謔不實(動)
괴덕스럽다	同(形)
넌덕스럽다	善戲謔
국	羹
탕	祭湯
국거리	羹材
탕거리	湯材
국그릇	羹器
탕그릇	湯器
구경감	觀賞用
구경거리	可觀材料
구깃구깃	皺貌
꾸깃꾸깃	同强
고깃고깃	以下各小
꼬깃꼬깃	
구깃구깃하다	皺
꾸깃꾸깃하다	同强
고깃고깃하다	以下各小
꼬깃꼬깃하다	

구기적거리다	作皺
꾸기적거리다	同强
고기작거리다	以下各小
꼬기작거리다	
구기적구기적	作皺貌
꾸기적꾸기적	同强
고기작고기작	以下各小
꼬기작꼬기작	
군말	無用語
군사설	同長語
군소리	夢語
굳세다	意志堅固
억세다	物力等頑强
굳이	固
구태여	强仍
굻다	不充滿
굻어지다	自然減
굶다	全然缺食
주리다	長期食不足
굶주리다	長期頻缺食
굼틀거리다	蜿蜒
꿈틀거리다	同强

굼틀굼틀	蜿蜒貌
꿈틀꿈틀	同强
구물구물	蠢動貌
굼실굼실	同多
굼질굼질	同軟
굼적굼적	同鈍
구무럭구무럭	同緩
굼지럭굼지럭	同鈍緩
꾸물꾸물	以下各强
꿈실꿈실	
꿈질꿈질	
꿈적꿈적	
꾸무럭꾸무럭	
꿈지럭꿈지럭	
고물고물	以下各小
곰실곰실	
곰질곰질	
곰작곰작	
고무락고무락	
곰지락곰지락	
꼬물꼬물	
꼼실꼼실	
꼼질꼼질	
꼼작꼼작	
꼬무락꼬무락	
꼼지락꼼지락	

굽실굽실	阿諛貌
꿉실꿉실	同强
꿉적꿉적	屈伸貌
구불구불	屈曲貌
꾸불꾸불	同强
구부리다	曲(物)
꾸부리다	同强
굽히다	屈(心物)
구새통	木造煙突
연통	洋鐵煙突
구수하다	芳香
구뜰하다	同薄
궁둥이	臀
엉덩이	臀上部
구접스럽다	陋醜
구저분하다	同荒
구중중하다	同陰
귀접스럽다	以下各甚
귀저분하다	
귀중중하다	
게접스럽다	同甚
귀축축하다	同賤穢
궂은살	惡肉
군살	贅肉

귓구멍 耳孔
귓문 耳門
귓불 耳朶
귓바퀴 耳輪
귀찮다 苦惱
성가시다 煩惱
근실거리다 蟲痒感
군실거리다 同 甚
그닐거리다 同 軟
근질거리다 同 深
스멀거리다 同 蹝
근실근실 蟲痒貌
군실군실 同 甚
그닐그닐 同 軟
근질근질 同 深
스멀스멀 同 蹝
근지럽다 痒感
근근하다 欲隨痒感
그따위 如許類
그까짓 僅該程度
그대 君
이녁 『당신』-卑稱

그득그득 充滿貌
그뜩그뜩 同 强
글 文
글월 文章
긁적거리다 頻搔
긁숙거리다 同重
갉작거리다 以下各小
갉숙거리다
긁적긁적 頻搔貌
긁죽긁죽 同 重
갉작갉작 以下各小
갉죽갉죽.
긁어당기다 搔引
갉아당기다 同小
긁어먹다 搔食
갉아먹다 同小
글씨 書
글자 字
그런대로 其樣(事實的)
그런양으로 同 (認定的)
그러면 若然則
그러죽 旣然則

그렁그렁 多液貌
글썽글썽 淚盈貌
그렇게 如許히
그렇듯이 如許然
그처럼 如許程度
그렇지 然
그럼 果是
그루 株, 毛作, 其礎
그루터기 切株
그루콩 二毛作大豆
머드레콩 間作大豆
그림 畫
환 販賣用粗製畫
그립다 戀慕(形)
그리다 同 (動)
금맞후다 合價格
금뵈다 驗價格
금방 막 (完了)
방금 바야흐로, 進行)
금붙이 黃金鑄造物
쇠붙이 一般金屬物

그믐밤 晦夜
그믐칠야 暗夜
그사이 其間(汎稱的)
그동안 同 (指定的)
그자 其者
그손 同稍尊
그저 其樣, 尙今
거저 無附帶
공으로 無償
그악하다 過甚
그악스럽다 同然
긴긴날 長長日(時間稱)
긴긴해 同 (日力稱)
긴말 長語
긴사설 繁多長語
긴소리 延長聲音
길다 長
기다랗다 同甚
길목 無底襪
목달이 異項襪

길쭉길쭉	衆物稍長貌
길쯤길쯤	同 頗長貌
걀쭉걀쭉	以下各小
걀쯤걀쯤	
기르다	養
키우다	成大
기름하다	似長
길쭉하다	稍長
길쭉스럽하다	同然
길쯤하다	頗長
길쯔막하다	同緩
갸름하다	以下各小
걀쑥하다	
걀쭉스럽하다	
걀쯤하다	
걀쯔막하다	
기쓰다	盡力
악쓰다	發惡
기장차다	物直長
장차다	直長
깊다	深
깊다랗다	同甚
기어이	期必
그예	畢竟

기우뚱거리다	傾動
끼우뚱거리다	同强
갸우뚱거리다	以下各小
꺄우뚱거리다	
기우뚱기우뚱	傾動貌
끼우뚱끼우뚱	同强
갸우뚱갸우뚱	以下各小
꺄우뚱꺄우뚱	
기울이다	傾
기울어뜨리다	傾倒
기웃거리다	窺覘
끼웃거리다	同强
갸웃거리다	以下各小
꺄웃거리다	
기웃기웃	窺覘貌
끼웃끼웃	同强
갸웃갸웃	以下各小
꺄웃꺄웃	
기웃하다	少傾
끼웃하다	同强
기우듬하다	同若干
끼우듬하다	同强
갸웃하다	以下各小
꺄웃하다	
갸우듬하다	
꺄우듬하다	

낚싯밥	釣餌
미끼	誘引物
낙숫물	檐端落水
지지락물	雨後草家餘滴
나가다	出
나아가다	進
난봉	浮浪徒
팔난봉	同甚
난장이	侏儒
따다지	작은사람의別稱
낟알	穀粒
알	個粒總稱
알갱이	同上强
알땡이	核
낡은것	久弊物
헌것	舊物
날쌔다	迅速
날래다	驍勇
날씬하다	細長
날큰하다	無氣
나른하다	疲倦
날짝지근하다	同弱
느른하다	同大
늑적지근하다	同弱

남바위	頭巾(絲毛製)
풍뎅이	同 (絲毛揮)
나붓기다	飄搖
나붓거리다	繼續飄搖
나불거리다	同軟
나풀거리다	同重
나푼거리다	同輕
나팔거리다	同粗
나울거리다	同搖
너붓거리다	以下各大
너불거리다	
너풀거리다	
너푼거리다	
너펄거리다	
너울거리다	
나붓나붓	飄搖貌
나불나불	同軟
나풀나풀	同重
나푼나푼	同輕
나팔나팔	同粗
나울나울	舞搖貌
너붓너붓	以下各大
너불너불	
너풀너풀	
너푼너푼	
너펄너펄	
너울너울	

납부죽 [illegible]
나부죽이 平伏貌
나지리여기다 輕蔑認
나지리보다 輕蔑視
낮삽다 低認
낮보다 低視
나삐여기다 不善認
나삐보다 不善視
나흗날 月中第四日
나흘 四個日
내닫다 突出現
냅뜨다 急進出
내려뜨리다 墜下
내려치다 打下
내리키다 引下
내려지다 下降
떨어지다 落
내리긋다 縱劃
내려긋다 低劃
내리닫이 上下開閉窓
벼락닫이 [illegible]

[illegible] [illegible]
[illegible] [illegible]
너덕너덕 散散付補貌
더덕더덕 重重累補貌
너덧 四假量
네댓 四五
너더댓 四五假量
널리다 擴大
넓히다 幅擴
넓적하다 稍平廣
넓죽하다 稍長廣
너르다 寬濶
넓다 幅廣
넘겨짚다 豫忖度
넘겨잡다 豫認做
넘성거리다 越窺
넘실거리다 同軟
늘름거리다 同急
끼룩거리다 延頸窺
남상거리다 以下各小
남실거리다
날름거리다
까룩거리다

[illegible] [illegible]
광어 乾廣魚
너부죽하다 稍廣
나부죽하다 同小
너스레 木片設架
겅그레 鼎內設架
너털거리다 散垂搖
나탈거리다 同小
너털너털 散垂貌
나탈나탈 同小
너울가지 交際手段
너름새 虛張周旋
주변성 周旋才
노끈 繩組
노오라기 同小片
녹나다 銹發生
녹슬다 同多着
동녹나다 銅銹發生
동녹슬다 同多着

녹두묵 [illegible]
청포 水[illegible]綠豆묵
제물묵 磨[illegible]綠豆묵
논두렁 畦
논둑 堤堰
노닥이다 瑣語
노닥거리다 同繼續
높이 高
운두 器物高
눅눅하다 濕柔
녹녹하다 同小
눅다 緩
누긋하다 稍緩
눅진눅진 黏軟貌
눅신눅신 同脆
눅실눅실 同軟
누긋누긋 同緩
누글누글 同柔緩
녹진녹진 以下各小
녹신녹신
녹실녹실
노긋노긋
노글노글

누구누구 — 誰某誰某
아무아무 — 某某
눈깜작이 — 頻瞬者
눈껌적이 — 同大稱
눈곱 — 眼垢
눈곱재기 — 同小稱
눈대중 — 頗精確目測
눈어림 — 不精確目測
눈방울 — 眼球
눈망울 — 眼睛
눈에선하다 — 宛然在目
눈에밟히다 — 死兒宛在目
누덕누덕 — 累補貌
노닥노닥 — 同 小
누룽지 — 焦滓
누른밥 — 焦飯
누르다 — 黃
누렇다 — 深黃
노르다 — 以下各小
노랗다
누름적 — 栗肉炙被黃
화양적 — 熟灸肉炙

누릇누릇 — 黃色點點貌
노릇노릇 — 同 小
누르스름하다 — 淡黃
누르께하다 — 同稍深
노르스름하다 — 以下各小
노르께하다
눈적눈적 — 脆貌
눈질눈질 — 同黏
난작난작 — 以下各小
난질난질
늙수그레하다 — 頗老
늙숙하다 — 老成
늙정이 — 老衰者
늙다리 — 老朽動物
느럭느럭 — 徐緩貌
느릿느릿 — 弛緩貌
늘어나다 — 延長
늘어가다 — 進就
늘이다 — 延
늘어뜨리다 — 延垂
느림 — 纖維物
[illegible] — 長[illegible]垂物

느물느물 — 奸譎陰險貌
능실능실 — 同陰險貌
느슨하다 — 緩
나슨하다 — 同小
능갈치다 — 能幹
능청스럽다 — 僞飾
능금 — 林檎
사과 — 苹果
늦잡죄다 — 團束弛緩
늑줄주다 — 與自由機會
닁큼 — 快速
냉큼 — 同小
따끔거리다 — 刺痛
뜨끔거리다 — 同大
따끔따끔 — 刺痛貌
뜨끔뜨끔 — 同 大
따겁다 — 熱
따끈하다 — 觸熱感
뜨겁다 — 以下各大
뜨끈하다
따근따근 — 辛熱貌
따끈따끈 — 同 强
뜨근뜨근 — 以下各大
뜨끈뜨끈

딴말 — 異說
딴소리 — 同稍卑
딴전 — 別設事
생소리 — 不合理語
딴머리 — 假髮
걸머리 — 新婦盛裝假髻
따뜻하다 — 煖
뜨뜻하다 — 同重
다습다 — 溫
다스하다 — 稍溫
딸 — 女
딸자식 — 女息
땀빠지다 — 汗出
진땀빠지다 — 津汗出
땀받이 — 汗受衣
땀등거리 — 汗褙子
떡 — 餅總稱
편 — 餅種類
떠듬거리다 — 吃語
떠듬적거리다 — 同甚
따듬거리다 — 以下各小
따듬작거리다

떠듬떠듬	吃語貌
떠듬적떠듬적	同 甚
따듬따듬	以下各小
따듬작따듬작	
떨떠리다	示威勢
떨치다	振張
떠름하다	稍澁
떨떨하다	粗澁
뚤구멍	鑽門
밑구멍	底孔
뚱기다	敎示
뚱겨주다	爲人敎示
또한	且又
역시	亦是
뚜껑	蓋
덮개	覆物
뚜덕거리다	叩打
투덕거리다	同重
뚜덕뚜덕	輕叩聲
투덕투덕	同重

뜰	庭
마당	場
다	皆
모두	全體
몰수이	全數
죄다	各皆
모조리	同順序的
깡그리	同齊一的
닥	楮
닥나무	楮木
닥치다	迫
닥뜨리다	直當
다닥치다	急迫
다닥뜨리다	急(直)當
맞닥치다	相迫
맞닥뜨리다	相直當
부디치다	觸
부디뜨리다	同全的
마주치다	相對觸
단	小束
뭇	稍大束
묶음	把束汎稱
동	大束
단벌	單一件
단거리	單一材料

닫다	閉
닫치다	同强勢
달각거리다	堅物觸動
딸각거리다	同 强
덜걱거리다	以下各大
떨걱거리다	
달각달각	堅物觸動音
딸각딸각	同 强
덜걱덜걱	以下各大
떨걱떨걱	
달려들다	襲入
대들다	反抗
덤비다	莽動
달곰씁쓸하다	甘苦味
달곰쌉쌀하다	同 佳
달곰새곰하다	甘酸味
달콤새콤하다	同 深
달곰하다	微甘
달금하다	同大
달콤하다	同重
달큼하다	同上大
닭의장	鷄欌
닭의어리	鷄籠
닭의홰	鷄塒

달다	身熱
달치다	同强勢
달음질	走
달음박질	急走
담다	盛
담그다	浸
담배합	煙匣盒
담배설합	煙草舌盒
담벼락	墻面
바람벽	壁
다음	次
지차	次位
대각거리다	堅物微觸
때각거리다	同 强
데걱거리다	以下各大
떼걱거리다	
대각대각	堅物相觸音
때각때각	同 强
데걱데걱	以下各大
떼걱떼걱	
대거리	代償
대갚음	代報

댓가지	竹枝
댓개비	割竹桴
댓조각	竹破片
댕강댕강	金屬相觸聲
뎅겅뎅겅	同 大
댕댕	錚聲 •
땡땡	同强
대중없다	無標準
종작없다	無定見
대청	竹內薄膜
댓속	竹內刮屑
속대	竹內肉
덕석	牛背冬席
언치	馬鞍下毛布
떰치	牛鞍下藁氈
더덕더덕	稠着貌
다닥다닥	同 小
다다귀다다귀	同 緩
덕적덕적	稠疊貌
덕지덕지	同 輕
닥작닥작	同 小

더듬다	探搜
더듬거리다	同繼續
더듬적거리다	同上緩
어두더듬다	同盲跡
더듬더듬	探搜貌
더듬적더듬적	同 緩
덜덜	寒慄貌
달달	同 小
벌벌	畏慄貌
발발	同 小
덜렁이다	粗率行動
덤벙이다	粗率干涉
덜렁거리다	以下各繼續
덤벙거리다	
더럽다	穢
던적스럽다	卑穢
다랍다	以下各小
단작스럽다	
때묻다	俗陋(動)
더뻑	無謀進出貌
덤뻑	同 重
덥석	急取貌
덤썩	同多量
텁석	同咬取

더버머리	蓬頭
다바머리	同小
더부룩하다	草茂貌
다보록하다	同 小
덧내다	撥起瘡處
덧드리다	激人感情
덩굴	蔓
넌출	垂蔓
덩이	塊
덩어리	同大
덩커리	同體積
덮어놓다	不顧是非
덮어두다	不擧論
더위먹다	罹暑症
더위들다	暑症侵入
데꾼하다	瞼收上
떼꾼하다	同 强
대꾼하다	以下各小
때꾼하다	

데구루루	轉貌
떼구루루	同强
덱데구루루	撲[illegible]貌
떽데구루루	同上强
데굴데굴	以下各反覆
떼굴떼굴	
덱데굴덱데굴	
떽데굴떽데굴	
디구루루	以下各小
때구루루	
댁대구루루	
땍대구루루	
대굴대굴	
때굴때굴	
댁대굴댁대굴	
땍대굴땍대굴	
데다	火傷
데우다	使溫
데되다	未成(質的)
데생기다	同(品態的)
데삶기다	似烹非烹
데익다	似熟非熟
설삶기다	半烹
설익다	半熟

[illegible] [illegible]
[illegible] [illegible]
돌멩이 石塊
돌덩이 同大者
돌멩이질 石打
돌팔매질 投石
팔매질 投物
돌무더기 石堆
돌담불 同林野在者
돌배 山梨
묻배 積熟梨
돌쩌귀 鐵製雌雄樞
지도리 樞汎稱
장부 門ㅅ鐵製頭
묻장부 同 木樞
도랑치마 普通短裳●
몽당치마 最短裳
도무지 都
도파니 同全的
돗바늘 縫席用大針
탁매기바늘 [illegible]用大針

도시락 柳器小行李
동고리 柳製圓形行李
두당치기 賭博名
동당이 賭博用語
동트다 東天白
동살잡히다 光線始現
도지다 甚酷
돈하다 過强
[illegible] 腹鳴聲
[illegible] 同 强
되걸리다 反福
되잡히다 反捕
되잡다 逆捉
되씌우다 逆轉嫁
두낌 半綿
붓두껍 筆韜
두껍다 形體厚
두텁다 品質厚
두근거리다 驚悸
울렁거리다 怔忡

[illegible] [illegible]
울렁울렁 胸[illegible]貌
둔탁하다 愚鈍
둔하다 不怜悧
두덜거리다 不平
투덜거리다 同重
구두덜거리다 同甚
게걸거리다 同對人
게두덜거리다 同上聽
두둑 田畔
두렁 畦
두드리다 叩
두들기다 毆打
뚜들기다 同强
둘둘 捲貌
뚤뚤 同强
돌돌 以下各小
똘똘
둘레 周圍
언저리 同周近傍
두레박 汲水瓢
타래박 同長柄

둥글다 圓
둥그렇다 正圓
동글다 以下各小
동그랗다
둥그스럼하다 稍圓
동그스럼하다 同小
둥둥 浮動貌
둥실둥실 浮流貌
동동 以下各小
동실동실
두툴두툴 凹凸貌
도톨도톨 同 小
두툼하다 稍厚
도톰하다 同小
두어 (冠)둘가량
두세 (冠)둘或셋
두엇 (名)둘가량
두셋 (名)둘或셋
뒤둥그러지다 反張(全的)
뒤뜨다 同 (層비)
뒤버무리다 濕物混
뒤섞다 混

뒷공론	**背後評論**
뒷말	事後異議
뒤서다	隨後
뒤지다	落後
뒤적거리다	翻搜
뒤적이다	翻
뒤척거리다	亂翻
뒤적뒤적	翻搜貌
뒤척뒤척	同 亂
뒤집다	裏返
뒤치다	底返
뒤틀리다	捩遂
뒤틀어지다	同自然的
들들볶다	熬
달달볶다	同小
들볶다	同促
들려붙다	付着
달라붙다	同小
들리다	綻露被檢
들키다	小事發覺

듬쑥듬쑥	**沈重貌**
듬먹듬먹	同放濫
뜰썩뜰썩	以下各强
뜰먹뜰먹	
달싹달싹	以下各小
달막달막	
딸싹딸싹	
딸막딸막	
들썩이다	動搖
들먹이다	同 放恣
들썩거리다	以下各繼續
들먹거리다	
뜰썩거리다	以下各强
뜰먹거리다	
달싹거리다	以下各小
달막거리다	
딸싹거리다	
딸막거리다	
들어붓다	暴注
들이붓다	注入
드림셈	日月賦會計
드림흥정	日月賦約價
드문드문	稀濶、稀疏
듬성듬성	平面上稀疏
띄엄띄엄	一線上稀疏

등	**背**
등어리	「등」의 鄙稱
등날	脊柱隆起線
등마루	脊柱
등성마루	脊柱表面
등줄기	脊梁部全體
디글디글	顆大貌
떼글떼글	同 大
디디다	蹈
밟다	踏
막내	末子汎稱
막내동이	同貴愛稱
막동이	同直
막삽이	粗用品
막치	粗製品
마감	決算
끝마감	總決算
마개	栓
막이	防塞
만만하다	不足可畏
만질만질하다	同 柔軟
문문하다	**同 小**

만만히보다	**輕易觀**
만만히여기다	輕易認
문문히보다	以下各大
문문히여기다	
만적만적	頻觸貌
만지작만지작	同 緩
맑다	淸
말갛다	淸明
말젓	談話參與
말귀	語趣
말덤	禁慾
말림갓	禁養山林
말전주하다	告傳
말질하다	說是非
마루	普通廳
대청	正室大廳
맘결	性格
맘성	心性
맘씨	心의態度
맘보	不美根性
맘자리	心地
심정	心의情景
심술	頑悖心
심사	妨害心

마바릿군	馬䭾軍
말군	行馬業者
마부	牽馬夫
맛살	모든맛의살
가리맛	蟶
맛피우다	不美味表現
맛부리다	不美味行動
맛없다	無味
맛적다	同貶稱
맛있다	美味
맛나다	同主觀的
망녕되다	言行妄誕
망녕스럽다	同　然
망녕들리다	老耄狀態
망녕부리다	老耄行動
망치다	誤(事에主)
망그지르다	同(物에主)
망그뜨리다	同　强
마줏대	繫畜柱
말말뚝	繫馬柱
마치	恰
마침	適

마치	鎚
장도리	有角鎚
맥적다	無聊
맥없다	同無氣
맨몸	身無携帶
맨몸뚱이	同鄙稱
맨손	無依赤手
맨주먹	無依赤拳
빈손	無所持空手
빈주먹	無所持空拳
매맞다	被打
보리타다	同鄙稱
매큼하다	微辛
매콤하다	同小
매캐하다	同不快臭
매판	磨磑間席
맷방석	同有緣者
먹성	食量
먹새	食事
먹음새	飲食凡節
머리털	頭髮汎稱
머리카락	同　個體

머뭇거리다	躊躇
문칫거리다	延拕
뭉긋거리다	臂延
머무적거리다	以下各級
문치적거리다	
뭉그적거리다	
머뭇머뭇	躊躇貌
문칫문칫	延拕貌
뭉긋뭉긋	臂進貌
머무적머무적	以下各級
문치적문치적	
뭉그적뭉그적	
머슴살이	農家年傭
고공살이	臨時雇傭
멍울	凝結塊
망울	同　核
머춤하다	一時止
뜸하다	中止狀態
명태	生明太
북어	乾明太
모	稜
모서리	同銳部
모퉁이	隅

목	頸
멱	項前部
목구멍	咽喉
목통	食慾
목수	木手
대목	同大工
지위	同敬稱
목줄띠	食道筋
목정강이	項骨
모가지	「목」의鄙稱
며가지	「멱」의鄙稱
모래	沙
모새	細沙
몸하다	月經(動作)
몸있다	同　(狀態)
못된놈	不良者
몹슬놈	殘忍者
못자리	苗床通稱
모판	苗床畝面
못주다	打釘、(爲物完固)
못박다	同　(爲釘所用)

몽둥이	棒
몽치	同武器用
방망이	同器具用
모짝모짝	耗蝕貌
몽창몽창	塊蝕貌
모자라다	有差
못되다	一定量未滿
모지라지다	消耗
무지러지다	缺損
모퉁이	隅
모롱이	山隅
모으다	集(他動)
모이다	會(自動)
묵직하다	重擧感
무직하다	重壓感
무거리	篩末
묵정이	陳物
문지방	閾木
문턱	閾下
문척문척	潰爛貌
문적문적	同柔
문덕문덕	同脆

무너지다	大物崩
흐너지다	小物崩
무더기	堆積
더미	堆丘
묽다	稀薄
멀겋다	同甚
물때	潮汐動時
물참	滿潮時
물렁물렁	柔軟
물씬물씬	同脆
물큰물큰	同濃
물컹물컹	同爛
물쩡물쩡	同無力
말랑말랑	以下各小
말씬말씬	
말큰말큰	
말캉말캉	
말짱말짱	
물멀미	水眩
뱃멀미	船眩
물써다	潮水減退
써다	減退
물크러지다	腐爛
문드러지다	腐損
뭉크러지다	腐碎

무럭무럭	漸長貌
무룩무룩	同重
모락모락	以下各小
모록모록	
뭉개다	爛混
뭉기다	混沌
뭉뚝하다	禿狀
뭉툭하다	同鈍
뭉실뭉실	肥澤
몽실몽실	同小
뭉치	捲塊
뭉텅이	堆塊
무턱대다	無計劃
허턱대다	虛計劃
미끈거리다	滑(動)
매끈거리다	同小
미끈하다	平滑
미끈둥하다	同然
매끈하다	以下各小
매끈둥하다	
미끄럽다	滑(形)
매끄럽다	同小

민머리	白頭、禿頭
맨머리	不冠頭
대머리	禿頭
민숭민숭	禿貌
민둥민둥	同平滑
맨숭맨숭	以下各小
맨둥맨둥	
밀다	推
밀치다	力推
미뜨리다	推人
미루다	延拖
미련하다	愚昧
미욱하다	愚鈍
매련하다	以下各小
매욱하다	
미리	豫
지레	豫速
밋밋하다	長直
맷맷하다	同小
미지근하다	微溫
미적지근하다	同弱
배지근하다	以下各小
매작지근하다	
미안스럽다	悶
불안스럽다	同弱

빽빽하다 密塞
뻑뻑하다 密立
빠듯하다、 密合
뽀듯하다 同小
빨래 洗濯
마전 漂白
뻐꾸기 布穀鳥
구꾸기 鵓鳩
뻐근하다 充塞感
뻑적지근하다 筋肉痛感
뻔뻔하다 厚顔
빤빤하다 同小
뼈들다 遲延、執刀手戲
뼈물다 用意
뾰족하다 尖
삐죽하다 同大
빼죽하다 同小
뾰쪽하다 以下各銳
삐쭉하다
빼쭉하다
뾰조롬하다 以下各緩
삐주룸하다
빼주롬하다

뿌드득뿌드득 堅磨貌
빠드득빠드득 同 齒
빽 密集貌
빡 同 小
삐드득 戶軸轢音
빠드득 同 小
뺑뺑매다 慌忙蹀行
쩔쩔매다 慌忙往來
박다 印刷
박이다 同(使役)
박히다 同(被動)
박절하다 薄待
절박하다 急迫
바구니 平底圓柢器
소쿠리 半圓狀竹器
반갑다 歡(形)
반기다 歡(動)
반들거리다 [illegible]
반질거리다 [illegible]

반들반들 練滑貌
빤들빤들 同 强
반질반질 油滑貌
빤질빤질、 同 强
번들번들 以下各大
뻔들뻔들
번질번질
뻔질뻔질
반드럽다 練滑
반지럽다 油滑
번드럽다 以下各大
번지럽다
반드르르 練滑平坦貌
반지르르 油滑平坦貌
번드르르 以下各大
번지르르
반듯하다 正平
번듯하다 同大
반반하다 平坦無缺
번번하다 同 大
반물 藍色(淡)
독물 同(濃)
반빗 饌婢
반빗아치 [illegible]

반작거리다 閃
빤작거리다 同 强
반짝거리다 同 急
빤짝거리다 同 急强
번적거리다 以下各大
뻔적거리다
번쩍거리다
뻔쩍거리다
반작반작 閃貌
빤작빤작 同 强
반짝반짝 同 急
빤짝빤짝 同 急强
번적번적 以下各大
뻔적뻔적
번쩍번쩍
뻔쩍뻔쩍
반팔등거리 短袖內着上衣
등거리 無袖內着上衣
마고자 有袖外着上衣
배자 無袖外着上衣
반하다 暗中一條明
빤하다 同 强
발굼치 踵
발뒤꿈치 踵後上
발끈거리다 激怒
빨끈거리다 同强

밝갛다 眞紅
빨갛다 同强
벌겋다 以下各大
뻘겋다
발목 足關節部汎稱
발회목 足關節正部
발판 足臺
등상 無緣椅子
밥그릇 밥담는그릇
식기 飮食器
밥풀 飯糊
밥날 飯粒
바싹 緊逼貌
바짝 同 强
방앗간 搗舂所
정미소 精米所
바투 近接、短接
바트기 同 弱
번득거리다 顚翻
번뜩거리다 同强
뻰득거리다 同急
뻰뜩거리다 同急强

번득번득 顚翻貌
번뜩번뜩 同 强
뻰득뻰득 同 急
뻰뜩뻰뜩 同急强
번쩍 急擧貌、光閃貌
반짝 同小、同小
버둥거리다 臥動四肢
바동거리다 同 小
버드러지다 延張
빼드러지다 同强
버듬하다 外傾
번버듬하다 同甚
벌거숭이 裸體
발가숭이 同小
벌떡벌떡 飮貌、胸騷貌
뻘떡뻘떡 同 强
발딱발딱 以下各小
빨딱빨딱
벌다 小開
벌어지다 開撥
벌쭉거리다 鼻孔開動
벌룩거리다 同 軟

벌쭉벌쭉 開合貌
뻘쭉뻘쭉 同 强
발쪽발쪽 以下各小
빨쭉빨쭉
벌룩벌룩 同軟促
벌름벌름 同軟緩
버럭 急叫貌
벌컥 汁液急出貌
버럭버럭 益加
바락바락 同小
버릇 習性
버르장이 同鄙稱
버르적거리다 苦悶動身
바르작거리다 同 小
버석버석 枯葉磨擦音
버썩버썩 同 强
워석워석 同 碎音
워썩워썩 同上 强
바삭바삭 以下各小
바싹바싹
와삭와삭
와싹와싹

벙긋벙긋 口笑貌
벙실벙실 同和氣
벙글벙글 同軟滑
빙긋빙긋 同巧態
빙글빙글 同軟滑
뻥긋뻥긋 以下各强
뻥실뻥실
뻥글뻥글
뼁긋뼁긋
뼁글뼁글
방긋방긋 以下各小
방실방실
방글방글
뱅긋뱅긋
뱅글뱅글
빵긋빵긋
빵실빵실
빵글빵글
뺑긋뺑긋
뺑글뺑글
싱긋싱긋 同隱然
싱글싱글 同軟滑
씽긋씽긋 以下各强
씽글씽글
생긋생긋 以下各小
생글생글
쌩긋쌩긋
쌩글쌩글
싱글벙글 同愉快
생글방글 同 小

방긋하다	合處弛開
버긋하다	同 緩
버근하다	同 脆
벌름하다	軟物開隙
버름하다	同 緩
번모없다	不知體貌
열퉁적다	言動粗劣
번죽울리다	諷刺
번죽치다	同露骨的
별말	別語
별소리	同卑稱
볏가리	稻積
낟가리	穀積
짚가리	藁積
병들다	罹深病
병나다	發病
앓다	痛苦
보	樑
들보	主樑
본바닥	本地
본바탕	本質
보독솔	矮樹
보도기	矮松

보름날	月中第十五日
보름	十五個日
봉투	封套
겉봉	外封套
보퉁이	物包
봇짐	褓負
보얗다	淺白色
뽀얗다	同 强
북슬북슬	肥毛貌
부얼부얼	蕃茁貌
북적거리다	雜沓
복작거리다	同小
벅적거리다	以下各淺
박작거리다	
북적북적	雜沓貌
복작복작	同 小
벅적벅적	以下各淺
박작박작	
부글부글	沸貌
보글보글	同小
바글바글	同淺

분풀이하다	釋憤
성풀이하다	解怒
화풀이하다	心火解除
부풋하다	膨滿
뿌풋하다	同强
부드럽다	柔
보드럽다	同小
볼경볼경	多量含嚼貌
볼근볼근	同 淺
올강올강	以下各小
올근올근	
올공올공	同狹口貌
올공볼공	同各樣貌
볼긋볼긋	斑紅貌
뽈긋뽈긋	同 强
발긋발긋	以下各小
빨긋빨긋	
불쑥불쑥	突推貌
불퉁불퉁	突起貌
볼통볼통	同 小
불지르다	衝火
불놓다	放火
부러지다	折斷
꺾어지다	折

부레풀	魚鰾膠
부레	魚鰾
부루퉁하다	脹
보로통하다	同小
부썩부썩	急進貌
부쩍부쩍	同 重
부삽	火鍤
부손	火爐用小鍤
부서지다	碎
바서지다	同小
부스러지다	細碎
바스러지다	同小
부수다	碎
바수다	同小
부숭부숭	乾燥貌
보송보송	同 小
부스대다	不沈着
바스대다	同 小
부슬부슬	細雨貌
보슬보슬	同 小
부스럭거리다	騷動
바스럭거리다	同

부스러기 屑
바스라기 同小
부스러뜨리다 破碎
바스러뜨리다 同小
으스러뜨리다 紛碎
부스스 散亂
바스스 同小
부지런하다 勤
바지런하다 同小
부피 容積
부룻 무더기의 부피
부옇다 白色不透明
뿌옇다 同 强
비 碑
빗돌 碑石
비꼬이다 不正綯
비틀리다 不正捩
비틀어지다 同上自然
비끗비끗 斜逸貌
삐끗삐끗 同强
배끗배끗 以下各小
빼끗빼끗

비걱거리다 轢音
삐걱거리다 同强
빼각거리다 同小
빈정빈정 誹笑貌
빙긋빙긋 微笑貌
비뚝거리다 傾動
삐뚝거리다 同强
배뚝거리다 以下各小
빼뚝거리다
비뚤어지다 不正傾
삐뚤어지다 同 强
비꿀어지다 以下各甚
삐꿀어지다
배뚤어지다 同上小
빼뚤어지다 同 强
비뚜름하다 稍不正傾
삐뚜름하다 同 强
배뚜름하다 以下各小
빼뚜름하다
빌어먹다 乞食
빠라먹다 同小
비렁뱅이 거지의 鄙稱
동냥아치 乞[illegible]

비록 雖
암만 雖如何
비리다 腥
배리다 同小
비릿비릿하다 不滿意
배릿배릿하다 同 小
비비꼬다 累綯
배배꼬다 同小
비빔밥 骨董飯
비빈밥 同臨時的
비비적거리다 頻擦
배비적거리다 同小
비비틀다 甚捩
배배틀다 同小
빗가다 斜行
벗놓다 放任
벗가다 放縱
뻗대다 直抗
어기대다 詰抗
비슷하다 近似
비스름하다 近似然

비슷하다 少傾
배슷하다 同小
비스듬하다 以下各緩
배스듬하다
엇비슷하다 同 斜
비슷이 少傾貌
비스듬히 同 緩
빙 環繞貌
삥 同 强
뱅 以下各小
뺑
빙그르르 回轉貌
뱅그르르 同 小
삥그르르 同上强
뺑그르르 同 小
핑그르르 同上重
팽그르르 同 小
빙충맞다 愚癡
뱅충맞다 同小
빙충이 愚人
뱅충이 同小
비쭉거리다 易怒
삐쭉거리다 同强
배쭉거리다 以下各小
빼쭉거리다

빚지시 價金仲介
빚거간 同職業的
비죽거리다 翻唇
삐죽거리다 同强
배죽거리다 以下各小
빼죽거리다
비치다 照(自動)
비추다 同(他動)
비취다 同(被動)
비틀거리다 蹌步
비뚝거리다 同遮
비척거리다 同無力
배틀거리다 以下各小
배뚝거리다
배척거리다
비웃다 鼻笑
비웃적거리다 同繼續
빈정거리다 同言動
빙긋거리다 同無興意
씁까스르다 同惱人
싹독싹독 寸斷貌
썩둑썩둑 同大

싸우다 戰
쌈하다 同事爲的
쌈싸우다 戰爭
쏘대다 奔走
싸대다 同淺
헤매다 迷路奔走
쑤석거리다 衝動
쏘삭거리다 同小
쓰라리다 刺烈痛
쓰리다 刺痛
씀바귀 苦菜(葉長根細長)
고들빼기 同 (葉稍廣根肥)
씁쓸하다 微苦
씁쓰레하다 同不快
씨 種汎稱
씨앗 植物採種
씩둑씩둑 無用語貌
씩둑꺽둑 同 混雜
씨근거리다 喘
쌔근거리다 同小

씨근씨근 喘貌
쌔근쌔근 同小
씻가시다 洗除
씻부시다 洗
삯군 雇人
삯팔잇군 同職業者
산골 峽中
산골짜기 山谷
산등성이 山脊全面
산마루 山脊
산디놀음 山臺遊戲
산디도감 山臺事務所
산벼락 猝雷免死
생벼락 不實橫厄
살결 皮膚腠理
살성 皮膚性質
살갗 皮膚面
살똥스럽다 輕妄有毒
산망스럽다 言動輕妄
살래살래 軟搖貌
살살 同輕微

살받이 화살꽂힐자리
개자리 貫革前陷地
살잡다 起傾屋
살잡이하다 同(事爲的)
사라지 油布草匣
쌈지 草匣
사라지다 火雪等消解
슬다 瘡疹等落瘢
스러지다 影像忽不見
사르다 燒消
태우다 使燃
사리사리 纏卷貌
서리서리 同大
사분사분 擧動輕捷貌
사뿐사뿐 同 强
사푼사푼 同 重
사븟사븟 以下各促
사뿟사뿟
사풋사풋
삿갓 農笠通稱
갈삿갓 同蘆製
삿반 蘆盤
채반 杻盤

사슬	環形相連索
쇠사슬	同鐵製
상말	俚諺
상소리	鄙語
상보다	排床
상배보다	臨時排床
사철쑥	川原蓬
더위자기	蝦蓬
사흗날	月中第三日
사흘	三個日
새	山蘆類
억새	山蘆大者
색떡	色餅
색절편	色切餅
새남하다	死後賽神
서왕가르다	同一部
새나무	山蘆薪
셋검불	山蘆雜薪
새매	雀鷂
송골매	隼
새롱거리다	狂率言行
새부렁거리다	同鑑人

샛길	間路
지름길	徑路
선뜩하다	冷觸感
선뜻하다	一目瞭然
새실새실	笑戲貌
새새	同輕
생으로	無理
건으로	無實
서걱거리다	剝嚙
써걱거리다	同強
사각거리다	以下各小
싸각거리다	
서걱서걱	剝嚙音
써걱써걱	同強
사각사각	以下各小
싸각싸각	
선뜩하다	驚慄
산뜩하다	同小
천뜩하다	以下各深
산뜩하다	
섬뜩하다	同厭忌
선득선득	寒貌
선뜩선뜩	同強
산득산득	以下各小
산뜩산뜩	

선들선들	凉貌
설렁설렁	同歎
선지피	鮮血
선지	食用獸血
서너너덧	三四假量
서넛	三假量
서늘하다	凉
서느렇다	同甚
써늘하다	以下各強
써느렇다	
천천하다	淸爽
설겆다	整頓
서릊다	掃蕩
들부수다	打碎
설삽죄다	團束不充分
설다루다	處理不充分
서벅서벅	利切貌
썸벅썸벅	同強
섬뻑섬뻑	同深
썸뻑썸뻑	同強深
삼박삼박	以下各小
쌈박쌈박	
삼빡삼빡	
쌈빡쌈빡	

서부렁하다	弛緩
사부렁하다	同小
서분하다	同輕
성기다	疏
성깃하다	稍疏
설피다	不精緻
설핏하다	(稍不精緻
상기다	以下各小)
상깃하다	
살피다	
살핏하다	
성기성기	疏貌
상기상기	同小
성나다	怒(自然的)
골나다	同氣分的
성내다	怒(有意的)
골내다	同氣分的
성큼성큼	闊步貌
엉큼엉큼	同不規則
상큼상큼	以下各小
앙큼앙큼	
성큼하다	脚長
설멍하다	同細瘦
상큼하다	以下各小
살망하다	

성에	霜氷, 流氷
성엣장	流氷塊
서투르다	不熟練
설다	生疎
서운하다	不足感
섭섭하다	慨然感
서울나기	京出生人
서울뜨기	同卑稱
경아리	同貶稱
세다	强
세차다	强健
셈나다	智量生
지각나다	知覺力生
철나다	分辨力生
셈들다	有智量
지각들다	有知覺力
철들다	有分辨力
셈속	事體內容
셈판	同 形便
속곳	女內衣
속속곳	同內內衣
단속곳	最外內衣

속고의	內袴
고의	單袴
속닥이다	密議
속삭이다	情話
속셈	心中打算
속배포	心中計劃
속종	心中定見
소견머리	소견(意見)鄙稱
소갈머리	속(心裡)鄙稱
소경	盲人
장님	同尊稱
판수	同卜術者
손겪다	接客(平常時)
손겪이하다	同 事爲的
손치르다	同 大事時
손치다	同 職業的
손대중	頗精確手測
손어림	不精確手測
손서투르다	不熟手
손설다	初手
소담하다	饒饒
소담스럽다	饒饒然

솜	去核綿
당대	中國去核綿
당탄	中國木花
솜옷	綿衣
핫옷	厚綿衣
소사스럽다	有奸才
요괴스럽다	有奸且怪
송사리	魚名(體甚小)
조라치	同稱入者
피라미	鯈
송이술	最先汲酒
용수뒤	最後汲酒
소인	卑人對貴人自稱
쇤비	婢僕對上長自稱
쇠몽치	鐵椎
쇠뭉치	鐵塊
숙어지다	俯
수그러지다	同稍深
수군거리다	密語
쑤군거리다	同强
숙덕거리다	以下各擬議
쑥덕거리다	
숙덜거리다	以下各兩歎
쑥덜거리다	

숙설거리다	以下各細
쑥설거리다	
소곤거리다	以下各小
쏘곤거리다	
속닥거리다	
쏙닥거리다	
속달거리다	
쏙달거리다	
속살거리다	
쏙살거리다	
수군수군	密語貌
쑤군쑤군	同强
숙덕숙덕	以下各擬議
쑥덕쑥덕	
숙덜숙덜	以下各歎
쑥덜쑥덜	
숙설숙설	以下各細
쑥설쑥설	
소곤소곤	以下各小
쏘곤쏘곤	
속닥속닥	
쏙닥쏙닥	
속달속달	
쏙달쏙달	
속살속살	
쏙살쏙살	

숙이다 俯頭
수그리다 同稍深
숟가락 匙
간자 同高級稱
술부대 酒客
주망나니 同狂悖者
술술 速出貌
솔솔 同小
수르르 軟解貌
소르르 同小
숨기 息氣
숨기척 同微音
숨지다 隕命
숨넘어가다 同刹那的
숨통 氣管
숨구멍 呼吸竅
수북하다 堆多
소복하다 同小

숫지다 [illegible]
숫접다 淳眞
숫되다 素朴
푸지다 盛多
수선거리다 騷
술렁거리다 世騷
수선하다 混雜
수선스럽다 混雜然
수수하다 無飾氣
수련하다 順美
슴명하다 稍近滿足
숭숭 粗切貌
숭덩숭덩 同緩
송송 以下各小
송당송당
수줍다 態度羞澁
어줍다 言動羞澁
수월하다 無難
수월스럽다 無難然
쉬 易、不遠
쉽사리 容易
쉬파리 靑背蠅
왕파리 大蠅

슬금거리다 [illegible]
살근거리다 同小
슬근슬근 輕擦貌
살근살근 同小
슬기롭다 睿明
슬금하다 內明
슬겁다 內廣
살갑다 同小
슬며시 隱然
슬그니 隱密
슬그머니 同軟
살며시 以下各小
살근이
살그머니
슬슬 輕擦貌
살살 同小
시골나기 鄕出生人
시골뜨기 鄕人未開者
시골고라리 鄕人頑愚者
촌나기 村出生人
촌뜨기 村人未開者
시금떨떨하다 酸澁
시금털털하다 同重

시금하다 微酸
시큼하다 同重
시근하다 同筋骨感
시큰하다 同重
시척지근하다 酸敗味
새금하다 以下各小
새큼하다
새근하다
새큰하다
새척지근하다
새꼼하다 『새금』의深
새콤하다 『새큼』의深
신선로 神仙爐
열구자 同料理
시들시들 葉萎貌
시득시득 同甚
시들부들 以下各無力
시득부득
새들새들 以下各小
새득새득
수들수들 根萎貌
수득수득 同甚
소들소들 以下各小
소득소득
시들하다 不滿
소들하다 同小

시둔히여기다 不置重
시득히보다 不重視
실그러지다 斜蹙(動)
샐그러지다 同 小
실긋하다 斜蹙(形)
실룩하다 同 歆
실쭉하다 同 長形
샐긋하다 以下各小
샐룩하다
샐쭉하다
실긋거리다 斜蹙斜蹙
실룩거리다 同 歆
실쭉거리다 同 長形
샐긋거리다 以下各小
샐룩거리다
샐쭉거리다
실긋실긋 斜蹙貌
실룩실룩 同 歆
실쭉실쭉 同長形
샐긋샐긋 以下各小
샐룩샐룩
샐쭉샐쭉
실긋샐긋 以下各混狀
실룩샐룩
실쭉샐쭉

실떡실떡 雜談貌
실실 戱笑貌
실밥 絲屑
실뽀무라지 同雜屑
실속 實利
실차뀌 自己實利
실큼하다 頻厭
실쭉하다 同弛
샐큼하다 以下各小
샐쭉하다
실톳 卷絲
실뭉덩이 絲塊
실패 絲牌
실감개 絲卷
실하다 實
튼튼하다 堅實
실팍하다 壯健
당당하다 有强味
실없은말 無用言
농담 戱談
시룽거리다 狂粗言行
시부렁거리다 同饒人

시룽시룽 狂粗言行貌
시부렁시부렁 同饒人
심술구러기 頑悖者
심술패기 頑悖兒
심술퉁이 頑悖嫉妬者
심술피우다 心術表現
심술부리다 心術行使
심심풀이 破寂
심심소일 同輕易的
심악하다 苛酷
삼악하다 同小
심악스럽다 苛酷貌
삼악스럽다 同 小
이심스럽다 人心闇惝
야심스럽다 同 小
싱겁다 味淡
심심하다 同弱
삼삼하다 同小
싱긋거리다 微笑
싱글거리다 同軟
생긋거리다 以下各小
생글거리다

싱숭생숭 心神不定貌
시룽새룽 同 甚
시적거리다 緩行不進
흐근거리다 同 懈弛
흐적거리다 同故意延拖
흐쭉거리다 同 甚
시적시적 緩行不進貌
흐근흐근 同 懈弛
흐적흐적 同故意延拖
흐쭉흐쭉 同 甚
시큰둥하다 裝驕放
시룽머리터지다 同過度
시룽스럽다 同無禮
시룻하다 追愧厭苦
진절머리나다 同 甚
시퍼렇다 深靑
새파랗다 同小
시푸르죽죽하다 靑黑
시푸르뎅뎅하다 同弱

짝 隻
쪽 片
짝채우다 充偶
짝짓다 作偶
짠지패 雜歌隊
날탕패 同 西道雜歌用
짜들럼짜들럼 小小斷續貌
찌들럼찌들럼 同 大
즐덤슬텁 同 促
짤막하다 稍短(絶的)
짜름하다 同 (形的)
쩍벌어지다 着兩開張
떡벌어지다 合口開放
짝바라지다 以下各小
딱바라지다
쩍쩍 動舌音
쩝쩝 動唇舌音
짝짝 以下各小
짭짭
쩍쩍거리다 動舌
쩝쩝거리다 動唇舌
짝짝거리다 以下各小
짭짭거리다

쪽 方向指示
편 方面分定
쭉쭉 吮音
쪽쪽 同 小
쭝긋거리다 耳口尖動
쫑긋거리다 同 小
쭝긋쭝긋 耳口尖動貌
쫑긋쫑긋 同 小
쭈크리다 屈身
쭈크러뜨리다 同甚
쪼크리다 以下各小
쪼크러뜨리다
쯤 程度
만큼 限界
찜부럭내다 不快言動
찜부럭부리다 同 甚
찜찜하다 慊然難言
찡찡하다 慊然不安
찡긋거리다 頻蹙顔
찌긋거리다 頻蹙眉
찡긋찡긋 蹙的貌
찌긋찌긋 蹙眉貌

찡기다 被皮所蹙(自動)
찡그리다 嚬 (他動)
찌푸리다 同 蹙
찢어지다 破裂
째어지다 分裂
작다 小(大의對)
적다 少(多의對)
작대기 撑棒
작사리 數個交結杖
작살 刺魚分枝槍
자고깨면 睡覺輒(睡覺,本位)
자꼬새면 同 (日明本位)
작은사랑 子弟居室
아랫사랑 下便舍廊
작은집 次子家
적은집 妾家、妾
자그마하다 稍小
커그마하다 稍少
조그마하다 各同小
잔디 莎草
떼 莎土

잔말 冗言
잔사설 煩多冗言
잔소리 厭聽冗言
잔말장이 恒例冗言者
잔소릿군 同 可厭者
잔망스럽다 孱妄過熟
잔작하다 成熟過尉
잔자누룩하다 鎭定貌
잔잔하다 靜穩貌
잘록잘록 長物凹凸貌
짤룩짤룩 同 强
질룩질룩 同 疎
잘똑잘똑 同 深刻
짤똑짤똑 同 强
질뚝질뚝 同 疎
잘록하다 長物中凹
짤록하다 同 强
질룩하다 同 疎
잘똑하다 以下各深刻
짤똑하다
질뚝하다
잘리다 被絞
졸리다 同小

자란자란 水滿貌
차란차란 同 溢
차랑차랑 同將溢貌
찰랑찰랑 同 強
처렁처렁 以下各大
철렁철렁
자르다 絞
잘라매다 絞結
조르다 以下各小
졸라매다
잡가 雜歌
잡소리 雜常語
잡도리하다 團束
잡죄다 緊促
자빠지다 仰沛
나자빠지다 同激甚
나가자빠지다 同數步離
잡수다 먹다의尊
자시다 먹다의稍尊
장가처 行禮妻
본댁비 元在妻
장거리 市場街路
장판 市場地區

장국밥 肉湯飯
국밥 入羹飯
국말이 同臨時混飯
장금 市價
장시세 市價臨落勢
장나무 木竿
장대 竹竿
장다리 薹(무、배추)
종 同(파、마늘)
장사 商行爲
장수 商人
잦다 後傾
잦바듬하다 同外延
젖다 以下各大
젖버듬하다
잦히다 後傾、後反
젖히다 同 大
잦아지다 涸盡
잦아들다 漸涸
자지레하다 細瑣貌
자질구레하다 雜細貌
자차분하다 細弱貌
자욱하다 煙霧貌
자오록하다 閑靜態

재깔재깔 喧貌
재잘재잘 同 細
재바르다 敏速
재다 敏
적바림하다 記錄
적다 記
적은집 妾
마마 下人對主人妾稱
아나서 三品以上少年妾
전골 煎骨
벙거짓골 煎骨鍋
전국 純液
진국 純眞人
전짬 不稀濃物
진짬 不混純物
진짜 非假眞品
저네 「저네들」의略
저들 「저이들」의略
저따위 如彼類
저까짓 僅彼程度
절꺼 密觸貌
쩔꺼 同 強
잘까 以下各小
짤까

절꺼거리다 頻續密觸
쩔꺼거리다 同 強
잘까거리다 以下各小
짤까거리다
절꺼절꺼 反覆密觸貌
쩔꺼쩔꺼 同 強
잘까잘까 以下各小
짤까짤까
절뚝거리다 跛行
쩔뚝거리다 同強
절름거리다 同輕
저축거리다 同無力
잘뚝거리다 以下各小
짤뚝거리다
잘름거리다
자축거리다
절뚝발이 跛者
절름발이 同輕
절뚝절뚝 跛行貌
쩔뚝쩔뚝 同強
절름절름 同輕
저축저축 同無力
저춤저춤 同上輕
잘뚝잘뚝 以下各小
짤뚝짤뚝
잘름잘름
자축자축
자춤자춤

질질 沸騰貌
쩔쩔 同 強
잘잘 以下各小
짤짤
저런대로 彼樣(事實的)
저런양으로 同 (認定的)
저러면 若如彼則
저런즉 旣如彼則
저렇게 如彼히
저렇듯이 如彼然
저처럼 如彼程度
저리다 痺
자리다 同小
저리저리 關節痛貌
저릿저릿 同 促
자리자리 以下各小
자릿자릿
접다 折
접치다 同強勢
저벅저벅 踏步音
저적저적 同 弱
젓 醯
젓갈 醯屬

정수리 頂門
숫구멍 頂門穴
젖먹이 哺乳兒
눈자라기 臥幼兒
저자 彼者
저손 同稍尊
저희들 小生等
저이들 彼人等
저네들 彼人輩
제물로 自體로
제출물로 自力으로
제풀로 自然으로
제대로 自樣으로
제물에 自體的
제출물에 自力的
제풀에 自然的
제웅 防厄藁人形
허수아비 田間偶人形
조 粟
좁쌀 粟米
조금 少許
조끔 同強

졸보 小規模의人
졸로 體局小
졸때기 規模小
조리개 綵類繩
자리개 藁類繩
좁다 狹
좁다랗다 甚狹
좋지않다 不好
언짢다 稍惡
준득준득 柔靭貌
존득존득 同 小
주둥이 口觜
조동이 同小
주두라지 「말씨」의鄙稱
줄거리 葉莖等幹脈
줄기 草木幹
줄다 減
줄어지다 自然減
줄어들다 漸減
졸다 以下各同小
졸아지다
졸아들다

줄줄 瀉下貌
쭐쭐 同 強
죽죽 以下各促
쭉쭉
졸졸 以下各小
쫄쫄
족족
쪽쪽
잘잘 以下各盛勢
짤짤
좌좌
쫙쫙
주렁주렁 多懸貌
조랑조랑 同 小
주르르 流下貌
주르륵 同 促
조르르 以下各小
조르륵
줄이다 減縮
졸이다 同小
주물럭거리다 手弄
조몰락거리다 同小
주물럭주물럭 手弄貌
조몰락조몰락 同 小

중얼거리다 獨語
쭝얼거리다 同强
중널거리다 同不平
중절거리다 同瑣雜
중중거리다 同怨詈
쭝쭝거리다 同上强
종날거리다 以下各同小
쫑날거리다
종달거리다
종잘거리다
종종거리다
쫑쫑거리다
중얼중얼 獨語貌
쭝얼쭝얼 同 强
중덜중덜 同不平
중절중절 同瑣雜
종알종알 以下各同小
쫑알쫑알
종달종달
종잘종잘
주정군 醉狂者
주정장이 醉狂常習者
주추 礎
주춧돌 礎石
주춤주춤 或立或蹲貌
조촘조촘 同 小

쥐어지르다 軟處拳衝
쥐어박다 硬處拳突
지껄이다 喧
지껄거리다 同繼續
지절거리다 同散漫
재깔이다 以下各同小
재깔거리다
재잘거리다
지저귀다 同細
떠들다 同大聲
지게문 出入戶
장지문 同有障子
지근거리다 强請
지근덕거리다 同甚
자근거리다 以下各小
자근덕거리다
지근지근 强請貌
지근덕지근덕 同執拗
자근자근 以下各小
자근덕자근덕
지근지근하다 畏則請
지부럭지부럭하다 故意惱
지금거리다 嚼砂
자금거리다 同小

지긋이 徐閉合貌
진득이 徐抑壓貌
잔득이 同 小
진발 泥足
진신발 濕履類
진작 早即
진자리 初生即時
진창 泥濘處
진펄 泥野
지난번 前回
저번 前者
접때 向者
지나다 過(自動)
지내다 過(他動)
지다 負
짊어지다 支而載負
걸머지다 繩索掛負
지다 消, 落
지우다 削除
질끈 緊縛貌
잘끈 同 小
잔뜩 充分

질경질경 細嚼貌
잘강잘강 同 小
질그릇 土器(無潤)
오지그릇 陶器(有潤)
질금거리다 或注或止
찔끔거리다 同 强
잘금거리다 以下各淺
짤끔거리다
졸금거리다 以下各小
쫄끔거리다
질금질금 或注或止貌
찔끔찔끔 同 强
잘금잘금 以下各淺
짤끔짤끔
졸금졸금 以下各小
쫄끔쫄끔
질기다 韌
검질기다 性質頑韌
질리다 被衝
찔리다 被刺
질질 漏出貌
찔찔 同 强
질퍽거리다 深黏
질벅거리다 同軟
질척거리다 同不快

질[illegible]떡 深黏貌
질벅질벅 同軟
질컥질컥 同不快
지르다 衝
찌르다 刺
지르르 關節痛貌
찌르르 同强
자르르 以下各小
짜르르
지리하다 遲延長期
지질하다 厭嫌長期
짐짓 故
부러 故意
짓궂이 同稍惡意
집속 家內
집안 庭戶、一族
짓씹다 細嚼
짓물다 細齧
징경이 鴛鴦
비오리 鸂鶒鴦

지저분하다 亂雜不潔
추저분하다 同醜
추접지근하다 同緩
지질지질 濕貌
지적지적 同不潔
지지리뜨리다 使氣盡
진지리뜨리다 同甚
자지리뜨리다 以下各小
잔지리뜨리다
지지러지다 氣盡
진지러지다 同甚
자지러지다 以下各小
잔지러지다
지지리 消極的極端
자지리 同小
차근차근 周密貌
초군초군 同緩
찬기운 冷氣
찬김 冷汽
찬찬히 徐徐
천천히 同大

차다 蹴
걷어차다 上蹴
차다 冷
차겁다 逼冷
차랑거리다 水將溢
찰랑거리다 同强
처렁거리다 以下各大
철렁거리다
차조 糯粟
차좁쌀 糯粟米
책의 冊表紙
책가위 冊加衣
책뚜껑 冊前表紙
척짓다 構怨恨
척지다 怨恨構成
철떡거리다 動溢
찰딱거리다 同小
철떡철떡 動溢貌
찰딱찰딱 同小
철모르다 不知分辨(動)
철없다 無分辨力(形)

철벅거리다 踏水
절벅거리다 同軟
철버덕거리다 同亂
찰박거리다 以下各小
잘박거리다
찰바닥거리다
철벅철벅 踏水音
절벅절벅 同軟
철버덕철버덕 同亂
찰박찰박 以下各小
잘박잘박
찰바닥찰바닥
첨벙거리다 水中投物
점벙거리다 同軟
참방거리다 同小
첨벙첨벙 水中投物音
점벙점벙 同軟
참방참방 同小
철썩거리다 打水
찰싹거리다 同小
철썩철썩 打水音
찰싹찰싹 同小
철철 水溢貌
찰찰 同小

첫대	第一先
첫밖에	劈頭에
처신없다	處身拙
채신없다	同 小
처신사납다	同 陋
청딋독되다	皮膚靑黑(動)
청딋독같다	同 (形)
체하다	滯
토라지다	少滯
총채	鬃穗鞭
먼지떨이	拂塵鞭
파리채	打蠅鞭
축축하다	稍濕
촉촉하다	同 小
추기다	煽動
부추기다	幇助煽動
추다	稱揚
치살리다	濫讚
출출하다	稍飢
촐촐하다	同 小
칭칭	纏縛貌
찬찬	同 小

치뜨리다	投上
치치다	打上
치키다	引上
치룽	無蓋杻籠
채롱	有蓋杻籠
치르다	經
치다	同 獻身的
치르다	支拂
치다	認做
치러주다	支給
쳐주다	認給
칭얼거리다	兒頻泣
찡얼거리다	同 强
칭얼칭얼	兒頻泣貌
찡얼찡얼	同 强
칵칵	吐出音
캭캭	同, 銳
칼국수	細切小麥麵
칼싹두기	片切小麥麵
켜내다	紡出繭絲
켜다	紡繭絲

콧김	鼻汽
콧숨	鼻息
콧날	鼻脊銳線
콧등	鼻脊
콧마루	鼻脊樑
콩떡	混豆餠
콩설기	混豆有層餠
쾨쾨하다	汗垢臭
퀴퀴하다	腐氣臭
쿨룩거리다	咳
콜록거리다	同 小
컬럭거리다	同 濁
크다	大
커다랗다	巨大
탄알	彈丸
처란	鐵丸
탐탁하다	堅實
탐탁스럽다	堅實然
탁탁하다	緻密
탕건	宕巾
갑투	宕巾類

탕탕	鎗聲
땅땅	同 硬
텡텡	同 遠響
쾅쾅	同 堅實
꽝꽝	同上 硬
터	基
터전	垈地
턱찌끼	食物殘滓
대궁	食器殘存飯
터덕거리다	困難步行
터덜거리다	同 弱
털털거리다	同 急
타닥거리다	以下各小
타달거리다	
탈탈거리다	
터덕터덕	困難步行貌
터덜터덜	同 弱
타닥타닥	以下各小
타달타달	
털	毛髮通稱
터럭	頭髮
털털	拂貌
탈탈	同 小
텀벙	水中落物音
텁벙	同 輕

텁석부리	多鬚者
탑삭부리	同 小
텁텁하다	不爽快
터분하다	同 弱
텃밭	垈田
터앝	垈內可種地
텅	內虛貌
탕	同 小
테두리	周緣線
테	周輪
테석테석	不滑貌
티석티석	同 甚
톡톡하다	織堅
툭툭하다	同大
툭비어지다	突出
톡비어지다	同小
툭툭	渾彈音
톡톡	同 小
퉁기다	支撐物脫出
퉁겨지다	同 自脫
통기다	以下各小
통겨지다	

퉁소	洞簫
단소	短簫
퉁퉁걸음	急步
통통걸음	同小
퉁퉁거리다	踏板作聲
퉁탕거리다	同 亂
퉁퉁하다	肥大
뚱뚱하다	同碩
통통하다	以下各小
똥똥하다	
튀기다	彈指
퇴기다	同小
튼튼하다	堅實
탄탄하다	同小
틀다	捩
꼬다	綯
비틀다	以下各稍甚
비꼬다	
배틀다	以下各小
배꼬다	
틀리다	相違
틀어지다	自然相違

트릿하다	胸不快
트적지근하다	同 甚
틈틈이	無時乘隙
새새	每休息時間
티	塵(個體)
티끌	同(集多)
먼지	同(細粉)
티격나다	軋轢生釁
격나다	生疎隔
격지다	疎隔
틈나다	生釁端
팔따기	「팔」의 鄙稱
팔뚝	팔의 前膊
팔죽지	上肢
어깻죽지	肩臂部
어깻부들기	肩胛部
팔목	腕關節部
팔회목	腕關節凹部
팍짱지르다	交手入袖
팍짱끼다	兩腕相挾

펀둥펀둥	遊惰貌
번둥번둥	同 緩
뻔둥뻔둥	同 强
핀둥핀둥	以下各可憎
빈둥빈둥	
삔둥삔둥	
펀들펀들	以下各滑
번들번들	
뻔들뻔들	
핀들핀들	
빈들빈들	
삔들삔들	
판둥판둥	以下各小
반둥반둥	
빤둥빤둥	
팬둥팬둥	
밴둥밴둥	
뺀둥뺀둥	
판들판들	
반들반들	
빤들빤들	
팬들팬들	
밴들밴들	
뺀들뺀들	
펀펀하다	平坦
판판하다	同小

퍼덕거리다 搏羽
푸덕거리다 同重
푸드덕거리다 同亂
퍼덕퍼덕 搏羽音
푸덕푸덕 同重
푸드덕푸드덕 同亂
펄떡펄떡 頻躍貌
풀떡풀떡 同重
팔딱팔딱 以下各小
폴딱폴딱
펄렁거리다 飜
풀렁거리다 同重
펄럭거리다 以下各促
풀럭거리다
팔랑거리다 以下各小
폴랑거리다
팔락거리다
폴락거리다
펄렁펄렁 飜貌
풀렁풀렁 同重
펄럭펄럭 以下各促
풀럭풀럭
팔랑팔랑 以下各小
폴랑폴랑
팔락팔락
폴락폴락

펄썩 塵烟忽起貌
폴싹 同小
풀썩 同重
펄쩍거리다 飜飛
팔짝거리다 同小
펄쩍펄쩍 飜飛貌
팔짝팔짝 同小
펄펄 沸貌
팔팔 同小
퍼석퍼석 脆疎貌
푸석푸석 荒疎貌
파삭파삭 以下各小
포삭포삭
퍽석퍽석 以下各促
푹석푹석
팍삭팍삭
폭삭폭삭
펑펑 水出貌
풍풍 同重
팡팡 以下各小
퐁퐁
펴다 舒
펴놓다 舒展

푹신푹신 疎柔貌
폭신폭신 同小
팍신팍신 同淺
푸근푸근 以下各緩
포근포근
파근파근
푹하다 冬溫
푸근하다 同緩
푼더분하다 豐多
푼푼하다 洽足
넉넉하다 寬裕
풀리다 物體解
풀어지다 物體自解
끌러지다 結處自解
푸릇푸릇 青色點點貌
파릇파릇 同小
푸뜻푸뜻 間間現出貌
파뜻파뜻 同小
파딱파딱 生氣貌
푸르스럼하다 薄青
푸르죽죽하다 同濁
파르스럼하다 以下各小
파르족족하다
품 懷
품속 懷中

품갚음 受助還報
품앗이 相互助力
품팔이 日傭
품팔이하다 日雇業營爲
품팔다 日雇
푸새하다 糊衣事
풀먹이다 糊衣
풍덩 水中落物音
퐁당 同小
펑덩 同粗
펑 同促
피근피근 無靦恥貌
피둥피둥 同甚
피리 竹笛
호드기 草笛
핏기 血色(生理的)
혈기 血氣(精神的)
핏발 血勢(生理異狀)
핑 忽轉貌
팽 同小
핑핑하다 強張貌
팽팽하다 同小

피어나다 發興
살아나다 再生
하 大、多
하도 同强勢
하게 命令（平卑稱）
하소 同（稍尊）
한걱정 大念慮
한근심 大憂愁
한결 一層
훨씬 超然
한것 中日之中
한나절 中日
한동안 許久間
한참 一站時
한창 方盛時
한차례 一遍（往返）
한돌림 同（順序的）
한바퀴 同（輪廻的）
한통속 同一團體中
한속 同一趣旨

한통치다 撤界限
통밀다 同類推
통틀다 同總括
한풀꺾이다 銳氣挫
한풀죽다 銳氣消
할미 嫗、賤者祖母
할멈 同 稍尊
할쭉할쭉 瘦瘠貌
할짝할짝 同 淺
할아비 老叟、賤者祖
할아범 同 稍尊
함지 多角木造器
함지박 獨木大瓢
권함지 同 有緣
함치르르 潤澤貌
홈치르르 同 濃
하얗다 最白
허옇다 同大
해밝쑥하다 潔白
해사하다 淸美
햇발 日力
햇살 日光線

해지다 耗弊
깨지다 破弊
해지다 日落
해넘어가다 同刹那的
해질녘 日沒時
해넘이 日沒
허덕허덕 苦勞貌
허덕지덕 同 甚
허둥허둥 荒忙貌
허둥지둥 同 甚
하동하동 同 小
허드레 雜
허드잡이 雜用件
허섭쓰레기 還餘殘物
헐떡헐떡 喘貌
헐근헐근 同弛緩
할딱할딱 以下各小
할근할근
헐떡이다 喘
헐떡거리다 同繼續
헐근거리다 同弛緩
할딱이다 以下各小
할딱거리다
할근거리다

헐렁거리다 納不變孔
훌렁거리다 同 深
헐떡거리다 足不着履
훌떡거리다 同 深
할랑거리다 以下各小
홀랑거리다
할딱거리다
홀딱거리다
헤근거리다 結迴不緊
헐렁하다 納小孔大
훌렁하다 同 深
할랑하다 以下各小
홀랑하다
헐렁헐렁、 納小孔大貌
훌렁훌렁 同 深
헐떡헐떡 足小履大貌
훌떡훌떡 同 深
할랑할랑 以下各小
홀랑홀랑
할딱할딱
홀딱홀딱
헤근헤근 結迴不緊貌
헐쭉하다 憔悴
헐쑥하다 同缺血氣
할쭉하다 以下各小
할쑥하다
해쓱하다 顔蒼白

허룽하아	虛誕八
허룽이	虛誕人
허리	腰
잔허리	腰背細部
진허리	同屈伸處
허구리	腰左右虛部
진구리	同凹陷處
옆구리	脇側部
험상궂다	貌態險惡
험상스럽다	同 然
허비다	刮搔
하비다	同小
할퀴다	爪搔
허비적거리다	頻刮
하비작거리다	同小
허비적허비적	頻刮貌
하비작하비작	同 小
헛간	虛間
헛청	同有板
헛듣다	聽而無效
횡듣다	誤聽
헛보다	見而無效
횡보다	誤見

헛아궁이	屋外火口
군불아궁이	煖房火口
함실아궁이	無鼎火口
헝겁지겁	歡喜貌
허겁지겁	狂喜貌
허전하다	弛緩
하전하다	同小
허수하다	虛疎
허탕	無所得
빈탕	無物狀
허위적허위적	無力努貌
허위허위	同 粗
헤뜨리다	亂散
헤치다	披散
헤집다	爬散
헤죽헤죽	張臂步貌
헤적헤적	同 濶
휘적휘적	同 搖蕩
헤엄치다	泳(動作에置重)
헤엄하다	同(事에置重)
헤다	同(汎用)
헤어지다	解散
헤지다	撒布
흩어지다	亂散

호기롭다	意氣揚揚
호기스럽다	同 然
혼자	單獨
홀로	孤獨
호젓하다	幽寂
휘휘하다	寂然恐怖
화끈화끈	熱氣感
호끈호끈	同 重
홧홧	同 促
확확	風吹貌
훅훅	同 重
화나다	起氣發
열나다	熱氣發
활짝	廣開貌
활싹	同 緊
활찐	以下各軟
활씬	
훨쩍	以下各大
훨썩	
훨찐	
훨씬	
회	膾
회갓	膾肉材

회매하다	巧裝簡潔
회동그랗다	束裝簡潔
회초리	撻鞭
휘추리	細長枝
훈기	熏氣
훈김	同輻射勢
호닥닥	行動急貌
화닥닥	同 促
후드득후드득	連爆音
호드득호드득	同 小
화드득화드득	同 亂
훌벗	脫衣貌
훌쩍	同 緊
훌떡	以下各全的
훌쩍	
홀딱	以下各小
홀짝	
활딱	
활짝	
훌쩍	急跳貌
홀짝	同 小
훌쩍거리다	欷泣
홀짝거리다	同小

훌쩍훌쩍 欽泣貌
홀짝홀짝 同小
훌쭉하다 瘠長
홀쭉하다 同小
훑이다 拔
홅이다 同小
훌훌 欽粥貌
훅훅 同 促
홀홀 以下各小
혹혹
후레아들 無敎養者
호래아들 同 小
후리다 鞭打
호리다 同小
훔쳐거리다 探懷中
홈착거리다 同 小
훔쳐훔쳐 探懷中貌
홈착홈착 同 小
후무리다 掠取
홈치다 窃取
훗날 後日
후제 後時汎稱

후더분하다 蒸熱
후덥지근하다 同不快
훗훗하다 蒸熱
훨훨 飛揚貌
훌훌 同 重
활활 以下各小
홀홀
휑하다 空虛
휑뎅그렁하다 疎虛
횅하다 以下各小
횅뎅그렁하다
휙 投貌
획 同小
핵 同强
휘뚝거리다 動搖欲倒
회똑거리다 同 小
휘뚝휘뚝 欲倒貌
회똑회똑 同 小
휘뚤휘뚤 道路屈曲貌
회뜰회뜰 同 小
휘몰이하다 綱羅
회몰다 促驅

휘주근하다 疲勞無氣
휘적지근하다 同 緩
휘질근하다 濕無糊力
휘청거리다 軟柔
회창거리다 同小
휘청휘청 軟柔貌
회창회창 同 小
흉내 言行模倣
입내 言語模倣
흑보기 白目斜視者
사팔뜨기 斜視者
흔덕이다 動搖
근뎅이다 懸搖
끄덕이다 點頭
끄떡이다 同强
흔들거리다 繼續動搖
흔뎅거리다 同 輕
흔드렁거리다 同 緩
흔드적거리다 同 沈着
흔덕거리다 同 促
근들거리다 以下各懸搖
근뎅거리다
근드렁거리다
근드적거리다
근덕거리다 ‖

끈덕거리다 同上 强
끈떡거리다 同 促强
끄덕거리다 以下各點頭
끄떡거리다
끄떽거리다 以下同上巧
끄떽거리다
하들거리다 以下各小
한댕거리다
한드랑거리다
한드삭거리다
한닥거리다
간들거리다
간댕거리다
간드랑거리다
간드작거리다
간닥거리다
깐닥거리다
깐딱거리다
까닥거리다
까딱거리다
까댁거리다
까땍거리다
흔들흔들 繼續動搖貌
흔뎅흔뎅 同 輕
흔드렁흔드렁 同 緩
흔드적흔드적 同 沈着
흔덕흔덕 同 促 ‖

근들근들	以下各懸搖
근뎅근뎅	
근드렁근드렁	
근드적근드적	
근덕근덕	
끈덕끈덕	同上 强
끈떡끈떡	同 促强
끄덕끄덕	以下各點頭
끄떡끄떡	
끄덱끄덱	以下同上巧
끄떽끄떽	
한들한들	以下各小
한댕한댕	
한드랑한드랑	
한드작한드작	
한닥한닥	
간들간들	
간댕간댕	
간드랑간드랑	
간드작간드작	
갇닥갇닥	
깐닥깐닥	
깐딱깐딱	
까닥까닥	
까딱까딱	
까댁까댁	
까땍까땍	

흔적없다	形跡無遺
가뭇없다	形跡隱徹
흐드러지다	爛熟
흐무러지다	濕熱
흙덩이	土塊
흙덩어리	同大
흙뭉치	作團土
흙뭉텅이	同 大
흘겨보다	睨視
흘기다	睨
홀금홀금	類睨貌
홀끔홀끔	同 强
홀끗홀끗	同 促
할금할금	以下各小
할끔할끔	
할끗할끗	
흘기죽죽	睨貌
할기죽죽	同小
흘미주근	事不進行
흘미죽죽	朦朧度日
흐리멍덩하다	精神朦朧
하리망당하다	同 小
흐리터분하다	事物混濁

흐물흐물	軟熟貌
흠실흠실	同 脆
희끈희끈	目眩貌
희끗희끗	同 促
희뜩희뜩	同 重
희끄무레하다	似白
해끄무레하다	同小
희끔하다	稍白
해끔하다	同小
희끗희끗	白色點點貌
희뜩희뜩	白色相雜貌
해끗해끗	以下各小
해뜩해뜩	
흰떡	長切白餠
골무떡	短切白餠
흰무리	無層甑餠
백설기	有層甑餠
흰자위	白眼，卵白
흰자	卵白
악지스럽다	無理固執(小)
악지세다	同 甚
악지쓰다	同 行使
악지부리다	同 挑發的
악지세우다	同 主張的

아가미	鰓
조름	鰓內櫛形物
아가씨	少女
아기씨	未婚女尊稱
아씨	旣婚女尊稱
새아씨	婚後女尊稱
새악씨	婚前婚時稱
각씨	人形
아귀	交會處
아퀴	歸決
아기	小兒
아가	同小兒語
안개	霧
해미	海霧
안차다	埋沒膽大
다라지다	卒然不怯
안차고다라지다	埋沒無怯
아득하다	渺眩
아뜩하다	卒眩
아찔하다	危眩
어득하다	以下各大
어뜩하다	
어찔하다	

아들　子
아들자식　子息
알라차　感歎語
얄라차　同 妙
알른알른　光輝貌
얼른얼른　同 大
알몸　裸體
알몸뚱이　同 鄙稱
알밤　去殼栗
알암　自熟栗
알씬거리다　眼前出沒
알찐거리다　同 諂態
알씬날씬　阿諂貌
알찐날찐　同 執拗
알쭝알쭝　同 多言
알젓　魚卵醢
명란젓　明太卵醢
아래통　下部둘레
아랫동　下部토막
아랫동아리　同 鄙稱
아랫도리　下肢

아롱아롱　斑點貌
알롱알롱　同 鮮
아로롱아로롱　同 疎
알록알록　同 深
알로록알로록　同上疎
알락알락　同 淺
알쏭날쏭　同亂紋
아롱다롱　以下各雜
알롱달롱
아로롱다로롱
알록달록
알로록달로록
알락달락
알쏭달쏭
어롱어롱　以下各大
얼롱얼롱
어루룽어루룽
얼룩얼룩
얼루룩얼루룩
얼럭얼럭
얼쑹얼쑹
어룽더룽
얼룽덜룽
어루룽더루룽
얼룩덜룩
얼루룩덜루룩
얼럭덜럭
얼쑹덜쑹

아름답다　美
아리땁다　姸美
아리다　辛辣痛
알알하다　刺痛狀態
암상하다　猜毒
암상스럽다　同 然
암수　暗數
암수거리　暗數作用
암팡스럽다　體小膽大
암펑같다　同 悍
아마　想應
아마도　同 强勢
앙살하다　强虛勢
앙살피우다　同有惡意
아저씨　叔
아주버니　媤叔
아차　悔歎辭
아뿔싸　同 深
어뿔싸　同 大

아칠아칠　虛弱步貌
아치랑아치랑　同 緩
아흐렛날　月中第九日
아흐레　九個日
아예　自初
애초　最初
아울리다　調和、就緖
아우러지다　同 自然
어울리다　以下各大
어우러지다
아우르다　幷
어우르다　同大
아우성　亂叫聲
함성、　齊叫聲
애처롭다　憐悶
안슬프다　悲悶
애타다　焦心
애끊다　心膓欲斷
애닮다　涸渴心慮
애퉁터지다　懊心如裂
애젓하다　焦慮不堪
약두구리　鍮製藥煎器
약탕관　陶製藥煎器

약바르다 靈敏有才謀
약삭바르다 同 甚
야단치다 騷
야기부리다 同不滿
야드르르 柔澤貌
야들야들 同 軟
얄맛궂다 性情乖戾
얄궂다 可怪
얄망스럽다 稍乖戾
얌전하다 佳雅
얌전스럽다 佳雅然
야죽야죽 巧言貌
야스락야스락 同 細
얇다 淺
엷다 同大
억지스럽다 無理固執(大)
억지세다 同 甚
억지쓰다 同 行使
억지부리다 同挑發的
억지세우다 同主張的
떼쓰다 無理强要
억척부리다 勝氣不屈(動)
억척스럽다 同 (形)

어기뚱하다 異於他
엉뚱하다 超於他
엉큼하다 有野心
엉큼스럽다 同 然
앙큼하다 以下各小
앙큼스럽다
어기대다 不順從
빗대다 側面接觸
어기적거리다 步行難澁
아기죽거리다 同 小
언덕 傾斜地
언덕배기 同頂上
언제 何時
어느때 同指摘的
언청이 缺唇人
째보 同戱稱
어느겨를 何暇
어느틈 何隙
어둑컴컴하다 頗黑暗
어둠침침하다 濛暗
얽다 縛
얽어매다 纏結

얼굴 顏
낯 面
얼금뱅이 痘痕人
얽둑배기 多痘人
알금뱅이 以下各下
앍둑배기
얼금얼금 痘痕貌
얽둑얽둑 同粗點貌
얽죽얽죽 同密集貌
얽적얽적 同疎大貌
얽벅얽벅 同深大貌
얼금숨숨 同散點貌
알금알금 以下各小
앍둑앍둑
앍죽앍죽
앍작앍작
앍박앍박
알금솜솜
얼러맞추다 虛構瞞着
걸맞추다 表面善迎
어렁어렁 巧妙誘惑貌
알랑알랑 同 小
어렁뚱땅 同 決斷的
얼마쯤 幾何程度
얼마나 果然何
얼마만큼 若何限界

얼씨구 歡喜聲
얼싸 同 促
얼씬없다 無影形(形)
얼씬아니하다 不現形(動)
얼쩍지근하다 若干辛暈感
얼근하다 適度辛暈感
얼얼하다 過度辛暈感
어령칙하다 記憶不明確
어렴픗하다 不明確
아령칙하다 以下各小
아렴픗하다
어른거리다 隱見
아른거리다 同小
어른어른 隱見貌、光澤貌
아른아른 同 小、同 小
어름어름 不明確
아름아름 同 小
어물어물 言語模糊
어물쩍어물쩍 同術策的
어리광 飾幼貌
응석 驕蚩貌
어린애 幼兒
어린것 同愛稱、賤稱

어릿어릿	言動無氣貌
아릿아릿	同 小
엇가다	進行違
엇나가다	方向違
엇먹다	錯違
엇다	違
어썩	急嚙音
으썩	同强勢
아싹	同 小
으쩍	以下各重
아짝	
어슷비슷하다	狀態參差
어금지금하다	程度參差
엉금엉금	匍匐貌
엉큼엉큼	同 重
앙금앙금	以下各小
앙큼앙큼	
엉너리치다	買歡心
얼레발치다	同小規
엉더리	根據
허루니	土臺
엉얼엉얼	怨嗟聲
웅얼웅얼	同 深
앙날앙알	同 小
앙잘앙잘	同 細
웅얼웅얼	沈吟聲
옹알옹알	同 小
웅질웅질	以下各細
옹잘옹잘	
어찌	何、豈
어떻게	如何樣
어지간하다	相當程度
어연간하다	近可程度
우연만하다	稍近及程度
어질다	賢
착하다	善
어질어질	眩 貌
어찔어찔	同危機的
어뜩어뜩	同忽乍的
아질아질	以下各小
아찔아찔	
아뜩아뜩	
어짓바르다	少餘少不足
어중되다	長短不適
어차어피	於此於彼
이렇든지저렇든지	不拘彼此
엎다	覆
엎시르다	覆器棄物
엎치다	轉覆
엎드러지다	仆伏
엎어지다	顚覆
엎어누르다	强壓
엎누르다	同促
어여차	合力聲
어기여차	同詠歎
어여차	同 促
에구	哀痛聲
애고	同 小
에구머니	驚呼聲
애고머니	同 小
에끄나	同 急
에워싸다	包圍
에우다	圍
엷다	薄
얇다	同小
얄다랗다	同甚
얄팍하다	閑弱
열채	有稜鞭
챗열	鞭穗
열흘날	月中第十日
열흘	十個日
여러번	屢回
여러차례	同次序的
누누이	同重複的
여러분	諸位
제군	諸君
여름타다	夏弱
더위타다	畏暑
여리다	脆弱
야리다	同小
염치	廉耻
얌치	同小
여무지다	堅實
오달지다	盛實
엾	飾
결	飢
여위다	瘦
야위다	同小
옛적	古代
이전	過去

옥다	內曲
오긋하다	稍內曲
욱다	以下各大
우긋하다	
온갖	各種
여러가지	諸種
오냐	應答
올치	是認
오	首肯
오늘	今日
오늘날	而今
올	絲條
오라기	絲斷片
오리	細切長片
옭매다	錯結
옭아매다	纏結
올막졸막	塊多貌
올목졸목	同密
올망졸망	同右態
울먹줄먹	以下各大
울묵줄묵	
울멍줄멍	

올벼	早稻
자채	早稻의 一種
오목하다	凹
옴쏙하다	同急勾配
옴폭하다	同緩勾配
우묵하다	以下各大
움쑥하다	
움푹하다	
오목오목	多凹貌
옴쏙옴쏙	同急勾配
우푹우푹	同緩勾配
우묵우묵	以下各大
움쑥움쑥	
움푹움푹	
옹골차다	充實
올차다	強實
올되다	早成
옹두리	木瘤
옹이	木節
왁자지껄하다	喧噪
왁자하다	騷亂
짜하다	喧閙傳播

와각와각	聲音錯沓貌
와글와글	狀態錯沓貌
와락	急驟貌
왈딱	急翻貌
왈칵	[illegible]
왕골자리	莞草織席
기직	編製席類
왕벌	黑大蜂
말벌	赤大胡蜂
왜그르르	硬物落散貌
왜글왜글	同 亂
왱그렁뎅그렁	金屬觸音
왱뎅그렁	同 促
왱뎅	噴騰音
왱뎅그렁	同 亂
왜장녀	體大無恥女
뻘때추니	自由放縱女
외면치레	外美內空
외양치레	外見壯大
겉치레	外裝華奢
면치레	體面修飾

욕보다	當侮辱
욕먹다	當辱說
요망부리다	輕率行動
요망떨다	同 浮躁
오망부리다	怪僻行動
오망떨다	同輕躁
요망스럽다	輕妄
오망스럽다	怪做
우글거리다	衆動
욱실거리다	同密勢
욱신거리다	同強烈
우그러지다	自縮
쭈그러지다	同挾壓的
찌그러지다	同重壓的
오그라지다	以下各小
쪼그러지다	
짜그러지다	
우글우글	衆動貌
욱실욱실	同密勢
욱신욱신	同強烈
욱실덕실	以下各雜沓
욱신덕신	

우글우글	縮皺貌
쭈글쭈글	同挾壓的
찌글찌글	同傾斜的
우글쭈글	同雜橫的
오글오글	以下各小
쪼글쪼글	
짜글짜글	
오글쪼글	
우그리다	縮
우그려뜨리다	同强勢
쭈그리다	以下各挾壓的
쭈그려뜨리다	
찌그리다	以下各直壓的
찌그려뜨리다	
오그리다	以下各小
오그려뜨리다	
쪼그리다	
쪼그려뜨리다	
짜그리다	
짜그려뜨리다	
으뚝하다	兀然
오뚝하다	同小
으뚝으뚝	突起貌
오뚝오뚝	同 小

우당탕	急跳音
와당탕	同 亂
우두둑	堅物斷音
오도독	同 小
오드득	同 惡
아드득	同上 小
우둥퉁하다	肥短
오동통하다	同小
울퉁불퉁	凹凸貌
올통볼통	同 小
우련하다	微現
오련하다	同小
우르르	崩潰聲
오르르	同 小
와르르	同 亂
우리	我等
우리네	吾儕
움죽거리다	頻動
움쭉거리다	同强
옴죽거리다	以下各小
옴쭉거리다	

움직움직	動貌,
움찍움찍	同强
움죽움죽	以下各重
움쭉움쭉	
옴직옴직	以下各小
옴찍옴찍	
옴죽옴죽	
옴쭉옴쭉	
움켜잡다	堅持(緊執依着)
움켜쥐다	同(入拳支配)
훔켜잡다	以下各急
훔켜쥐다	
옴켜잡다	以下各小
옴켜쥐다	
홈켜잡다	
홈켜쥐다	
움패다	被穿掘
훔패다	同 深
옴패다	以下各小
홈패다	
우믈거리다	徐遲,
움실거리다	同多
움질거리다	同緩
오믈거리다	以下各小
옴실거리다	
옴질거리다	

우믈거리다	咀嚼
움질거리다	同觀
오믈거리다	以下各小
옴질거리다	
우믈우믈	咀嚼貌
움질움질	同 觀
오믈오믈	以下各小
옴질옴질	
우뭇가사리	石花菜
가사리	布海苔
우므리다	縮
움츠리다	同 急
움츠려뜨리다	同强勢
움치다	同 緊
우므려지다	自然縮
우므려들다	同漸縮
움츠러지다	以下各急
움츠러들다	
오므리다	以下各小
옴츠리다	
옴츠려뜨리다	
옴치다	
오므려지다	
오므려들다	
옴츠러지다	
옴츠러들다	

우비다	穿
후비다	同 深
오비다	以下各小
호비다	
우비적거리다	頻穿
후비적거리다	同深
오비작거리다	以下各小
호비작거리다	
우비적우비적	頻穿貌
후비적후비적	同 深
오비작오비작	以下各小
호비작호비작	
웃	上(冠) 웃마을
위	上(名 위로
웃옷	表衣
큰옷	禮服
우수	零瑣物錢
우수리	零瑣錢
우습게여기다	輕蔑認
우습게보다	輕蔑視
우습다	可笑
가소롭다	可鼻笑

웅그리다	[illegible]
웅숭그리다	同甚
웅크리다	以下各深
웅숭크리다	
옹그리다	以下各小
옹숭그리다	
옹크리다	
옹송크리다	
우적우적	無難進步貌
우쩍우쩍	同 强
우썩우썩	同 促
우죽	[illegible]梢
우듬지	上端
우지끈우지끈	堅物碎折音
우지끈뚝딱	同 促
오지끈오지끈	以下 各小
오지끈뚝딱	
와지끈와지끈	以下 各亂
와지끈뚝딱	
지끈지끈	同 急類
자끈자끈	同 小
우악하다	荒[illegible]
우악스럽다	同然
우악살스럽다	同甚

[illegible]	[illegible]
오끄지르다	同廢棄目的
오그려뜨리다	毁
오끄려뜨리다	同强
개다	混水
오끄러지다	硬物潰破
오츠러지다	軟物爛敗
오스러지다	脆强毁碎
옥박다	强壓
옥박지르다	同尙勢
으르렁거리다	怒號
으드등거리다	同汲汲
아르렁거리다	以下各小
아드등거리다	
으르렁으르렁	怒號貌
으드등으드등	同汲汲
아르렁아르렁	以下各小
아드등아드등	
으슬렁으슬렁	懶步貌
어슬렁어슬렁	同長大者
아슬ㄴ아슬랑	同短小者
으스스	惡寒貌
으슬으슬	同連續
오스스	以下各小
오슬오슬	
아스스	以下各淺
아슬아슬	
으리으리	森嚴貌

외거[illegible]	[illegible]
의장	衣欌通稱
의뭉하다	內知外愚
의뭉스럽다	同 然
음충하다	內心不良
의젓하다	壯重
음전하다	優雅
이기다	捏
짓이기다	同甚
이따위	如此類
이까짓	僅此程度
이때	此時
여태	于今
이듬달	翌月
담달	來月
일긋하다	弛傾
얄긋하다	同小
일긋일긋	弛傾貌
얄긋얄긋	同 小
일기죽일기죽	同 緩
일긋얄긋	同各樣貌
일기죽얄기죽	同上 緩
일쭉얄쭉	同上 促

이뽕	歎
발이뽕	困歎
이랬다저랬다	或此或彼
그랬다저랬다	或然或不然
이리쿵저리쿵	此論彼
이럭저럭	於爲(近稱)
그럭저럭	同(不定稱)
이렁저렁	以下各綴
그렁저렁	
이만저만	程度約小
그만저만	如許程度
이런	如此
요런	同小
이런대로	此樣(事實的)
이런양으로	同(認定的)
일어나다	起
일다	興
이러니저러니	此云彼云
그러니저러니	然云彼云
이렁성저렁성	此樣云彼樣云
그렁성저렁성	其樣云彼樣云
이렇다저렇다	以下各定的
그렇다저렇다	
이러면	若如是則
이런즉	旣如是則
이렇게	如此히
이렇듯이	如此然
이처럼	如此程度
이러이러하다	內容槪擧
이러저러하다	是非顚末
그러저러하다	不及精密
그러그러하다	別無神奇
이리저리	方向不一定貌
요리조리	同 小
그리저리	言動自暴貌
임	戀慕人
님	接尾敬語
이보다	比此
이에서	於此
잇새	齒間
이틈	齒隙
잇살	齒根隙
잇속	齒態
이사이	近間
이마적	這者
이즈음	近日
요사이	以下各最近稱
요마적	
요즈음	
이슬비	極細雨
가랑비	細雨
이자	此者
이손	同 稍尊
이제	今
인제	今始、自今
이지러지다	缺
야지러지다	同小

세째 준 말(略語)

아래의 말들은 原語를 主로 하고 略語를 許容함

구이다 (動) 貸	꿔다
갈나무 (名) 櫟	갈
갈대 (名) 蘆	갈
가마솥 (名) 釜	가마
갑절 (名) 倍	곱
개펄 (名) 潮退泥地	뻘
거기 (名) 其處	게
-전마는 (語尾)	-전만

거란지뼈 (名)牛尻骨
거란지

고랑 (名)畦間谷
골

곰팡이 (名)黴
곰팡

공연한말 (名)無端言
괜한말

공연히 (副)空然
괜히

구태여 (副)强
구태

그것 (名)其物
그거

그네들 (名)其人輩
그네

그다음 (名)其次
그담

그렇게 (副)如許히
그리

그렇듯이 (副)如許然
그렇듯

그러하다 (形)然
그렇다

그믐날 (名)月中最終日
그믐

그사이 (名)其間
그새

그이들 (名)其人等
그들

길거리 (名)街路
거리

깃고대 (名)衣領後部
고대

낭떠러지 (名)懸崖
낭

나이 (名)年齡
나

냄새 (名)臭
내

널판지 (名)板
널

누구 (名)誰
누

누구의 (付)誰의
뉘

대장간 (名)小爐
대장

다음 (名)次
담

도랑 (名 小溝
돌

돗자리 (名)席
돗

동명태 (名)凍明太
동태

마치도록 (副)終
맞도록

마음 (名)心
맘

멍구럭 (名)網袋
구럭

멱붕구미 (名 藁袋
붕구미

문설주 (名)門柱
설주

무리풀 (名)糊材料
무리

무엇 (名)何
무어

무우 (名)蘿葍
무

방고래 (名)溫突溝
고래

변리 (名)利息
변

보름날 (名)望日
보름

부수다 (動)碎
붓다
싸움 (名)戰
쌈
산멱통 (名)咽喉
산멱
살얼음판 (名)危險處
살판
사이 (名)間
새
새로이 (副)新
새로
속내평 (名)內情
속내
숙주나물 (名)綠荳菜
숙주
숟가락 (名)匙
술
저것 (名)彼物
저거

저기 (名)彼處
제
저네들 (名)彼人輩
저네
저녁밥 (名)夕飯
저녁
저렇게 (副)如彼히
저리
저렇듯이 (副)如彼然
저렇듯
저절로 (副)自然
절로
저이들 (名)彼等
저들
죽지떼다 (動)射矢後放肩
죽떼다
재개문 (名)出入戶
지게
-지마는 (語尾)
-지만

처음 (名)初
첨
초나흗날 (名)月中第四日
초나흘
나흗날
나흘
초닷샛날 (名)月中第五日
초닷새
닷샛날
닷새
초사흗날 (名)月中第三日
초사흘
사흗날
사흘
초하룻날 (名)月中第一日
초하루
하룻날
하루
초아흐렛날 (名)月中第九日
초아흐레
아흐렛날
아흐레

초여드렛날 (名)月中第八日
초여드레
여드렛날
여드레
초열흘날 (名)月中第十日
초열흘
열흘날
열흘
초엿샛날 (名)月中第六日
초엿새
엿샛날
엿새
초이렛날 (名)月中第七日
초이레
이렛날
이레
초이튿날 (名)月中第二日
초이틀
이튿날
이틀
트이다 (動)開處
틔다

폭삭(副)全數、全體
폭
한통속(名)同一團體中
한통
함지박(名)獨木大匏
함박
화살(名)矢
살
흔하다(形)多
흖다
아니(副)不
안
아니하다(動)不爲
않다
암죽(名)乳兒米粥
암
아무렇거나(副)不拘如何
아뭏거나
아침밥(名)朝飯
아침

아이(名)兒
애
어떻게(副)如何히
어이
어젯저녁(名)昨夕
엊저녁
어차어피(副)於此於彼
어차피
어연간하다(形)近可
엔간하다
에게(助)당신에게
게
에는(助)서울에는
엔
에서(助)서울에서
서
여기(名)此處
예
열구자(名)神仙爐料理
구자

열하룻날(名)月中第十一日
열하루
오달지다(形)堅實
오지다
올해(名)今年
올
옷고름(名)衣服紐
고름
옷단(名)單衣의裾
단
오이(名)苽
외
요즈음(名)最近
요즘
울타리(名)籬
울
우연만하다(形)稍近及
웬만하다
이것(名)此
이거

일찌기(副)早
일찍
이렇게(副)如此히
이리
이렇듯이(副)如是然
이렇듯
이즈음(名)此際、近日
이즘
이아이(名)此兒
이애

附錄

一 한결로 處理한 말떼(語群)

(1) 動詞 가운데 『-거리다』와 『-대다』가 같이 쓰이는 말들은 『-거리다』를 취하였다。

例

까드락거리다 得意輕動
까드락대다
꺼떡거리다 驕傲
꺼떡대다
날름거리다 動舌
날름대다
떠벙거리다 輕擧妄動
떠벙대다

떵실거리다 舞蹈
떵실대다
불끈거리다 易怒
불끈대다
자박거리다 潛行
자박대다
지칫거리다 小步進行
지칫대다

출렁거리다 水動搖
출렁대다
치렁거리다 繩의 垂搖
치렁대다
쿵쿵거리다 鼻聲
쿵쿵대다
툴툴거리다 不平
툴툴대다

허덕거리다 努力動作
허덕대다
어름거리다 言行模糊
어름대다
으쓱거리다 得意行動
으쓱대다
일긋거리다 弛斜動搖
일긋대다

注意 『-거리다』가 붙어서 되는 動詞는 行動的 動詞가 된다。 그러나、그 말을 거듭하고 거기에 『-하다』를 붙이면、그 動詞는 形態的 動詞가 된다。 그래서 다음과 같은 말은 上記의 말과는 각각 獨立된 말로 認定하였다。

例

까드락까드락하다——까드락거리다
꺼떡꺼떡하다——꺼떡거리다
날름날름하다——날름거리다

자박자박하다——자박거리다
허덕허덕하다——허덕거리다
어름어름하다——어름거리다

(2) 動詞 가운데 『-뜨리다』와 『-트리다、-떠리다、-터리다』들이 같이 쓰이는 말은 『-뜨리다』를 취하였다。

例

깨뜨리다 破	떨어뜨리다 落	부스러뜨리다 粉碎	터뜨리다 彭破
깨트리다	떨어트리다	부스러트리다	터트리다
깨떠리다	떨어떠리다	부스러떠리다	터떠리다
깨터리다	떨어터리다	부스러터리다	터터리다
넘어뜨리다 倒	무너뜨리다 崩	치뜨리다 擲上	헤뜨리다 散布
넘어트리다	무너트리다	치트리다	헤트리다
넘어떠리다	무너떠리다	치떠리다	헤떠리다
넘어터리다	무너터리다	치터리다	헤터리다

(3) 形容詞 가운데 「-쁘다」「-프다」와 「-뿌다」「-푸다」가 같이 쓰이는 말들은 「-쁘다」「-프다」를 취하였다。

例

가쁘다 喘	구쁘다 想飮食	바쁘다 忙	헤프다 易消耗
가뿌다	구뿌다	바뿌다	헤푸다
고달프다 勞	기쁘다 喜	슬프다 悲	아프다 痛
고달푸다	기뿌다	슬푸다	아푸다
고프다 饑	나쁘다 不好	시쁘다 不滿足	예쁘다 美
고푸다	나뿌다	시뿌다	예뿌다

(4) 形容詞 가운데 「-ㅂ다」와 「-웁다」가 같이 쓰이는 말들은 「-ㅂ다」를 취하였다。

例

고맙다 感謝	놀랍다 可驚	두껍다 厚	무겁다 重
고마웁다	놀라웁다	두꺼웁다	무거웁다
너그럽다 寬	더럽다 汚	맵다 辣	무섭다 恐
너그러웁다	더러웁다	매웁다	무서웁다

부드럽다 柔 부드러웁다	사납다 猛 사나웁다	즐겁다 樂 즐거웁다	희떱다 虛誇 희떠웁다
부럽다 羨 부러웁다	쉽다 易 쉬웁다	헐겁다 緩 헐거웁다	우습다 可笑 우스웁다

(5) 形容詞나 動詞 가운데 「-르다」와 「-ㄹ르다」가 같이 쓰이는 말들은 「-르다」를 취하였다。

例 가르다 分 갈르다	다르다 異 달르다	바르다 正 발르다	지지르다 突衝 지질르다
게으르다 怠 게을르다	마르다 乾、裁 말르다	부르다 呼 불르다	휘두르다 揮振 휘둘르다
고르다 均 골르다	모르다 不知 몰르다	사르다 燒 살르다	엎지르다 覆 엎질르다
누르다 壓 눌르다	빠르다 速 빨르다	조르다 强請 졸르다	오르다 登 올르다

(6) 他動詞 가운데 「-우다」와 「-다」가 같이 쓰이는 말들은 「-우다」를 취하였다。

(ㄱ) 아무 語法的 關係의 變動 없이 「-우다」와 「-다」가 같이 쓰이는 말。

例 게우다 吐 게다	배우다 學 배다	시새우다 猜嫉 시새다	에우다 圍 에다
메우다 修補 메다	새우다 徹 새다	치우다 整理 치다	

(ㄴ) 使役法으로 「-우다」와 「-(이)다」가 같이 쓰이는 말。

例

깨우다 醒	메우다 塡	새우다 徹夜	피우다 發
깨(이)다	메(이)다	새(이)다	피(이)다
끼우다 揷入	비우다 空	지우다 負	이우다 戴
끼(이)다	비(이)다	지(이)다	이(이)다

(ㄷ) 使役法으로 『-우다』와 『-다』가 같이 쓰이는 말。

例

데우다 溫	재우다 宿	채우다 佩	태우다 焚
데다	재다	채다	태다
세우다 建	채우다 充	태우다 乘	
세다	채다	태다	

(7) 名詞 가운데 『늘』파 『눌』이 같이 쓰이는 말들은 『늘』을 취하였다。

例

마늘 蒜	미늘 釣鉤	비늘 鱗	오늘 今日
마눌	미눌	비눌	오눌
며느리 婦	바늘 針	하늘 天	
며누리	바눌	하눌	

(8) 副詞 가운데 『로』와 『루』가 같이 쓰이는 말들은 『로』를 취하였다。

가까스로 僅	따로 別	새로 新	함부로 猥濫
가까스루	따루	새루	함무루
가로 橫	도로 反	서로 相	홀로 獨
가두	도두	서두	홀두

다만 『고루(均)』、『이루(勝數)』들만은 『고로(故)』、『이로(此)들』파의 混同을 避하기 위하여 『루』를 特例로 취하였다。

(9) 『ㅣ』의 逆行同化로 『ㅏㅓㅗㅜㅡ』가 『ㅐㅔㅚㅟㅢ』로 發音되는 習慣이 있을지라도, 類語 關聯이나 語源 關聯이 있는 말들은 本音의 말을 취하였다.

1、類語 關聯이 있는 말.

例 건더기(건덕지) 두루마기(두루막) 보드기(보득솔) 소나기(소낙비)
다듬잇돌(다듬다) 뻐꾸기(뻐국새) 부스러기(부스럭지) 잔등이(잔등머리)
두렁이(두렁치마) 버르장이(버르장머리) 빙충이(빙충맞이) 주둥이(주둥아리)

2、語源 關聯이 있는 말.

例 깜작이다(깜작깜작) 맡기다(맡다) 젖먹이(먹다) 아비(아버지)
낯바다기(바닥) 잡히다(잡다) 아끼다(아깝다) 어미(어머니)

二 漢字의 轉音

아래의 漢字語는 모두 現用하는 俗音으로써 표준音을 삼았다. (漢字 아래의 音이 그 原音임)

個	가	개인(個人)	酵	교	발효(醱酵)	懶	란	나타(懶惰)	壘	류	보루(堡壘)
乾	간	건시(乾柿)	叩	구	고문(叩門)	隷	례	노예(奴隷)	罵	마	매도(罵倒)
緘	감	봉함(封緘)	詬	구	후욕(詬辱)	轢	력	알륵(軋轢)	墓	모	분묘(墳墓)
岬	갑	압만(岬灣)	腦	노	뇌수(腦髓)	賂	로	뇌물(賂物)	秒	묘	일초(一秒)
桔	결	길경(桔梗)	撓	뇨	불요(不撓)	癩	리	나병(癩病)	母	무	부모(父母)
告	곡	광고(廣告)	鬧	뇨	야료(惹鬧)	淚	뤼	낙루(落淚)	某	무	모모(某某)
滑	골	활계(滑稽)	賃	님	운임(運賃)	累	류	누계(累計)	牡	무	빈모(牝牡)
廓	곽	확청(廓淸)	洞	동	통촉(洞燭)	謬	류	오유(誤謬)	畝	무	견묘(畎畝)

默	믁	묵묵(默默)
墨	믁	필묵(筆墨)
迫	빅	박두(迫頭)
幅	복	폭원(幅員)
撫	부	무마(撫摩)
北	븍	남북(南北)
朋	봉	붕우(朋友)
璽	사	옥새(玉璽)
彗	세	혜성(彗星)
鎖	솨	폐쇄(閉鎖)
刷	솰	인쇄(印刷)
釗	소	쇠돈(釗錢)
晬	쉬	수연(晬宴)
什	습	집물(什物)
氏	시	씨명(氏名)
辰	신	진시(辰時)
左	자	좌우(左右)
佐	자	보좌(輔佐)
滓	자	거재(去滓)
揷	잡	삽입(揷入)
這	쟈	저간(這間)
狀	쟝	상태(狀態)
除	져	제거(除去)
諸	져	제반(諸般)
慴	졉	습복(慴伏)
菁	졍	청근(菁根)
昭	죠	소상(昭詳)
卒	줄	졸업(卒業)
橙	증	등색(橙色)
窄	칙	협착(狹窄)
丑	츄	축시(丑時)
取	츄	취리(取利)
就	츄	거취(去就)
臭	츄	향취(香臭)
娶	츄	취처(娶妻)
聚	츄	취군(聚軍)
趣	츄	취미(趣味)
椎	츄	철퇴(鐵椎)
廁	치	내치(內廁)
笞	치	태벌(笞罰)
斟	침	짐작(斟酌)
秤	칭	천평(天秤)
拓	탁	개척(開拓)
套	토	외투(外套)
鍮	투	유기(鍮器)
覇	파	패권(覇權)
派	패	파송(派送)
繃	팽	붕대(繃帶)
暴	포	폭풍우(暴風雨)
爆	포	폭발탄(爆發彈)
品	픔	품행(品行)
稟	픔	품부(稟賦)
苄	하	숙변(熟苄)
貉	학	호락(狐貉)
癎	한	간질(癎疾)
掀	헌	흔천(掀天)
蝎	헐	전갈(全蝎)
歇	헐	간헐(間歇)
嚆	효	호시(嚆矢)
罫	홰	괘지(罫紙)
畵	홰	도화(圖畵)
弘	횡	홍통(弘通)
佝	후	구루(佝僂)
預	여	예금(預金)
豫	여	예비(豫備)
譽	여	명예(名譽)
倭	와	왜지(倭紙)
暈	운	현훈(眩暈)

漢字의 轉音은 이 밖에도 많이 있으나, 여기에는 다만 百字 가량 限하고 뽑았을뿐이다。 그리고, 이 밖에 「댜뎌됴듀디」를 「자저조주지」로, 「샤셔쇼슈싀」를 「사서소수시」로, 「쟈져죠쥬즤」를 「자저조주지」로, 「챠쳐쵸츄칙」를 「차처초추치」로, 「탸텨툐튜틔」를 「차처초추치」로 「ᄀᆞᄂᆞᄃᆞᄅᆞ」等을 「가나다라」等으로 고치어써야 할것은 글자 수가 너무 많으므로 例를 들지 아니하였다。 이에 관한 자세한것은 「한글 마춤법 통일안」에 있다。

索　　引

凡　例

【1】 語彙의 排列 順序는 字母 二十 四字를 單位로 하여 ㄱㄴㄷㄹㅁㅂㅅㅇㅈㅊㅋㅌㅍㅎㅏㅑㅓㅕㅗㅛㅜㅠㅡㅣ의 順序로 하였나니, 音節(감, 배, 꽥, 휑 等 無數한 덩이소리)을 單位로 함에는 音節의 數와 및 그 順序가 一定함이 없으므로 排列의 標準을 세우기 어렵고, 따라서 檢索에 極히 困難할것이기때문이다.

【2】 各 語彙의 밑에 그 字母를 한줄로 풀어 보이었으니, 이는 字母의 次序를 比較함에 實際로 도움이 되고, 따라서 檢索에 많은 便利를 줄것이다.

【3】 “아, 야, 어, 여, …”들의 첫 자리에 쓰이는 音價 없는 “ㅇ”(받침의“ㅇ” 말고)은 便宜上 아주 없는양으로 치고 順序를 매기었다. 따라서 橫綴에는 이를 아주 쓰지 아니하였다. 例: 알=ㅏㄹ, 있다=ㅣㅆㄷㅏ, 강아지=ㄱㅏㅇㅏㅈㅣ, 덩이=ㄷㅓㅇㅣ.

【4】 橫綴에서는 “와, 워”와 “오아, 우어”를 區別하기 爲하여 “와, 워”의 “ㅗ, ㅜ”는 特히 “ㅗ, ㅜ”로 하였다. 例: 과=ㄱㅗㅏ, 고아=ㄱㅗㅏ, 궈=ㄱㅜㅓ, 구어=ㄱㅜㅓ.

【5】 橫綴에서는 “애, 에, …”와 “아이, 어이, …”를 區別하기 爲하여 “애, 에, …”의 “ㅣ”는 特히 짧은 “ㅣ”로 하였다. 例: 새=ㅅㅏㅣ, 사이=ㅅㅏㅣ, 괴=ㄱㅗㅣ, 고이=ㄱㅗㅣ.

【6】 標準語 아닌 語彙는 그 머리에 (표를 질렀다.

【7】 算用數字는 原文의 頁數, 漢文數字는 그 頁內의 段數를 보인것이다.

【檢索例】 가령 “가끔”이란 말을 찾으려면, 그 字形이 “가끔”, “각금”, “갂음” 等 어떠한 音節方式으로 되었는가를 생각할 必要 없이 그 語音을 이룬 字母가 “ㄱㅏㄱㄱㅡㅁ”인것만은 一定不變한것인즉, “가…”에 찾을가, “각…”에 찾을가, “갂…”에 찾을가, 彷徨하지 않고 곧 “ㄱㅏㄱㄱ…”에 가서 찾을것이요, “까마귀”는 “까마귀”거나, “깜아귀”거나, “깜악위”거나, “까막위”거나를 勿論하고 그 말을 이룬 “ㄱㄱㅏㅁㅏㄱㅜㅣ”만 찾으면 그만이며, 또 “괭이”의 位置가 “고양이”의 位置보다 앞에 왔을것과, “까지”가 “가지”보다, 또 “뽕나무”가 “바가지”보다 훨씬 먼저 나올것도 字母의 順序로 보아 自然 알 일이다.

ㄱ

(깍	ㄱㄱㅏㄱ	15 一
(까까중이	ㄱㄱㅏㄱㄱㅏㅈㅜㅇㅣ	6 三
까뀌	ㄱㄱㅏㄱㄱㅜㅣ	1 二
(까끄라기	ㄱㄱㅏㄱㄱㅡㄹㅏㄱㅣ	47 二
(깍다기	ㄱㄱㅏㄱㄷㅏㄱㅣ	12 一
깍대기	ㄱㄱㅏㄱㄷㅏㅣㄱㅣ	12 一
깍둑깍둑	ㄱㄱㅏㄱㄷㅜㄱㄱㄱㅏㄱㄷㅜㄱ	70 一
깍둑거리다	ㄱㄱㅏㄱㄷㅜㄱㄱㄱㅓㄹㅣㄷㅏ	70 一
깍두기	ㄱㄱㅏㄱㄷㅜㄱㅣ	66 一
깍정이	ㄱㄱㅏㄱㅈㅓㅇㅣ	70 二
깍지	ㄱㄱㅏㄱㅈㅣ	1 三
깐깐하다	ㄱㄱㅏㄴㄱㄱㅏㄴㅎㅏㄷㅏ	72 二
깐딱깐딱	ㄱㄱㅏㄴㄷㄷㅏㄱㄱㄱㅏㄴㄷㄷㅏㄱ	106 一
깐딱거리다	ㄱㄱㅏㄴㄷㄷㅏㄱㄱㄱㅓㄹㅣㄷㅏ	105 四
깐닥깐닥	ㄱㄱㅏㄴㄷㅏㄱㄱㄱㅏㄴㄷㅏㄱ	106 一
깐닥거리다	ㄱㄱㅏㄴㄷㅏㄱㄱㄱㅓㄹㅣㄷㅏ	105 四
깐작깐작	ㄱㄱㅏㄴㅈㅏㄱㄱㄱㅏㄴㅈㅏㄱ	72 二
깐작거리다	ㄱㄱㅏㄴㅈㅏㄱㄱㄱㅓㄹㅣㄷㅏ	72 二
까딱까딱	ㄱㄱㅏㄷㄷㅏㄱㄱㄱㅏㄷㄷㅏㄱ	106 一
까딱거리다	ㄱㄱㅏㄷㄷㅏㄱㄱㄱㅓㄹㅣㄷㅏ	105 四
까땍까땍	ㄱㄱㅏㄷㄷㅏㅣㄱㄱㄱㅏㄷㄷㅏㅣㄱ	106 一
까땍거리다	ㄱㄱㅏㄷㄷㅏㅣㄱㄱㄱㅓㄹㅣㄷㅏ	105 四

까떡하면	ㄲㅏㄸㅓㄱㅎㅏㅁㅕㄴ	70 二
까닥까닥	ㄲㅏㄷㅏㄱㄲㅏㄷㅏㄱ	106 一
까닥거리다	ㄲㅏㄷㅏㄱㄱㅓㄹㅣㄷㅏ	105 四
(까다럽다	ㄲㅏㄷㅏㄹㅓㅂㄷㅏ	18 四
까다롭다	ㄲㅏㄷㅏㄹㅗㅂㄷㅏ	18 四
까댁까댁	ㄲㅏㄷㅐㄱㄲㅏㄷㅐㄱ	106 一
까댁거리다	ㄲㅏㄷㅐㄱㄱㅓㄹㅣㄷㅏ	105 四
까들까들	ㄲㅏㄷㅡㄹㄲㅏㄷㅡㄹ	70 三
까들거리다	ㄲㅏㄷㅡㄹㄱㅓㄹㅣㄷㅏ	70 四
까드락까드락	ㄲㅏㄷㅡㄹㅏㄱㄲㅏㄷㅡㄹㅏㄱ	70 三
까드락거리다	ㄲㅏㄷㅡㄹㅏㄱㄱㅓㄹㅣㄷㅏ	70 四
깔깔	ㄲㅏㄹㄲㅏㄹ	71 一
깔끔깔끔	ㄲㅏㄹㄲㅡㅁㄲㅏㄹㄲㅡㅁ	71 一
(깔딱질	ㄲㅏㄹㄸㅏㄱㅈㅣㄹ	24 二
깔딱하다	ㄲㅏㄹㄸㅏㄱㅎㅏㄷㅏ	71 三
깔쭉깔쭉	ㄲㅏㄹㅉㅜㄱㄲㅏㄹㅉㅜㄱ	71 一
(깔챙이	ㄲㅏㄹㅊㅐㅇㅣ	47 二
(깔치	ㄲㅏㄹㅊㅣ	47 二
까라기	ㄲㅏㄹㅏㄱㅣ	47 二
깜깜하다	ㄲㅏㅁㄲㅏㅁㅎㅏㄷㅏ	71 二
깜다	ㄲㅏㅁㄷㅏ	73 四
깜빡깜빡	ㄲㅏㅁㅃㅏㄱㄲㅏㅁㅃㅏㄱ	71 一
깜빡거리다	ㄲㅏㅁㅃㅏㄱㄱㅓㄹㅣㄷㅏ	71 一
깜박깜박	ㄲㅏㅁㅂㅏㄱㄲㅏㅁㅂㅏㄱ	71 一
깜박거리다	ㄲㅏㅁㅂㅏㄱㄱㅓㄹㅣㄷㅏ	71 一
(깜보기	ㄲㅏㅁㅂㅗㄱㅣ	23 二
깜부기	ㄲㅏㅁㅂㅜㄱㅣ	2. 二
깜짝깜짝(瞬)	ㄲㅏㅁㅉㅏㄱㄲㅏㅁㅉㅏㄱ	71 一
깜짝깜짝(驚)	ㄲㅏㅁㅉㅏㄱㄲㅏㅁㅉㅏㄱ	71 二
깜짝거리다	ㄲㅏㅁㅉㅏㄱㄱㅓㄹㅣㄷㅏ	71 一
깜작깜작(瞬)	ㄲㅏㅁㅈㅏㄱㄲㅏㅁㅈㅏㄱ	71 一
깜작깜작(黑)	ㄲㅏㅁㅈㅏㄱㄲㅏㅁㅈㅏㄱ	73 四
깜작거리다	ㄲㅏㅁㅈㅏㄱㄱㅓㄹㅣㄷㅏ	71 一
까마귀	ㄲㅏㅁㅏㄱㅜㅣ	1 三
까맣다(漠)	ㄲㅏㅁㅏㅎㄷㅏ	71 二
까맣다(黑)	ㄲㅏㅁㅏㅎㄷㅏ	71 三
까마아득하다	ㄲㅏㅁㅏㅏㄷㅡㄱㅎㅏㄷㅏ	71 二
까물까물	ㄲㅏㅁㅜㄹㄲㅏㅁㅜㄹ	73 一
(까무러뜨리다	ㄲㅏㅁㅜㄹㅓㄸㅡㄹㅣㄷㅏ	27 四
까무러치다	ㄲㅏㅁㅜㄹㅓㅊㅣㄷㅏ	27 四
까뭇까뭇	ㄲㅏㅁㅜㅅㄲㅏㅁㅜㅅ	73 四
까무스럼하다	ㄲㅏㅁㅜㅅㅡㄹㅓㅁㅎㅏㄷㅏ	74 一
까무잡잡하다	ㄲㅏㅁㅜㅈㅏㅂㅈㅏㅂㅎㅏㄷㅏ	74 一
(까므러치다	ㄲㅏㅁㅡㄹㅓㅊㅣㄷㅏ	27 四
깝대기	ㄲㅏㅂㄷㅐㄱㅣ	71 四
깝살리다	ㄲㅏㅂㅅㅏㄹㄹㅣㄷㅏ	71 二
깝신깝신	ㄲㅏㅂㅅㅣㄴㄲㅏㅂㅅㅣㄴ	71 二
깝신거리다	ㄲㅏㅂㅅㅣㄴㄱㅓㄹㅣㄷㅏ	71 二
깝작깝작	ㄲㅏㅂㅈㅏㄱㄲㅏㅂㅈㅏㄱ	71 二
깝작거리다	ㄲㅏㅂㅈㅏㄱㄱㅓㄹㅣㄷㅏ	71 二
깝죽깝죽	ㄲㅏㅂㅈㅜㄱㄲㅏㅂㅈㅜㄱ	71 二
깝죽거리다	ㄲㅏㅂㅈㅜㄱㄱㅓㄹㅣㄷㅏ	71 二
(깝죽새	ㄲㅏㅂㅈㅜㄱㅅㅐ	54 一
깝질	ㄲㅏㅂㅈㅣㄹ	71 四
까불까불	ㄲㅏㅂㅜㄹㄲㅏㅂㅜㄹ	71 二
까불거리다	ㄲㅏㅂㅜㄹㄱㅓㄹㅣㄷㅏ	71 二
까불다	ㄲㅏㅂㅜㄹㄷㅏ	27 四
까불리다([illegible])	ㄲㅏㅂㅜㄹㄹㅣㄷㅏ	27 四
까불리다(散)	ㄲㅏㅂㅜㄹㄹㅣㄷㅏ	71 二
까붐질하다	ㄲㅏㅂㅜㅁㅈㅣㄹㅎㅏㄷㅏ	71 二
(까블다	ㄲㅏㅂㅡㄹㄷㅏ	27 四
(까블리다	ㄲㅏㅂㅡㄹㄹㅣㄷㅏ	27 四
(까스랑이	ㄲㅏㅅㅡㄹㅏㅇㅣ	1 一
(까스렁이	ㄲㅏㅅㅡㄹㅓㅇㅣ	1 一
깡깡이	ㄲㅏㅇㄲㅏㅇㅣ	66 二
깡그리	ㄲㅏㅇㄱㅡㄹㅣ	80 二
깡똥하다	ㄲㅏㅇㄸㅗㅇㅎㅏㄷㅏ	22一,74一
(깡뚱하다	ㄲㅏㅇㄸㅜㅇㅎㅏㄷㅏ	22 一
(까정	ㄲㅏㅈㅓㅇ	13 一
까지	ㄲㅏㅈㅣ	13 一
까치	ㄲㅏㅊㅣ	1 三
(까치랑이	ㄲㅏㅊㅣㄹㅏㅇㅣ	1 一
(까치렁이	ㄲㅏㅊㅣㄹㅓㅇㅣ	1 一
까칫까칫	ㄲㅏㅊㅣㅅㄲㅏㅊㅣㅅ	73 二
(까토리	ㄲㅏㅌㅗㄹㅣ	23 二
까투리	ㄲㅏㅌㅜㄹㅣ	23 二
까팡돈	ㄲㅏㅍㅏㅇㄷㅗㄴ	71 三
까팡이	ㄲㅏㅍㅏㅇㅣ	71 三

까풀	ㄱㄱㅏㅍㅜㄹ	71 四
(깨끔질	ㄱㄱㅏㅣㄱㄱㅡㅁㅈㅣㄹ	66 二
깨고룰	ㄱㄱㅏㅣㄱㅗㄹㅜㄹ	71 三
(깨금질	ㄱㄱㅏㅣㄱㅡㅁㅈㅣㄹ	66 二
깨뜨리다	ㄱㄱㅏㅣㄷㄷㅡㄹㅣㄷㅏ	6 一
깨다 孵)	ㄱㄱㅏㅣㄷㅏ	44 四
깨다(醒)	ㄱㄱㅏㅣㄷㅏ	71 三
깨닫다	ㄱㄱㅏㅣㄷㅏㄷㄷㅏ	71 三
(깨보숭이(荏末,	ㄱㄱㅏㅣㅂㅗㅅㅜㅇㅣ	56 一
(깨보숭이(荏穗)	ㄱㄱㅏㅣㅂㅗㅅㅜㅇㅣ	56 一
깨소금	ㄱㄱㅏㅣㅅㅗㄱㅡㅁ	56一,71三
깨자반	ㄱㄱㅏㅣㅈㅏㅂㅏㄴ	56 一
깨죽깨죽	ㄱㄱㅏㅣㅈㅜㄱㄱㄱㅏㅣㅈㅜㄱ	71 四
깨죽거리다	ㄱㄱㅏㅣㅈㅜㄱㄱㅓㄹㅣㄷㅏ	71 三
깨지락깨지락	ㄱㄱㅏㅣㅈㅣㄹㅏㄱㄱㄱㅏㅣㅈㅣㄹㅏㄱ	71 三
(깨치다(破)	ㄱㄱㅏㅣㅊㅣㄷㅏ	6 一
깨치다(解得)	ㄱㄱㅏㅣㅊㅣㄷㅏ	71 三
(깨트리다	ㄱㄱㅏㅣㅌㅡㄹㅣㄷㅏ	6 一
깨우다	ㄱㄱㅏㅣㅜㄷㅏ	71 三
깨우치다	ㄱㄱㅏㅣㅜㅊㅣㄷㅏ	71 三
(깨이다(孵)	ㄱㄱㅏㅣㅣㄷㅏ	44 四
깨이다(覺)	ㄱㄱㅏㅣㅣㄷㅏ	71 三
꺅차다	ㄱㄱㅑㄱㅊㅏㄷㅏ	72 一
꺄룩거리다	ㄱㄱㅑㄹㅜㄱㄱㅓㄹㅣㄷㅏ	78 二
꺄우뚱꺄우뚱	ㄱㄱㅑㅜㄷㄷㅜㅇㄱㄱㅑㅜㄷㄷㅜㅇ	77 二
꺄우뚱거리다	ㄱㄱㅑㅜㄷㄷㅜㅇㄱㅓㄹㅣㄷㅏ	77 二
꺄우듬하다	ㄱㄱㅑㅜㄷㅡㅁㅎㅏㄷㅏ	77 二
꺄웃꺄웃	ㄱㄱㅑㅜㅅㄱㄱㅑㅜㅅ	77 二
꺄웃거리다	ㄱㄱㅑㅜㅅㄱㅓㄹㅣㄷㅏ	77 二
꺄웃하다	ㄱㄱㅑㅜㅅㅎㅏㄷㅏ	77 二
꺾어지다	ㄱㄱㅓㄱㄱㅓㅈㅣㄷㅏ	88 三
(꺼꾸러지다	ㄱㄱㅓㄱㄱㅜㄹㅓㅈㅣㄷㅏ	1 一
(꺼꾸로	ㄱㄱㅓㄱㄱㅜㄹㅗ	22 一
(꺼꾸루	ㄱㄱㅓㄱㄱㅜㄹㅜ	22 一
(꺼끄러기	ㄱㄱㅓㄱㄱㅡㄹㅓㄱㅣ	47 二
꺽뚝꺽뚝	ㄱㄱㅓㄱㄷㄷㅜㄱㄱㄱㅓㄱㄷㄷㅜㄱ	70 一
꺽뚝거리다	ㄱㄱㅓㄱㄷㄷㅜㄱㄱㅓㄹㅣㄷㅏ	70 一
(꺽쇠치다	ㄱㄱㅓㄱㅅㅗㅣㅊㅣㄷㅏ	49 一
꺽자치다	ㄱㄱㅓㄱㅈㅏㅊㅣㄷㅏ	49 一
(꺽저기	ㄱㄱㅓㄱㅈㅓㄱㅣ	47 三
(꺽정이	ㄱㄱㅓㄱㅈㅓㅇㅣ	47 三
꺽지	ㄱㄱㅓㄱㅈㅣ	47 三
꺼들꺼들	ㄱㄱㅓㄷㅡㄹㄱㄱㅓㄷㅡㄹ	70 三
꺼들거리다	ㄱㄱㅓㄷㅡㄹㄱㅓㄹㅣㄷㅏ	70 四
꺼드럭꺼드 럭	ㄱㄱㅓㄷㅡㄹㅓㄱㄱㄱㅓㄷㅡㄹㅓㄱ	70 三
꺼드럭거리나	ㄱㄱㅓㄷㅡㄹㅓㄱㄱㅓㄹㅣㄷㅏ	70 四
껄껄	ㄱㄱㅓㄹㄱㄱㅓㄹ	71 一
껄떡껄떡	ㄱㄱㅓㄹㄷㄷㅓㄱㄱㄱㅓㄹㄷㄷㅓㄱ	72 一
껄떡하다	ㄱㄱㅓㄹㄷㄷㅓㄱㅎㅏㄷㅏ	71 三
(껄다	ㄱㄱㅓㄹㄷㅏ	44 一
껄머리	ㄱㄱㅓㄹㅁㅓㄹㅣ	79 四
(꺼럭	ㄱㄱㅓㄹㅓㄱ	47 二
꺼리다	ㄱㄱㅓㄹㅣㄷㅏ	19 二
껌껌하다	ㄱㄱㅓㅁㄱㄱㅓㅁㅎㅏㄷㅏ	71 二
껌다	ㄱㄱㅓㅁㄷㅏ	73 四
껌적껌적	ㄱㄱㅓㅁㅈㅓㄱㄱㄱㅓㅁㅈㅓㄱ	73 四
꺼멓다	ㄱㄱㅓㅁㅓㅎㄷㅏ	71 三
꺼뭇꺼뭇	ㄱㄱㅓㅁㅜㅅㄱㄱㅓㅁㅜㅅ	73 四
꺼무스럼하다	ㄱㄱㅓㅁㅜㅅㅡㄹㅓㅁㅎㅏㄷㅏ	74 一
꺼무죽죽하다	ㄱㄱㅓㅁㅜㅈㅜㄱㅈㅜㄱㅎㅏㄷㅏ	74 一
껍데기	ㄱㄱㅓㅂㄷㅓㅣㄱㅣ	71 四
껍신껍신	ㄱㄱㅓㅂㅅㅣㄴㄱㄱㅓㅂㅅㅣㄴ	71 二
껍신거리다	ㄱㄱㅓㅂㅅㅣㄴㄱㅓㄹㅣㄷㅏ	71 二
껍적껍적	ㄱㄱㅓㅂㅈㅓㄱㄱㄱㅓㅂㅈㅓㄱ	1三,71二
껍적거리다	ㄱㄱㅓㅂㅈㅓㄱㄱㅓㄹㅣㄷㅏ	71 二
껍죽껍죽	ㄱㄱㅓㅂㅈㅜㄱㄱㄱㅓㅂㅈㅜㄱ	71 二
껍죽거리다	ㄱㄱㅓㅂㅈㅜㄱㄱㅓㄹㅣㄷㅏ	71 二
껍질	ㄱㄱㅓㅂㅈㅣㄹ	71 四
꺼불꺼불	ㄱㄱㅓㅂㅜㄹㄱㄱㅓㅂㅜㄹ	71 二
꺼불거리다	ㄱㄱㅓㅂㅜㄹㄱㅓㄹㅣㄷㅏ	1三,71二
(꺼블거리다	ㄱㄱㅓㅂㅡㄹㄱㅓㄹㅣㄷㅏ	1 三
껑거리	ㄱㄱㅓㅇㄱㅓㄹㅣ	49 一
껑뚱껑뚱	ㄱㄱㅓㅇㄷㄷㅜㅇㄱㄱㅓㅇㄷㄷㅜㅇ	74 一
껑뚱하다	ㄱㄱㅓㅇㄷㄷㅜㅇㅎㅏㄷㅏ	74 一
껑쩡껑쩡	ㄱㄱㅓㅇㅈㅈㅓㅇㄱㄱㅓㅇㅈㅈㅓㅇ	74 一
껑청껑청	ㄱㄱㅓㅇㅊㅓㅇㄱㄱㅓㅇㅊㅓㅇ	74 一
(껑치	ㄱㄱㅓㅇㅊㅣ	49 一
(꺼정	ㄱㄱㅓㅈㅓㅇ	13 一

〔 4 〕

꺼지	ㄱㄱㅓㅈㅣ	13 一
꺼풀	ㄱㄱ ㅍㅜㄹ	71 四
께	ㄱㄱㅓㅣ	20四,71四
께서	ㄱㄱㅓㅣㅅㅓ	20 四
꼐죽께죽	ㄱㄱㅕㅣㅈㅜㄱㄱㄱㅓㅣㅈㅜㄱ	71 四
께죽거리다	ㄱㄱㅓㅣㅈㅜㄱㄱㄱㅓㄹㅣㄷㅏ	71 三
께지럭께지럭	ㄱㄱㅓㅣㅈㅣㄹㅓㄱㄱㄱㅕㅣㅈㅣㄹㅕㄱ	71 三
(께압서	ㄱㄱㅓㅣㅏㅂㅅㅓ	14 四
께옵서	ㄱㄱㅕㅣㅗㅂㅅㅕ	14 四
(꼭다기	ㄱㄱㅗㄱㄷㅏㄱㅣ	12 一
꼭대기	ㄱㄱㅗㄱㄷㅏㅣㄱㅣ	12 一
(꼭두새벽	ㄱㄱㅗㄱㄷㅜㅅㅏㅣㅂㅕㄱ	65 三
(꼭두표	ㄱㄱㅗㄱㄷㅜㅍㅛ	49 一
꼭뒤	ㄱㄱㅗㄱㄷㅜㅣ	66三,7 四
꼭지표	ㄱㄱㅗㄱㅈㅣㅍㅛ	49 一
꼬깃꼬깃	ㄱㄱㅗㄱㅣㅅㄱㄱㅗㄱㅣㅅ	75 一
꼬깃꼬깃하다	ㄱㄱㅗㄱㅣㅅㄱㄱㅗㄱㅣㅅㅎㅏㄷㅏ	75 一
꼬기작꼬기작	ㄱㄱㅗㄱㅣㅈㅏㄱㄱㄱㅗㄱㅣㅈㅏㄱ	75 二
꼬기작거리다	ㄱㄱㅗㄱㅣㅈㅏㄱㄱㄱㅓㄹㅣㄷㅏ	75 二
꼬다	ㄱㄱㅗㄷㅏ	101 二
꼬들꼬들	ㄱㄱㅗㄷㅡㄹㄱㄱㅗㄷㅡㄹ	74 四
꼴	ㄱㄱㅗㄹ	71 四
꼴딱꼴딱	ㄱㄱㅗㄹㄷㄷㅏㄱㄱㄱㅗㄹㄷㄷㅏㄱ	72 一
(꼴또기	ㄱㄱㅗㄹㄷㄷㅗㄱㅣ	23 二
꼴뚜기	ㄱㄱㅗㄹㄷㄷㅜㄱㅣ	23 二
(꼴막서니	ㄱㄱㅗㄹㅁㅏㄱㅅㅓㄴㅣ	49 二
꼴짝꼴짝	ㄱㄱㅗㄹㅈㅈㅏㄱㄱㄱㅗㄹㅈㅈㅏㄱ	72 一
꼴짝거리다	ㄱㄱㅗㄹㅈㅈㅏㄱㄱㄱㅓㄹㅣㄷㅏ	72 一
꼴찌	ㄱㄱㅗㄹㅈㅈㅣ	49 一
꼬락서니	ㄱㄱㅗㄹㅏㄱㅅㅓㄴㅣ	49二,71四
(꼬라구니	ㄱㄱㅗㄹㅏㄱㅜㄴㅣ	49 二
(꼬라비	ㄱㄱㅗㄹㅏㅂㅣ	49 一
(꼬랑지	ㄱㄱㅗㄹㅏㅇㅈㅣ	47 三
(꼬랑이	ㄱㄱㅗㄹㅏㅇㅣ	47 三
꼬리	ㄱㄱㅗㄹㅣ	47三,71四
꼼실꼼실	ㄱㄱㅗㅁㅅㅣㄹㄱㄱㅗㅁㅅㅣㄹ	75 三
꼼작꼼작	ㄱㄱㅗㅁㅈㅏㄱㄱㄱㅗㅁㅈㅏㄱ	75 三
꼼질꼼질	ㄱㄱㅗㅁㅈㅣㄹㄱㄱㅗㅁㅈㅣㄹ	75 三
꼼지락꼼지락	ㄱㄱㅗㅁㅈㅣㄹㅏㄱㄱㄱㅗㅁㅈㅣㄹㅏㄱ	75 三
꼬물꼬물	ㄱㄱㅗㅁㅜㄹㄱㄱㅗㅁㅜㄹ	75 三
꼬무락꼬무락	ㄱㄱㅗㅁㅜㄹㅏㄱㄱㄱㅗㅁㅜㄹㅏㄱ	75 三
꼽사동이	ㄱㄱㅗㅂㅅㅏㄷㅗㅇㅇㅣ	49 二
꼽장선	ㄱㄱㅗㅂㅈㅏㅇㅅㅓㄴ	62 一
(꼽장이	ㄱㄱㅗㅂㅈㅏㅇㅣ	49 二
(꼽추	ㄱㄱㅗㅂㅊㅜ	49 二
꼽치다	ㄱㄱㅗㅂㅊㅣㄷㅏ	[illegible] 四
꼬부장하다	ㄱㄱㅗㅂㅜㅈㅏㅇㅎㅏㄷㅏ	72 二
(꼿	ㄱㄱㅗㅅ	8 三
꽁꽁	ㄱㄱㅗㅇㄱㄱㅗㅇ	71 四
(꽁댕이	ㄱㄱㅗㅇㄷㅏㅣㅇㅣ	47 三
꽁보리밥	ㄱㄱㅗㅇㅂㅗㄹㅣㅂㅏㅂ	63 一
꽁지	ㄱㄱㅗㅇㅈㅣ	71 四
꼬장꼬장하다	ㄱㄱㅗㅈㅏㅇㄱㄱㅗㅈㅏㅇㅎㅏㄷㅏ	13一,71四
(꼬쟁이	ㄱㄱㅗㅈㅏㅣㅇㅣ	10 三
(꼬정꼬정하다	ㄱㄱㅗㅈㅓㅇㄱㄱㅗㅈㅓㅇㅎㅏㄷㅏ	13 一
(꼬지	ㄱㄱㅗㅈㅣ	10 三
꽃	ㄱㄱㅗㅊ	8 三
꽃샘	ㄱㄱㅗㅊㅅㅏㅣㅁ	42 一
(꽃새암	ㄱㄱㅗㅊㅅㅏㅣㅏㅁ	42 一
꽃술	ㄱㄱㅗㅊㅅㅜㄹ	56 一
(꽃수염	ㄱㄱㅗㅊㅅㅜㅕㅁ	56 一
꼬챙이	ㄱㄱㅗㅊㅏㅣㅇㅣ	10三,71四
꼬치	ㄱㄱㅗㅊㅣ	10三,71四
(꽅	ㄱㄱㅗㅌ	8 三
(꼬토리	ㄱㄱㅗㅌㅗㄹㅣ	23 二
꼬투리	ㄱㄱㅗㅌㅜㄹㅣ	23 二
꽉	ㄱㄱㅗㅏㄱ	15 一
꽉차다	ㄱㄱㅗㅏㄱㅊㅏㄷㅏ	72 一
꽈리	ㄱㄱㅗㅏㄹㅣ	47 三
(꼬아리	ㄱㄱㅗㅏㄹㅣ	47 三
꽝꽝	ㄱㄱㅗㅏㅇㄱㄱㅗㅏㅇ	100 四
꽥꽥	ㄱㄱㅗㅏㅣㄱㄱㄱㅗㅏㅣㄱ	72 一
꽥지르다	ㄱㄱㅗㅏㅣㄱㅈㅣㄹㅡㄷㅏ	72 一
꽹과리	ㄱㄱㅗㅏㅣㅇㄱㅗㅏㄹㅣ	49 二
(꽹매기	ㄱㄱㅗㅏㅣㅇㅁㅏㅣㄱㅣ	49 二
(꾀보	ㄱㄱㅗㅣㅂㅗ	56 一
꾀부리다	ㄱㄱㅗㅣㅂㅜㄹㅣㄷㅏ	72 一

꾀쓰다	ㄱㄱㅗㅣㅅㅅㅡㄷㅏ	72 一
(꾀숭꾀숭	ㄱㄱㅗㅣㅅㅜㅇㄱㄱㅗㅣㅅㅜㅇ	49 三
꾀자기	ㄱㄱㅗㅣㅈㅏㄱㅣ	56 一
(꾀퉁이	ㄱㄱㅗㅣㅌㅜㅇㅣ	56 一
꾀피우다	ㄱㄱㅗㅣㅍㅣㅜㄷㅏ	72 一
꾀음꾀음	ㄱㄱㅗㅣㅡㅁㄱㄱㅗㅣㅡㅁ	49 三
꾸깃꾸깃	ㄱㄱㅜㄱㅣㅅㄱㄱㅜㄱㅣㅅ	75 一
꾸깃꾸깃하다	ㄱㄱㅜㄱㅣㅅㄱㄱㅜㄱㅣㅅㅎㅏㄷㅏ	75 一
꾸기적꾸기적	ㄱㄱㅜㄱㅣㅈㅓㄱㄱㄱㅜㄱㅣㅈㅓㄱ	75 二
꾸기적거리다	ㄱㄱㅜㄱㅣㅈㅓㄱㄱㅓㄹㅣㄷㅏ	75 二
꾸들꾸들	ㄱㄱㅜㄷㅡㄹㄱㄱㅜㄷㅡㄹ	74 四
꿀떡(蜜餅)	ㄱㄱㅜㄹㄷㄷㅓㄱ	56 一
꿀떡꿀떡(嚥貌)	ㄱㄱㅜㄹㄷㄷㅓㄱㄱㄱㅜㄹㄷㄷㅓㄱ	72 一
(꿀다	ㄱㄱㅜㄹㄷㅏ	4 三
꿀벌	ㄱㄱㅜㄹㅂㅓㄹ	63 一
(꿀설기	ㄱㄱㅜㄹㅅㅓㄹㄱㅣ	56 一
꿀쩍꿀쩍	ㄱㄱㅜㄹㅈㅈㅓㄱㄱㄱㅜㄹㅈㅈㅓㄱ	72 一
꿀쩍거리다	ㄱㄱㅜㄹㅈㅈㅓㄱㄱㅓㄹㅣㄷㅏ	72 一
(꿀편	ㄱㄱㅜㄹㅍㅕㄴ	56 一
꿇다	ㄱㄱㅜㄹㅎㄷㅏ	40 三
(꾸럽지	ㄱㄱㅜㄹㅓㅂㅈㅣ	28 一
꾸러미	ㄱㄱㅜㄹㅓㅁㅣ	23 一
(꾸르르	ㄱㄱㅜㄹㅡㄹㅡ	36 一
꾸르륵	ㄱㄱㅜㄹㅡㄹㅡㄱ	36 一
꿈속	ㄱㄱㅜㅁㅅㅗㄱ	66 四
꿈실꿈실	ㄱㄱㅜㅁㅅㅣㄹㄱㄱㅜㅁㅅㅣㄹ	75 三
꿈실거리다	ㄱㄱㅜㅁㅅㅣㄹㄱㅓㄹㅣㄷㅏ	72 一
꿈쩍꿈쩍	ㄱㄱㅜㅁㅈㅈㅓㄱㄱㄱㅜㅁㅈㅈㅓㄱ	71 二
꿈적꿈적	ㄱㄱㅜㅁㅈㅓㄱㄱㄱㅜㅁㅈㅓㄱ	75 三
꿈적거리다	ㄱㄱㅜㅁㅈㅓㄱㄱㅓㄹㅣㄷㅏ	72 一
꿈적이다	ㄱㄱㅜㅁㅈㅓㄱㅣㄷㅏ	72 一
꿈질꿈질	ㄱㄱㅜㅁㅈㅣㄹㄱㄱㅜㅁㅈㅣㄹ	75 三
꿈질거리다	ㄱㄱㅜㅁㅈㅣㄹㄱㅓㄹㅣㄷㅏ	72 一
꿈지럭꿈지럭	ㄱㄱㅜㅁㅈㅣㄹㅓㄱㄱㄱㅜㅁㅈㅣㄹㅓㄱ	75 三
꿈틀꿈틀	ㄱㄱㅜㅁㅌㅡㄹㄱㄱㅜㅁㅌㅡㄹ	75 三
꿈틀거리다	ㄱㄱㅜㅁㅌㅡㄹㄱㅓㄹㅣㄷㅏ	75 二
꾸물꾸물	ㄱㄱㅜㅁㅜㄹㄱㄱㅜㅁㅜㄹ	75 三
꾸무럭꾸무럭	ㄱㄱㅜㅁㅜㄹㅓㄱㄱㄱㅜㅁㅜㄹㅓㄱ	75 三
꾸뻑거리다	ㄱㄱㅜㅂㅂㅓㄱㄱㅓㄹㅣㄷㅏ	72 一
꿉실꿉실	ㄱㄱㅜㅂㅅㅣㄹㄱㄱㅜㅂㅅㅣㄹ	75 四
꿉적꿉적	ㄱㄱㅜㅂㅈㅓㄱㄱㄱㅜㅂㅈㅓㄱ	75 四
꾸벅거리다	ㄱㄱㅜㅂㅓㄱㄱㅓㄹㅣㄷㅏ	72 一
꾸불꾸불	ㄱㄱㅜㅂㅜㄹㄱㄱㅜㅂㅜㄹ	75 四
꾸부리다	ㄱㄱㅜㅂㅜㄹㅣㄷㅏ	75 四
꾸부정하다	ㄱㄱㅜㅂㅜㅈㅓㅇㅎㅏㄷㅏ	2 一,72二
(꾸브정하다	ㄱㄱㅜㅂㅡㅈㅓㅇㅎㅏㄷㅏ	28 一
꿍꿍(痛聲)	ㄱㄱㅜㅇㄱㄱㅜㅇ	71 四
꿍꿍(鼓音)	ㄱㄱㅜㅇㄱㄱㅜㅇ	72 二
꾸정꾸정하다	ㄱㄱㅜㅈㅓㅇㄱㄱㅜㅈㅓㅇㅎㅏㄷㅏ	71 四
(꾸중	ㄱㄱㅜㅈㅜㅇ	49 三
꾸지람	ㄱㄱㅜㅈㅣㄹㅏㅁ	49 三
(꾸아리	ㄱㄱㅜㅏㄹㅣ	47 三
꿱꿱	ㄱㄱㅜㅓㅣㄱㄱㄱㅜㅓㅣㄱ	72 一
꿱지르다	ㄱㄱㅜㅓㅣㄱㅈㅣㄹㅡㄷㅏ	72 一
꿰뜨리다	ㄱㄱㅜㅓㅣㄷㄷㅡㄹㅣㄷㅏ	42 三
꿰매다	ㄱㄱㅜㅓㅣㅁㅏㅣㄷㅏ	72 二
꿰미	ㄱㄱㅜㅓㅣㅁㅣ	42 三
꿰지다	ㄱㄱㅜㅓㅣㅈㅣㄷㅏ	103 三
(꿰어뜨리다	ㄱㄱㅜㅓㅣㅓㄷㄷㅡㄹㅣㄷㅏ	42 三
(꿰어미	ㄱㄱㅜㅓㅣㅓㅁㅣ	42 三
꾸역꾸역	ㄱㄱㅜㅕㄱㄱㄱㅜㅕㄱ	27 三
뀌다	ㄱㄱㅜㅣㄷㅏ	113 一
꾸이다	ㄱㄱㅜㅣㄷㅏ	113 一
(뀌역뀌역	ㄱㄱㅜㅣㅕㄱㄱㄱㅜㅣㅕㄱ	27 三
끈	ㄱㄱㅡㄴ	72 二
끈끈하다	ㄱㄱㅡㄴㄱㄱㅡㄴㅎㅏㄷㅏ	72 二
끈떡끈떡	ㄱㄱㅡㄴㄷㄷㅓㄱㄱㄱㅡㄴㄷㄷㅓㄱ	103 一
끈떡거리다	ㄱㄱㅡㄴㄷㄷㅓㄱㄱㅓㄹㅣㄷㅏ	105 四
끈덕끈덕	ㄱㄱㅡㄴㄷㅓㄱㄱㄱㅡㄴㄷㅓㄱ	106 一
끈덕거리다	ㄱㄱㅡㄴㄷㅓㄱㄱㅓㄹㅣㄷㅏ	105 四
끈적끈적	ㄱㄱㅡㄴㅈㅓㄱㄱㄱㅡㄴㅈㅓㄱ	72 二
끈적거리다	ㄱㄱㅡㄴㅈㅓㄱㄱㅓㄹㅣㄷㅏ	72 二
(끈치다	ㄱㄱㅡㄴㅊㅣㄷㅏ	1 二
(끈타불	ㄱㄱㅡㄴㅌㅏㅂㅜㄹ	40 三
끊치다	ㄱㄱㅡㄴㅎㅊㅣㄷㅏ	72 二
끊어뜨리다	ㄱㄱㅡㄴㅎㅓㄷㄷㅡㄹㅣㄷㅏ	56 一
끊어지다	ㄱㄱㅡㄴㅎㅓㅈㅣㄷㅏ	72 二
(끊여지다	ㄱㄱㅡㄴㅎㅕㅊㅣㄷㅏ	56 一

끄나불	ㄱㄱㅡㄴㅏㅂㅜㄹ	40三,72二
끄떡끄떡	ㄱㄱㅡㄷㄷㅓㄱㄱㄱㅡㄷㄷㅓㄱ	1 6 一
끄떡거리다	ㄱㄱㅡㄷㄷㅓㄱㄱㅓㄹㅣㄷㅏ	105 四
끄떡이다	ㄱㄱㅡㄷㄷㅓㄱㅣㄷㅏ	105 三
끄떽끄떽	ㄱㄱㅡㄷㄷㅓㅣㄱㄱㄱㅡㄷㄷㅓㅣㄱ	103 一
끄떽거리다	ㄱㄱㅡㄷㄷㅓㅣㄱㄱㅓㄹㅣㄷㅏ	105 四
끄덕끄덕	ㄱㄱㅡㄷㅓㄱㄱㄱㅡㄷㅓㄱ	1四,10 一
끄덕거리다	ㄱㄱㅡㄷㅓㄱㄱㅓㄹㅣㄷㅏ	1四,105四
끄덕이다	ㄱㄱㅡㄷㅓㄱㅣㄷㅏ	105 三
끄덱끄덱	ㄱㄱㅡㄷㅓㅣㄱㄱㄱㅡㄷㅓㅣㄱ	103 一
끄덱거리다	ㄱㄱㅡㄷㅓㅣㄱㄱㅓㄹㅣㄷㅏ	105 四
끌다	ㄱㄱㅡㄹㄷㅏ	44 一
끌려지다	ㄱㄱㅡㄹㄹㅕㅈㅣㄷㅏ	1四,102三
(끌르다	ㄱㄱㅡㄹㄹㅡㄷㅏ	1 四
끓이다	ㄱㄱㅡㄹㅎㅣㄷㅏ	40 三
(끄렵지	ㄱㄱㅡㄹㅕㅂㅈㅣ	28 一
(끄려미	ㄱㄱㅡㄹㅕㅁㅣ	28 一
끄르다	ㄱㄱㅡㄹㅡㄷㅏ	1 四
(끄리다(悬)	ㄱㄱㅡㄹㅣㄷㅏ	19 二
(끄리다(沸)	ㄱㄱㅡㄹㅣㄷㅏ	40 三
끔뻑끔뻑	ㄱㄱㅡㅁㅂㅂㅓㄱㄱㄱㅡㅁㅂㅂㅓㄱ	71 一
끔뻑거리다	ㄱㄱㅡㅁㅂㅂㅓㄱㄱㅓㄹㅣㄷㅏ	71 一
끔벅끔벅	ㄱㄱㅡㅁㅂㅓㄱㄱㄱㅡㅁㅂㅓㄱ	71 一
끔벅거리다	ㄱㄱㅡㅁㅂㅓㄱㄱㅓㄹㅣㄷㅏ	71 一
끔쩍끔쩍	ㄱㄱㅡㅁㅈㅈㅓㄱㄱㄱㅡㅁㅈㅈㅓㄱ	71 一
끔쩍거리다	ㄱㄱㅡㅁㅈㅈㅓㄱㄱㅓㄹㅣㄷㅏ	71 一
끔찍하다	ㄱㄱㅡㅁㅈㅈㅣㄱㅎㅏㄷㅏ	72 二
끔적끔적	ㄱㄱㅡㅁㅈㅓㄱㄱㄱㅡㅁㅈㅓㄱ	71 一
끔적거리다	ㄱㄱㅡㅁㅈㅓㄱㄱㅓㄹㅣㄷㅏ	71 一
끄물끄물	ㄱㄱㅡㅁㅜㄹㄱㄱㅡㅁㅜㄹ	28 一
(끄믈끄믈	ㄱㄱㅡㅁㅡㄹㄱㄱㅡㅁㅡㄹ	23 一
(끗	ㄱㄱㅡㅅ	8 四
(끗끗이	ㄱㄱㅡㅅㄱㄱㅡㅅㅣ	49 三
(끄슬리다	ㄱㄱㅡㅅㅡㄹㄹㅣㄷㅏ	1 一
끙끙	ㄱㄱㅡㅇㄱㄱㅡㅇ	72 二
(끛	ㄱㄱㅡㅊ	8 四
(끄치다	ㄱㄱㅡㅊㅣㄷㅏ	1 二
끝	ㄱㄱㅡㅌ	8 四
끝끝내	ㄱㄱㅡㅌㄱㄱㅡㅌㄴㅏㅣ	49 三
끝나다	ㄱㄱㅡㅌㄴㅏㄷㅏ	72 三
끝내다	ㄱㄱㅡㅌㄴㅏㅣㄷㅏ	72 三
끝막다	ㄱㄱㅡㅌㅁㅏㄱㄷㅏ	72 三
끝마감	ㄱㄱㅡㅌㅁㅏㄱㅏㅁ	83 三
끝장나다	ㄱㄱㅡㅌㅈㅏㅇㄴㅏㄷㅏ	72 三
끝장내다	ㄱㄱㅡㅌㅈㅏㅇㄴㅏㅣㄷㅏ	63一,72三
끝판	ㄱㄱㅡㅌㅍㅏㄴ	67 一
끄트러기	ㄱㄱㅡㅌㅡㄹㅓㄱㅣ	72 三
끄트머리	ㄱㄱㅡㅌㅡㅁㅓㄹㅣ	72 三
(끄을다	ㄱㄱㅡㅡㄹㄷㅏ	44 一
(끠	ㄱㄱㅡㅣ	20 四
(끠무룻	ㄱㄱㅡㅣㅁㅜㄹㅜㅅ	33 四
(끠서	ㄱㄱㅡㅣㅅㅓ	20 四
(끠절가리	ㄱㄱㅡㅣㅈㅓㄹㄱㅏㄹㅣ	33 四
끼니	ㄱㄱㅣㄴㅣ	67 一
끼뜨리다	ㄱㄱㅣㄷㄷㅡㄹㅣㄷㅏ	72 三
끼다	ㄱㄱㅣㄷㅏ	72 三
(낄멧가리	ㄱㄱㅣㄹㅁㅓㅣㅅㄱㅏㄹㅣ	33 四
끼룩거리다	ㄱㄱㅣㄹㅜㄱㄱㅓㄹㅣㄷㅏ	78 二
낌새	ㄱㄱㅣㅁㅅㅏㅣ	72 三
낌새채다	ㄱㄱㅣㅁㅅㅏㅣㅊㅏㅣㄷㅏ	63一,72三
끼무룻	ㄱㄱㅣㅁㅜㄹㅜㅅ	33 四
낑낑	ㄱㄱㅣㅇㄱㄱㅣㅇ	72 二
끼절가리	ㄱㄱㅣㅈㅓㄹㄱㅏㄹㅣ	33 四
(끼아치다	ㄱㄱㅣㅏㅊㅣㄷㅏ	36 三
끼얹다	ㄱㄱㅣㅓㄴㅈㄷㅏ	72 三
(끼영가리	ㄱㄱㅣㅕㅇㄱㅏㄹㅣ	33 四
끼우뚱끼우뚱	ㄱㄱㅣㅜㄷㄷㅜㅇㄱㄱㅣㅜㄷㄷㅜㅇ	77 二
끼우뚱거리나	ㄱㄱㅣㅜㄷㄷㅜㅇㄱㅓㄹㅣㄷㅏ	77 二
끼우다	ㄱㄱㅣㅜㄷㅏ	3 二,72三
끼우듬히다	ㄱㄱㅣㅜㄷㅡㅁㅎㅏㄷㅏ	77 二
끼웃끼웃	ㄱㄱㅣㅜㅅㄱㄱㅣㅜㅅ	77 二
끼웃거리다	ㄱㄱㅣㅜㅅㄱㅓㄹㅣㄷㅏ	77 二
끼웃하다	ㄱㄱㅣㅜㅅㅎㅏㄷㅏ	77 二
(끼이다	ㄱㄱㅣㅣㄷㅏ	30 二
가깝다	ㄱㅏㄱㄱㅏㅂㄷㅏ	4 二
가까스로	ㄱㅏㄱㄱㅏㅅㅡㄹㅗ	22 一
(가까스루	ㄱㅏㄱㄱㅏㅅㅡㄹㅜ	22 一
(가까히	ㄱㅏㄱㄱㅏㅎㅣ	41 一

가까이	ㄱㅏㄱㄱㅏㅣ	41 一
(가꼼	ㄱㅏㄱㄱㅗㅁ	26 一
(가뀌	ㄱㅏㄱㄱㅜㅣ	1 二
가끔	ㄱㅏㄱㄱㅡㅁ	26 一
각배	ㄱㅏㄱㅂㅏㅣ	72 三
각씨	ㄱㅏㄱㅅㅅㅣ	106 四
(각색	ㄱㅏㄱㅅㅏㅣㄱ	69 四
(각자	ㄱㅏㄱㅈㅏ	69 四
(각종	ㄱㅏㄱㅈㅗㅇ	69 四
(각지	ㄱㅏㄱㅈㅣ	1 三
(가가	ㄱㅏㄱㅏ	14 二
(가개	ㄱㅏㄱㅏㅣ	14 二
가게	ㄱㅏㄱㅓㅣ	14 二
간	ㄱㅏㄴ	3 三
(간간	ㄱㅏㄴㄱㅏㄴ	15 四
간간하다	ㄱㅏㄴㄱㅏㄴㅎㅏㄷㅏ	72 三
간국	ㄱㅏㄴㄱㅜㄱ	72 四
간나희	ㄱㅏㄴㄴㅏㅎㅡㅣ	72 四
간닥간닥	ㄱㅏㄴㄷㅏㄱㄱㅏㄴㄷㅏㄱ	106 一
간닥거리다	ㄱㅏㄴㄷㅏㄱㄱㅓㄹㅣㄷㅏ	105 四
(간달	ㄱㅏㄴㄷㅏㄹ	65 三
간댕간댕	ㄱㅏㄴㄷㅏㅣㅇㄱㅏㄴㄷㅏㅣㅇ	106 一
간댕거리다	ㄱㅏㄴㄷㅏㅣㅇㄱㅓㄹㅣㄷㅏ	105 四
간들간들	ㄱㅏㄴㄷㅡㄹㄱㅏㄴㄷㅡㄹ	106 一
간들거리다	ㄱㅏㄴㄷㅡㄹㄱㅓㄹㅣㄷㅏ	105 四
간드랑간드랑	ㄱㅏㄴㄷㅡㄹㅏㅇㄱㅏㄴㄷㅡㄹㅏㅇ	106 一
간드랑거리다	ㄱㅏㄴㄷㅡㄹㅏㅇㄱㅓㄹㅣㄷㅏ	105 四
간드러지다	ㄱㅏㄴㄷㅡㄹㅓㅈㅣㄷㅏ	72 三
간드작간드작	ㄱㅏㄴㄷㅡㅈㅏㄱㄱㅏㄴㄷㅡㅈㅏㄱ	106 一
간드작거리다	ㄱㅏㄴㄷㅡㅈㅏㄱㄱㅓㄹㅣㄷㅏ	105 四
(간밤	ㄱㅏㄴㅂㅏㅁ	66 二
간수	ㄱㅏㄴㅅㅜ	72 四
간자	ㄱㅏㄴㅈㅏ	93 一
간잔지런하다	ㄱㅏㄴㅈㅏㄴㅈㅣㄹㅓㄴㅎㅏㄷㅏ	73 三
(간즈런하다	ㄱㅏㄴㅈㅡㄹㅓㄴㅎㅏㄷㅏ	37 一
(간지런하다	ㄱㅏㄴㅈㅣㄹㅓㄴㅎㅏㄷㅏ	37 一
(간혹	ㄱㅏㄴㅎㅗㄱ	15 四
(가난방이	ㄱㅏㄴㅏㄴㅂㅏㅇㅣ	12 一
가난뱅이	ㄱㅏㄴㅏㄴㅂㅏㅣㅇㅣ	12 一
가누다	ㄱㅏㄴㅜㄷㅏ	72 四
(가는비	ㄱㅏㄴㅡㄴㅂㅣ	63 一
가늠쇠	ㄱㅏㄴㅡㅁㅅㅗㅣ	63 一
(간일학	ㄱㅏㄴㅣㄹㅎㅏㄱ	69 二
가뜩하다	ㄱㅏㄷㄷㅡㄱㅎㅏㄷㅏ	72 四
가뜬하다	ㄱㅏㄷㄷㅡㄴㅎㅏㄷㅏ	72 四
가댁질	ㄱㅏㄷㅏㅣㄱㅈㅣㄹ	49 三
(가도다	ㄱㅏㄷㅗㄷㅏ	23 二
(가도리	ㄱㅏㄷㅗㄹㅣ	23 二
가두다	ㄱㅏㄷㅜㄷㅏ	23 二
가두리	ㄱㅏㄷㅜㄹㅣ	23 二
가득하다	ㄱㅏㄷㅡㄱㅎㅏㄷㅏ	72 四
가든하다	ㄱㅏㄷㅡㄴㅎㅏㄷㅏ	72 四
갈(稻)	ㄱㅏㄹ	113 一
갈(蘆)	ㄱㅏㄹ	113 二
갈꽃	ㄱㅏㄹㄱㄱㅗㅊ	47三,72四
갉작갉작	ㄱㅏㄹㄱㅈㅏㄱㄱㅏㄹㄱㅈㅏㄱ	76 二
갉작거리다	ㄱㅏㄹㄱㅈㅏㄱㄱㅓㄹㅣㄷㅏ	76 二
갉죽갉죽	ㄱㅏㄹㄱㅈㅜㄱㄱㅏㄹㄱㅈㅜㄱ	76 二
갉죽거리다	ㄱㅏㄹㄱㅈㅜㄱㄱㅓㄹㅣㄷㅏ	76 二
갉아당기다	ㄱㅏㄹㄱㅏㄷㅏㅇㄱㅣㄷㅏ	76 二
(갈갈하다	ㄱㅏㄹㄱㅏㄹㅎㅏㄷㅏ	49 四
갉아먹다	ㄱㅏㄹㄱㅏㅁㅓㄱㄷㅏ	76 二
(갈가지	ㄱㅏㄹㄱㅏㅈㅣ	67 一
(갈고랑이	ㄱㅏㄹㄱㅗㄹㅏㅇㅇㅣ	23 二
(갈고리	ㄱㅏㄹㄱㅗㄹㅣ	23 二
(갈구랑이	ㄱㅏㄹㄱㅜㄹㅏㅇㅇㅣ	23 二
갈구리	ㄱㅏㄹㄱㅜㄹㅣ	23 二
(갈구자리	ㄱㅏㄹㄱㅜㅈㅏㄹㅣ	49 四
(갈구지	ㄱㅏㄹㄱㅜㅈㅣ	23 二
갈근갈근	ㄱㅏㄹㄱㅡㄴㄱㅏㄹㄱㅡㄴ	72 四
갈근거리다	ㄱㅏㄹㄱㅡㄴㄱㅓㄹㅣㄷㅏ	49 四
(갈그랑갈그랑	ㄱㅏㄹㄱㅡㄹㅏㅇㄱㅏㄹㄱㅡㄹㅏㅇ	36 一
갈나무	ㄱㅏㄹㄴㅏㅁㅜ	113 一
갈대	ㄱㅏㄹㄷㅏㅣ	113 二
(갈대꽃	ㄱㅏㄹㄷㅏㅣㄱㄱㅗㅊ	47 三
(갈택질	ㄱㅏㄹㄹㅏㅣㄱㅈㅣㄹ	49 三
(갈르다	ㄱㅏㄹㄹㅡㄷㅏ	37 四

(갈마기	ㄱㅏㄹㅁㅏㄱㅣ	12 一
갈매기	ㄱㅏㄹㅁㅏㅣㄱㅣ	12 一
갈모	ㄱㅏㄹㅁㅗ	6 三
(갈범	ㄱㅏㄹㅂㅓㅁ	65 三
갈보	ㄱㅏㄹㅂㅗ	72 四
갈비	ㄱㅏㄹㅂㅣ	38 四
갈빗대	ㄱㅏㄹㅂㅣㅅㄷㅏㅣ	33 四
갈삿갓	ㄱㅏㄹㅅㅏㅅㄱㅏㅅ	90 四
갈치	ㄱㅏㄹㅊㅣ	3 三
(갈코리	ㄱㅏㄹㅋㅗㄹㅣ	23 二
(갈코장이	ㄱㅏㄹㅋㅗㅈㅏㅇㅣ	23 二
(갈쿠리	ㄱㅏㄹㅋㅜㄹㅣ	23 二
(갈쿠장이	ㄱㅏㄹㅋㅜㅈㅏㅇㅣ	23 二
(갈쿠지	ㄱㅏㄹㅋㅜㅈㅣ	23 二
갈퀴	ㄱㅏㄹㅋㅜㅣ	31 二
(갈킈	ㄱㅏㄹㅋㅡㅣ	31 二
(갈키	ㄱㅏㄹㅋㅣ	31 二
갈품	ㄱㅏㄹㅍㅜㅁ	72 四
(~가라	~ㄱㅏㄹㅏ	13 二
가락옷	ㄱㅏㄹㅏㄱㅗㅅ	49 四
(가라대	ㄱㅏㄹㅏㄷㅏㅣ	49 四
가라사대	ㄱㅏㄹㅏㅅㅏㄷㅏㅣ	15 二
가랑가랑	ㄱㅏㄹㅏㅇㄱㅏㄹㅏㅇ	72 四
가랑비	ㄱㅏㄹㅏㅇㅂㅣ	63一, 113四
가랑이	ㄱㅏㄹㅏㅇㅣ	11 一
가랑잎	ㄱㅏㄹㅏㅇㅣㅍ	72 四
(가랒	ㄱㅏㄹㅏㅈ	26 四
(가라조	ㄱㅏㄹㅏㅈㅗ	26 四
가라지	ㄱㅏㄹㅏㅈㅣ	26四, 13二
(가라치다	ㄱㅏㄹㅏㅊㅣㄷㅏ	15 三
가래	ㄱㅏㄹㅏㅣ	72 四
(가랭이	ㄱㅏㄹㅏㅣㅇㅣ	11 一
가래침	ㄱㅏㄹㅏㅣㅊㅣㅁ	72 四
가로(橫)	ㄱㅏㄹㅗ	22 一
(가로(粉)	ㄱㅏㄹㅗ	23 三
가로되	ㄱㅏㄹㅗㄷㅗㅣ	49 四
가로맡다	ㄱㅏㄹㅗㅁㅏㅌㄷㅏ	22 一
(가로시되	ㄱㅏㄹㅗㅅㅣㄷㅗㅣ	15 二
(가루(橫)	ㄱㅏㄹㅜ	22 一
가루(粉)	ㄱㅏㄹㅜ	23 三
(가루맡다	ㄱㅏㄹㅜㅁㅏㅌㄷㅏ	22 一
가르다	ㄱㅏㄹㅡㄷㅏ	37 四
(가르대	ㄱㅏㄹㅡㄷㅏㅣ	49 四
가르랑가르랑	ㄱㅏㄹㅡㄹㅏㅇㄱㅏㄹㅡㄹㅏㅇ	30一, 72四
(가르사대	ㄱㅏㄹㅡㅅㅏㄷㅏㅣ	15 二
(가르시되	ㄱㅏㄹㅡㅅㅣㄷㅗㅣ	15 二
(가르치다(指)	ㄱㅏㄹㅡㅊㅣㄷㅏ	10 四
가르치다(敎)	ㄱㅏㄹㅡㅊㅣㄷㅏ	15 三
(가리	ㄱㅏㄹㅣ	38 四
가리다	ㄱㅏㄹㅣㄷㅏ	44 四
(가림자	ㄱㅏㄹㅣㅁㅈㅏ	40 一
가리마	ㄱㅏㄹㅣㅁㅏ	40 一
가리맛	ㄱㅏㄹㅣㅁㅏㅅ	84 一
(가릿대	ㄱㅏㄹㅣㅅㄷㅏㅣ	38 四
(가리치다	ㄱㅏㄹㅣㅊㅣㄷㅏ	10 四
가리키다	ㄱㅏㄹㅣㅋㅣㄷㅏ	10 四
갈잎	ㄱㅏㄹㅣㅍ	72 四
가리우다	ㄱㅏㄹㅣㅜㄷㅏ	30 二
(가리이다(使蔽)	ㄱㅏㄹㅣㅣㄷㅏ	30 二
(가리이다(自蔽)	ㄱㅏㄹㅣㅣㄷㅏ	44 四
감	ㄱㅏㅁ	44 一
감궂다	ㄱㅏㅁㄱㅜㅈㄷㅏ	73 一
감기	ㄱㅏㅁㄱㅣ	7 一
감다	ㄱㅏㅁㄷㅏ	73 四
감대사납다	ㄱㅏㅁㄷㅏㅣㅅㅏㄴㅏㅂㄷㅏ	73 一
(감동젓	ㄱㅏㅁㄷㅗㅇㅈㅓㅅ	63 二
감발저뀌	ㄱㅏㅁㅂㅏㄹㅈㅓㄱㄱㅜㅣ	49 四
(감발이	ㄱㅏㅁㅂㅏㄹㅣ	49 四
감복숭아	ㄱㅏㅁㅂㅗㄱㅅㅜㅇㅏ	63 一
감사납다	ㄱㅏㅁㅅㅏㄴㅏㅂㄷㅏ	73 一
감숭감숭	ㄱㅏㅁㅅㅜㅇㄱㅏㅁㅅㅜㅇ	73 四
감숭하다	ㄱㅏㅁㅅㅜㅇㅎㅏㄷㅏ	74 一
감실감실	ㄱㅏㅁㅅㅣㄹㄱㅏㅁㅅㅣㄹ	73 四
감쪼으다	ㄱㅏㅁㅈㅈㅗㅡㄷㅏ	73 一
감작감작	ㄱㅏㅁㅈㅏㄱㄱㅏㅁㅈㅏㄱ	73 四
(감정관자	ㄱㅏㅁㅈㅓㅇㄱㅘㄴㅈㅏ	50 一
(감초다	ㄱㅏㅁㅊㅗㄷㅏ	23 三
감추다	ㄱㅏㅁㅊㅜㄷㅏ	23 三

감투	ㄱㅏㅁㅌㅜ	100 三
감하다	ㄱㅏㅁㅎㅏㄷㅏ	73 一
가마	ㄱㅏㅁㅏ	113 二
가막관자	ㄱㅏㅁㅏㄱㄱㅘㄴㅈㅏ	5) 一
(가마귀	ㄱㅏㅁㅏㄱㅜㅣ	1 三
가만히	ㄱㅏㅁㅏㄴㅎㅣ	40 三
(가만이	ㄱㅏㅁㅏㄴㅣ	40 三
감알다	ㄱㅏㅁㅏㄹㄷㅏ	44 一
가마무트름하다	ㄱㅏㅁㅏㅁㅜㅌㅡㄹㅡㅁㅎㅏㄷㅏ	74 一
가마솥	ㄱㅏㅁㅏㅅㅗㅌ	113 二
(가마우지	ㄱㅏㅁㅏㅜㅈㅣ	67 四
가물	ㄱㅏㅁㅜㄹ	6 三
가물가물(耿)	ㄱㅏㅁㅜㄹㄱㅏㅁㅜㄹ	73 一
가물가물하다(畓)	ㄱㅏㅁㅜㄹㄱㅣㅁㅜㄹㅎㅏㄷㅏ	23 一
가물다	ㄱㅏㅁㅜㄹㄷㅏ	28 一
가물치	ㄱㅏㅁㅜㄹㅊㅣ	28 一
가무리다	ㄱㅏㅁㅜㄹㅣㄷㅏ	28 一
(가뭄	ㄱㅏㅁㅜㅁ	6 三
가뭇가뭇	ㄱㅏㅁㅜㅅㄱㅏㅁㅜㅅ	73 四
가뭇하다	ㄱㅏㅁㅜㅅㅎㅏㄷㅏ	74 一
가뭇없다	ㄱㅏㅁㅜㅅㅓㅂㅅㄷㅏ	28一,106二
가무스럼하다	ㄱㅏㅁㅜㅅㅡㄹㅓㅁㅎㅏㄷㅏ	28一,74一
가무잡잡하다	ㄱㅏㅁㅜㅈㅏㅂㅈㅏㅂㅎㅏㄷㅏ	74 一
(감은엿	ㄱㅏㅁㅡㄴㅕㅅ	13 三
(가믈가믈하다	ㄱㅏㅁㅡㄹㄱㅏㅁㅡㄹㅎㅏㄷㅏ	28 一
(가믈다	ㄱㅏㅁㅡㄹㄷㅏ	28 一
(가믈치	ㄱㅏㅁㅡㄹㅊㅣ	28 一
(가므리다	ㄱㅏㅁㅡㄹㅣㄷㅏ	28 一
(가믓없다	ㄱㅏㅁㅡㅅ ㅂㅅㄷㅏ	28 一
(가므스럼하다	ㄱㅏㅁㅡㅅㅡㄹㅓㅁㅎㅏㄷㅏ	28 一
(갑	ㄱㅏㅂ	7 三
갑갑증	ㄱㅏㅂㄱㅏㅂㅈㅡㅇ	13 一
갑갑하다	ㄱㅏㅂㄱㅏㅂㅎㅏㄷㅏ	13 一
(갑겁증	ㄱㅏㅂㄱㅓㅂㅈㅡㅇ	13 一
(갑겁하다	ㄱㅏㅂㄱㅓㅂㅎㅏㄷㅏ	13 一
가뿐하다	ㄱㅏㅃㅜㄴㅎㅏㄷㅏ	4四,73一
(가뿌다	ㄱㅏㅃㅜㄷㅏ	29 二
(가뿟하다	ㄱㅏㅃㅜㅅㅎㅏㄷㅏ	4 四
가쁘다	ㄱㅏㅃㅡㄷㅏ	29 二
값	ㄱㅏㅂㅅ	7 三
(값가다	ㄱㅏㅂㅅㄱㅏㄷㅏ	45 二
값나가다	ㄱㅏㅂㅅㄴㅏㄱㅏㄷㅏ	45 二
(값나다	ㄱㅏㅂㅅㄴㅏㄷㅏ	45 二
값어치	ㄱㅏㅂㅅㅓㅊㅣ	39 一
갑작스럽다	ㄱㅏㅂㅈㅏㄱㅅㅡㄹㅓㅂㄷㅏ	73 一
갑작스레	ㄱㅏㅂㅈㅏㄱㅅㅡㄹㅔ	73 一
갑자기	ㄱㅏㅂㅈㅏㄱㅣ	73 一
갑절	ㄱㅏㅂㅈㅓㄹ	14三,113三
(갑어치	ㄱㅏㅂㅓㅊㅣ	39 一
가볍다	ㄱㅏㅂㅕㅂㄷㅏ	44三,73一
가분가분	ㄱㅏㅂㅜㄴㄱㅏㅂㅜㄴ	73 一
가분하다	ㄱㅏㅂㅜㄴㅎㅏㄷㅏ	4四,73一
(가붓하다	ㄱㅏㅂㅜㅅㅎㅏㄷㅏ	4 四
(가븨얍다	ㄱㅏㅂㅡㅣㅑㅂㄷㅏ	44 三
(가븨엽다	ㄱㅏㅂㅡㅣㅕㅂㄷㅏ	44 三
(갓데우	ㄱㅏㅅㄷㅐㅜ	56 一
(갓모	ㄱㅏㅅㅁㅗ	6 三
갓모자	ㄱㅏㅅㅁㅗㅈㅏ	56 一
가사리	ㄱㅏㅅㅏㄹㅣ	111 四
(가삼	ㄱㅏㅅㅏㅁ	15 三
가사목	ㄱㅏㅅㅏㅁㅗㄱ	15 四
가새	ㄱㅏㅅㅐ	50 一
(가생이	ㄱㅏㅅㅐㅇㅣ	50 一
가소롭다	ㄱㅏㅅㅗㄹㅗㅂㄷㅏ	112 一
가스랑이	ㄱㅏㅅㅡㄹㅏㅇㅇㅣ	1 一
가슴	ㄱㅏㅅㅡㅁ	15 三
가슴츠레하다	ㄱㅏㅅㅡㅁㅊㅡㄹㅔㅎㅏㄷㅏ	73 三
가슴앓이	ㄱㅏㅅㅡㅁㅏㄹㅎㅣ	67 一
(가스새	ㄱㅏㅅㅡㅅㅐ	53 二
가시다	ㄱㅏㅅㅣㄷㅏ	73 一
가시목	ㄱㅏㅅㅣㅁㅗㄱ	15 四
강귀	ㄱㅏㅇㄱㅜㅣ	68 一
(강기	ㄱㅏㅇㄱㅣ	7 一
(강냉이	ㄱㅏㅇㄴㅐㅇㅣ	70 一
강동하다	ㄱㅏㅇㄷㅗㅇㅎㅏㄷㅏ	22一,74一
(강둥하다	ㄱㅏㅇㄷㅜㅇㅎㅏㄷㅏ	22 一
강밥	ㄱㅏㅇㅂㅏㅂ	73 二
(강보리밥	ㄱㅏㅇㅂㅗㄹㅣㅂㅏㅂ	63 一

강샘	ㄱㅏㅇㅅㅏㅣㅁ	42 一
(강샘이	ㄱㅏㅇㅅㅏㅣㅇㅣ	50 一
(강새암	ㄱㅏㅇㅅㅏㅣㅏㅁ	42 一
(강짜	ㄱㅏㅇㅉㅏ	42 一
강파르다	ㄱㅏㅇㅍㅏㄹㅡㄷㅏ	39 三
강아지	ㄱㅏㅇㅏㅈㅣ	50 一
강아지풀	ㄱㅏㅇㅏㅈㅣㅍㅜㄹ	73 二
(강엿	ㄱㅏㅇㅕㅅ	13 三
(갖대	ㄱㅏㅈㄷㅏㅣ	67 一
(갖신	ㄱㅏㅊㅅㅣㄴ	63 一
(갖호다	ㄱㅏㅊㅎㅗㄷㅏ	23 三
(갖호쓰다	ㄱㅏㅊㅎㅗㅅㅅㅡㄷㅏ	23 三
갖후다	ㄱㅏㅈㅎㅜㄷㅏ	23 三
갖후쓰다	ㄱㅏㅈㅎㅜㅅㅅㅡㄷㅏ	23 三
가자미	ㄱㅏㅈㅏㅁㅣ	11 一
(가장귀	ㄱㅏㅈㅏㅇㄱㅜㅣ	47 三
가장자리	ㄱㅏㅈㅏㅇㅈㅏㄹㅣ	50一,7. 二
(가장이	ㄱㅏㅈㅏㅇㅣ	47 三
가재	ㄱㅏㅈㅏㅣ	16 二
가재걸음치다	ㄱㅏㅈㅏㅣㄱㅓㄹㅡㅁㅊㅣㄷㅏ	74 二
(가재미	ㄱㅏㅈㅏㅣㅁㅣ	11 一
(가제	ㄱㅏㅈㅓㅣ	16 二
(가제미	ㄱㅏㅈㅓㅣㅁㅣ	11 一
(가족	ㄱㅏㅈㅗㄱ	23 三
가죽	ㄱㅏㅈㅜㄱ	23 三
가죽신	ㄱㅏㅈㅜㄱㅅㅣㄴ	63 一
갖은	ㄱㅏㅊㅡㄴ	31 四
(가즈런하다	ㄱㅏㅈㅡㄹㅓㄴㅎㅏㄷㅏ	37 一
가지	ㄱㅏㅈㅣ	47 三
(가진	ㄱㅏㅈㅣㄴ	31 四
가지런히다	ㄱㅏㅈㅣㄹㅓㄴㅎㅏㄷㅏ	37 一
가짓말	ㄱㅏㅈㅣㅅㅁㅏㄹ	56二,74二
(가짓부렁이	ㄱㅏㅈㅣㅅㅂㅜㄹㅓㅇㅣ	56 二
(가짓부리	ㄱㅏㅈㅣㅅㅂㅜㄹㅣ	56 二
(가찹다	ㄱㅏㅊㅏㅂㄷㅏ	4 二
(가치	ㄱㅏㅊㅣ	1 三
가칫가칫	ㄱㅏㅊㅣㅅㄱㅏㅊㅣㅅ	73 二
(가쾌	ㄱㅏㅋㅗㅏㅣ	63 四
같다	ㄱㅏㅌㄷㅏ	13 一
같이	ㄱㅏㅌㅣ	13 一
(가파르다	ㄱㅏㅍㅏㄹㅡㄷㅏ	39 三
(가온대	ㄱㅏㅗㄴㄷㅏㅣ	23 三
(가온데	ㄱㅏㅗㄴㄷㅓㅣ	23 三
가오리	ㄱㅏㅗㄹㅣ	22 一
(가옷	ㄱㅏㅗㅅ	36 一
(가운대	ㄱㅏㅜㄴㄷㅏㅣ	23 三
가운데	ㄱㅏㅜㄴㄷㅓㅣ	23 三
(가운데손가락	ㄱㅏㅜㄴㄷㅓㅣㅅㅗㄴㄱㅏㄹㅏㄱ	65 二
(가우리	ㄱㅏㅜㄹㅣ	22 一
가웃	ㄱㅏㅜㅅ	36 一
가위	ㄱㅏㅜㅣ	50 一
(가음	ㄱㅏㅡㅁ	44 一
(가음알다	ㄱㅏㅡㅁㅏㄹㄷㅏ	44 一
개	ㄱㅏㅣ	73 二
(객스럽다	ㄱㅏㅣㄱㅅㅡㄹㅓㅂㄷㅏ	50 一
객적다	ㄱㅏㅣㄱㅈㅓㄱㄷㅏ	50 一
개감스럽다	ㄱㅏㅣㄱㅏㅁㅅㅡㄹㅓㅂㄷㅏ	74 二
(객없다	ㄱㅏㅣㄱㅓㅂㅅㄷㅏ	50 一
(개고리	ㄱㅏㅣㄱㅗㄹㅣ	23 三
개구리	ㄱㅏㅣㄱㅜㄹㅣ	23三,73二
개똥벌레	ㄱㅏㅣㄸㅗㅇㅂㅓㄹㄹㅓㅣ	73 二
개다(晴)	ㄱㅏㅣㄷㅏ	44四,73二
개다(混水)	ㄱㅏㅣㄷㅏ	112 三
(갬치	ㄱㅏㅣㅁㅊㅣ	40 三
개미(陶粉)	ㄱㅏㅣㅁㅣ	40 三
개미(蟻)	ㄱㅏㅣㅁㅣ	42 一
개백장	ㄱㅏㅣㅂㅏㅣㄱㅈㅏㅇ	13 一
(개백정	ㄱㅏㅣㅂㅏㅣㄱㅈㅓㅇ	13 一
개비	ㄱㅏㅣㅂㅣ	7 四
(개살이	ㄱㅏㅣㅅㅏㄹㅣ	66 一
개숫물	ㄱㅏㅣㅅㅜㅅㅁㅜㄹ	16 一
(갱기미	ㄱㅏㅣㅇㄱㅣㅁㅣ	3 二
갱지미	ㄱㅏㅣㅇㅈㅣㅁㅣ	3 二
(개자	ㄱㅏㅣㅈㅏ	16 四
개잘량	ㄱㅏㅣㅈㅏㄹㄹㅑㅇ	67 一
개자리	ㄱㅏㅣㅈㅏㄹㅣ	90 四
(개장수	ㄱㅏㅣㅈㅏㅇㅅㅜ	13 一
(개지	ㄱㅏㅣㅈㅣ	45 一

개짐	ㄱㅏㅣㅈㅣㅁ	2 四
(개초	ㄱㅏㅣㅊㅗ	70 四
개펄	ㄱㅏㅣㅍㅓㄹ	67一,73二,113三
(개피	ㄱㅏㅣㅍㅣ	7 四
개호주	ㄱㅏㅣㅎㅗㅈㅜ	67 一
(개아미	ㄱㅏㅣㅏㅁㅣ	42 一
(개아지	ㄱㅏㅣㅏㅈㅣ	50 一
개어서	ㄱㅏㅣㅓㅅㅓ	18 三
(개여서	ㄱㅏㅣㅕㅅㅓ	18 三
(개오지	ㄱㅏㅣㅗㅈㅣ	67 一
(개와	ㄱㅏㅣㅘ	17 二
(개이다	ㄱㅏㅣㅣㄷㅏ	44 四
(갸닥질	ㄱㅑㄷㅏㄱㅈㅣㄹ	49 三
걀쭉걀쭉	ㄱㅑㄹㅈㅈㅜㄱㄱㅑㄹㅈㅈㅜㄱ	77 一
걀쭉스럼하다	ㄱㅑㄹㅈㅈㅜㄱㅅㅡㄹㅓㅁㅎㅏㄷㅏ	77 一
걀쭉하다	ㄱㅑㄹㅈㅈㅜㄱㅎㅏㄷㅏ	77 一
걀쯤걀쯤	ㄱㅑㄹㅈㅈㅡㅁㄱㅑㄹㅈㅈㅡㅁ	77 一
걀쯤하다	ㄱㅑㄹㅈㅈㅡㅁㅎㅏㄷㅏ	77 一
걀쯔막하다	ㄱㅑㄹㅈㅈㅡㅁㅏㄱㅎㅏㄷㅏ	77 一
(갸록하다	ㄱㅑㄹㅗㄱㅎㅏㄷㅏ	29 二
(갸룩하다	ㄱㅑㄹㅜㄱㅎㅏㄷㅏ	29 二
갸륵하다	ㄱㅑㄹㅡㄱㅎㅏㄷㅏ	29 二
갸름하다	ㄱㅑㄹㅡㅁㅎㅏㄷㅏ	77 一
(갸수	ㄱㅑㅅㅜ	16 一
(갸숫물	ㄱㅑㅅㅜㅅㅁㅜㄹ	16 一
갸우뚱갸우뚱	ㄱㅑㅜㄷㄷㅜㅇㄱㅑㅜㄷㄷㅜㅇ	77 二
갸우뚱거리다	ㄱㅑㅜㄷㄷㅜㅇㄱㅓㄹㅣㄷㅏ	77 二
갸우듬하다	ㄱㅑㅜㄷㅡㅁㅎㅏㄷㅏ	77 二
갸웃갸웃	ㄱㅑㅜㅅㄱㅑㅜㅅ	77 二
갸웃거리다	ㄱㅑㅜㅅㄱㅓㄹㅣㄷㅏ	77 二
갸웃하다	ㄱㅑㅜㅅㅎㅏㄷㅏ	77 二
거꾸러지다	ㄱㅓㄱㄱㅜㄹㅓㅈㅣㄷㅏ	1 一
거꾸로	ㄱㅓㄱㄱㅜㄹㅗ	22 一
(거꾸루	ㄱㅓㄱㄱㅜㄹㅜ	22 一
(거긔	ㄱㅓㄱㅡㅣ	33 四
거기	ㄱㅓㄱㅣ	33四,113四
(건갈이	ㄱㅓㄴㄱㅏㄹㅣ	64 一
건건하다	ㄱㅓㄴㄱㅓㄴㅎㅏㄷㅏ	72 三
건건이	ㄱㅓㄴㄱㅓㄴㅣ	73 二
건넌방	ㄱㅓㄴㄴㅓㄴㅂㅏㅇ	36四,73三
건넛방	ㄱㅓㄴㄴㅓㅅㅂㅏㅇ	73 三
(건네	ㄱㅓㄴㄴㅓㅣ	20 四
건뜻건뜻	ㄱㅓㄴㄷㄷㅡㅅㄱㅓㄴㄷㄷㅡㅅ	73 三
(건뜻하면	ㄱㅓㄴㄷㄷㅡㅅㅎㅏㅁㅕㄴ	36 三
～건대	～ㄱㅓㄴㄷㅏㅣ	37 一
(～건댄	～ㄱㅓㄴㄷㅏㅣㄴ	37 一
(건덕지	ㄱㅓㄴㄷㅓㄱㅈㅣ	40 一
건더기	ㄱㅓㄴㄷㅓㄱㅣ	40 一
건던지	ㄱㅓㄴㄷㅓㄴㅈㅣ	40 一
건둥건둥	ㄱㅓㄴㄷㅜㅇㄱㅓㄴㄷㅜㅇ	73 三
건듯건듯	ㄱㅓㄴㄷㅡㅅㄱㅓㄴㄷㅡㅅ	73 三
～건만	～ㄱㅓㄴㅁㅏㄴ	113 四
～건마는	～ㄱㅓㄴㅁㅏㄴㅡㄴ	113 四
건성건성	ㄱㅓㄴㅅㅓㅇㄱㅓㄴㅅㅓㅇ	73 三
(건짬	ㄱㅓㄴㅈㅈㅏㅁ	10 一
건잠	ㄱㅓㄴㅈㅏㅁ	10 一
(건저	ㄱㅓㄴㅈㅓ	50 二
건정건정	ㄱㅓㄴㅈㅓㅇㄱㅓㄴㅈㅓㅇ	73 三
건중건중	ㄱㅓㄴㅈㅜㅇㄱㅓㄴㅈㅜㅇ	73 三
(건지	ㄱㅓㄴㅈㅣ	40 一
(건진	ㄱㅓㄴㅈㅣㄴ	50 二
(건진건진	ㄱㅓㄴㅈㅣㄴㄱㅓㄴㅈㅣㄴ	50 二
(건칼이	ㄱㅓㄴㅋㅏㄹㅣ	64 一
건하다	ㄱㅓㄴㅎㅏㄷㅏ	73 三
(～거날	～ㄱㅓㄴㅏㄹ	15 三
(거나리다	ㄱㅓㄴㅏㄹㅣㄷㅏ	15 三
거나하다	ㄱㅓㄴㅏㅎㅏㄷㅏ	73 三
(거넌방	ㄱㅓㄴㅓㄴㅂㅏㅇ	36 四
거누다	ㄱㅓㄴㅜㄷㅏ	72 四
～거늘	～ㄱㅓㄴㅡㄹ	15 三
건으로	ㄱㅓㄴㅡㄹㅗ	91 二
거느리다	ㄱㅓㄴㅡㄹㅣㄷㅏ	15三,72三
걷다	ㄱㅓㄷㄷㅏ	44一,73三
걷잡지못하다	ㄱㅓㄷㅈㅏㅂㅈㅣㅁㅗㅅㅎㅏㄷㅏ	73 三
걷잡을수없다	ㄱㅓㄷㅈㅏㅂㅡㄹㅅㅜㅓㅂㅅㄷㅏ	73 三
(～거던	～ㄱㅓㄷㅓㄴ	19 四
걷어질리다	ㄱㅓㄷㅓㅈㅣㄹㄹㅣㄷㅏ	71 三
걷어차다	ㄱㅓㄷㅓㅊㅏㄷㅏ	[illegible]

(걷어치다	ㄱㅓㄷㅓㅊㅣㄷㅏ	42 四
걷어치우다	ㄱㅓㄷㅓㅊㅣㅜㄷㅏ	42四,73三
거두다	ㄱㅓㄷㅜㄷㅏ	73 三
~거든	~ㄱㅓㄷㅡㄴ	19 四
(거드다	ㄱㅓㄷㅡㄷㅏ	44 一
거듭	ㄱㅓㄷㅡㅂ	50 一
(걸르다	ㄱㅓㄹㄹㅡㄷㅏ	37 四
(걸먹다	ㄱㅓㄹㅁㅓㄱㄷㅏ	61 二
걸머지다	ㄱㅓㄹㅁㅓㅈㅣㄷㅏ	98 三
(걸빵	ㄱㅓㄹㅂㅂㅏㅇ	62 三
(걸뱅이	ㄱㅓㄹㅂㅏㅣㅇㅣ	62 三
걸씬하면	ㄱㅓㄹㅅㅅㅣㄴㅎㅏㅁㅕㄴ	73 四
걸쩍걸쩍	ㄱㅓㄹㅈㅈㅓㄱㄱㅓㄹㅈㅈㅓㄱ	73 三
(걸터앉다	ㄱㅓㄹㅌㅓㅏㄴㅈㄷㅏ	40 三
(걸풋하면	ㄱㅓㄹㅍㅜㅅㅎㅏㅁㅕㄴ	30 四
걸핏하면	ㄱㅓㄹㅍㅣㅅㅎㅏㅁㅕㄴ	30四,73四
~거라	~ㄱㅓㄹㅏ	13 二
(걸앉다	ㄱㅓㄹㅏㄴㅈㄷㅏ	40 三
거란지	ㄱㅓㄹㅏㄴㅈㅣ	114 一
거란지뼈.	ㄱㅓㄹㅏㄴㅈㅣㅂㅂㅕ	114 一
(거렁뱅이	ㄱㅓㄹㅓㅇㅂㅏㅣㅇㅣ	62 三
거렁이	ㄱㅓㄹㅓㅇㅣ	62 三
걸어앉다	ㄱㅓㄹㅓㅏㄴㅈㄷㅏ	40 三
(거록하다	ㄱㅓㄹㅗㄱㅎㅏㄷㅏ	28 二
거룩하다	ㄱㅓㄹㅜㄱㅎㅏㄷㅏ	28 二
(거륵하다	ㄱㅓㄹㅡㄱㅎㅏㄷㅏ	28 二
거르다	ㄱㅓㄹㅡㄷㅏ	87四,73四
거리	ㄱㅓㄹㅣ	114 二
(걸인	ㄱㅓㄹㅣㄴ	50 二
검다	ㄱㅓㅁㄷㅏ	73 四
검댕	ㄱㅓㅁㄷㅏㅣㅇ	50 一
검디앙	ㄱㅓㅁㄷㅣㅏㅇ	50 一
검불	ㄱㅓㅁㅂㅜㄹ	48 三
(검부러기	ㄱㅓㅁㅂㅜㄹㅓㄱㅣ	48 三
검숭검숭	ㄱㅓㅁㅅㅜㅇㄱㅓㅁㅅㅜㅇ	73 四
검숭하다	ㄱㅓㅁㅅㅜㅇㅎㅏㄷㅏ	74 一
검실검실	ㄱㅓㅁㅅㅣㄹㄱㅓㅁㅅㅣㄹ	73 四
검적검적	ㄱㅓㅁㅈㅓㄱㄱㅓㅁㅈㅓㄱ	73 四
검질기다	ㄱㅓㅁㅈㅣㄹㄱㅣㄷㅏ	98 四
검측스럽다	ㄱㅓㅁㅊㅡㄱㅅㅡㄹㅓㅂㄷㅏ	73 四
검측측하다	ㄱㅓㅁㅊㅡㄱㅊㅡㄱㅎㅏㄷㅏ	73 四
검측하다	ㄱㅓㅁㅊㅡㄱㅎㅏㄷㅏ	73 四
(거머무트룩하다	ㄱㅓㅁㅓㅁㅜㅌㅡㄹㅜㄱㅎㅏㄷㅏ	50 一
거머무트름하다	ㄱㅓㅁㅓㅁㅜㅌㅡㄹㅡㅁㅎㅏㄷㅏ	50一,74一
거뭇거뭇	ㄱㅓㅁㅜㅅㄱㅓㅁㅜㅅ	73 四
거뭇하다	ㄱㅓㅁㅜㅅㅎㅏㄷㅏ	74 一
(거무숙숙하다	ㄱㅓㅁㅜㅅㅜㄱㅅㅜㄱㅎㅏㄷㅏ	8 二
거무스럼하다	ㄱㅓㅁㅜㅅㅡㄹㅓㅁㅎㅏㄷㅏ	74 一
거무죽죽하다	ㄱㅓㅁㅜㅈㅜㄱㅈㅜㄱㅎㅏㄷㅏ	8二,74一
검은엿	ㄱㅓㅁㅡㄴㅕㅅ	13 三
(거믜	ㄱㅓㅁㅡㅣ	34 一
거미	ㄱㅓㅁㅣ	34 一
(거미앙	ㄱㅓㅁㅣㅏㅇ	50 一
거뿐하다	ㄱㅓㅂㅂㅜㄴㅎㅏㄷㅏ	4四,73一
(거뿟하다	ㄱㅓㅂㅂㅜㅅㅎㅏㄷㅏ	4 四
(겁적겁적	ㄱㅓㅂㅈㅓㄱㄱㅓㅂㅈㅓㄱ	1 三
(거번	ㄱㅓㅂㅓㄴ	48 二
거볍다	ㄱㅓㅂㅕㅂㄷㅏ	44三,73一
(거복	ㄱㅓㅂㅗㄱ	23 三
거북	ㄱㅓㅂㅜㄱ	23 三
거분거분	ㄱㅓㅂㅜㄴㄱㅓㅂㅜㄴ	73 一
거분하다	ㄱㅓㅂㅜㄴㅎㅏㄷㅏ	4四,73一
(거불거리다	ㄱㅓㅂㅜㄹㄱㅓㄹㅣㄷㅏ	1 三
(거붓하다	ㄱㅓㅂㅜㅅㅎㅏㄷㅏ	4 四
(거븨엽다	ㄱㅓㅂㅡㅣㅕㅂㄷㅏ	44 三
(것	ㄱㅓㅅ	9 一
(거사리다	ㄱㅓㅅㅏㄹㅣㄷㅏ	31 四
거슬거슬	ㄱㅓㅅㅡㄹㄱㅓㅅㅡㄹ	73 三
거슬리다	ㄱㅓㅅㅡㄹㄹㅣㄷㅏ	74 一
(거스렁이	ㄱㅓㅅㅡㄹㅓㅇㅣ	50 二
거스레미	ㄱㅓㅅㅡㄹㅓㅣㅁㅣ	50 二
거스르다	ㄱㅓㅅㅡㄹㅡㄷㅏ	31四,74一
(거스리다	ㄱㅓㅅㅡㄹㅣㄷㅏ	31 四
(거시	ㄱㅓㅅㅣ	50 二
겅그레	ㄱㅓㅇㄱㅡㄹㅓㅣ	78 三
겅둥겅둥	ㄱㅓㅇㄷㅜㅇㄱㅓㅇㄷㅜㅇ	74 一
겅둥하다	ㄱㅓㅇㄷㅜㅇㅎㅏㄷㅏ	74 一
겅정겅정	ㄱㅓㅇㅈㅓㅇㄱㅓㅇㅈㅓㅇ	74 一

거저	ㄱㅓㅈㅓ	76 四
거적눈	ㄱㅓㅈㅓㄱㄴㅜㄴ	74 二
거적자리	ㄱㅓㅈㅓㄱㅈㅏㄹㅣ	74 二
(거족	ㄱㅓㅈㅗㄱ	23 三
거죽	ㄱㅓㅈㅜㄱ	23三,74二
(거주다	ㄱㅓㅈㅜㄷㅏ	42 三
(거즛	ㄱㅓㅈㅡㅅ	32 四
거지	ㄱㅓㅈㅣ	50 二
(거진	ㄱㅓㅈㅣㄴ	50 二
(거진거진	ㄱㅓㅈㅣㄴㄱㅓㅈㅣㄴ	50 二
거짓	ㄱㅓㅈㅣㅅ	32 四
거짓말	ㄱㅓㅈㅣㅅㅁㅏㄹ	56二,74二
(거짓부렁이	ㄱㅓㅈㅣㅅㅂㅜㄹㅓㅇㅣ	56 二
(거짓부리	ㄱㅓㅈㅣㅅㅂㅜㄹㅣ	56 二
(겇	ㄱㅓㅊ	9 一
(거츨다	ㄱㅓㅊㅡㄹㄷㅏ	32 四
(거츠렁이	ㄱㅓㅊㅡㄹㅓㅇㅣ	50 二
거칠다	ㄱㅓㅊㅣㄹㄷㅏ	32 四
(거치렁이	ㄱㅓㅊㅣㄹㅓㅇㅣ	50 二
거쿨지다	ㄱㅓㅋㅜㄹㅈㅣㄷㅏ	10 四
겉	ㄱㅓㅌ	9一,74二
겉가량	ㄱㅓㅌㄱㅏㄹㅑㅇ	56 二
겉겨	ㄱㅓㅌㄱㅕ	74 三
(겉곡	ㄱㅓㅌㄱㅗㄱ	46 三
겉곡식	ㄱㅓㅌㄱㅗㄱㅅㅣㄱ	46 三
(겉다	ㄱㅓㅌㄷㅏ	13 一
겉맞후다	ㄱㅓㅌㅁㅏㅈㅎㅜㄷㅏ	108 三
겉밤	ㄱㅓㅌㅂㅏㅁ	63 一
겉봉	ㄱㅓㅌㅂㅗㅇ	88 二
(겉속것	ㄱㅓㅌㅅㅗㄱㄱㅓㅅ	19 一
(겉속곳	ㄱㅓㅌㅅㅗㄱㄱㅗㅅ	19 一
겉잣	ㄱㅓㅌㅈㅏㅅ	63 二
겉치레	ㄱㅓㅌㅊㅣㄹㅓㅣ	110 三
(겉어림	ㄱㅓㅌㅓㄹㅣㅁ	56 二
(겉이	ㄱㅓㅌㅣ	13 一
(거푸	ㄱㅓㅍㅜ	50 一
거푼거리다	ㄱㅓㅍㅜㄴㄱㅓㄹㅣㄷㅏ	74 二
거풀거리다	ㄱㅓㅍㅜㄹㄱㅓㄹㅣㄷㅏ	74 二
(거풀지다	ㄱㅓㅍㅜㄹㅈㅣㄷㅏ	10 四
거품	ㄱㅓㅍㅜㅁ	28 二
거푸집(型)	ㄱㅓㅍㅜㅈㅣㅂ	28 二
(거푸집 窯入)	ㄱㅓㅍㅜㅈㅣㅂ	58 一
(거픔	ㄱㅓㅍㅡㅁ	28 二
(거프집	ㄱㅓㅍㅡㅈㅣㅂ	28 二
(거여목	ㄱㅓㅇㅕㅁㅗㄱ	62 一
(거운	ㄱㅓㅜㄴ	50 二
(거운거운	ㄱㅓㅜㄴㄱㅓㅜㄴ	50 二
(거월	ㄱㅓㅜㅓㄹ	65 三
거위 蛔)	ㄱㅓㅜㅣ	50 二
거위(鵝)	ㄱㅓㅜㅣ	50 二
(거위(殆)	ㄱㅓㅜㅣ	50 二
거위배	ㄱㅓㅜㅣㅂㅏㅣ	63 二
(거유	ㄱㅓㅠ	50 二
거의	ㄱㅓㅡㅣ	50 二
거의거의	ㄱㅓㅡㅣㄱㅓㅡㅣ	50 二
(거이	ㄱㅓㅣ	20 四
게(蟹)	ㄱㅓㅣ	20 四
게(其處)	ㄱㅓㅣ	115 四
게(에게)	ㄱㅓㅣ	116 二
게걸거리다	ㄱㅓㅣㄱㅓㄹㄱㅓㄹㅣㄷㅏ	82 三
게걸음치다	ㄱㅓㅣㄱㅓㄹㅡㅁㅊㅣㄷㅏ	74 二
게검스럽다	ㄱㅓㅣㄱㅓㅁㅅㅡㄹㅓㅂㄷㅏ	74 二
게뚜더기	ㄱㅓㅣㄷㄷㅜㄷㅓㄱㅣ	50三,74二
(게뚜지	ㄱㅓㅣㄷㄷㅜㅈㅣ	50 三
(게다	ㄱㅓㅣㄷㅏ	42 四
게두덜거리다	ㄱㅓㅣㄷㅜㄷㅓㄹㄱㅓㄹㅣㄷㅏ	82 三
(겔르다	ㄱㅓㅣㄹㄹㅡㄷㅏ	37 四
(게르다	ㄱㅓㅣㄹㅡㄷㅏ	37 四
게목	ㄱㅓㅣㅁㅗㄱ	62 一
게섬츠레하다	ㄱㅓㅣㅅㅓㅁㅊㅡㄹㅓㅣㅎㅏㄷㅏ	73 三
(게수	ㄱㅓㅣㅅㅜ	20 一
(게시다	ㄱㅓㅣㅅㅣㄷㅏ	20 一
(게자	ㄱㅓㅣㅈㅏ	36 四
게접스럽다	ㄱㅓㅣㅈㅓㅂㅅㅡㄹㅓㅂㄷㅏ	75 四
게정내다	ㄱㅓㅣㅈㅓㅇㄴㅏㅣㄷㅏ	74 二
(게정먹다	ㄱㅓㅣㅈㅓㅇㅁㅓㄱㄷㅏ	56 二
게정부리다	ㄱㅓㅣㅈㅓㅇㅂㅜㄹㅣㄷㅏ	56二,74二
(게집	ㄱㅓㅣㅈㅣㅂ	20 一

게우다	ㄱㅓㅣㅜㄷㅏ	42 四
(게울르다	ㄱㅓㅣㅡㄹㄹㅡㄷㅏ	37 四
게으르다	ㄱㅓㅣㅡㄹㅡㄷㅏ	37 四
겨	ㄱㅕ	21二,74三
격나다	ㄱㅕㄱㄴㅏㄷㅏ	1C1 三
격지다	ㄱㅕㄱㅈㅣㄷㅏ	101 三
(견달다	ㄱㅕㄴㄷㅏㄹㄷㅏ	58 三
(견대다	ㄱㅕㄴㄷㅏㅣㄷㅏ	17 二
(견듸다	ㄱㅕㄴㄷㅡㅣㄷㅏ	17 二
견디다	ㄱㅕㄴㄷㅣㄷㅏ	17 二
견딜성	ㄱㅕㄴㄷㅣㄹㅅㅓㅇ	74 三
견마	ㄱㅕㄴㅁㅏ	5 一
(겨드락	ㄱㅕㄷㅡㄹㅏㄱ	62 三
(겨드랑	ㄱㅕㄷㅡㄹㅏㅇ	44 三
겨드랑이	ㄱㅕㄷㅡㄹㅏㅇㅣ	44 三
결기	ㄱㅕㄹㄱㅣ	56 二
(결딱지	ㄱㅕㄹㄷㄷㅏㄱㅈㅣ	56 二
(결레	ㄱㅕㄹㄹㅓㅣ	37 四
(결머리	ㄱㅕㄹㅁㅓㄹㅣ	56 二
겨레	ㄱㅕㄹㅓㅣ	37 四
겨를	ㄱㅕㄹㅡㄹ	74 三
겸두겸두	ㄱㅕㅁㄷㅜㄱㅕㅁㄷㅜ	30二,74三
(겸디겸디	ㄱㅕㅁㄷㅣㄱㅕㅁㄷㅣ	:0 二
(겸사겸사	ㄱㅕㅁㅅㅏㄱㅕㅁㅅㅏ	30 二
(겸삼수삼	ㄱㅕㅁㅅㅏㅁㅅㅜㅅㅣㅁ	:0 二
(겸심	ㄱㅕㅁㅅㅣㅁ	3 二
(겹것	ㄱㅕㅂㄱㅓㅅ	56 二
겹다	ㄱㅕㅂㄷㅏ	43 二
겹옷	ㄱㅕㅂㅗㅅ	56 二
(겻	ㄱㅕㅅ	9 一
(경대	ㄱㅕㅇㄷㅏㅣ	65 二
경마	ㄱㅕㅇㅁㅏ	5 一
(경마들다	ㄱㅕㅇㅁㅏㄷㅡㄹㄷㅏ	56 三
경마잡다	ㄱㅕㅇㅁㅏㅈㅏㅂㄷㅏ	56 三
(경적다	ㄱㅕㅇㅈㅓㄱㄷㅏ	45 三
경하다	ㄱㅕㅇㅎㅏㄷㅏ	73 一
경황없다	ㄱㅕㅇㅎㅗㅏㅇㅓㅂㅅㄷㅏ	45 三
경아리	ㄱㅕㅇㅏㄹㅣ	92 一
(경없다	ㄱㅕㅇㅓㅂㅅㄷㅏ	4E 三
겨자	ㄱㅕㅈㅏ	16 四
(겿	ㄱㅕㅊ	9 一
곁	ㄱㅕㅌ	9一,1 9四
곁간	ㄱㅕㅌㄱㅏㄴ	74 三
(곁누리	ㄱㅕㅌㄴㅜㄹㅣ	4 三
곁두리	ㄱㅕㅌㄷㅜㄹㅣ	4 三
곁방	ㄱㅕㅌㅂㅏㅇ	74 三
곁쇠질	ㄱㅕㅌㅅㅗㅣㅈㅣㄹ	63 二
(겨오	ㄱㅕㅗ	23 四
겨우	ㄱㅕㅜ	23 四
(겨웁다	ㄱㅕㅜㅂㄷㅏ	43 二
겨울	ㄱㅕㅜㄹ	28 二
(겨을	ㄱㅕㅡㄹ	28 二
(계	ㄱㅕㅣ	21 二
(계관없다	ㄱㅕㅣㄱㅗㅏㄴㅓㅂㅅㄷㅏ	64 四
(계사니	ㄱㅕㅣㅅㅏㄴㅣ	50 二
계수	ㄱㅕㅣㅅㅜ	20 一
계시다	ㄱㅕㅣㅅㅣㄷㅏ	20 一
계집	ㄱㅕㅣㅈㅣㅂ	20 一
(계우	ㄱㅕㅣㅜ	50 二
고깝다	ㄱㅗㄱㄱㅏㅂㄷㅏ	43二,74三
(고까웁다	ㄱㅗㄱㄱㅏㅜㅂㄷㅏ	43 二
(곡두선	ㄱㅗㄱㄷㅜㅅㅓㄴ	62 一
(곡새기다	ㄱㅗㄱㅅㅏㅣㄱㅣㄷㅏ	2 二
곡하다	ㄱㅗㄱㅎㅏㄷㅏ	74 三
고개	ㄱㅗㄱㅏㅣ	74 三
고갱이	ㄱㅗㄱㅏㅣㅇㅣ	50 三
(고곰	ㄱㅗㄱㅗㅁ	26 二
고공살이	ㄱㅗㄱㅗㅇㅅㅏㄹㅣ	84 三
고구마	ㄱㅗㄱㅜㅁㅏ	28 二
고금	ㄱㅗㄱㅡㅁ	26 二
(고그마	ㄱㅗㄱㅡㅁㅏ	28 二
고깃고깃	ㄱㅗㄱㅣㅅㄱㅗㄱㅣㅅ	75 一
고깃고깃하다	ㄱㅗㄱㅣㅅㄱㅗㄱㅣㅅㅎㅏㄷㅏ	75 一
고기작거리다	ㄱㅗㄱㅣㅈㅏㄱㄱㅓㄹㅣㄷㅏ	75 二
고기작고기작	ㄱㅗㄱㅣㅈㅏㄱㄱㅗㄱㅣㅈㅏㄱ	75 二
(고기양	ㄱㅗㄱㅣㅑㅇ	50 三
곤쟁이젓	ㄱㅗㄴㅈㅏㅣㅇㅣㅈㅓㅅ	63 二
(곤치다	ㄱㅗㄴㅊㅣㄷㅏ	17 一

(~고나	~ㄱㅗㄴㅏ	23 四
곧(即)	ㄱㅗㄷ	5 三
(곧(處)	ㄱㅗㄷ	5 三
고단하다	ㄱㅗㄷㅏㄴㅎㅏㄷㅏ	74 三
(고달푸다	ㄱㅗㄷㅏㄹㅍㅜㄷㅏ	29 二
고달프다	ㄱㅗㄷㅏㄹㅍㅡㄷㅏ	29二,74三
(고대(금방)	ㄱㅗㄷㅏㅣ、	67 二
고대(衣領)	ㄱㅗㄷㅏㅣ	114 二
(고도리	ㄱㅗㄷㅗㄹㅣ	23 四
(고도리뼈	ㄱㅗㄷㅗㄹㅣㅂㅂㅕ	23 四
(고도밥	ㄱㅗㄷㅗㅂㅏㅂ	23 四
고동(機)	ㄱㅗㄷㅗㅇ	22 一
(고동(螺)	ㄱㅗㄷㅗㅇ	23 四
(고동어	ㄱㅗㄷㅗㅇㅓ	26 二
(고두름	ㄱㅗㄷㅜㄹㅡㅁ	29 三
고두리	ㄱㅗㄷㅜㄹㅣ	23 四
고두리뼈	ㄱㅗㄷㅜㄹㅣㅂㅂㅕ	23 四
(고두머리	ㄱㅗㄷㅜㅁㅓㄹㅣ	5 三
고두밥	ㄱㅗㄷㅜㅂㅏㅂ	23 四
(고둥(機)	ㄱㅗㄷㅜㅇ	22 一
고둥(螺)	ㄱㅗㄷㅜㅇ	23四,74三
(고둥어	ㄱㅗㄷㅜㅇㅓ	26 二
고들고들	ㄱㅗㄷㅡㄹㄱㅗㄷㅡㄹ	74 四
고들빼기	ㄱㅗㄷㅡㄹㅂㅂㅏㅣㄱㅣ	90 二
고드름	ㄱㅗㄷㅡㄹㅡㅁ	29 三
고등어	ㄱㅗㄷㅡㅇㅓ	26 二
(골(郡)	ㄱㅗㄹ	43 四
골(洞)	ㄱㅗㄹ	74 四
골(畦間)	ㄱㅗㄹ	114 一
(골고로	ㄱㅗㄹㄱㅗㄹㅗ	23 四
골고루	ㄱㅗㄹㄱㅗㄹㅜ	23 四
골나다	ㄱㅗㄹㄴㅏㄷㅏ	91 四
골내다	ㄱㅗㄹㄴㅏㅣㄷㅏ	91 四
(골르다	ㄱㅗㄹㄹㅡㄷㅏ	37 四
골막하다	ㄱㅗㄹㅁㅏㄱㅎㅏㄷㅏ	7 二
골머리	ㄱㅗㄹㅁㅓㄹㅣ	56 三
(골모	ㄱㅗㄹㅁㅗ	23 四
골목	ㄱㅗㄹㅁㅗㄱ	22一,74四
골목짜기	ㄱㅗㄹㅁㅗㄱㅈㅈㅏㄱㅣ	74 四
골무	ㄱㅗㄹㅁㅜ	23 四
(골묵	ㄱㅗㄹㅁㅜㄱ	22 一
골무떡	ㄱㅗㄹㅁㅜㄷㄷㅓㄱ	106 三
(골무쥐	ㄱㅗㄹㅁㅜㅈㅜㅣ	42 二
(골박다	ㄱㅗㄹㅂㅏㄱㄷㅏ	56 三
골병들다	ㄱㅗㄹㅂㅕㅇㄷㅡㄹㄷㅏ	74 四
(골싹하다	ㄱㅗㄹㅅㅅㅏㄱㅎㅏㄷㅏ	7 二
(골짝하다	ㄱㅗㄹㅈㅈㅏㄱㅎㅏㄷㅏ	7 二
(골짜구니	ㄱㅗㄹㅈㅈㅏㄱㅜㄴㅣ	47 三
골짜기	ㄱㅗㄹㅈㅈㅏㄱㅣ	47三,74四
골치다	ㄱㅗㄹㅊㅣㄷㅏ	56 三
(골켜다	ㄱㅗㄹㅋㅕㄷㅏ	56 三
골탕먹다	ㄱㅗㄹㅌㅏㅇㅁㅓㄱㄷㅏ	74 四
(골패기	ㄱㅗㄹㅍㅏㅣㄱㅣ	56 三
고랑	ㄱㅗㄹㅏㅇ	114 一
고래	ㄱㅗㄹㅏㅣ	114 四
(고로	ㄱㅗㄹㅗ	23 四
(고로다	ㄱㅗㄹㅗㄷㅏ	29 三
고루	ㄱㅗㄹㅜ	23 四
(고루다(調)	ㄱㅗㄹㅜㄷㅏ	29 三
(고루다(均)	ㄱㅗㄹㅜㄷㅏ	37 四
고르다(調)	ㄱㅗㄹㅡㄷㅏ	29 三
고르다(均)	ㄱㅗㄹㅡㄷㅏ	37 四
고름	ㄱㅗㄹㅡㅁ	116 三
(고름하다	ㄱㅗㄹㅡㅁㅎㅏㄷㅏ	7 二
(고리백장	ㄱㅗㄹㅣㅂㅏㅣㄱㅈㅏㅇ	56 三
고리장이	ㄱㅗㄹㅣㅈㅏㅇㅣ	56 三
곰곰	ㄱㅗㅁㄱㅗㅁ	44 四
(곰곰이	ㄱㅗㅁㄱㅗㅁㅣ	44 四
곰국	ㄱㅗㅁㄱㅜㄱ	56 三
곰기다	ㄱㅗㅁㄱㅣㄷㅏ	7 一
(곰달래	ㄱㅗㅁㄷㅏㄹㄹㅏㅣ	50 三
(곰방담뱃대	ㄱㅗㅁㅂㅏㅇㄷㅏㅁㅂㅏㅣㅅㄷㅏㅣ	50 三
곰방대	ㄱㅗㅁㅂㅏㅇㄷㅏㅣ	50 三
(곰방이	ㄱㅗㅁㅂㅏㅇㅣ	50 三
(곰배	ㄱㅗㅁㅂㅏㅣ	46 三
곰배팔이	ㄱㅗㅁㅂㅏㅣㅍㅏㄹㅣ	46 三
(곰비곰비	ㄱㅗㅁㅂㅣㄱㅗㅁㅂㅣ	50 三
곰비임비	ㄱㅗㅁㅂㅣㅣㅁㅂㅣ	50 三
곰실곰실	ㄱㅗㅁㅅㅣㄹㄱㅗㅁㅅㅣㄹ	75 三
곰작곰작	ㄱㅗㅁㅈㅏㄱㄱㅗㅁㅈㅏㄱ	75 三

곰질곰질	ㄱㅗㅁㅈㅣㄹㄱㅗㅁㅈㅣㄹ	75 三
곰지락곰지락	ㄱㅗㅁㅈㅣㄹㅏㄱㄱㄱㅗㅁㅈㅣㄹㅏㄱ	75 三
곰취	ㄱㅗㅁㅊㅜㅣ	50 三
(곰탕(黴)	ㄱㅗㅁㅌㅏㅇ	11 一
(곰탕(肉湯)	ㄱㅗㅁㅌㅏㅇ	56 三
곰팡	ㄱㅗㅁㅍㅏㅇ	114 一
곰팡나다	ㄱㅗㅁㅍㅏㅇㄴㅏㄷㅏ	56三,74四
곰팡쓸다	ㄱㅗㅁㅍㅏㅇㅅㅅㅡㄹㄷㅏ	74 四
(곰팡피다	ㄱㅗㅁㅍㅏㅇㅍㅣㄷㅏ	56 三
곰팡이	ㄱㅗㅁㅍㅏㅇㅣ	11一,114一
(곰팽이	ㄱㅗㅁㅍㅏㅣㅇㅣ	11 一
(곰피다	ㄱㅗㅁㅍㅣㄷㅏ	56 三
(고물개	ㄱㅗㅁㅜㄹㄱㅏㅣ	30 二
고물고물	ㄱㅗㅁㅜㄹㄱㅗㅁㅜㄹ	75 三
고무락고무락	ㄱㅗㅁㅜㄹㅏㄱㄱㄱㅗㅁㅜㄹㅏㄱ	75 三
고무래	ㄱㅗㅁㅜㄹㅏㅣ	30 二
(고밀개	ㄱㅗㅁㅣㄹㄱㅏㅣ	30 二
(고미래	ㄱㅗㅁㅣㄹㅏㅣ	30 二
곱	ㄱㅗㅂ	113 三
(곱사기다	ㄱㅗㅂㅅㅏㄱㅣㄷㅏ	2 二
곱새기다	ㄱㅗㅂㅅㅏㅣㄱㅣㄷㅏ	2二,74三
곱송그리다	ㄱㅗㅂㅅㅗㅇㄱㅡㄹㅣㄷㅏ	22 二
(곱숭그리다	ㄱㅗㅂㅅㅜㅇㄱㅡㄹㅣㄷㅏ	22 二
(곱장이	ㄱㅗㅂㅈㅏㅇㅣ	14 三
(곱절	ㄱㅗㅂㅈㅓㄹ	14 三
곱창	ㄱㅗㅂㅊㅏㅇ	50 三
(곱치다	ㄱㅗㅂㅊㅣㄷㅏ	1 四
고불고불	ㄱㅗㅂㅜㄹㄱㅗㅂㅜㄹ	28 二
고부리다	ㄱㅗㅂㅜㄹㅣㄷㅏ	7 四
고붓하다	ㄱㅗㅂㅜㅅㅎㅏㄷㅏ	28 二
고부장하다	ㄱㅗㅂㅜㅈㅏㅇㅎㅏㄷㅏ	28 二
(곱은창자	ㄱㅗㅂㅡㄴㅊㅏㅇㅈㅏ	50 三
(고블고블	ㄱㅗㅂㅡㄹㄱㅗㅂㅡㄹ	28 二
(고브리다	ㄱㅗㅂㅡㄹㅣㄷㅏ	7 四
(고븟하다	ㄱㅗㅂㅡㅅㅎㅏㄷㅏ	28 二
(고브장하다	ㄱㅗㅂㅡㅈㅏㅇㅎㅏㄷㅏ	28 二
(고븨	ㄱㅗㅂㅡㅣ	34 一
고비(機會)	ㄱㅗㅂㅣ	34—74四
고비(薇)	ㄱㅗㅂㅣ	74 四
고빗사위	ㄱㅗㅂㅣㅅㅅㅏㅜㅣ	74 四
고비판	ㄱㅗㅂㅣㅍㅏㄴ	74 四
(곳(即)	ㄱㅗㅅ	5 三
곳(處)	ㄱㅗㅅ	5 三
고사리	ㄱㅗㅅㅏㄹㅣ	74 四
고소하다	ㄱㅗㅅㅗㅎㅏㄷㅏ	22 二
고수	ㄱㅗㅅㅜ	50 三
고수머리	ㄱㅗㅅㅜㅁㅓㄹㅣ	5 三
(고수하다	ㄱㅗㅅㅜㅎㅏㄷㅏ	22 二
(고시풀	ㄱㅗㅅㅣㅍㅜㄹ	50 三
(공기다	ㄱㅗㅇㄱㅣㄷㅏ	7 一
(공짜로	ㄱㅗㅇㅈㅈㅏㄹㅗ	50 三
(공히	ㄱㅗㅇㅎㅣ	50 三
공연한말	ㄱㅗㅇㅕㄴㅎㅏㄴㅁㅏㄹ	114 一
공연히	ㄱㅗㅇㅕㄴㅎㅣ	40四,114一
(공연이	ㄱㅗㅇㅕㄴㅣ	40 四
공으로	ㄱㅗㅇㅡㄹㅗ	50三,76四
～고자(欲)	～ㄱㅗㅈㅏ	13 一
(고자(庫直)	ㄱㅗㅈㅏ	50 三
(고장바지	ㄱㅗㅈㅏㅇㅂㅏㅈㅣ	11 一
고장이	ㄱㅗㅈㅏㅇㅣ	11 一
(고쟁이	ㄱㅗㅈㅏㅣㅇㅣ	11 一
(～고저	～ㄱㅗㅈㅓ	13 一
고지기	ㄱㅗㅈㅣㄱㅣ	50 三
(고초	ㄱㅗㅊㅗ	23 四
고추	ㄱㅗㅊㅜ	23 四
(고치	ㄱㅗㅊㅣ	23 四
고치다	ㄱㅗㅊㅣㄷㅏ	37 一
(고푸다	ㄱㅗㅍㅜㄷㅏ	29 三
(고푸리다	ㄱㅗㅍㅜㄹㅣㄷㅏ	7 四
고프다	ㄱㅗㅍㅡㄷㅏ	29 三
(고히	ㄱㅗㅎㅣ	41 二
(관계치않다	ㄱㅗㅏㄴㄱㅕㅣㅊㅣㅏㄴㅎㄷㅏ	63 二
(관계없다	ㄱㅗㅏㄴㄱㅕㅣㅓㅂㅅㄷㅏ	64 四
(관대	ㄱㅗㅏㄴㄷㅏㅣ	17 二
관디	ㄱㅗㅏㄴㄷㅣ	17 二
관잣노리	ㄱㅗㅏㄴㅈㅏㅅㄴㅗㄹㅣ	15 四
(관짓노리	ㄱㅗㅏㄴㅈㅣㅅㄴㅗㄹㅣ	15 四
(관혁	ㄱㅗㅏㄴㅎㅕㄱ	41 二

과녁	ㄱㅗㅏㄴㅕㄱ	41 二
과녁박이	ㄱㅗㅏㄴㅕㄱㅂㅏㄱㅣ	74 四
과녁박이집	ㄱㅗㅏㄴㅕㄱㅂㅏㄱㅣㅈㅣㅂ	74 四
(과부	ㄱㅗㅏㅂㅜ	69 二
(과수	ㄱㅗㅏㅅㅜ	69 二
과실	ㄱㅗㅏㅅㅣㄹ	39 二
광나다	ㄱㅗㅏㅇㄴㅏㄷㅏ	74 四
광내다	ㄱㅗㅏㅇㄴㅐㄷㅏ	75 一
광저기	ㄱㅗㅏㅇㅈㅓㄱㅣ	2 三
(광정이	ㄱㅗㅏㅇㅈㅓㅇㅣ	2 三
광주리	ㄱㅗㅏㅇㅈㅜㄹㅣ	40 一
광치다	ㄱㅗㅏㅇㅊㅣㄷㅏ	75 一
광어	ㄱㅗㅏㅇㅓ	78 三
(광우리	ㄱㅗㅏㅇㅜㄹㅣ	40 一
(광이	ㄱㅗㅏㅇㅣ	27 一
(과일	ㄱㅗㅏㅣㄹ	39 二
괜찮다	ㄱㅗㅐㄴㅊㅏㄴㅎㄷㅏ	63二,75一
괜한말	ㄱㅗㅐㄴㅎㅏㄴㅁㅏㄹ	114 一
괜히	ㄱㅗㅐㄴㅎㅣ	40四,114一
(괜이	ㄱㅗㅐㄴㅣ	40 四
괭이	ㄱㅗㅐㅇㅣ	27 一
고양이	ㄱㅗㅑㅇㅣ	50 四
고요히	ㄱㅗㅛㅎㅣ	40 四
(고요이	ㄱㅗㅛㅣ	40 四
고을	ㄱㅗㅡㄹ	43 四
고의	ㄱㅗㅡㅣ	62一,92二
고의춤	ㄱㅗㅡㅣㅊㅜㅁ	63 二
(괴	ㄱㅗㅣ	50 四
고이	ㄱㅗㅣ	41 二
(괴나리	ㄱㅗㅣㄴㅏㄹㅣ	46 三
괴나리봇짐	ㄱㅗㅣㄴㅏㄹㅣㅂㅗㅅㅈㅣㅁ	46 三
(괴뚜더기	ㄱㅗㅣㄸㅜㄷㅓㄱㅣ	50 三
괴다	ㄱㅗㅣㄷㅏ	47 三
(고이다	ㄱㅗㅣㄷㅏ	47 三
괴덕부리다	ㄱㅗㅣㄷㅓㄱㅂㅜㄹㅣㄷㅏ	75 一
괴덕스럽다	ㄱㅗㅣㄷㅓㄱㅅㅡㄹㅓㅂㄷㅏ	75 一
(괴목	ㄱㅗㅣㅁㅗㄱ	66 一
괴질	ㄱㅗㅣㅈㅣㄹ	67 一
(괴화나무	ㄱㅗㅣㅎㅗㅏㄴㅏㅁㅜ	66 一
(괴이다	ㄱㅗㅣㅣㄷㅏ	47 三
국	ㄱㅜㄱ	75 一
국거리	ㄱㅜㄱㄱㅓㄹㅣ	75 一
(국격지	ㄱㅜㄱㄱㅕㄱㅈㅣ	68 二
구꾸기	ㄱㅜㄲㅜㄱㅣ	86 一
국그릇	ㄱㅜㄱㄱㅡㄹㅡㅅ	75 一
국말이	ㄱㅜㄱㅁㅏㄹㅣ	96 二
국물	ㄱㅜㄱㅁㅜㄹ	67 一
국밥	ㄱㅜㄱㅂㅏㅂ	93 二
국지	ㄱㅜㄱㅈㅣ	2 二
구경감	ㄱㅜㄱㅕㅇㄱㅏㅁ	75 一
구경거리	ㄱㅜㄱㅕㅇㄱㅓㄹㅣ	75 一
(구글	ㄱㅜㄱㅡㄹ	27 三
(구긔다	ㄱㅜㄱㅡㅣㄷㅏ	34 一
구기다	ㄱㅜㄱㅣㄷㅏ	24 一
구깃구깃	ㄱㅜㄱㅣㅅㄱㅜㄱㅣㅅ	75 一
구깃구깃하다	ㄱㅜㄱㅣㅅㄱㅜㄱㅣㅅㅎㅏㄷㅏ	75 一
구기적거리다	ㄱㅜㄱㅣㅈㅓㄱㄱㅓㄹㅣㄷㅏ	75 二
구기적구기적	ㄱㅜㄱㅣㅈㅓㄱㄱㅜㄱㅣㅈㅓㄱ	75 二
(군대	ㄱㅜㄴㄷㅐ	16 二
군더더기	ㄱㅜㄴㄷㅓㄷㅓㄱㅣ	56 三
군데	ㄱㅜㄴㄷㅔ	16 二
군말	ㄱㅜㄴㅁㅏㄹ	75 二
군불아궁이	ㄱㅜㄴㅂㅜㄹㅏㄱㅜㅇㅣ	104 二
군살	ㄱㅜㄴㅅㅏㄹ	67二,75四
군사설	ㄱㅜㄴㅅㅏㅅㅓㄹ	75 二
군소리	ㄱㅜㄴㅅㅗㄹㅣ	75 二
군실거리다	ㄱㅜㄴㅅㅣㄹㄱㅓㄹㅣㄷㅏ	76 一
군실군실	ㄱㅜㄴㅅㅣㄹㄱㅜㄴㅅㅣㄹ	76 一
(군혹	ㄱㅜㄴㅎㅗㄱ	56 三
~구나	~ㄱㅜㄴㅏ	23 四
(구녁	ㄱㅜㄴㅕㄱ	50 四
구년묵이	ㄱㅜㄴㅕㄴㅁㅜㄱㅣ	50 四
(구녕	ㄱㅜㄴㅕㅇ	50 四
(군입정	ㄱㅜㄴㅣㅂㅈㅓㅇ	68 三
구뜰하다	ㄱㅜㄸㅡㄹㅎㅏㄷㅏ	75 四
굳세다	ㄱㅜㄷㅅㅔㄷㅏ	75 二
구뎅이	ㄱㅜㄷㅔㅇㅣ	18 一

(구뎅이	ㄱㅜㄷㅓㅣㅇㅣ	18 一
구두덜거리다	ㄱㅜㄷㅜㄷㅓㄹㄱㅓㄹㅣㄷㅏ	82 三
구들구들	ㄱㅜㄷㅡㄹㄱㅜㄷㅡㄹ	74 四
굳이	ㄱㅜㄷㅣ	75 二
굴뚝	ㄱㅜㄹㄷㄷㅜㄱ	67 二
굴뚝새	ㄱㅜㄹㄷㄷㅜㄱㅅㅏㅣ	63 二
(굴다(轉)	ㄱㅜㄹㄷㅏ	37 四
굴다(未滿)	ㄱㅜㄹㄷㅏ	75 二
굴레	ㄱㅜㄹㄹㅓㅣ	37 二
(굴르다	ㄱㅜㄹㄹㅡㄷㅏ	37 四
굶다	ㄱㅜㄹㅁㄷㅏ	75 二
굶주리다	ㄱㅜㄹㅁㅈㅜㄹㅣㄷㅏ	75 二
(굴통	ㄱㅜㄹㅌㅗㅇ	63 二
(굴헝	ㄱㅜㄹㅎㅓㅇ	41 二
구럭	ㄱㅜㄹㅓㄱ	114 四
구렁	ㄱㅜㄹㅓㅇ	41 二
굴어지다	ㄱㅜㄹㅓㅈㅣㄷㅏ	75 二
(구레	ㄱㅜㄹㅓㅣ	37 二
(구룸	ㄱㅜㄹㅜㅁ	29 三
구르다	ㄱㅜㄹㅡㄷㅏ	37 四
구름	ㄱㅜㄹㅡㅁ	29 三
(굼	ㄱㅜㅁ	50 四
굼실굼실	ㄱㅜㅁㅅㅣㄹㄱㅜㅁㅅㅣㄹ	75 三
굼적굼적	ㄱㅜㅁㅈㅓㄱㄱㅜㅁㅈㅓㄱ	75 三
굼질굼질	ㄱㅜㅁㅈㅣㄹㄱㅜㅁㅈㅣㄹ	75 三
굼지럭굼지럭	ㄱㅜㅁㅈㅣㄹㅓㄱㄱㅜㅁㅈㅣㄹㅓㄱ	75 三
굼틀거리다	ㄱㅜㅁㅌㅡㄹㄱㅓㄹㅣㄷㅏ	75 二
굼틀굼틀	ㄱㅜㅁㅌㅡㄹㄱㅜㅁㅌㅡㄹ	75 三
(구만두다	ㄱㅜㅁㅏㄴㄷㅜㄷㅏ	29 三
(구멱	ㄱㅜㅁㅕㄱ	50 四
구멍	ㄱㅜㅁㅓㅇ	50 四
(구명	ㄱㅜㅁㅕㅇ	50 四
(구무	ㄱㅜㅁㅜ	50 四
구물구물	ㄱㅜㅁㅜㄹㄱㅜㅁㅜㄹ	75 三
구무럭구무럭	ㄱㅜㅁㅜㄹㅓㄱㄱㅜㅁㅜㄹㅓㄱ	75 三
(구미	ㄱㅜㅁㅣ	70 三
굽도리	ㄱㅜㅂㄷㅗㄹㅣ	22 二
(굽두리	ㄱㅜㅂㄷㅜㄹㅣ	22 二
(구뿌다	ㄱㅜㅂㅂㅜㄷㅏ	29 三
구쁘다	ㄱㅜㅂㅂㅡㄷㅏ	29 三
굽실굽실	ㄱㅜㅂㅅㅣㄹㄱㅜㅂㅅㅣㄹ	75 四
(굽지	ㄱㅜㅂㅈㅣ	2 二
굽히다	ㄱㅜㅂㅎㅣㄷㅏ	75 四
(구벽다리	ㄱㅜㅂㅕㄱㄷㅏㄹㅣ	50 四
구불구불	ㄱㅜㅂㅜㄹㄱㅜㅂㅜㄹ	28二,75四
구부러뜨리다	ㄱㅜㅂㅜㄹㅓㄷㄷㅡㄹㅣㄷㅏ	50 四
(구부러치다	ㄱㅜㅂㅜㄹㅓㅊㅣㄷㅏ	50 四
구부리다	ㄱㅜㅂㅜㄹㅣㄷㅏ	7四,75四
구붓하다	ㄱㅜㅂㅜㅅㅎㅏㄷㅏ	28 三
구부정하다	ㄱㅜㅂㅜㅈㅓㅇㅎㅏㄷㅏ	28 三
(구블구블	ㄱㅜㅂㅡㄹㄱㅜㅂㅡㄹ	28 二
(구븟하다	ㄱㅜㅂㅡㅅㅎㅏㄷㅏ	28 三
(구브정하다	ㄱㅜㅂㅡㅈㅓㅇㅎㅏㄷㅏ	28 三
(굿	ㄱㅜㅅ	18 一
구새통	ㄱㅜㅅㅏㅣㅌㅗㅇ	63二,75四
구수하다	ㄱㅜㅅㅜㅎㅏㄷㅏ	75 四
구슬(珠)	ㄱㅜㅅㅡㄹ	32 一
(구슬(職)	ㄱㅜㅅㅡㄹ	32 四
(구습	ㄱㅜㅅㅡㅂ	70 三
(구시	ㄱㅜㅅㅣ	50 四
(구실(珠)	ㄱㅜㅅㅣㄹ	32 一
구실(職)	ㄱㅜㅅㅣㄹ	32 四
(궁굼하다	ㄱㅜㅇㄱㅜㅁㅎㅏㄷㅏ	29 三
궁금하다	ㄱㅜㅇㄱㅡㅁㅎㅏㄷㅏ	29 三
궁둥이	ㄱㅜㅇㄷㅜㅇㅣ	75 四
구자	ㄱㅜㅈㅏ	116 二
(구자탕	ㄱㅜㅈㅏㅌㅏㅇ	69 四
구접스럽다	ㄱㅜㅈㅓㅂㅅㅡㄹㅓㅂㄷㅏ	75 四
구저분하다	ㄱㅜㅈㅓㅂㅜㄴㅎㅏㄷㅏ	75 四
구중중하다	ㄱㅜㅈㅜㅇㅈㅜㅇㅎㅏㄷㅏ	75 四
궂은살	ㄱㅜㅈㅡㄴㅅㅏㄹ	75 四
(구타여	ㄱㅜㅌㅏㅕ	12 一
구태	ㄱㅜㅌㅏㅣ	114 一
구태여	ㄱㅜㅌㅏㅣㅕ	12一,75二,114一
(구푸리다	ㄱㅜㅍㅜㄹㅣㄷㅏ	7 四
(구프리다	ㄱㅜㅍㅡㄹㅣㄷㅏ	7 四
(궤	ㄱㅜㅓㅣ	20 四
(구위	ㄱㅜㅜㅣ	31 二

구유	ㄱㅜㅠ	50 四
(구융	ㄱㅜㅠㅇ	50 四
구이	ㄱㅜㅣ	31 二
귀글	ㄱㅜㅣㄱㅡㄹ	27 三
귀뚜라미	ㄱㅜㅣㄷㄷㅜㄹㅏㅁㅣ	50 四
(귀뚜리	ㄱㅜㅣㄷㄷㅜㄹㅣ	50 四
(귀뜨라미	ㄱㅜㅣㄷㄷㅡㄹㅏㅁㅣ	50 四
(귀뜨리	ㄱㅜㅣㄷㄷㅡㄹㅣ	50 四
귀리	ㄱㅜㅣㄹㅣ	50 四
(귀먹장이	ㄱㅜㅣㅁㅓㄱㅈㅏㅇㅣ	56 四
귀머거리	ㄱㅜㅣㅁㅓㄱㅓㄹㅣ	56 四
(귀밀	ㄱㅜㅣㅁㅣㄹ	50 四
(귀밑	ㄱㅜㅣㅁㅣㅌ	68 二
(귀밑털	ㄱㅜㅣㅁㅣㅌㅌㅓㄹ	68 二
귀밝이	ㄱㅜㅣㅂㅏㄹㄱㅣ	67 二
(귓구녕	ㄱㅜㅣㅅㄱㅜㄴㅕㅇ	56 四
귓구멍	ㄱㅜㅣㅅㄱㅜㅁㅓㅇ	56四,76一
귓문	ㄱㅜㅣㅅㅁㅜㄴ	76 一
귓방울	ㄱㅜㅣㅅㅂㅏㅇㅜㄹ	56 四
귓바퀴	ㄱㅜㅣㅅㅂㅏㅋㅜㅣ	76 一
귓불	ㄱㅜㅣㅅㅂㅜㄹ	56四,76一
(귀성스럽다	ㄱㅜㅣㅅㅓㅇㅅㅡㄹㅓㅂㄷㅏ	45 三
귀접스럽다	ㄱㅜㅣㅈㅓㅂㅅㅡㄹㅓㅂㄷㅏ	75 四
귀지분하다	ㄱㅜㅣㅈㅓㅂㅜㄴㅎㅏㄷㅏ	75 四
귀중중하다	ㄱㅜㅣㅈㅜㅇㅈㅜㅇㅎㅏㄷㅏ	75 四
귀찮다	ㄱㅜㅣㅊㅏㄴㅎㄷㅏ	76 一
귀축축하다	ㄱㅜㅣㅊㅜㄱㅊㅜㄱㅎㅏㄷㅏ	75 四
(귀통이	ㄱㅜㅣㅌㅗㅇㅣ	24 一
귀퉁이	ㄱㅜㅣㅌㅜㅇㅣ	24 一
(귀야	ㄱㅜㅣㅑ	37 二
귀얄	ㄱㅜㅣㅑㄹ	37 二
(귀유	ㄱㅜㅣㅠ	50 四
(귀융	ㄱㅜㅣㅠㅇ	50 四
귀인성스럽다	ㄱㅜㅣㅣㄴㅅㅓㅇㅅㅡㄹㅓㅂㄷㅏ	45 三
귤	ㄱㅠㄹ	2 四
그까짓	ㄱㅡㄱㄱㅏㅈㅣㅅ	76 一
그끄저께	ㄱㅡㄱㄱㅡㅈㅓㄱㄱㅓㅣ	51 一
(그끄제	ㄱㅡㄱㄱㅡㅈㅓㅣ	51 一
그거	ㄱㅡㄱㅓ	114 一
그것	ㄱㅡㄱㅓㅅ	114 一
(근간	ㄱㅡㄴㄱㅏㄴ	62 二
근근하다	ㄱㅡㄴㄱㅡㄴㅎㅏㄷㅏ	76 一
근덕거리다	ㄱㅡㄴㄷㅓㄱㄱㅓㄹㅣㄷㅏ	105 三
근덕근덕	ㄱㅡㄴㄷㅓㄱㄱㅡㄴㄷㅓㄱ	106 一
근뎅거리다	ㄱㅡㄴㄷㅓㅣㅇㄱㅓㄹㅣㄷㅏ	105 三
근뎅근뎅	ㄱㅡㄴㄷㅓㅣㅇㄱㅡㄴㄷㅓㅣㅇ	106 一
근뎅이다	ㄱㅡㄴㄷㅓㅣㅇㅣㄷㅏ	105 三
근들거리다	ㄱㅡㄴㄷㅡㄹㄱㅓㄹㅣㄷㅏ	105 三
근들근들	ㄱㅡㄴㄷㅡㄹㄱㅡㄴㄷㅡㄹ	106 一
근드렁거리다	ㄱㅡㄴㄷㅡㄹㅓㅇㄱㅓㄹㅣㄷㅏ	105 三
근드렁근드렁	ㄱㅡㄴㄷㅡㄹㅓㅇㄱㅡㄴㄷㅡㄹㅓㅇ	106 一
근드적거리다	ㄱㅡㄴㄷㅡㅈㅓㄱㄱㅓㄹㅣㄷㅏ	105 三
근드적근드적	ㄱㅡㄴㄷㅡㅈㅓㄱㄱㅡㄴㄷㅡㅈㅓㄱ	106 一
근실거리다	ㄱㅡㄴㅅㅣㄹㄱㅓㄹㅣㄷㅏ	76 一
근실근실	ㄱㅡㄴㅅㅣㄹㄱㅡㄴㅅㅣㄹ	76 一
(근자	ㄱㅡㄴㅈㅏ	70 三
근질거리다	ㄱㅡㄴㅈㅣㄹㄱㅓㄹㅣㄷㅏ	76 一
근질근질	ㄱㅡㄴㅈㅣㄹㄱㅡㄴㅈㅣㄹ	76 一
근지럽다	ㄱㅡㄴㅈㅣㄹㅓㅂㄷㅏ	76 一
(근치다	ㄱㅡㄴㅊㅣㄷㅏ	1 二
그네(鞦韆)	ㄱㅡㄴㅓㅣ	20 四
그네(其輩)	ㄱㅡㄴㅓㅣ	114 一
그네들	ㄱㅡㄴㅓㅣㄷㅡㄹ	114 一
(그뇌	ㄱㅡㄴㅗㅣ	20 四
그닐거리다	ㄱㅡㄴㅣㄹㄱㅓㄹㅣㄷㅏ	76 一
그닐그닐	ㄱㅡㄴㅣㄹㄱㅡㄴㅣㄹ	76 一
그따위	ㄱㅡㄷㄷㅏㅜㅣ	76 一
그뜩그뜩	ㄱㅡㄷㄷㅡㄱㄱㅡㄷㄷㅡㄱ	76 二
그뜩하다	ㄱㅡㄷㄷㅡㄱㅎㅏㄷㅏ	72 四
(그닥지	ㄱㅡㄷㅏㄱㅈㅣ	36 二
그담	ㄱㅡㄷㅏㅁ	114 一
그다지	ㄱㅡㄷㅏㅈㅣ	36 二
그다음	ㄱㅡㄷㅏㅡㅁ	114 一
그대	ㄱㅡㄷㅏㅣ	76 一
(그대도록	ㄱㅡㄷㅏㅣㄷㅗㄹㅗㄱ	36 二
(그대지	ㄱㅡㄷㅏㅣㅈㅣ	36 二
(그덕거리다	ㄱㅡㄷㅓㄱㄱㅓㄹㅣㄷㅏ	1 四
(그덕그덕	ㄱㅡㄷㅓㄱㄱㅡㄷㅓㄱ	1 四

그동안	ㄱㅡㄷㅗㅇㅏㄴ	76 四
그득그득	ㄱㅡㄷㅡㄱㄱㅡㄷㅡㄱ	76 二
그득하다	ㄱㅡㄷㅡㄱㅎㅏㄷㅏ	72 四
그들	ㄱㅡㄷㅡㄹ	114 二
글	ㄱㅡㄹ	76 二
긁적거리다	ㄱㅡㄹㄱㅈㅓㄱㄱㅓㄹㅣㄷㅏ	76 二
긁적긁적	ㄱㅡㄹㄱㅈㅓㄱㄱㅡㄹㄱㅈㅓㄱ	76 二
긁죽거리다	ㄱㅡㄹㄱㅈㅜㄱㄱㅓㄹㅣㄷㅏ	76 二
긁죽긁죽	ㄱㅡㄹㄱㅈㅜㄱㄱㅡㄹㄱㅈㅜㄱ	76 二
긁어당기다	ㄱㅡㄹㄱㅓㄷㅏㅇㄱㅣㄷㅏ	76 二
긁어먹다	ㄱㅡㄹㄱㅓㅁㅓㄱㄷㅏ	76 二
(글게	ㄱㅡㄹㄱㅓㅣ	36 二
글겡이	ㄱㅡㄹㄱㅓㅣㅇㅣ	36 二
(글구	ㄱㅡㄹㄱㅜ	27 三
글귀	ㄱㅡㄹㄱㅜㅣ	27 三
(글러지다	ㄱㅡㄹㄹㅓㅈㅣㄷㅏ	1 四
(글르다	ㄱㅡㄹㄹㅡㄷㅏ	37 四
글썽글썽	ㄱㅡㄹㅅㅅㅓㅇㄱㅡㄹㅅㅅㅓㅇ	76 三
글씨	ㄱㅡㄹㅅㅅㅣ	76 二
글자	ㄱㅡㄹㅈㅏ	76 二
(긇다	ㄱㅡㄹㅎㄷㅏ	37 四
그랬다저랬다	ㄱㅡㄹㅏㅣㅅㅅㄷㅏㅈㅓㄹㅏㅣㅅㅅㄷㅏ	113 一
그러께	ㄱㅡㄹㅓㄱㄱㅓㅣ	67 二
그럭저럭	ㄱㅡㄹㅓㄱㅈㅓㄹㅓㄱ	113 一
그러그러하다	ㄱㅡㄹㅓㄱㅡㄹㅓㅎㅏㄷㅏ	113 三
(그런고로	ㄱㅡㄹㅓㄴㄱㅗㄹㅗ	56 四
그런대로	ㄱㅡㄹㅓㄴㄷㅏㅣㄹㅗ	76 二
그런즉	ㄱㅡㄹㅓㄴㅈㅡㄱ	76 二
그런양으로	ㄱㅡㄹㅓㄴㅑㅇㅡㄹㅗ	76 二
그러니저러니	ㄱㅡㄹㅓㄴㅣㅈㅓㄹㅓㄴㅣ	113 二
그럼	ㄱㅡㄹㅓㅁ	76 三
그러면	ㄱㅡㄹㅓㅁㅕㄴ	76 二
그러므로	ㄱㅡㄹㅓㅁㅡㄹㅗ	56 四
그렁그렁	ㄱㅡㄹㅓㅇㄱㅡㄹㅓㅇ	76 三
그렁성저렁성	ㄱㅡㄹㅓㅇㅅㅓㅇㅈㅓㄹㅓㅇㅅㅓㅇ	113 二
그렁저렁	ㄱㅡㄹㅓㅇㅈㅓㄹㅓㅇ	113 一
그러저러하다	ㄱㅡㄹㅓㅈㅓㄹㅓㅎㅏㄷㅏ	113 三
그렇게	ㄱㅡㄹㅓㅎㄱㅓㅣ	76三,114二
그렇다	ㄱㅡㄹㅓㅎㄷㅏ	114 二
그렇다저렇다	ㄱㅡㄹㅓㅎㄷㅏㅈㅓㄹㅓㅎㄷㅏ	113 二
그렇듯	ㄱㅡㄹㅓㅎㄷㅡㅅ	114 二
그렇듯이	ㄱㅡㄹㅓㅎㄷㅡㅅㅣ	76三,114二
그렇지	ㄱㅡㄹㅓㅎㅈㅣ	76 三
그러하다	ㄱㅡㄹㅓㅎㅏㄷㅏ	114 二
(그렝이	ㄱㅡㄹㅓㅣㅇㅣ	86 二
그루	ㄱㅡㄹㅜ	76 三
(그루벼	ㄱㅡㄹㅜㅂㅕ	66 三
그루콩	ㄱㅡㄹㅜㅋㅗㅇ	76 三
그루터기	ㄱㅡㄹㅜㅌㅓㄱㅣ	76 三
글월	ㄱㅡㄹㅜㅓㄹ	76 二
(그르뜨리다	ㄱㅡㄹㅡㄷㄷㅡㄹㅣㄷㅏ	56 四
(그르다(解)	ㄱㅡㄹㅡㄷㅏ	1 四
그르다(非)	ㄱㅡㄹㅡㄷㅏ	37 四
그르치다	ㄱㅡㄹㅡㅊㅣㄷㅏ	56 四
그리	ㄱㅡㄹㅣ	114 二
그리다	ㄱㅡㄹㅣㄷㅏ	76 三
그림	ㄱㅡㄹㅣㅁ	76 三
그립다	ㄱㅡㄹㅣㅂㄷㅏ	76 三
그리저리	ㄱㅡㄹㅣㅈㅓㄹㅣ	113 三
금	ㄱㅡㅁ	48 四
금가다	ㄱㅡㅁㄱㅏㄷㅏ	63 二
금띠	ㄱㅡㅁㄷㄷㅣ	56 四
(금대	ㄱㅡㅁㄷㅏㅣ	56 四
금맞후다	ㄱㅡㅁㅁㅏㅈㅎㅜㄷㅏ	76 三
(금맥	ㄱㅡㅁㅁㅏㅣㄱ	57 一
금방	ㄱㅡㅁㅂㅏㅇ	67二,76三
(금번	ㄱㅡㅁㅂㅓㄴ	66 四
금뵈다	ㄱㅡㅁㅂㅗㅣㄷㅏ	76 三
금붙이	ㄱㅡㅁㅂㅜㅌㅣ	56四,76三
(금새	ㄱㅡㅁㅅㅏㅣ	48 四
(금속	ㄱㅡㅁㅅㅗㄱ	56 四
금줄	ㄱㅡㅁㅈㅜㄹ	57 一
그만두다	ㄱㅡㅁㅏㄴㄷㅜㄷㅏ	29 三
그만저만	ㄱㅡㅁㅏㄴㅈㅓㅁㅏㄴ	113 一
(그만치	ㄱㅡㅁㅏㄴㅊㅣ	26 二
(그만침	ㄱㅡㅁㅏㄴㅊㅣㅁ	26 二
(그만콤	ㄱㅡㅁㅏㄴㅋㅗㅁ	26 二
그만큼	ㄱㅡㅁㅏㄴㅋㅡㅁ	26 二

(그마치	ㄱㅡㅁㅏㅊㅣ	26 二
(그마침	ㄱㅡㅁㅏㅊㅣㅁ	26 二
(그마콤	ㄱㅡㅁㅏㅋㅗㅁ	26 二
(그마큼	ㄱㅡㅁㅏㅋㅡㅁ	26 二
그물	ㄱㅡㅁㅜㄹ	23 三
(그뭄	ㄱㅡㅁㅜㅁ	29 三
(금월	ㄱㅡㅁㅜㅓㄹ	70 三
(그믈	ㄱㅡㅁㅡㄹ	28 三
그믐	ㄱㅡㅁㅡㅁ	29三,114二
그믐날	ㄱㅡㅁㅡㅁㄴㅏㄹ	114 二
그믐밤	ㄱㅡㅁㅡㅁㅂㅏㅁ	76 四
그믐초생	ㄱㅡㅁㅡㅁㅊㅗㅅㅏㅣㅇ	67 二
그믐칠야	ㄱㅡㅁㅡㅁㅊㅣㄹㅑ	76 四
급작스럽다	ㄱㅡㅂㅈㅏㄱㅅㅡㄹㅓㅂㄷㅏ	73 一
그새	ㄱㅡㅅㅏㅣ	114 二
그사이	ㄱㅡㅅㅏㅣ	67二,76四,114二
그손	ㄱㅡㅅㅗㄴ	76 四
그슬리다	ㄱㅡㅅㅡㄹㄹㅣㄷㅏ	1 一
(그짝	ㄱㅡㅈㅈㅏㄱ	14 四
그쪽	ㄱㅡㅈㅈㅗㄱ	14 四
그자	ㄱㅡㅈㅏ	76 四
그자리에	ㄱㅡㅈㅏㄹㅣㅓㅣ	63 三
그저	ㄱㅡㅈㅓ	76 四
그저께	ㄱㅡㅈㅓㄱㄱㅓㅣ	51 一
(그제	ㄱㅡㅈㅓㅣ	51 一
그처럼	ㄱㅡㅊㅓㄹㅓㅁ	76 三
그치다	ㄱㅡㅊㅣㄷㅏ	1 二
(그편	ㄱㅡㅍㅕㄴ	14 四
그악스럽다	ㄱㅡㅏㄱㅅㅡㄹㅓㅂㄷㅏ	76 四
그악하다	ㄱㅡㅏㄱㅎㅏㄷㅏ	76 四
그야말로	ㄱㅡㅑㅁㅏㄹㄹㅗ	39 三
(그얏말로	ㄱㅡㅑㅅㅁㅏㄹㄹㅗ	39 三
그어주다	ㄱㅡㅓㅈㅜㄷㅏ	42 三
(그여히	ㄱㅡㅕㅎㅣ	41 二
그예	ㄱㅡㅖ	77 一
(긔	ㄱㅡㅣ	20 四
(긔껏	ㄱㅡㅣㄱㄱㅓㅅ	34 一
(긔다	ㄱㅡㅣㄷㅏ	34 一
(그이다	ㄱㅡㅣㄷㅏ	32 四

그이들	ㄱㅡㅣㄷㅡㄹ	114 二
(긜짐승	ㄱㅡㅣㄹㅈㅣㅁㅅㅡㅇ	34 一
(긔쓰다	ㄱㅡㅣㅅㅅㅡㄷㅏ	34 一
(긔신긔신	ㄱㅡㅣㅅㅣㄴㄱㅡㅣㅅㅣㄴ	34 一
(긔여히	ㄱㅡㅣㅕㅎㅣ	41 二
기껏	ㄱㅣㄱㄱㅓㅅ	34 一
(기간	ㄱㅣㄱㅏㄴ	67 二
긴긴날	ㄱㅣㄴㄱㅣㄴㄴㅏㄹ	76 四
긴긴해	ㄱㅣㄴㄱㅣㄴㅎㅏㅣ	76 四
(긴달래	ㄱㅣㄴㄷㅏㄹㄹㅏㅣ	3 二
긴말	ㄱㅣㄴㅁㅏㄹ	76 四
긴사설	ㄱㅣㄴㅅㅏㅅㅓㄹ	76 四
긴소리	ㄱㅣㄴㅅㅗㄹㅣ	76 四
기다	ㄱㅣㄷㅏ	34 一
(기달리다	ㄱㅣㄷㅏㄹㄹㅣㄷㅏ	51 一
기다랗다	ㄱㅣㄷㅏㄹㅏㅎㄷㅏ	76 四
기다리다	ㄱㅣㄷㅏㄹㅣㄷㅏ	51 一
(기동	ㄱㅣㄷㅗㅇ	24 一
(기둘르다	ㄱㅣㄷㅜㄹㄹㅡㄷㅏ	51 一
(기두르다	ㄱㅣㄷㅜㄹㅡㄷㅏ	51 一
기둥	ㄱㅣㄷㅜㅇ	24 一
길	ㄱㅣㄹ	3 一
길거리	ㄱㅣㄹㄱㅓㄹㅣ	114 二
길다	ㄱㅣㄹㄷㅏ	3一,76四
(~길레	~ㄱㅣㄹㄹㅓㅣ	51 一
(길르다	ㄱㅣㄹㄹㅡㄷㅏ	37 四
길마	ㄱㅣㄹㅁㅏ	44 一
길목	ㄱㅣㄹㅁㅗㄱ	76 四
(길미	ㄱㅣㄹㅁㅣ	68 一
길쌈	ㄱㅣㄹㅅㅅㅏㅁ	3 一
길쭉길쭉	ㄱㅣㄹㅈㅈㅜㄱㄱㅣㄹㅈㅈㅜㄱ	77 一
길쭉스럼하다	ㄱㅣㄹㅈㅈㅜㄱㅅㅡㄹㅓㅁㅎㅏㄷㅏ	77 一
길쭉하다	ㄱㅣㄹㅈㅈㅜㄱㅎㅏㄷㅏ	77 一
길쯤길쯤	ㄱㅣㄹㅈㅈㅡㅁㄱㅣㄹㅈㅈㅡㅁ	77 一
길쯤하다	ㄱㅣㄹㅈㅈㅡㅁㅎㅏㄷㅏ	77 一
길쯔막하다	ㄱㅣㄹㅈㅈㅡㅁㅏㄱㅎㅏㄷㅏ	77 一
길짐승	ㄱㅣㄹㅈㅣㅁㅅㅡㅇ	34 一
(길혀	ㄱㅣㄹㅎㅕ	14 一
(기럭지	ㄱㅣㄹㅓㄱㅈㅣ	51 一

(기러기	ㄱㅣㄹㅓㄱㅣ	51 一
기르다	ㄱㅣㄹㅡㄷㅏ	37四,77一
기름	ㄱㅣㄹㅡㅁ	3 一
기름하다	ㄱㅣㄹㅡㅁㅎㅏㄷㅏ	77 一
(기르마	ㄱㅣㄹㅡㅁㅏ	44 一
길이	ㄱㅣㄹㅣ	51 一
김	ㄱㅣㅁ	3 一
(김생	ㄱㅣㅁㅅㅏㅣㅇ	68 四
김장	ㄱㅣㅁㅈㅏㅇ	3 一
김치	ㄱㅣㅁㅊㅣ	3 一
기미	ㄱㅣㅁㅣ	3 一
(기뿌다	ㄱㅣㅂㅂㅜㄷㅏ	29 三
기쁘다	ㄱㅣㅂㅂㅡㄷㅏ	29 三
깃	ㄱㅣㅅ	3 一
(깃것	ㄱㅣㅅㄱㅓㅅ	57 一
깃고대	ㄱㅣㅅㄱㅗㄷㅏㅣ	114 二
기쓰다	ㄱㅣㅅㅅㅡㄷㅏ	34一,77一
(기사미	ㄱㅣㅅㅏㅁㅣ	64 四
깃옷	ㄱㅣㅅㅗㅅ	57 一
(기수채다	ㄱㅣㅅㅜㅊㅏㅣㄷㅏ	63 一
기슭	ㄱㅣㅅㅡㄹㄱ	48 四
(기슬카리	ㄱㅣㅅㅡㄹㅋㅏㄹㅣ	48 四
기신기신	ㄱㅣㅅㅣㄴㄱㅣㅅㅣㄴ	34 一
기장(黍)	ㄱㅣㅈㅏㅇ	3 一
(기장(長)	ㄱㅣㅈㅏㅇ	52 一
기장차다	ㄱㅣㅈㅏㅇㅊㅏㄷㅏ	77 一
기저귀	ㄱㅣㅈㅓㄱㅜㅣ	67 二
기직	ㄱㅣㅈㅣㄱ	3二,110三
기지개	ㄱㅣㅈㅣㄱㅏㅣ	3 二
기침	ㄱㅣㅊㅣㅁ	67 二
깊다	ㄱㅣㅍㄷㅏ	3二,77一
깊다랗다	ㄱㅣㅍㄷㅏㄹㅏㅎㄷㅏ	77 一
(기화리	ㄱㅣㅎㅗㅏㄹㅣ	51 一
(기아	ㄱㅣㅏ	17 二
(기어히	ㄱㅣㅓㅎㅣ	41 二
～기에	～ㄱㅣㅓㅣ	51 一
기어이	ㄱㅣㅓㅣ	41二,77一
기와	ㄱㅣㅗㅏ	17 二
기와집	ㄱㅣㅗㅏㅈㅣㅂ	67 二
기우뚱거리다	ㄱㅣㅜㄷㄷㅜㅇㄱㅓㄹㅣㄷㅏ	77 二
기우뚱기우뚱	ㄱㅣㅜㄷㄷㅜㅇㄱㅣㅜㄷㄷㅜㅇ	77 二
(기우다	ㄱㅣㅜㄷㅏ	32 四
기우듬하다	ㄱㅣㅜㄷㅡㅁㅎㅏㄷㅏ	77 二
기울	ㄱㅣㅜㄹ	51 一
기울어뜨리다	ㄱㅣㅜㄹㅓㄷㄷㅡㄹㅣㄷㅏ	77 二
기울이다	ㄱㅣㅜㄹㅣㄷㅏ	77 二
기웃거리다	ㄱㅣㅜㅅㄱㅓㄹㅣㄷㅏ	77 二
기웃기웃	ㄱㅣㅜㅅㄱㅣㅜㅅ	77 二
기웃하다	ㄱㅣㅜㅅㅎㅏㄷㅏ	77 二
기이다	ㄱㅣㅣㄷㅏ	32 四

ㄴ

나	ㄴㅏ	114 二
낚다	ㄴㅏㄱㄱㄷㅏ	43 二
(낚대	ㄴㅏㄱㄱㄷㅏㅣ	45 三
낚싯대	ㄴㅏㄱㄱㅅㅣㅅㄷㅏㅣ	45 三
낚싯밥	ㄴㅏㄱㄱㅅㅣㅅㅂㅏㅂ	77 三
낚시찌	ㄴㅏㄱㄱㅅㅣㅈㅈㅣ	67 三
나깨	ㄴㅏㄱㄱㅏㅣ	48 四
(나깨미	ㄴㅏㄱㄱㅏㅣㅁㅣ	48 四
(낚우다	ㄴㅏㄱㄱㅜㄷㅏ	43 二
(나끈	ㄴㅏㄱㄱㅡㄴ	47 四
낙숫물	ㄴㅏㄱㅅㅜㅅㅁㅜㄹ	77 三
나가다	ㄴㅏㄱㅏㄷㅏ	77 三
나가자빠지다	ㄴㅏㄱㅏㅈㅏㅂㅂㅏㅈㅣㄷㅏ	96 一
나귀	ㄴㅏㄱㅜㅣ	47 一
나그내	ㄴㅏㄱㅡㄴㅏㅣ	16 三
나그네	ㄴㅏㄱㅡㄴㅓㅣ	16 三
(난(助詞)	ㄴㅏㄴ	15 三
(～난(語尾)	～ㄴㅏㄴ	15 三
난봉	ㄴㅏㄴㅂㅗㅇ	77 三
난봉나다	ㄴㅏㄴㅂㅗㅇㄴㅏㄷㅏ	45 一
난작난작	ㄴㅏㄴㅈㅏㄱㄴㅏㄴㅈㅏㄱ	79 二
난장이	ㄴㅏㄴㅈㅏㅇㅣ	11一,77三
(난쟁이	ㄴㅏㄴㅈㅏㅣㅇㅣ	11 一
난질난질	ㄴㅏㄴㅈㅣㄹㄴㅏㄴㅈㅣㄹ	79 二
(난호다	ㄴㅏㄴㅎㅗㄷㅏ	51 一

나날이	ㄴㅏㄴㅏㄹㅣ	38	一
나누다	ㄴㅏㄴㅜㄷㅏ	51	一
(나느다	ㄴㅏㄴㅡㄷㅏ	51	一
낟	ㄴㅏㄷ	5	三
낟가리	ㄴㅏㄷㄱㅏㄹㅣ	88	一
낟알	ㄴㅏㄷㅏㄹ	77	三
(날가루	ㄴㅏㄹㄱㅏㄹㅜ	65	一
날개	ㄴㅏㄹㄱㅏㅣ	36	一
날것	ㄴㅏㄹㄱㅓㅅ	63	三
(날군	ㄴㅏㄹㄱㅜㄴ	65	一
낡은것	ㄴㅏㄹㄱㅡㄴㄱㅓㅅ	77	三
(날김생	ㄴㅏㄹㄱㅣㅁㅅㅏㅣㅇ	51	二
(날날이(每日)	ㄴㅏㄹㄴㅏㄹㅣ	38	一
날뛰다	ㄴㅏㄹㄸㅜㅣㄷㅏ	6	三
날다	ㄴㅏㄹㄷㅏ	44	一
날라리(胡笛)	ㄴㅏㄹㄹㅏㄹㅣ	67	三
날래다	ㄴㅏㄹㄹㅏㅣㄷㅏ	77	三
(날로배기	ㄴㅏㄹㄹㅗㅂㅏㅣㄱㅣ	65	一
(날르다	ㄴㅏㄹㄹㅡㄷㅏ	44	一
날름거리다	ㄴㅏㄹㄹㅡㅁㄱㅓㄹㅣㄷㅏ	78	二
(날무지	ㄴㅏㄹㅁㅜㅈㅣ	65	一
(날벼락	ㄴㅏㄹㅂㅕㄹㅏㄱ	65	一
날쌔다	ㄴㅏㄹㅅㅅㅏㅣㄷㅏ	77	三
날씬하다	ㄴㅏㄹㅅㅅㅣㄴㅎㅏㄷㅏ	77	三
(날샐녁	ㄴㅏㄹㅅㅏㅣㄹㄴㅕㄱ	3	三
날샐녘	ㄴㅏㄹㅅㅏㅣㄹㄴㅕㅋ	3	三
(날소일	ㄴㅏㄹㅅㅗㅣㄹ	47	二
(날짜	ㄴㅏㄹㅈㅈㅏ	63	三
날짝지근하다	ㄴㅏㄹㅈㅈㅏㄱㅈㅣㄱㅡㄴㅎㅏㄷㅏ	77	三
(날주	ㄴㅏㄹㅈㅜ	57	一
(날즘생	ㄴㅏㄹㅈㅡㅁㅅㅏㅣㅇ	51	二
날짐승	ㄴㅏㄹㅈㅣㅁㅅㅡㅇ	51	二
(날치다	ㄴㅏㄹㅊㅣㄷㅏ	6	三
(날카럽다	ㄴㅏㄹㅋㅏㄹㅓㅂㄷㅏ	18	四
날카롭다	ㄴㅏㄹㅋㅏㄹㅗㅂㄷㅏ	18	四
(날캅다	ㄴㅏㄹㅋㅏㅂㄷㅏ	18	四
날큰하다	ㄴㅏㄹㅋㅡㄴㅎㅏㄷㅏ	77	三
날탕패	ㄴㅏㄹㅌㅏㅇㅍㅏㅣ	95	一
날틀	ㄴㅏㄹㅌㅡㄹ	57	一
날포	ㄴㅏㄹㅍㅗ	22	二
(날푸	ㄴㅏㄹㅍㅜ	22	二
(~나라	~ㄴㅏㄹㅏ	13	三
(나락	ㄴㅏㄹㅏㄱ	20	一
(나래	ㄴㅏㄹㅏㅣ	36	一
(나래미	ㄴㅏㄹㅏㅣㅁㅣ	54	二
(나로	ㄴㅏㄹㅗ	24	一
(나롯	ㄴㅏㄹㅗㅅ	24	一
나루	ㄴㅏㄹㅜ	24	一
나룻	ㄴㅏㄹㅜㅅ	24	一
나른하다	ㄴㅏㄹㅡㄴㅎㅏㄷㅏ	77	三
(나르다	ㄴㅏㄹㅡㄷㅏ	44	一
(나리다	ㄴㅏㄹㅣㄷㅏ	12	一
(나리우다	ㄴㅏㄹㅣㅜㄷㅏ	12	一
(남ㄱ	ㄴㅏㅁㄱ	36	二
(남과	ㄴㅏㅁㄱㅗㅏ	69	二
(남구	ㄴㅏㅁㄱㅜ	36	二
(남녘	ㄴㅏㅁㄴㅕㅋ	57	一
남바위	ㄴㅏㅁㅂㅏㅜㅣ	77	四
남상거리다	ㄴㅏㅁㅅㅏㅇㄱㅓㄹㅣㄷㅏ	78	二
남실거리다	ㄴㅏㅁㅅㅣㄹㄱㅓㄹㅣㄷㅏ	78	二
남쪽	ㄴㅏㅁㅈㅈㅗㄱ	57	一
(남저지	ㄴㅏㅁㅈㅓㅈㅣ	13	三
(남편	ㄴㅏㅁㅍㅕㄴ	57	一
나막신	ㄴㅏㅁㅏㄱㅅㅣㄴ	63	三
(나미지	ㄴㅏㅁㅏㅈㅣ	13	三
나머지	ㄴㅏㅁㅓㅈㅣ	13	三
나무	ㄴㅏㅁㅜ	36	二
(나무신	ㄴㅏㅁㅜㅅㅣㄴ	63	三
(납뛰다	ㄴㅏㅂㄸㅜㅣㄷㅏ	6	三
(나뿌다	ㄴㅏㅂㅂㅜㄷㅏ	29	四
나쁘다	ㄴㅏㅂㅂㅡㄷㅏ	29	四
나삐보다	ㄴㅏㅂㅂㅣㅂㅗㄷㅏ	78	一
나삐여기다	ㄴㅏㅂㅂㅣㅕㄱㅣㄷㅏ	78	一
납작코	ㄴㅏㅂㅈㅏㄱㅋㅗ	63	三
(나박지	ㄴㅏㅂㅏㄱㅈㅣ	34	一
나바기	ㄴㅏㅂㅏㄱㅣ	11	一
(나배기	ㄴㅏㅂㅏㅣㄱㅣ	11	一
나불거리다	ㄴㅏㅂㅜㄹㄱㅓㄹㅣㄷㅏ	77	四

나불나불	ㄴㅏㅂㅜㄹㄴㅏㅂㅜㄹ	77 四
(나부라기	ㄴㅏㅂㅜㄹㅏㄱㅣ	2 四
나부랑이	ㄴㅏㅂㅜㄹㅏㅇㅣ	2 四
나붓거리다	ㄴㅏㅂㅜㅅㄱㅓㄹㅣㄷㅏ	77 四
나붓기다	ㄴㅏㅂㅜㅅㄱㅣㄷㅏ	77 四
나붓나붓	ㄴㅏㅂㅜㅅㄴㅏㅂㅜㅅ	77 四
나부시	ㄴㅏㅂㅜㅅㅣ	78 一
나부죽하다	ㄴㅏㅂㅜㅈㅜㄱㅎㅏㄷㅏ	78 三
나부죽이	ㄴㅏㅂㅜㅈㅜㄱㅣ	78 一
(나뷔	ㄴㅏㅂㅜㅣ	31 二
(나븨(蝶)	ㄴㅏㅂㅡㅣ	31 二
(나븨(蝠)	ㄴㅏㅂㅡㅣ	34 一
나비(蝶)	ㄴㅏㅂㅣ	31 二
나비(蝠)	ㄴㅏㅂㅣ	34 一
(낫(穀)	ㄴㅏㅅ	5 三
(낫(晝)	ㄴㅏㅅ	8 二
(낫(面)	ㄴㅏㅅ	8 三
(낫(個)	ㄴㅏㅅ	9 一
(나색	ㄴㅏㅅㅏㅣㄱ	12 二
(나생이	ㄴㅏㅅㅏㅣㅇㅣ	51 二
나슨하다	ㄴㅏㅅㅡㄴㅎㅏㄷㅏ	79 三
낭	ㄴㅏㅇ	114 二
낭떠러지	ㄴㅏㅇㄸㅓㄹㅕㅈㅣ	51二,114二
(낭중	ㄴㅏㅇㅈㅜㅇ	24 一
(낭지겁	ㄴㅏㅇㅈㅣㄱㅓㅂ	51 二
낮	ㄴㅏㅈ	8 二
낮보다	ㄴㅏㅈㅂㅗㄷㅏ	78 一
낮잡다	ㄴㅏㅈㅈㅏㅂㄷㅏ	78 一
낮후다	ㄴㅏㅈㅎㅜㄷㅏ	30 三
(낮히다	ㄴㅏㅈㅎㅣㄷㅏ	30 三
나자빠지다	ㄴㅏㅈㅏㅃㅏㅈㅣㄷㅏ	93 一
(나종	ㄴㅏㅈㅗㅇ	24 一
나중	ㄴㅏㅈㅜㅇ	24 一
나지리보다	ㄴㅏㅈㅣㄹㅣㅂㅗㄷㅏ	78 一
나지리여기다	ㄴㅏㅈㅣㄹㅣㅕㄱㅣㄷㅏ	78 一
낯(面)	ㄴㅏㅊ	8三,108三
(낯(個)	ㄴㅏㅊ	9 一
낯바다기	ㄴㅏㅊㅂㅏㄷㅏㄱㅣ	7 四
(낯파다기	ㄴㅏㅊㅍㅏㄷㅏㄱㅣ	7 四
(낱(面)	ㄴㅏㅌ	8 三
낱(個)	ㄴㅏㅌ	9 一
나탈거리다	ㄴㅏㅌㅏㄹㄱㅓㄹㅣㄷㅏ	78 三
나탈나탈	ㄴㅏㅌㅏㄹㄴㅏㅌㅏㄹ	78 三
나팔거리다	ㄴㅏㅍㅏㄹㄱㅓㄹㅣㄷㅏ	77 四
나팔나팔	ㄴㅏㅍㅏㄹㄴㅏㅍㅏㄹ	77 四
나푼거리다	ㄴㅏㅍㅜㄴㄱㅓㄹㅣㄷㅏ	77 四
나푼나푼	ㄴㅏㅍㅜㄴㄴㅏㅍㅜㄴ	77 四
나풀거리다	ㄴㅏㅍㅜㄹㄱㅓㄹㅣㄷㅏ	77 四
나풀나풀	ㄴㅏㅍㅜㄹㄴㅏㅍㅜㄹ	77 四
나흘날	ㄴㅏㅎㅡㄹㄴㅏㄹ	78一,115三
나흘(四個日)	ㄴㅏㅎㅡㄹ	78 一
나흘(第四日)	ㄴㅏㅎㅡㄹ	115 三
(나히	ㄴㅏㅎㅣ	41 二
나아가다	ㄴㅏㅏㄱㅏㄷㅏ	77 三
나울거리다	ㄴㅏㅜㄹㄱㅓㄹㅣㄷㅏ	77 四
나울나울	ㄴㅏㅜㄹㄴㅏㅜㄹ	77 四
내	ㄴㅏㅣ	114 三
나이(齡)	ㄴㅏㅣ	41二,114三
(나이(薺)	ㄴㅏㅣ	51 二
내것	ㄴㅏㅣㄱㅓㅅ	57 一
(내공	ㄴㅏㅣㄱㅗㅇ	69 三
나인	ㄴㅏㅣㄴ	11 一
내다	ㄴㅏㅣㄷㅏ	44 四
내닫다	ㄴㅏㅣㄷㅏㄷㄷㅏ	78 一
내려긋다	ㄴㅏㅣㄹㅕㄱㅡㅅㄷㅏ	78 一
내려뜨리다	ㄴㅏㅣㄹㅕㄸㅡㄹㅣㄷㅏ	6一,78一
내려지다	ㄴㅏㅣㄹㅕㅈㅣㄷㅏ	78 一
내려치다	ㄴㅏㅣㄹㅕㅊㅣㄷㅏ	78 一
(내려트리다	ㄴㅏㅣㄹㅕㅌㅡㄹㅣㄷㅏ	6 一
내리긋다	ㄴㅏㅣㄹㅣㄱㅡㅅㄷㅏ	78 一
내리다	ㄴㅏㅣㄹㅣㄷㅏ	12 一
내리닫이	ㄴㅏㅣㄹㅣㄷㅏㄷㅣ	78 一
내리키다	ㄴㅏㅣㄹㅣㅋㅣㄷㅏ	78 一
냄새	ㄴㅏㅣㅁㅅㅏㅣ	42一,114三
내빼다	ㄴㅏㅣㅃㅏㅣㄷㅏ	67三,78二
냅다	ㄴㅏㅣㅂㄷㅏ	43 二
냅드다	ㄴㅏㅣㅂㄷㅡㄷㅏ	78 一

내빈	ㄴㅏㅣㅂㅣㄴ	69 三
내색	ㄴㅏㅣㅅㅏㅣㄱ	12 二
냉국	ㄴㅏㅣㅇㄱㅜㄱ	63 三
냉기	ㄴㅏㅣㅇㄱㅣ	68 四
(냉대	ㄴㅏㅣㅇㄷㅏㅣ	69 一
(냉돌	ㄴㅏㅣㅇㄷㅗㄹ	57 一
냉방	ㄴㅏㅣㅇㅂㅏㅇ	57 一
냉큼	ㄴㅏㅣㅇㅋㅡㅁ	79 三
냉이	ㄴㅏㅣㅇㅣ	51 二
(내종	ㄴㅏㅣㅈㅗㅇ	24 一
(내중	ㄴㅏㅣㅈㅜㅇ	24 一
(내측	ㄴㅏㅣㅊㅡㄱ	69 三
(내해	ㄴㅏㅣㅎㅏㅣ	57 一
(내암새	ㄴㅏㅣㅏㅁㅅㅏㅣ	42 一
(내웁다	ㄴㅏㅣㅜㅂㄷㅏ	43 二
(내인	ㄴㅏㅣㅣㄴ	11 一
내이다	ㄴㅏㅣㅣㄷㅏ	44 四
(넉	ㄴㅓㄱ	2 一
넉넉하다	ㄴㅓㄱㄴㅓㄱㅎㅏㄷㅏ	102 三
넉넉히	ㄴㅓㄱㄴㅓㄱㅎㅣ	40 四
(넉넉이	ㄴㅓㄱㄴㅓㄱㅣ	40 四
(넉박선	ㄴㅓㄱㅂㅏㄱㅅㅓㄴ	51 二
넋	ㄴㅓㄱㅅ	2 一
넌덕스럽다	ㄴㅓㄴㄷㅓㄱㅅㅡㄹㅓㅂㄷㅏ	75 一
(넌덜머리	ㄴㅓㄴㄷㅓㄹㅁㅓㄹㅣ	47 四
(넌덜머리나다	ㄴㅓㄴㄷㅓㄹㅁㅓㄹㅣㄴㅏㄷㅏ	47 四
넌더리	ㄴㅓㄴㄷㅓㄹㅣ	47 四
넌더리나다	ㄴㅓㄴㄷㅓㄹㅣㄴㅏㄷㅏ	47 四
(넌즈시	ㄴㅓㄴㅈㅡㅅㅣ	32 四
넌지시	ㄴㅓㄴㅈㅣㅅㅣ	32 四
넌출	ㄴㅓㄴㅊㅜㄹ	36四,81三
(넌테	ㄴㅓㄴㅌㅓㅣ	4 三
(너댓	ㄴㅓㄷㅏㅣㅅ	18 二
너덕너덕	ㄴㅓㄷㅓㄱㄴㅓㄷㅓㄱ	78 二
너더댓	ㄴㅓㄷㅓㄷㅏㅣㅅ	78 二
너덧	ㄴㅓㄷㅓㅅ	78 二
널	ㄴㅓㄹ	114 三
널리다	ㄴㅓㄹㄹㅣㄷㅏ	78 二
넓다	ㄴㅓㄹㅂㄷㅏ	78 二
넓적하다	ㄴㅓㄹㅂㅈㅓㄱㅎㅏㄷㅏ	78 二
넓죽하다	ㄴㅓㄹㅂㅈㅜㄱㅎㅏㄷㅏ	78 二
넓히다	ㄴㅓㄹㅂㅎㅣㄷㅏ	78 二
널반지	ㄴㅓㄹㅂㅏㄴㅈㅣ	57一,114三
(널벅지	ㄴㅓㄹㅂㅓㄱㅈㅣ	34 二
(넓의	ㄴㅓㄹㅂㅡㅣ	34 二
넓이	ㄴㅓㄹㅂㅣ	34 二
(널쪽	ㄴㅓㄹㅉㅗㄱ	57 一
널조각	ㄴㅓㄹㅈㅗㄱㅏㄱ	57 一
(널판	ㄴㅓㄹㅍㅏㄴ	57 一
～너라	～ㄴㅓㄹㅏ	13 三
너럭바위	ㄴㅓㄹㅓㄱㅂㅏㅜㅣ	47 四
(너러기	ㄴㅓㄹㅓㄱㅣ	62 三
(너렵지기	ㄴㅓㄹㅓㅂㅈㅣㄱㅣ	64 二
(너러석바위	ㄴㅓㄹㅓㅅㅓㄱㅂㅏㅜㅣ	47 四
너르다	ㄴㅓㄹㅡㄷㅏ	78 二
너름새	ㄴㅓㄹㅡㅁㅅㅏㅣ	78 三
넘겨잡다	ㄴㅓㅁㄱㅕㅈㅏㅂㄷㅏ	78 二
넘겨짚다	ㄴㅓㅁㄱㅕㅈㅣㅍㄷㅏ	78 二
넘성거리다	ㄴㅓㅁㅅㅓㅇㄱㅓㄹㅣㄷㅏ	78 二
넘실거리다	ㄴㅓㅁㅅㅣㄹㄱㅓㄹㅣㄷㅏ	78 二
(넘어	ㄴㅓㅁㅓ	24 一
넘어뜨리다	ㄴㅓㅁㅓㄸㅡㄹㅣㄷㅏ	6 一
(넘어치다	ㄴㅓㅁㅓㅊㅣㄷㅏ	6 一
(넘어트리다	ㄴㅓㅁㅓㅌㅡㄹㅣㄷㅏ	6 一
(너모	ㄴㅓㅁㅗ	24 一
너무	ㄴㅓㅁㅜ	24 一
넙치	ㄴㅓㅂㅊㅣ	78 三
너벅선	ㄴㅓㅂㅓㄱㅅㅓㄴ	51 二
너불거리다	ㄴㅓㅂㅜㄹㄱㅓㄹㅣㄷㅏ	77 四
너불너불	ㄴㅓㅂㅜㄹㄴㅓㅂㅜㄹ	77 四
너붓거리다	ㄴㅓㅂㅜㅅㄱㅓㄹㅣㄷㅏ	77 四
너붓너붓	ㄴㅓㅂㅜㅅㄴㅓㅂㅜㅅ	77 四
너부죽하다	ㄴㅓㅂㅜㅈㅜㄱㅎㅏㄷㅏ	78 三
(너브할미	ㄴㅓㅂㅡㅎㅏㄹㅁㅣ	51 二
(너븨	ㄴㅓㅂㅡㅣ	34 二
너비아니	ㄴㅓㅂㅣㅏㄴㅣ	51 二
너삼	ㄴㅓㅅㅏㅁ	47 一
너새	ㄴㅓㅅㅏㅣ	51 二

너스레	ㄴㅓㅅㅡㄹㅓㅣ	78 三
(너시	ㄴㅓㅅㅣ	51 二
(넝	ㄴㅓㅇ	51 二
(넝쿨	ㄴㅓㅇㅋㅜㄹ	3 三
(너출	ㄴㅓㅊㅜㄹ	36 四
(너치	ㄴㅓㅊㅣ	51 二
너털거리다	ㄴㅓㅌㅓㄹㄱㅓㄹㅣㄷㅏ	78 三
너털너털	ㄴㅓㅌㅓㄹㄴㅓㅌㅓㄹ	78 三
너테	ㄴㅓㅌㅓㅣ	4 三
너펄거리다	ㄴㅓㅍㅓㄹㄱㅓㄹㅣㄷㅏ	77 四
너펄너펄	ㄴㅓㅍㅓㄹㄴㅓㅍㅓㄹ	77 四
너푼거리다	ㄴㅓㅍㅜㄴㄱㅓㄹㅣㄷㅏ	77 四
너푼너푼	ㄴㅓㅍㅜㄴㄴㅓㅍㅜㄴ	77 四
너풀거리다	ㄴㅓㅍㅜㄹㄱㅓㄹㅣㄷㅏ	77 四
너풀너풀	ㄴㅓㅍㅜㄹㄴㅓㅍㅜㄹ	77 四
(너홰	ㄴㅓㅎㅗㅏㅣ	51 二
너희	ㄴㅓㅎㅡㅣ	40 四
너울가지	ㄴㅓㅜㄹㄱㅏㅈㅣ	78 三
너울거리다	ㄴㅓㅜㄹㄱㅓㄹㅣㄷㅏ	77 四
너울너울	ㄴㅓㅜㄹㄴㅓㅜㄹ	77 四
(너의	ㄴㅓㅡㅣ	40 四
(네	ㄴㅓㅣ	37 二
(너이	ㄴㅓㅣ	40 四
네거리	ㄴㅓㅣㄱㅓㄹㅣ	63 三
(네다섯	ㄴㅓㅣㄷㅏㅅㅓㅅ	18 二
네댓	ㄴㅓㅣㄷㅏㅣㅅ	18二,78二
(년석	ㄴㅕㄴㅅㅓㄱ	37 一
녀석	ㄴㅕㅅㅓㄱ	37 一
(녜	ㄴㅕㅣ	37 二
노끈	ㄴㅗㄱㄱㅡㄴ	47四,78三
녹나다	ㄴㅗㄱㄴㅏㄷㅏ	78 三
녹녹하다	ㄴㅗㄱㄴㅗㄱㅎㅏㄷㅏ	78 四
(녹두나물	ㄴㅗㄱㄷㅜㄴㅏㅁㅜㄹ	65 一
녹두묵	ㄴㅗㄱㄷㅜㅁㅜㄱ	78 四
녹비	ㄴㅗㄱㅂㅣ	7 四
녹쓸다	ㄴㅗㄱㅅㅅㅡㄹㄷㅏ	78 三
녹신녹신	ㄴㅗㄱㅅㅣㄴㄴㅗㄱㅅㅣㄴ	78 四
녹실녹실	ㄴㅗㄱㅅㅣㄹㄴㅗㄱㅅㅣㄹ	78 四
녹진녹진	ㄴㅗㄱㅈㅣㄴㄴㅗㄱㅈㅣㄴ	78 四
(녹피	ㄴㅗㄱㅍㅣ	7 四
(노간주	ㄴㅗㄱㅏㄴㅈㅜ	37 一
노가주	ㄴㅗㄱㅏㅈㅜ	37 一
(노가지	ㄴㅗㄱㅏㅈㅣ	37 一
(노고지리	ㄴㅗㄱㅗㅈㅣㄹㅣ	54 一
노글노글	ㄴㅗㄱㅡㄹㄴㅗㄱㅡㄹ	78 四
노긋노긋	ㄴㅗㄱㅡㅅㄴㅗㄱㅡㅅ	78 四
(논다	ㄴㅗㄴㄷㅏ	51 一
논다니	ㄴㅗㄴㄷㅏㄴㅣ	51 二
논둑	ㄴㅗㄴㄷㅜㄱ	78 四
논두렁	ㄴㅗㄴㄷㅜㄹㅓㅇ	78 四
(논흐다	ㄴㅗㄴㅎㅡㄷㅏ	51 一
(노내끈	ㄴㅗㄴㅏㅣㄱㄱㅡㄴ	47 四
(노는계집	ㄴㅗㄴㅡㄴㄱㅕㅣㅈㅣㅂ	51 二
(노느다	ㄴㅗㄴㅡㄷㅏ	51 一
노닥거리다	ㄴㅗㄷㅏㄱㄱㅓㄹㅣㄷㅏ	78 四
노닥노닥	ㄴㅗㄷㅏㄱㄴㅗㄷㅏㄱ	79 一
(노닥다리	ㄴㅗㄷㅏㄱㄷㅏㄹㅣ	62 一
노닥이다	ㄴㅗㄷㅏㄱㅣㄷㅏ	78 四
놀랍다	ㄴㅗㄹㄹㅏㅂㄷㅏ	72 二
(노라기	ㄴㅗㄹㅏㄱㅣ	12 二
노랗다	ㄴㅗㄹㅏㅎㄷㅏ	79 一
노래기	ㄴㅗㄹㅏㅣㄱㅣ	12 二
노르께하다	ㄴㅗㄹㅡㄱㄱㅓㅣㅎㅏㄷㅏ	79 二
노르다	ㄴㅗㄹㅡㄷㅏ	79 一
노름	ㄴㅗㄹㅡㅁ	67 三
노릇노릇	ㄴㅗㄹㅡㅅㄴㅗㄹㅡㅅ	79 二
노르스럼하다	ㄴㅗㄹㅡㅅㅡㄹㅓㅁㅎㅏㄷㅏ	79 二
(놈생이	ㄴㅗㅁㅅㅏㅣㅇㅣ	9 二
놈팽이	ㄴㅗㅁㅍㅏㅣㅇㅣ	9 二
(노망태	ㄴㅗㅁㅏㅇㅌㅏㅣ	46 三
노망태기	ㄴㅗㅁㅏㅇㅌㅏㅣㄱㅣ	46 三
놋	ㄴㅗㅅ	48 四
놋갓장이	ㄴㅗㅅㄱㅏㅅㅈㅏㅇㅣ	13 一
(놋것장이	ㄴㅗㅅㄱㅓㅅㅈㅏㅇㅣ	13 一
놋그릇	ㄴㅗㅅㄱㅡㄹㅡㅅ	57 一
(놋기경	ㄴㅗㅅㄱㅣㄱㅕㅇ	57 一
(놋쇠	ㄴㅗㅅㅅㅗㅣ	48 四
(놋점장이	ㄴㅗㅅㅈㅓㅁㅈㅏㅇㅣ	13 一

농담	ㄴㅗㅇㄷㅏㅁ	94 二
농어	ㄴㅗㅇㅓ	39 三
높이	ㄴㅗㅍㅣ	78 四
(놓뜨리다	ㄴㅗㅎㄸㅡㄹㅣㄷㅏ	57 二
놓치다	ㄴㅗㅎㅊㅣㄷㅏ	57 二
(노학	ㄴㅗㅎㅏㄱ	70 四
(노협다	ㄴㅗㅎㅕㅂㄷㅏ	41 二
(노어	ㄴㅗㅓ	39 三
노엽다	ㄴㅗㅕㅂㄷㅏ	41 二
노오라기	ㄴㅗㅗㄹㅏㄱㅣ	45三,78三
(노오리	ㄴㅗㅗㄹㅣ	45 三
(뇟보	ㄴㅗㅣㅅㅂㅗ	62 四
누	ㄴㅜ	114 三
(누깔	ㄴㅜㄲㅏㄹ	36 四
눅눅하다	ㄴㅜㄱㄴㅜㄱㅎㅏㄷㅏ	78 四
눅다	ㄴㅜㄱㄷㅏ	78 四
눅신눅신	ㄴㅜㄱㅅㅣㄴㄴㅜㄱㅅㅣㄴ	78 四
눅실눅실	ㄴㅜㄱㅅㅣㄹㄴㅜㄱㅅㅣㄹ	78 四
눅진눅진	ㄴㅜㄱㅈㅣㄴㄴㅜㄱㅈㅣㄴ	78 四
누구누구	ㄴㅜㄱㅜㄴㅜㄱㅜ	79 一
누구	ㄴㅜㄱㅜ	114 三
누구의	ㄴㅜㄱㅜㅢ	114 三
누글누글	ㄴㅜㄱㅡㄹㄴㅜㄱㅡㄹ	78 四
누긋누긋	ㄴㅜㄱㅡㅅㄴㅜㄱㅡㅅ	78 四
누긋하다	ㄴㅜㄱㅡㅅㅎㅏㄷㅏ	78 四
눈깔	ㄴㅜㄴㄲㅏㄹ	36 四
눈깜작이	ㄴㅜㄴㄲㅏㅁㅈㅏㄱㅣ	79 一
눈껌적이	ㄴㅜㄴㄲㅓㅁㅈㅓㄱㅣ	79 一
(눈껍질	ㄴㅜㄴㄲㅓㅂㅈㅣㄹ	57 二
눈꺼풀	ㄴㅜㄴㄲㅓㅍㅜㄹ	57 二
눈꼽	ㄴㅜㄴㄲㅗㅂ	79 一
눈꼽재기	ㄴㅜㄴㄲㅗㅂㅈㅐㄱㅣ	79 一
(눈거풀	ㄴㅜㄴㄱㅓㅍㅜㄹ	57 二
(눈구녕	ㄴㅜㄴㄱㅜㄴㅕㅇ	57 二
눈구멍	ㄴㅜㄴㄱㅜㅁㅓㅇ	57 二
눈대중	ㄴㅜㄴㄷㅐㅈㅜㅇ	79 一
눈망울	ㄴㅜㄴㅁㅏㅇㅜㄹ	79 一
눈매	ㄴㅜㄴㅁㅐ	57 二
(눈바라	ㄴㅜㄴㅂㅏㄹㅏ	11 二

눈방울	ㄴㅜㄴㅂㅏㅇㅜㄹ	79 一
눈보라	ㄴㅜㄴㅂㅗㄹㅏ	11 二
(눈보래	ㄴㅜㄴㅂㅗㄹㅐ	11 二
(눈비움	ㄴㅜㄴㅂㅣㅜㅁ	57 二
(눈썰믜	ㄴㅜㄴㅆㅓㄹㅁㅢ	34 二
눈썰미	ㄴㅜㄴㅆㅓㄹㅁㅣ	34 二
(눈살맞다	ㄴㅜㄴㅅㅏㄹㅁㅏㅈㄷㅏ	57 二
눈시울	ㄴㅜㄴㅅㅣㅜㄹ	57 二
(눈시욹	ㄴㅜㄴㅅㅣㅜㄹㄱ	57 二
(눈시위	ㄴㅜㄴㅅㅣㅜㅣ	57 二
(눈찌	ㄴㅜㄴㅉㅣ	57 二
눈자라기	ㄴㅜㄴㅈㅏㄹㅏㄱㅣ	97 二
(눈정신	ㄴㅜㄴㅈㅓㅇㅅㅣㄴ	57 二
(눈짐작	ㄴㅜㄴㅈㅣㅁㅈㅏㄱ	57 二
눈총기	ㄴㅜㄴㅊㅗㅇㄱㅣ	57 二
눈총맞다	ㄴㅜㄴㅊㅗㅇㅁㅏㅈㄷㅏ	57 二
(눈치 訥魚)	ㄴㅜㄴㅊㅣ	36 一
눈치(心機)	ㄴㅜㄴㅊㅣ	72 三
눈치레	ㄴㅜㄴㅊㅣㄹㅔ	57 二
눈치채다	ㄴㅜㄴㅊㅣㅊㅐㄷㅏ	72 三
눈치알다	ㄴㅜㄴㅊㅣㅏㄹㄷㅏ	72 三
(눈통이	ㄴㅜㄴㅌㅗㅇㅣ	24 一
눈퉁이	ㄴㅜㄴㅌㅜㅇㅣ	24 一
눈어림	ㄴㅜㄴㅓㄹㅣㅁ	57二,79一
눈에밟히다	ㄴㅜㄴㅔㅂㅏㄹㅂㅎㅣㄷㅏ	79 一
눈에선하다	ㄴㅜㄴㅔㅅㅓㄴㅎㅏㄷㅏ	79 一
(누년	ㄴㅜㄴㅕㄴ	69 四
누누이	ㄴㅜㄴㅜㅣ	109 四
눋다	ㄱㅜㄷㄷㅏ	5 二
(누대	ㄴㅜㄷㅐ	66 二
누덕누덕	ㄴㅜㄷㅓㄱㄴㅜㄷㅓㄱ	79 一
누더기	ㄴㅜㄷㅓㄱㅣ	18 一
(누데기	ㄴㅜㄷㅔㄱㅣ	18 一
(눌다	ㄴㅜㄹㄷㅏ	5 二
(눌치	ㄴㅜㄹㅊㅣ	38 一
누렇다	ㄴㅜㄹㅓㅎㄷㅏ	79 一
(누룽갱이	ㄴㅜㄹㅜㅇㄱㅐㅇㅣ	40 一
누룽지	ㄴㅜㄹㅜㅇㅈㅣ	40一,79一
(누룽이	ㄴㅜㄹㅜㅇㅣ	40 一

누르께하다	ㄴㅜㄹㅡㄱㄱㅕㅣㅎㅏㄷㅏ	79 二
누른밥	ㄴㅜㄹㅡㄴㅂㅏㅂ	79 一
누르다	ㄴㅜㄹㅡㄷㅏ	79 一
누름적	ㄴㅜㄹㅡㅁㅈㅓㄱ	79 一
누릇누릇	ㄴㅜㄹㅡㅅㄴㅜㄹㅡㅅ	79 二
누르스럽하다	ㄴㅜㄹㅡㅅㅡㄹㅓㅂㅎㅏㄷㅏ	79 二
(누리	ㄴㅜㄹㅣ	70 二
(눕치	ㄴㅜㅂㅊㅣ	38 一
(눕히다	ㄴㅜㅂㅎㅣㄷㅏ	51 二
(누차	ㄴㅜㅊㅏ	69 四
누치	ㄴㅜㅊㅣ	38 一
(눞	ㄴㅜㅍ	29 四
(누역	ㄴㅜㅕㄱ	67 四
(누의	ㄴㅜㅡㅣ	34 二
뉘	ㄴㅜㅣ	114 三
누이	ㄴㅜㅣ	34 二
누이다	ㄴㅜㅣㄷㅏ	51 二
(누일	ㄴㅜㅣㄹ	69 四
늑줄주다	ㄴㅡㄱㅈㅜㄹㅈㅜㄷㅏ	79 三
는(助詞)	ㄴㅡㄴ	15 三
～는(語尾)	～ㄴㅡㄴ	15 三
는개	ㄴㅡㄴㄱㅏㅣ	51 三
(～는대	～ㄴㅡㄴㄷㅏㅣ	16 三
(는대기	ㄴㅡㄴㄷㅏㅣㄱㅣ	51 三
～는데	～ㄴㅡㄴㄷㅓㅣ	16 三
는적는적	ㄴㅡㄴㅈㅓㄱㄴㅡㄴㅈㅓㄱ	2三,79二
(는정는정	ㄴㅡㄴㅈㅓㅇㄴㅡㄴㅈㅓㅇ	2 三
는질는질	ㄴㅡㄴㅈㅣㄹㄴㅡㄴㅈㅣㄹ	79 二
늘	ㄴㅡㄹ	43 二
늙다리	ㄴㅡㄹㄱㄷㅏㄹㅣ	62一,79二
늙숙하다	ㄴㅡㄹㄱㅅㅜㄱㅎㅏㄷㅏ	79 二
늙수그레하다	ㄴㅡㄹㄱㅅㅜㄱㅡㄹㅓㅣㅎㅏㄷㅏ	79 二
늙정이	ㄴㅡㄹㄱㅈㅓㅇㅣ	79 二
늘름거리다	ㄴㅡㄹㄹㅡㅁㄱㅓㄹㅣㄷㅏ	78 二
늘쩍지근하다	ㄴㅡㄹㅈㅈㅓㄱㅈㅣㄱㅡㄴㅎㅏㄷㅏ	77 三
느럭느럭	ㄴㅡㄹㅓㄱㄴㅡㄹㅓㄱ	79 二
늘어가다	ㄴㅡㄹㅓㄱㅏㄷㅏ	79 二
늘어나다	ㄴㅡㄹㅓㄴㅏㄷㅏ	79 二
늘어뜨리다	ㄴㅡㄹㅓㄷㄷㅡㄹㅣㄷㅏ	6一,79二
(늘어트리다	ㄴㅡㄹㅓㅌㅡㄹㅣㄷㅏ	6 一
(느레	ㄴㅡㄹㅓㅣ	70 二
(느루	ㄴㅡㄹㅜ	43 二
(늘우다	ㄴㅡㄹㅜㄷㅏ	30 四
느른하다	ㄴㅡㄹㅡㄴㅎㅏㄷㅏ	77 三
늘이다	ㄴㅡㄹㅣㄷㅏ	30四,79二
느림	ㄴㅡㄹㅣㅁ	79 二
느릿느릿	ㄴㅡㄹㅣㅅㄴㅡㄹㅣㅅ	79 二
늠실늠실	ㄴㅡㅁㅅㅣㄹㄴㅡㅁㅅㅣㄹ	79 三
느물느물	ㄴㅡㅁㅜㄹㄴㅡㅁㅜㄹ	79 三
느슨하다	ㄴㅡㅅㅡㄴㅎㅏㄷㅏ	79 三
능갈치다	ㄴㅡㅇㄱㅏㄹㅊㅣㄷㅏ	79 三
능구렝이	ㄴㅡㅇㄱㅜㄹㅓㅣㅇㅣ	46 三
(능구리	ㄴㅡㅇㄱㅜㄹㅣ	46 三
능금	ㄴㅡㅇㄱㅡㅁ	79 三
(능쟁이	ㄴㅡㅇㅈㅏㅣㅇㅣ	68 一
능청스럽다	ㄴㅡㅇㅊㅓㅇㅅㅡㄹㅓㅂㄷㅏ	79 三
능히	ㄴㅡㅇㅎㅣ	40 四
(능이	ㄴㅡㅇㅣ	40 四
(늦구다	ㄴㅡㅈㄱㅜㄷㅏ	3 四
(늦마	ㄴㅡㅈㅁㅏ	45 四
늦잡죄다	ㄴㅡㅈㅈㅏㅂㅈㅗㅣㄷㅏ	79 三
늦장마	ㄴㅡㅈㅈㅏㅇㅁㅏ	45 四
늦후다	ㄴㅡㅈㅎㅜㄷㅏ	3 四
(느틔나무	ㄴㅡㅌㅡㅣㄴㅏㅁㅜ	34 二
느티나무	ㄴㅡㅌㅣㄴㅏㅁㅜ	34 二
늪	ㄴㅡㅍ	29 四
닁큼	ㄴㅡㅣㅇㅋㅡㅁ	79 三
님	ㄴㅣㅁ	113 三

ㄷ

(따	ㄷㄷㅏ	89 三
따끈따끈	ㄷㄷㅏㄱㄱㅡㄴㄷㄷㅏㄱㄱㅡㄴ	79 三
따끈하다	ㄷㄷㅏㄱㄱㅡㄴㅎㅏㄷㅏ	79 三
따끔거리다	ㄷㄷㅏㄱㄱㅡㅁㄱㅓㄹㅣㄷㅏ	79 三
따끔따끔	ㄷㄷㅏㄱㄱㅡㅁㄷㄷㅏㄱㄱㅡㅁ	79 三
딱다구리	ㄷㄷㅏㄱㄷㅏㄱㅜㄹㅣ	12 一
딱바라지다	ㄷㄷㅏㄱㅂㅏㄹㅏㅈㅣㄷㅏ	95 一
(딱장벌레	ㄷㄷㅏㄱㅈㅏㅇㅂㅓㄹㄹㅓㅣ	13 三

(딱장이	ㄷㄷㅏㄱㅈㅏㅇㅣ	13 三
딱정벌레	ㄷㄷㅏㄱㅈㅓㅇㅂㅓㄹㄹㅔ	13 三
(딱정이(甲蟲)	ㄷㄷㅏㄱㅈㅓㅇㅣ	13 三
(딱정이(痂)	ㄷㄷㅏㄱㅈㅓㅇㅣ	47 四
딱지	ㄷㄷㅏㄱㅈㅣ	47 四
따겁다	ㄷㄷㅏㄱㅓㅂㄷㅏ	79 三
(따귀	ㄷㄷㅏㄱㅜㅣ	48 一
따근따근	ㄷㄷㅏㄱㅡㄴㄷㄷㅏㄱㅡㄴ	79 三
(따그랭이	ㄷㄷㅏㄱㅡㄹㅐㅇㅣ	47 四
딴군	ㄷㄷㅏㄴㄱㅜㄴ	5 一
딴맘	ㄷㄷㅏㄴㅁㅏㅁ	79 四
딴머리	ㄷㄷㅏㄴㅁㅓㄹㅣ	79 四
딴살림	ㄷㄷㅏㄴㅅㅏㄹㄹㅣㅁ	57 三
(딴살이	ㄷㄷㅏㄴㅅㅏㄹㅣ	57 三
딴소리	ㄷㄷㅏㄴㅅㅗㄹㅣ	79 四
딴전	ㄷㄷㅏㄴㅈㅓㄴ	79 四
따뜻하다	ㄷㄷㅏㄷㄷㅡㅅㅎㅏㄷㅏ	79 四
따듬거리다	ㄷㄷㅏㄷㅡㅁㄱㅓㄹㅣㄷㅏ	79 四
따듬따듬	ㄷㄷㅏㄷㅡㅁㄷㄷㅏㄷㅡㅁ	80 一
따듬작거리다	ㄷㄷㅏㄷㅡㅁㅈㅏㄱㄱㅓㄹㅣㄷㅏ	79 四
따듬작따듬작	ㄷㄷㅏㄷㅡㅁㅈㅏㄱㄷㄷㅏㄷㅡㅁㅈㅏㄱ	80 一
딸	ㄷㄷㅏㄹ	79 四
(딸깍질	ㄷㄷㅏㄹㄱㄱㅏㄱㅈㅣㄹ	24 二
(딸꼭질	ㄷㄷㅏㄹㄱㄱㅗㄱㅈㅣㄹ	24 二
딸꾹질	ㄷㄷㅏㄹㄱㄱㅜㄱㅈㅣㄹ	24 二
딸각거리다	ㄷㄷㅏㄹㄱㅏㄱㄱㅓㄹㅣㄷㅏ	80 三
딸각딸각	ㄷㄷㅏㄹㄱㅏㄱㄷㄷㅏㄹㄱㅏㄱ	80 三
딸막거리다	ㄷㄷㅏㄹㅁㅏㄱㄱㅓㄹㅣㄷㅏ	83 二
딸막딸막	ㄷㄷㅏㄹㅁㅏㄱㄷㄷㅏㄹㅁㅏㄱ	83 二
딸싹거리다	ㄷㄷㅏㄹㅅㅅㅏㄱㄱㅓㄹㅣㄷㅏ	83 二
딸싹딸싹	ㄷㄷㅏㄹㅅㅅㅏㄱㄷㄷㅏㄹㅅㅅㅏㄱ	83 二
딸자식	ㄷㄷㅏㄹㅈㅏㅅㅣㄱ	79 四
(딸쿠다	ㄷㄷㅏㄹㅋㅜㄷㅏ	45 四
(딿다(隨)	ㄷㄷㅏㄹㅎㄷㅏ	45 四
(딿다(注)	ㄷㄷㅏㄹㅎㄷㅏ	45 四
(따랑	ㄷㄷㅏㄹㅏㅇ	15 三
따라지	ㄷㄷㅏㄹㅏㅈㅣ	77 三
따로	ㄷㄷㅏㄹㅗ	22 二
(따루	ㄷㄷㅏㄹㅜ	22 二
따르다(隨)	ㄷㄷㅏㄹㅡㄷㅏ	45 四
따르다(注)	ㄷㄷㅏㄹㅡㄷㅏ	45 四
따름	ㄷㄷㅏㄹㅡㅁ	15 三
(따리다	ㄷㄷㅏㄹㅣㄷㅏ	12 二
(땀또야기	ㄷㄷㅏㅁㄷㄷㅗㅑㄱㅣ	57 三
땀띠	ㄷㄷㅏㅁㄷㄷㅣ	57 三
땀둥거리	ㄷㄷㅏㅁㄷㅜㅇㄱㅓㄹㅣ	79 四
땀빼지다	ㄷㄷㅏㅁㅂㅂㅐㅈㅣㄷㅏ	79 四
(땀받기	ㄷㄷㅏㅁㅂㅏㄷㄱㅣ	36 二
땀받이	ㄷㄷㅏㅁㅂㅏㄷㅣ	36二,79四
(땀언치	ㄷㄷㅏㅁㅓㄴㅊㅣ	47 二
(따문	ㄷㄷㅏㅁㅜㄴ	12 二
땅	ㄷㄷㅏㅇ	39 三
(땅깨비	ㄷㄷㅏㅇㄱㄱㅐㅂㅣ	64 二
(땅강아지	ㄷㄷㅏㅇㄱㅏㅇㅏㅈㅣ	69 一
(땅군	ㄷㄷㅏㅇㄱㅜㄴ	5 一
(땅딸기	ㄷㄷㅏㅇㄷㄷㅏㄹㄱㅣ	64 三
땅땅	ㄷㄷㅏㅇㄷㄷㅏㅇ	100 四
땅벌	ㄷㄷㅏㅇㅂㅓㄹ	67 三
따오기	ㄷㄷㅏㅗㄱㅣ	22 二
(따우	ㄷㄷㅏㅜ	27 三
(따우기	ㄷㄷㅏㅜㄱㅣ	22 二
따위	ㄷㄷㅏㅜㅣ	27 三
(때꼽자기	ㄷㄷㅐㄱㄱㅗㅂㅈㅏㄱㅣ	12 二
때꼽재기	ㄷㄷㅐㄱㄱㅗㅂㅈㅐㄱㅣ	12 二
때꾼하다	ㄷㄷㅐㄱㄱㅜㄴㅎㅏㄷㅏ	81 三
땍대굴땍대굴	ㄷㄷㅐㄱㄷㅐㄱㅜㄹㄷㄷㅐㄱㄷㅐㄱㅜㄹ	81 四
땍대구루루	ㄷㄷㅐㄱㄷㅐㄱㅜㄹㅜㄹㅜ	81 四
때각거리다	ㄷㄷㅐㄱㅏㄱㄱㅓㄹㅣㄷㅏ	80 四
때각때각	ㄷㄷㅐㄱㅏㄱㄷㄷㅐㄱㅏㄱ	80 四
때굴때굴	ㄷㄷㅐㄱㅜㄹㄷㄷㅐㄱㅜㄹ	81 四
때구루루	ㄷㄷㅐㄱㅜㄹㅜㄹㅜ	81 四
(때다	ㄷㄷㅐㄷㅏ	42 四
때리다	ㄷㄷㅐㄹㅣㄷㅏ	12 二
때문	ㄷㄷㅐㅁㅜㄴ	12 二
때묻다	ㄷㄷㅐㅁㅜㄷㄷㅏ	81 二
땡땡	ㄷㄷㅐㅇㄷㄷㅐㅇ	81 一
(때쩌구리	ㄷㄷㅐㅈㅈㅓㄱㅜㄹㅣ	62 一

때우다	ㄷㄷㅏㅣㅜㄷㅏ	42 四
떡	ㄷㄷㅓㄱ	79 四
떡벌어지다	ㄷㄷㅓㄱㅂㅓㄹㅓㅈㅣㄷㅏ	95 一
떠들다	ㄷㄷㅓㄷㅡㄹㄷㅏ	67三,98二
떠듬거리다	ㄷㄷㅓㄷㅡㅁㄱㅓㄹㅣㄷㅏ	79 四
떠듬떠듬	ㄷㄷㅓㄷㅡㅁㄷㄷㅓㄷㅡㅁ	80 一
떠듬적거리다	ㄷㄷㅓㄷㅡㅁㅈㅓㄱㄱㅓㄹㅣㄷㅏ	79 四
떠듬적떠듬적	ㄷㄷㅓㄷㅡㅁㅈㅓㄱㄷㄷㅓㄷㅡㅁㅈㅓㄱ	80 一
떨걱거리다	ㄷㄷㅓㄹㄱㅓㄱㄱㅓㄹㅣㄷㅏ	80 三
떨걱떨걱	ㄷㄷㅓㄹㄱㅓㄱㄷㄷㅓㄹㄱㅓㄱ	80 三
떨떨하다	ㄷㄷㅓㄹㄷㄷㅓㄹㅎㅏㄷㅏ	80 一
떨떠리다	ㄷㄷㅓㄹㄷㄷㅓㄹㅣㄷㅏ	80 一
(떨채	ㄷㄷㅓㄹㅊㅏㅣ	6 一
떨치다	ㄷㄷㅓㄹㅊㅣㄷㅏ	80 一
떨어뜨리다	ㄷㄷㅓㄹㅓㄷㄷㅡㄹㅣㄷㅏ	6 一
떨어지다	ㄷㄷㅓㄹㅓㅈㅣㄷㅏ	78 一
(떨어트리다	ㄷㄷㅓㄹㅓㅌㅡㄹㅣㄷㅏ	6 一
떠름하다	ㄷㄷㅓㄹㅡㅁㅎㅏㄷㅏ	80 一
떰치	ㄷㄷㅓㅁㅊㅣ	81 一
떼	ㄷㄷㅓㅣ	95 三
떼꾼하다	ㄷㄷㅓㅣㄱㄱㅜㄴㅎㅏㄷㅏ	81 三
떽데굴떽데굴	ㄷㄷㅓㅣㄱㄷㅓㅣㄱㅜㄹㄷㄷㅓㅣㄱㄷㅓㅣㄱㅜㄹ	81 四
떽데구루루	ㄷㄷㅓㅣㄱㄷㅓㅣㄱㅜㄹㅜㄹㅜ	81 四
떽걱거리다	ㄷㄷㅓㅣㄱㅓㄱㄱㅓㄹㅣㄷㅏ	80 四
떽걱떽걱	ㄷㄷㅓㅣㄱㅓㄱㄷㄷㅓㅣㄱㅓㄱ	80 四
떽굴떽굴	ㄷㄷㅓㅣㄱㅜㄹㄷㄷㅓㅣㄱㅜㄹ	81 四
떽구루루	ㄷㄷㅓㅣㄱㅜㄹㅜㄹㅜ	81 四
떼쓰다	ㄷㄷㅓㅣㅅㅅㅡㄷㅏ	108 一
똑똑히	ㄷㄷㅗㄱㄷㄷㅗㄱㅎㅣ	40 四
(똑똑이(明白)	ㄷㄷㅗㄱㄷㄷㅗㄱㅣ	40 四
(똑도기(깍두기)	ㄷㄷㅗㄱㄷㅗㄱㅣ	66 一
똘기	ㄷㄷㅗㄹㄱㅣ	51 三
똘똘	ㄷㄷㅗㄹㄷㄷㅗㄹ	82 三
(똘배	ㄷㄷㅗㄹㅂㅏㅣ	5 二
똥겨주다	ㄷㄷㅗㅇㄱㅕㅈㅜㄷㅏ	63三,80一
(똥구녕	ㄷㄷㅗㅇㄱㅜㄴㅕㅇ	57 三
똥구멍	ㄷㄷㅗㅇㄱㅜㅁㅓㅇ	57三,80一
똥기다	ㄷㄷㅗㅇㄱㅣㄷㅏ	80 一
(똥똥하다	ㄷㄷㅗㅇㄷㄷㅗㅇㅎㅏㄷㅏ	101 二
(똥줄빠지다	ㄷㄷㅗㅇㅈㅜㄹㅂㅂㅏㅈㅣㄷㅏ	61 一
또한	ㄷㄷㅗㅎㅏㄴ	80 一
똴똴	ㄷㄷㅗㅏㄹㄷㄷㅗㅏㄹ	82 二
똬리	ㄷㄷㅗㅏㄹㅣ	51 三
(또아리	ㄷㄷㅗㅏㄹㅣ	51 三
뙈기	ㄷㄷㅗㅏㅣㄱㅣ	51 三
(또애기	ㄷㄷㅗㅏㅣㄱㅣ	51 三
(또에 복숭아	ㄷㄷㅗㅓㅣㅂㅗㄱㅅㅜㅇㅏ	63 一
뙤창	ㄷㄷㅗㅣㅊㅏㅇ	114 三
뙤창문	ㄷㄷㅗㅣㅊㅏㅇㅁㅜㄴ	114 三
(뙤야기	ㄷㄷㅗㅣㅑㄱㅣ	51 三
(뙤어주다	ㄷㄷㅗㅣㅓㅈㅜㄷㅏ	63 三
(뚝	ㄷㄷㅜㄱ	5 二
뚜껑	ㄷㄷㅜㄱㄱㅓㅇ	51三,80一
(뚜께	ㄷㄷㅜㄱㄱㅓㅣ	51 三
(뚝바리	ㄷㄷㅜㄱㅂㅏㄹㅣ	6 一
뚝배기	ㄷㄷㅜㄱㅂㅏㅣㄱㅣ	6 一
(뚝저기	ㄷㄷㅜㄱㅈㅓㄱㅣ	47 三
(뚝지	ㄷㄷㅜㄱㅈㅣ	47 三
뚜덕거리다	ㄷㄷㅜㄷㅓㄱㄱㅓㄹㅣㄷㅏ	80 一
뚜덕뚜덕	ㄷㄷㅜㄷㅓㄱㄷㄷㅜㄷㅓㄱ	80 一
(뚜덜거리다	ㄷㄷㅜㄷㅓㄹㄱㅓㄹㅣㄷㅏ	5 二
뚜들기다	ㄷㄷㅜㄷㅡㄹㄱㅣㄷㅏ	82 三
뚤뚤	ㄷㄷㅜㄹㄷㄷㅜㄹ	82 三
뚫다	ㄷㄷㅜㄹㅎㄷㅏ	51 三
(뚜레질	ㄷㄷㅜㄹㅓㅣㅈㅣㄹ	6 二
(뚜르다	ㄷㄷㅜㄹㅡㄷㅏ	51 三
(뚱긔다	ㄷㄷㅜㅇㄱㅡㅣㄷㅏ	34 二
뚱기다	ㄷㄷㅜㅇㄱㅣㄷㅏ	34 二
뚱뚱하다	ㄷㄷㅜㅇㄷㄷㅜㅇㅎㅏㄷㅏ	101 二
(뚜아리	ㄷㄷㅜㅏㄹㅣ	51 三
(뚜에	ㄷㄷㅜㅓㅣ	51 三
(뛰다	ㄷㄷㅜㅣㄷㅏ	67 三
(뛰애기	ㄷㄷㅜㅣㅏㅣㄱㅣ	51 三
뜨끈뜨끈	ㄷㄷㅡㄱㄱㅡㄴㄷㄷㅡㄱㄱㅡㄴ	79 三
뜨끈하다	ㄷㄷㅡㄱㄱㅡㄴㅎㅏㄷㅏ	79 三
뜨끔거리다	ㄷㄷㅡㄱㄱㅡㅁㄱㅓㄹㅣㄷㅏ	79 三
뜨끔뜨끔	ㄷㄷㅡㄱㄱㅡㅁㄷㄷㅡㄱㄱㅡㅁ	79 三

뜨겁다	ㄸㅡㄱㅓㅂㄷㅏ	43二,79三
(뜨거웁다	ㄸㅡㄱㅓㅜㅂㄷㅏ	43 二
(뜨파하다	ㄸㅡㄱㅍㅏㅎㅏㄷㅏ	51 三
뜨근뜨근	ㄸㅡㄱㅡㄴㄸㅡㄱㅡㄴ	79 三
(뜬것	ㄸㅡㄴㄱㅓㅅ	57 三
뜬귀신	ㄸㅡㄴㄱㅜㅣㅅㅣㄴ	57 三
(뜯	ㄸㅡㄷ	5 三
뜰	ㄸㅡㄹ	80 二
뜰먹거리다	ㄸㅡㄹㅁㅓㄱㄱㅓㄹㅣㄷㅏ	83 二
뜰먹뜰먹	ㄸㅡㄹㅁㅓㄱㄸㅡㄹㅁㅓㄱ	83 二
뜰썩거리다	ㄸㅡㄹㅆㅓㄱㄱㅓㄹㅣㄷㅏ	83 二
뜰썩뜰썩	ㄸㅡㄹㅆㅓㄱㄸㅡㄹㅆㅓㄱ	83 二
(뜸놓다	ㄸㅡㅁㄴㅗㅎㄷㅏ	57 三
뜸뜨다	ㄸㅡㅁㄸㅡㄷㅏ	57 三
뜸하다	ㄸㅡㅁㅎㅏㄷㅏ	84 三
뜻	ㄸㅡㅅ	5 三
뜻뜻하다	ㄸㅡㅅㄸㅡㅅㅎㅏㄷㅏ	79 四
뜨악하다	ㄸㅡㅏㄱㅎㅏㄷㅏ	51 三
(띄	ㄸㅡㅣ	34 二
(띄다	ㄸㅡㅣㄷㅏ	34 二
(띙띙하다	ㄸㅡㅣㅇㄸㅡㅣㅇㅎㅏㄷㅏ	34 二
(띄엄띄엄	ㄸㅡㅣㅓㅁㄸㅡㅣㅓㅁ	34 二
띠	ㄸㅣ	34 二
(띠끌	ㄸㅣㄲㅡㄹ	6 二
띠글띠글	ㄸㅣㄱㅡㄹㄸㅣㄱㅡㄹ	83 三
띠다	ㄸㅣㄷㅏ	34 二
띵띵하다	ㄸㅣㅇㄸㅣㅇㅎㅏㄷㅏ	34 二
띠엄띠엄	ㄸㅣㅓㅁㄸㅣㅓㅁ	34二,83二
다	ㄷㅏ	80 二
닥	ㄷㅏㄱ	80 二
닦음질	ㄷㅏㄲㅡㅁㅈㅣㄹ	63 四
닥나무	ㄷㅏㄱㄴㅏㅁㅜ	80 二
닥뜨리다	ㄷㅏㄱㄸㅡㄹㅣㄷㅏ	80 二
(닥달질	ㄷㅏㄱㄷㅏㄹㅈㅣㄹ	63 四
닥작닥작	ㄷㅏㄱㅈㅏㄱㄷㅏㄱㅈㅏㄱ	81 一
(닥치다	ㄷㅏㄱㅊㅣㄷㅏ	80 二
(다긏다	ㄷㅏㄱㅡㅊㄷㅏ	44 三
(다그치다	ㄷㅏㄱㅡㅊㅣㄷㅏ	44 三
다긔지다	ㄷㅏㄱㅡㅣㅈㅣㄷㅏ	34 三

다기지다	ㄷㅏㄱㅣㅈㅣㄷㅏ	84 三
단(束)	ㄷㅏㄴ	80 二
단(緞)	ㄷㅏㄴ	116 三
단거리	ㄷㅏㄴㄱㅓㄹㅣ	80 二
(단것	ㄷㅏㄴㄱㅓㅅ	69 一
단결에	ㄷㅏㄴㄱㅕㄹㅔ	57 三
(단기다	ㄷㅏㄴㄱㅣㄷㅏ	37 一
(단김에	ㄷㅏㄴㄱㅣㅁㅔ	57 三
(단니다	ㄷㅏㄴㄴㅣㄷㅏ	37 一
단박에	ㄷㅏㄴㅂㅏㄱㅔ	57 三
(단바람에	ㄷㅏㄴㅂㅏㄹㅏㅁㅔ	57 三
(단번에	ㄷㅏㄴㅂㅓㄴㅔ	57 三
단벌	ㄷㅏㄴㅂㅓㄹ	63四,80二
단소	ㄷㅏㄴㅅㅗ	101 二
(단속것	ㄷㅏㄴㅅㅗㄱㄱㅓㅅ	19 一
단속곳	ㄷㅏㄴㅅㅗㄱㄱㅗㅅ	19一,92一
단숨에	ㄷㅏㄴㅅㅜㅁㅔ	57 三
(단신	ㄷㅏㄴㅅㅣㄴ	69 二
단작스럽다	ㄷㅏㄴㅈㅏㄱㅅㅡㄹㅓㅂㄷㅏ	81 二
(단참에	ㄷㅏㄴㅊㅏㅁㅔ	57 三
(단초	ㄷㅏㄴㅊㅗ	11 二
단추	ㄷㅏㄴㅊㅜ	11 二
(단통	ㄷㅏㄴㅌㅗㅇ	67 三
단판씨름	ㄷㅏㄴㅍㅏㄴㅆㅣㄹㅡㅁ	5 四
(다년	ㄷㅏㄴㅕㄴ	69 四
다년호	ㄷㅏㄴㅕㄴㅎㅗ	11 二
다니다	ㄷㅏㄴㅣㄷㅏ	37 一
(다님	ㄷㅏㄴㅣㅁ	12 二
닫다	ㄷㅏㄷㄷㅏ	80 三
닫치다	ㄷㅏㄷㅊㅣㄷㅏ	80 三
다닥뜨리다	ㄷㅏㄷㅏㄱㄸㅡㄹㅣㄷㅏ	80 二
다닥다닥	ㄷㅏㄷㅏㄱㄷㅏㄷㅏㄱ	81 一
다닥치다	ㄷㅏㄷㅏㄱㅊㅣㄷㅏ	80 二
다다귀다다귀	ㄷㅏㄷㅏㄱㅜㅣㄷㅏㄷㅏㄱㅜㅣ	81 一
다닫다	ㄷㅏㄷㅏㄷㄷㅏ	51 三
(다다르다	ㄷㅏㄷㅏㄹㅡㄷㅏ	51 三
다달이	ㄷㅏㄷㅏㄹㅣ	28 一
다듬잇돌	ㄷㅏㄷㅡㅁㅣㅅㄷㅗㄹ	63 四
(다듬이돌	ㄷㅏㄷㅡㅁㅣㄷㅗㄹ	65 四

달각거리다	ㄷㅏㄹㄱㅏㄱㄱㅓㄹㅣㄷㅏ	80 三
달각달각	ㄷㅏㄹㄱㅏㄱㄷㅏㄹㄱㅏㄱ	80 三
(달겨들다	ㄷㅏㄹㄱㅕㄷㅡㄹㄷㅏ	2 二
달곰쌉쌀하다	ㄷㅏㄹㄱㅗㅁㅅㅅㅏㅂㅅㅅㅏㄹㅎㅏㄷㅏ	80 三
달곰씁쓸하다	ㄷㅏㄹㄱㅗㅁㅅㅅㅡㅂㅅㅅㅡㄹㅎㅏㄷㅏ	80 三
달곰새곰하다	ㄷㅏㄹㄱㅗㅁㅅㅏㅣㄱㅗㅁㅎㅏㄷㅏ	80 三
달곰하다	ㄷㅏㄹㄱㅗㅁㅎㅏㄷㅏ	80 三
(달고질	ㄷㅏㄹㄱㅗㅈㅣㄹ	24 二
달구질	ㄷㅏㄹㄱㅜㅈㅣㄹ	24 二
달금하다	ㄷㅏㄹㄱㅡㅁㅎㅏㄷㅏ	80 三
닭의장	ㄷㅏㄹㄱㅡㅣㅈㅏㅇ	80 三
닭의홰	ㄷㅏㄹㄱㅡㅣㅎㅗㅏㅣ	80 三
닭의어리	ㄷㅏㄹㄱㅡㅣㅓㄹㅣ	80 三
달다	ㄷㅏㄹㄷㅏ	80 四
달달	ㄷㅏㄹㄷㅏㄹ	81 二
달달볶다	ㄷㅏㄹㄷㅏㄹㅂㅗㄱㄱㄷㅏ	83 一
(달달이	ㄷㅏㄹㄷㅏㄹㅣ	38 一
달라다	ㄷㅏㄹㄹㅏㄷㅏ	11 二
(달라들다	ㄷㅏㄹㄹㅏㄷㅡㄹㄷㅏ	2 二
달라붙다	ㄷㅏㄹㄹㅏㅂㅜㅌㄷㅏ	83 一
(달래	ㄷㅏㄹㄹㅏㅣ	51 四
(달래다	ㄷㅏㄹㄹㅏㅣㄷㅏ	11 二
달력	ㄷㅏㄹㄹㅕㄱ	62 一
달려들다	ㄷㅏㄹㄹㅕㄷㅡㄹㄷㅏ	2 二, 80 三
(달르다	ㄷㅏㄹㄹㅡㄷㅏ	38 一
달막거리다	ㄷㅏㄹㅁㅏㄱㄱㅓㄹㅣㄷㅏ	83 二
달막달막	ㄷㅏㄹㅁㅏㄱㄷㅏㄹㅁㅏㄱ	83 二
달싹거리다	ㄷㅏㄹㅅㅅㅏㄱㄱㅓㄹㅣㄷㅏ	83 二
달싹달싹	ㄷㅏㄹㅅㅅㅏㄱㄷㅏㄹㅅㅅㅏㄱ	83 二
달치다	ㄷㅏㄹㅊㅣㄷㅏ	80 四
달콤새콤하다	ㄷㅏㄹㅋㅗㅁㅅㅏㅣㅋㅗㅁㅎㅏㄷㅏ	80 三
달콤하다	ㄷㅏㄹㅋㅗㅁㅎㅏㄷㅏ	80 三
달큼하다	ㄷㅏㄹㅋㅡㅁㅎㅏㄷㅏ	8 三
(달팡이	ㄷㅏㄹㅍㅏㅇㅣ	12 二
달팽이	ㄷㅏㄹㅍㅏㅣㅇㅣ	12 二
달포	ㄷㅏㄹㅍㅗ	22 二
(달푸	ㄷㅏㄹㅍㅜ	22 二
(닳다	ㄷㅏㄹㅎㄷㅏ	38 一
(다라끼	ㄷㅏㄹㅏㄱㄱㅣ	12 二
다랍다	ㄷㅏㄹㅏㅂㄷㅏ	81 二
(다랑귀뗴다	ㄷㅏㄹㅏㅇㄱㅜㅣㄷㄷㅕㅣㄷㅏ	14 三
다랑귀뛰다	ㄷㅏㄹㅏㅇㄱㅜㅣㄷㄷㅜㅣㄷㅏ	14 三
다라지다	ㄷㅏㄹㅏㅈㅣㄷㅏ	106 四
(다래	ㄷㅏㄹㅏㅣ	51 四
다래끼	ㄷㅏㄹㅏㅣㄱㄱㅣ	12 二
(다레	ㄷㅏㄹㅓㅣ	51 四
(다려	ㄷㅏㄹㅕ	67 三
(다롱귀뛰다	ㄷㅏㄹㅗㅇㄱㅜㅣㄷㄷㅜㅣㄷㅏ	14 三
다르다	ㄷㅏㄹㅡㄷㅏ	38 一
달음박질	ㄷㅏㄹㅡㅁㅂㅏㄱㅈㅣㄹ	45 四, 80 四
달음질	ㄷㅏㄹㅡㅁㅈㅣㄹ	80 四
(달의	ㄷㅏㄹㅡㅣ	51 四
다리(脚, 橋)	ㄷㅏㄹㅣ	11 二
다리(髢)	ㄷㅏㄹㅣ	51 四
달이다(煎)	ㄷㅏㄹㅣㄷㅏ	11 二
다리다(熨)	ㄷㅏㄹㅣㄷㅏ	11 二
(다리다(引)	ㄷㅏㄹㅣㄷㅏ	11 三
(다리다(牽)	ㄷㅏㄹㅣㄷㅏ	14 二
다리미	ㄷㅏㄹㅣㅁㅣ	11 二
(담(椎蓼)	ㄷㅏㅁ	68 四
담(次)	ㄷㅏㅁ	114 三
담그다	ㄷㅏㅁㄱㅡㄷㅏ	80 四
담다	ㄷㅏㅁㄷㅏ	80 四
담달	ㄷㅏㅁㄷㅏㄹ	112 四
(담뻑	ㄷㅏㅁㅂㅂㅓㄱ	19 二
담뿍	ㄷㅏㅁㅂㅂㅜㄱ	19 二
(담박질	ㄷㅏㅁㅂㅏㄱㅈㅣㄹ	45 四
담배	ㄷㅏㅁㅂㅏㅣ	16 二
담배설합	ㄷㅏㅁㅂㅏㅣㅅㅓㄹㅎㅏㅂ	80 四
담배합	ㄷㅏㅁㅂㅏㅣㅎㅏㅂ	80 四
(담베	ㄷㅏㅁㅂㅓㅣ	16 二
담버락	ㄷㅏㅁㅂㅓㄹㅏㄱ	80 四
(담뷔	ㄷㅏㅁㅂㅜㅣ	31 三
담비	ㄷㅏㅁㅂㅣ	31 三
(담해	ㄷㅏㅁㅎㅏㅣ	66 三
다목	ㄷㅏㅁㅗㄱ	62 一
다물다	ㄷㅏㅁㅜㄹㄷㅏ	28 三
(다믈다	ㄷㅏㅁㅡㄹㄷㅏ	28 三

(담을총	ㄷㅏㅁㅡㄹㅊㅗㅇ	65 三
(답보	ㄷㅏㅂㅂㅗ	51 四
답치기	ㄷㅏㅂㅊㅣㄱㅣ	51 四
다박머리	ㄷㅏㅂㅏㄱㅁㅓㄹㅣ	81 三
다보록하다	ㄷㅏㅂㅗㄹㅗㄱㅎㅏㄷㅏ	81 三
다붙이다	ㄷㅏㅂㅜㅌㅣㄷㅏ	11 三
(닷	ㄷㅏㅅ	8 三
닷새	ㄷㅏㅅㅅㅏㅣ	115 三
닷샛날	ㄷㅏㅅㅅㅏㅣㅅㄴㅏㄹ	115 三
(다사리다	ㄷㅏㅅㅏㄹㅣㄷㅏ	15 三
다스리다	ㄷㅏㅅㅡㄹㅣㄷㅏ	15 三
(다스마	ㄷㅏㅅㅡㅁㅏ	32 四
다습다	ㄷㅏㅅㅡㅂㄷㅏ	79 四
다스하다	ㄷㅏㅅㅡㅎㅏㄷㅏ	79 四
다시마	ㄷㅏㅅㅣㅁㅏ	32 四
(당고금	ㄷㅏㅇㄱㅗㄱㅡㅁ	70 四
(당긔다	ㄷㅏㅇㄱㅡㅣㄷㅏ	11 三
(당기	ㄷㅏㅇㄱㅣ	12 二
당기다(引)	ㄷㅏㅇㄱㅣㄷㅏ	11 三
(당기다(引火)	ㄷㅏㅇㄱㅣㄷㅏ	12 二
(당기다(行)	ㄷㅏㅇㄱㅣㄷㅏ	37 一
(당나귀	ㄷㅏㅇㄴㅏㄱㅜㅣ	47 一
(당도리	ㄷㅏㅇㄷㅗㄹㅣ	24 二
당두리	ㄷㅏㅇㄷㅜㄹㅣ	24 二
(당석에	ㄷㅏㅇㅅㅓㄱㅓㅣ	63 三
(당성냥	ㄷㅏㅇㅅㅓㅇㄴㅑㅇ	47 二
(당창	ㄷㅏㅇㅊㅏㅇ	68 四
당란	ㄷㅏㅇㄷㅌㅏㄴ	92 三
당래	ㄷㅏㅇㅌㅏㅣ	92 三
(당학	ㄷㅏㅇㅎㅏㄱ	70 四
(당옴	ㄷㅏㅇㅗㅁ	68 四
(닺다	ㄷㅏㅈㄷㅏ	44 三
다좇다	ㄷㅏㅈㅗㅊㄷㅏ	45 一
(다조치다	ㄷㅏㅈㅗㅊㅣㄷㅏ	45 一
다지다	ㄷㅏㅈㅣㄷㅏ	44 三
다지르다	ㄷㅏㅈㅣㄹㅡㄷㅏ	11 三
닻	ㄷㅏㅊ	8 三
(닯	ㄷㅏㄼ	8 三
(다토다	ㄷㅏㅌㅗㄷㅏ	24 二
다루다	ㄷㅏㄹㅜㄷㅏ	24 二
다음	ㄷㅏㅡㅁ	80四, 114三
(대	ㄷㅏㅣ	16 三
대꾼하다	ㄷㅏㅣㄱㄱㅜㄴㅎㅏㄷㅏ	81 四
덱대굴덱대굴	ㄷㅏㅣㄱㄷㅏㅣㄱㅜㄹㄷㅏㅣㄱㄷㅏㅣㄱㅜㄹ	81 四
덱대구루루	ㄷㅏㅣㄱㄷㅏㅣㄱㅜㄹㅜㄹㅜ	81 四
대각거리다	ㄷㅏㅣㄱㅏㄱㄱㅓㄹㅣㄷㅏ	80 四
대각대각	ㄷㅏㅣㄱㅏㄱㄷㅏㅣㄱㅏㄱ	80 四
대가리	ㄷㅏㅣㄱㅏㄹㅣ	15 一
(대강이	ㄷㅏㅣㄱㅏㅇㅣ	15 一
대갚음	ㄷㅏㅣㄱㅏㅍㅡㅁ	80 四
대거리	ㄷㅏㅣㄱㅓㄹㅣ	80 四
대굴대굴	ㄷㅏㅣㄱㅜㄹㄷㅏㅣㄱㅜㄹ	81 四
대구루루	ㄷㅏㅣㄱㅜㄹㅜㄹㅜ	81 四
(대구리	ㄷㅏㅣㄱㅜㄹㅣ	15 一
대궁	ㄷㅏㅣㄱㅜㅇ	100 四
대그릇	ㄷㅏㅣㄱㅡㄹㅡㅅ	67 三
(댄추	ㄷㅏㅣㄴㅊㅜ	11 二
(대년호	ㄷㅏㅣㄴㅕㄴㅎㅗ	11 二
대님	ㄷㅏㅣㄴㅣㅁ	12 二
대뜸	ㄷㅏㅣㄸㅡㅁ	67 三
대다	ㄷㅏㅣㄷㅏ	45 一
(다이다	ㄷㅏㅣㄷㅏ	45 一
대들다	ㄷㅏㅣㄷㅡㄹㄷㅏ	80 三
(대루리	ㄷㅏㅣㄹㅜㄹㅣ	11 二
(대리	ㄷㅏㅣㄹㅣ	11 二
(대리다(煎)	ㄷㅏㅣㄹㅣㄷㅏ	11 二
(대리다(駿)	ㄷㅏㅣㄹㅣㄷㅏ	11 二
(대리미	ㄷㅏㅣㄹㅣㅁㅣ	11 二
대머리	ㄷㅏㅣㅁㅓㄹㅣ	42二, 85四
대목	ㄷㅏㅣㅁㅗㄱ	84 四
(대뿌리	ㄷㅏㅣㅃㅜㄹㅣ	67 四
(대붙이다	ㄷㅏㅣㅂㅜㅌㅣㄷㅏ	11 三
댓개비	ㄷㅏㅣㅅㄱㅏㅣㅂㅣ	81 一
댓가지	ㄷㅏㅣㅅㄱㅏㅈㅣ	81 一
댓돌	ㄷㅏㅣㅅㄷㅗㄹ	63 四
댓속	ㄷㅏㅣㅅㅅㅗㄱ	81 一
댓조각	ㄷㅏㅣㅅㅈㅗㄱㅏㄱ	81 一

(때쑤뭃지않다	ㄷㅐㅆㅜㅌㅂㅈㅣㄴㅎㄷㅏ	15 一		더듬거리다	ㄷㅓㄷㅜㅁㄱㅓㄹㅣㄷㅏ	81 二
해쑤뭃지않다	ㄷㅐㅆㅜㅌㅂㅈㅣㄴㅎㄷㅏ	15 一		더듬다	ㄷㅓㄷㅜㅁㄷㅏ	81 二
뗑강뗑강	ㄷㅐㅇㄱㅏㅇㄷㅐㅇㄱㅏㅇ	81 一		더듬더듬	ㄷㅓㄷㅜㅁㄷㅓㄷㅜㅁ	81 二
뗑기	ㄷㅐㅇㄱㅣ	12 二		더듬적거리다	ㄷㅓㄷㅜㅁㅈㅓㄱㄱㅓㄹㅣㄷㅏ	81 二
(뗑기다(引)	ㄷㅐㅇㄱㅣㄷㅏ	11 三		더듬적더듬적	ㄷㅓㄷㅜㅁㅈㅓㄱㄷㅓㄷㅜㅁㅈㅓㄱ	81 二
뗑기다(引火)	ㄷㅐㅇㄱㅣㄷㅏ	12 二		(덜깨기	ㄷㅓㄹㄲㅐㄱㅣ	68 三
(뗑기다(行)	ㄷㅐㅇㄱㅣㄷㅏ	37 一		덜겨거리다	ㄷㅓㄹㄱㅕㄱㄱㅓㄹㅣㄷㅏ	80 三
뗑명	ㄷㅐㅇㄷㅐㅇ	81 一		덜겨덜겨	ㄷㅓㄹㄱㅕㄱㄷㅓㄹㄱㅕㄱ	80 三
때깡깐	ㄷㅐㅈㅏㅇㄱㅏㄴ	63 四		떤덜	ㄷㅓㄹㄷㅓ	81 二
(때조	ㄷㅐㅈㅗ	24 二		덜텅거리다	ㄷㅓㄹㅌㅓㅇㄱㅓㄹㅣㄷㅏ	81 二
(때쯍	ㄷㅐㅈㅗㅇ	24 二		덜텅이다	ㄷㅓㄹㅌㅓㅇㅇㅣㄷㅏ	81 二
때쯍	ㄷㅐㅈㅗㅇ	24 二		(덜믜	ㄷㅓㄹㅁㅟ	34 五
때쯍없다	ㄷㅐㅈㅗㅇㅓㅂㅅㄷㅏ	81 一		덜미	ㄷㅓㄹㅁㅣ	34三,71四
(메질	ㄷㅐㅈㅣㄹ	68 一		덜미젖다	ㄷㅓㄹㅁㅣㅈㅓㄷㄷㅏ	57 五
(메지르다	ㄷㅐㅈㅣㄹㅡㄷㅏ	11 三		(덜미치다	ㄷㅓㄹㅁㅣㅊㅣㄷㅏ	57 五
(메치	ㄷㅐㅊㅣ	18 二		(덜썩	ㄷㅓㄹㅆㅓㄱ	39 五
때침(竹瀝)	ㄷㅐㅊㅣㅁ	81 一		～더라	～ㄷㅓㄹㅏ	19 五
때침(大腸)	ㄷㅐㅊㅣㅁ	63 四		～더라도	～ㄷㅓㄹㅏㄷㅗ	19 五
미체	ㄷㅐㅊㅔ	18 二		더러	ㄷㅓㄹㅓ	67 五
(메초	ㄷㅐㅊㅗ	24 二		더럭	ㄷㅓㄹㅓㄱ	39 五
미추	ㄷㅐㅊㅜ	24 二		더럽다	ㄷㅓㄹㅓㅂㄷㅏ	81 五
(메퀀	ㄷㅐㅋㅜㄴ	18 二		더럽히다	ㄷㅓㄹㅓㅂㅎㅣㄷㅏ	39 五
째깐	ㄷㅐㅋㅜㄴ	63 四		(더러히다	ㄷㅓㄹㅓㅎㅣㄷㅏ	39 一
(대합	ㄷㅐㅎㅏㅂ	68 一		(더래다	ㄷㅓㄹㅐㄷㅏ	39 一
(때아미떼	ㄷㅏㅑㅁㅣㄸㅔ	42 二		(더러이다	ㄷㅓㄹㅓㅣㄷㅏ	39 一
(때이다	ㄷㅐㅇㅣㄷㅏ	45 一		(더리다	ㄷㅓㄹㅣㄷㅏ	14 二
덕석	ㄷㅓㄱㅅㅓㄱ	81 一		덤	ㄷㅓㅁ	44 一
덕적덕적	ㄷㅓㄱㅈㅓㄱㄷㅓㄱㅈㅓㄱ	81 一		덤뻑	ㄷㅓㅁㅃㅓㄱ	81 二
덕지덕지	ㄷㅓㄱㅈㅣㄷㅓㄱㅈㅣ	81 一		덤받이	ㄷㅓㅁㅂㅏㄷㅇㅣ	44 一
～던	～ㄷㅓㄴ	19 二		덤벙거리다	ㄷㅓㅁㅂㅓㅇㄱㅓㄹㅣㄷㅏ	81 二
던적스럽다	ㄷㅓㄴㅈㅓㄱㅅㅡㄹㅓㅂㄷㅏ	81 二		덤벙이다	ㄷㅓㅁㅂㅓㅇㅇㅣㄷㅏ	81 二
(～던지	～ㄷㅓㄴㅈㅣ	19 四		덤붇	ㄷㅓㅁㅂㅜㅌ	7 四
던지다	ㄷㅓㄴㅈㅣㄷㅏ	36 四		(덤뷔다	ㄷㅓㅁㅂㅟㄷㅏ	31 三
(뒨해(冰冱)	ㄷㅓㄴㅌㅚ	4 三		(덤븨다	ㄷㅓㅁㅂㅢㄷㅏ	31 三
(덤래(瘄瘷)	ㄷㅓㄴㅌㅚ	46 四		덤비다	ㄷㅓㅁㅂㅣㄷㅏ	31三,80五
～더니	～ㄷㅓㄴㅣ	19 三		덤썩	ㄷㅓㅁㅆㅓㄱ	81 二
떠덕더덕	ㄷㅓㄷㅓㄱㄷㅓㄷㅓㄱ	78二,81一		(덤풀	ㄷㅓㅁㅍㅜㄹ	7 四
(미떼	ㄷㅓㄷㅓ	46 四		더미	ㄷㅓㅁㅣ	63 五
떠떵써	ㄷㅓㄷㅓㅇㅣ	46 四		덥다	ㄷㅓㅂㄷㅏ	43 五

더뻑	ㄷㅓㅂㅂㅓㄱ	81 二
덥석	ㄷㅓㅂㅅㅓㄱ	81 二
(덥추	ㄷㅓㅂㅊㅜ	51 四
(더받이	ㄷㅓㅂㅏㄷㅣ	44 一
더벅머리(娼女)	ㄷㅓㅂㅓㄱㅁㅓㄹㅣ	51 四
더벅머리(豎頭)	ㄷㅓㅂㅓㄱㅁㅓㄹㅣ	81 三
더불다	ㄷㅓㅂㅜㄹㄷㅏ	28三,73三
더부룩하다	ㄷㅓㅂㅜㄹㅜㄱㅎㅏㄷㅏ	81 三
(더블다	ㄷㅓㅂㅡㄹㄷㅏ	28 三
덧내다	ㄷㅓㅅㄴㅐㄷㅏ	81 三
덧드리다	ㄷㅓㅅㄷㅡㄹㅣㄷㅏ	62二,81三
덩굴	ㄷㅓㅇㄱㅜㄹ	8三,81三
덩저리	ㄷㅓㅇㅈㅓㄹㅣ	51四,81三
(덩치	ㄷㅓㅇㅊㅣ	51 四
(덩쿨	ㄷㅓㅇㅋㅜㄹ	3 三
덩어리	ㄷㅓㅇㅓㄹㅣ	81 三
덩이	ㄷㅓㅇㅣ	18一,81三
(더지다	ㄷㅓㅈㅣㄷㅏ	36 四
덫	ㄷㅓㅊ	18 三
(더테	ㄷㅓㅌㅓㅣ	4 三
덮개	ㄷㅓㅍㄱㅏㅣ	80 一
덮어놓다	ㄷㅓㅍㅓㄴㅗㅎㄷㅏ	81 三
덮어두다	ㄷㅓㅍㅓㄷㅜㄷㅏ	81 三
더펄새	ㄷㅓㅍㅓㄹㅅㅏㅣ	67 四
(더옥	ㄷㅓㅗㄱ	24 二
(더우	ㄷㅓㅜ	27 三
더욱	ㄷㅓㅜㄱ	24 二
(더웁다	ㄷㅓㅜㅂㄷㅏ	43 二
더위	ㄷㅓㅜㅣ	27 三
더위들다	ㄷㅓㅜㅣㄷㅡㄹㄷㅏ	81 三
더위먹다	ㄷㅓㅜㅣㅁㅓㄱㄷㅏ	81 三
더위자기	ㄷㅓㅜㅣㅈㅏㄱㅣ	91 一
더위타다	ㄷㅓㅜㅣㅌㅏㄷㅏ	109 四
(더음	ㄷㅓㅡㅁ	44 一
(더음받이	ㄷㅓㅡㅁㅂㅏㄷㅣ	44 一
데	ㄷㅓㅣ	16 三
데꾼하다	ㄷㅓㅣㄱㄱㅜㄴㅎㅏㄷㅏ	81 三
덱데굴덱데굴	ㄷㅓㅣㄱㄷㅓㅣㄱㅜㄹㄷㅓㅣㄱㄷㅓㅣㄱㅜㄹ	81 四
덱데구루루	ㄷㅓㅣㄱㄷㅓㅣㄱㅜㄹㅜㄹㅜ	81 四
데걱거리다	ㄷㅓㅣㄱㅓㄱㄱㅓㄹㅣㄷㅏ	80 四
데걱데걱	ㄷㅓㅣㄱㅓㄱㄷㅓㅣㄱㅓㄱ	80 四
데굴데굴	ㄷㅓㅣㄱㅜㄹㄷㅓㅣㄱㅜㄹ	81 四
데구루루	ㄷㅓㅣㄱㅜㄹㅜㄹㅜ	81 四
(데다(使溫)	ㄷㅓㅣㄷㅏ	42 四
데다(火傷)	ㄷㅓㅣㄷㅏ	81 四
데되다	ㄷㅓㅣㄷㅗㅣㄷㅏ	81 四
데리다	ㄷㅓㅣㄹㅣㄷㅏ	14二,73三
데삶기다	ㄷㅓㅣㅅㅏㄹㅁㄱㅣㄷㅏ	81 四
데생기다	ㄷㅓㅣㅅㅏㅣㅇㄱㅣㄷㅏ	81 四
뎅겅뎅겅	ㄷㅓㅣㅇㄱㅓㅇㄷㅓㅣㅇㄱㅓㅇ	81 一
(뎅이	ㄷㅓㅣㅇㅣ	13 一
데우다	ㄷㅓㅣㅜㄷㅏ	42四,81四
데익다	ㄷㅓㅣㅣㄱㄷㅏ	81 四
(도까비	ㄷㅗㄱㄱㅏㅂㅣ	12 三
도깨비	ㄷㅗㄱㄱㅏㅣㅂㅣ	12 三
(도뀌	ㄷㅗㄱㄱㅜㅣ	34 三
도끼	ㄷㅗㄱㄱㅣ	34 三
(독멩이	ㄷㅗㄱㅁㅓㅣㅇㅣ	2 二
독뮴	ㄷㅗㄱㅁㅠㅁ	86 三
독살풀이	ㄷㅗㄱㅅㅏㄹㅍㅜㄹㅣ	46 一
(독자	ㄷㅗㄱㅈㅏ	70 一
(독풀이	ㄷㅗㄱㅍㅜㄹㅣ	46 一
돈놀이	ㄷㅗㄴㄴㅗㄹㅣ	63 四
(돈놓이	ㄷㅗㄴㄴㅗㅎㅣ	63 四
(돈장사	ㄷㅗㄴㅈㅏㅇㅅㅏ	63 四
(돈취리	ㄷㅗㄴㅊㅜㅣㄹㅣ	63 四
돈하다	ㄷㅗㄴㅎㅏㄷㅏ	82 二
(도독	ㄷㅗㄷㅗㄱ	51 四
도둑	ㄷㅗㄷㅜㄱ	51 四
(도둑놈의지팡이	ㄷㅗㄷㅜㄱㄴㅗㅁㅡㅣㅈㅣㅍㅏㅇㅣ	47 一
돌	ㄷㅗㄹ	114 三
돌담불	ㄷㅗㄹㄷㅏㅁㅂㅜㄹ	82 一
돌덩이	ㄷㅗㄹㄷㅓㅇㅣ	82 一
돌돌	ㄷㅗㄹㄷㅗㄹ	82 三
돌림병	ㄷㅗㄹㄹㅣㅁㅂㅕㅇ	82 一
돌림통	ㄷㅗㄹㄹㅣㅁㅌㅗㅇ	82 一
돌멩이	ㄷㅗㄹㅁㅓㅣㅇㅣ	2二,82一
돌멩이질	ㄷㅗㄹㅁㅓㅣㅇㅣㅈㅣㄹ	20三,82一

돌무더기	ㄷㅗㄹㅁㅜㄷㅓㄱㅣ	82 一
(돌뭉이	ㄷㅗㄹㅁㅜㅇㅣ	2 二
(돌뭉이질	ㄷㅗㄹㅁㅜㅇㅣㅈㅣㄹ	20 三
돌배	ㄷㅗㄹㅂㅐ	5二,82一
(돌짝밭	ㄷㅗㄹㅉㅏㄱㅂㅏㅌ	65 二
돌쩌귀	ㄷㅗㄹㅉㅓㄱㅜㅣ	82 一
(돌자갈	ㄷㅗㄹㅈㅏㄱㅏㄹ	4 二
(돌재악	ㄷㅗㄹㅈㅐㅏㄱ	47 二
(돌질	ㄷㅗㄹㅈㅣㄹ	20 三
(돌창	ㄷㅗㄹㅊㅏㅇ	40 三
(돌치서다	ㄷㅗㄹㅊㅣㅅㅓㄷㅏ	51 四
돌팔매질	ㄷㅗㄹㅍㅏㄹㅁㅐㅈㅣㄹ	82 一
돌아서다	ㄷㅗㄹㅏㅅㅓㄷㅏ	51 四
도랑	ㄷㅗㄹㅏㅇ	40三,114三
도랑치마	ㄷㅗㄹㅏㅇㅊㅣㅁㅏ	82 一
(도랒	ㄷㅗㄹㅏㅈ	44 三
도라지	ㄷㅗㄹㅏㅈㅣ	44 三
도로	ㄷㅗㄹㅗ	22 二
(도로래	ㄷㅗㄹㅗㄹㅐ	69 一
(도로목	ㄷㅗㄹㅗㅁㅗㄱ	24 二
도롱뇽	ㄷㅗㄹㅗㅇㄴㅛㅇ	21 三
도롱이	ㄷㅗㄹㅗㅇㅣ	67 四
(도로혀	ㄷㅗㄹㅗㅎㅕ	51 四
(도루	ㄷㅗㄹㅜ	22 二
(도루래	ㄷㅗㄹㅜㄹㅐ	69 一
도루묵	ㄷㅗㄹㅜㅁㅜㄱ	24 二
도리깨	ㄷㅗㄹㅣㄲㅐ	4 二
(도리채	ㄷㅗㄹㅣㅊㅐ	4 二
도려	ㄷㅗㄹㅕ	51 四
도망하다	ㄷㅗㅁㅏㅇㅎㅏㄷㅏ	78 二
(도모지	ㄷㅗㅁㅗㅈㅣ	24 二
도무지	ㄷㅗㅁㅜㅈㅣ	24二,82一
(돗([illegible])	ㄷㅗㅅ	6 四
돗 ([illegible])	ㄷㅗㅅ	114 三
돗바늘	ㄷㅗㅅㅂㅏㄴㅡㄹ	82 一
돗자리	ㄷㅗㅅㅈㅏㄹㅣ	114 三
도서[illegible]	[illegible]	82 二
동	ㄷㅗㅇ	83 二
(동가슴	ㄷㅗㅇㄱㅏㅅㅡㅁ	66 二
동고리	ㄷㅗㅇㄱㅗㄹㅣ	82 二
(동과	ㄷㅗㅇㄱㅗㅏ	57 四
동글다	ㄷㅗㅇㄱㅡㄹㄷㅏ	82 四
(동그랑쇠	ㄷㅗㅇㄱㅡㄹㅏㅇㅅㅗㅣ	53 一
동그랗다	ㄷㅗㅇㄱㅡㄹㅏㅎㄷㅏ	82 四
동그스럼하다	ㄷㅗㅇㄱㅡㅅㅡㄹㅓㅁㅎㅏㄷㅏ	82 四
(동기다	ㄷㅗㅇㄱㅣㄷㅏ	16 二
(동김치	ㄷㅗㅇㄱㅣㅁㅊㅣ	57 四
(동내	ㄷㅗㅇㄴㅐ	16 三
동냥	ㄷㅗㅇㄴㅑㅇ	17 四
(동냥군	ㄷㅗㅇㄴㅑㅇㄱㅜㄴ	57 四
동냥아치	ㄷㅗㅇㄴㅑㅇㅇㅏㅊㅣ	5四,19二
동네	ㄷㅗㅇㄴㅔ	16 三
(동녕	ㄷㅗㅇㄴㅕㅇ	17 四
(동녘	ㄷㅗㅇㄴㅕㅋ	57 四
동녹나다	ㄷㅗㅇㄴㅗㄱㄴㅏㄷㅏ	78 三
동녹슬다	ㄷㅗㅇㄴㅗㄱㅅㅡㄹㄷㅏ	78 三
(동니	ㄷㅗㅇㄴㅣ	16 三
동당치기	ㄷㅗㅇㄷㅏㅇㅊㅣㄱㅣ	82 二
동당이	ㄷㅗㅇㄷㅏㅇㅣ	82 二
동동	ㄷㅗㅇㄷㅗㅇ	82 四
(동동이	ㄷㅗㅇㄷㅗㅇㅣ	67 三
동명태	ㄷㅗㅇㅁㅕㅇㅌㅐ	5四,114三
(동모	ㄷㅗㅇㅁㅗ	24 三
동무	ㄷㅗㅇㅁㅜ	24 三
동살잡히다	ㄷㅗㅇㅅㅏㄹㅈㅏㅂㅎㅣㄷㅏ	82 二
동실동실	ㄷㅗㅇㅅㅣㄹㄷㅗㅇㅅㅣㄹ	82 四
동쪽	ㄷㅗㅇㅉㅗㄱ	57 四
동치미	ㄷㅗㅇㅊㅣㅁㅣ	57 四
동태	ㄷㅗㅇㅌㅐ	114 三
(동토	ㄷㅗㅇㅌㅗ	26 四
동트다	ㄷㅗㅇㅌㅡㄷㅏ	82 二
동티	ㄷㅗㅇㅌㅣ	26 四
(동파	ㄷㅗㅇㅍㅏ	66 三
(동편	ㄷㅗㅇㅍㅕㄴ	57 四
동아	ㄷㅗㅇㅏ	57 四
(동의	ㄷㅗㅇㅡㅣ	34 三
동이	ㄷㅗㅇㅣ	34 三
동이다	ㄷㅗㅇㅣㄷㅏ	36 二

도장	ㄷㅗㅈㅏㅇ	67 四
(도적	ㄷㅗㅈㅓㄱ	51 四
도지다	ㄷㅗㅈㅣㄷㅏ	82 二
도짓소	ㄷㅗㅈㅣㅅㅅㅗ	64 一
돛(帆)	ㄷㅗㅊ	8 四
(돛(拉獸機)	ㄷㅗㅊ	13 三
(돝(帆)	ㄷㅗㅌ	8 四
(돝(豚)	ㄷㅗㅌ	51 四
도톨도톨	ㄷㅗㅌㅗㄹㄷㅗㅌㅗㄹ	82 四
도토리	ㄷㅗㅌㅗㄹㅣ	22 二
도톰하다	ㄷㅗㅌㅗㅁㅎㅏㄷㅏ	82 四
(도투리	ㄷㅗㅌㅜㄹㅣ	22 二
도파니	ㄷㅗㅍㅏㄴㅣ	82 一
돨돨	ㄷㅗㅏㄹㄷㅗㅏㄹ	82 二
돼지	ㄷㅗㅏㅣㅈㅣ	51 四
(도야지	ㄷㅗㅑㅈㅣ	51 四
되걸리다	ㄷㅗㅣㄱㅓㄹㄹㅣㄷㅏ	57四,82二
(되거리	ㄷㅗㅣㄱㅓㄹㅣ	57 四
(되거리장사	ㄷㅗㅣㄱㅓㄹㅣㅈㅏㅇㅅㅏ	57 四
(된내기	ㄷㅗㅣㄴㄴㅏㅣㄱㅣ	57 四
된밥	ㄷㅗㅣㄴㅂㅏㅂ	73 二
된서리	ㄷㅗㅣㄴㅅㅓㄹㅣ	57 四
(된통	ㄷㅗㅣㄴㅌㅗㅇ	24 三
되내기	ㄷㅗㅣㄴㅏㅣㄱㅣ	57 四
되넘기	ㄷㅗㅣㄴㅓㅁㄱㅣ	57 四
되넘기장사	ㄷㅗㅣㄴㅓㅁㄱㅣㅈㅏㅇㅅㅏ	57 四
(되려	ㄷㅗㅣㄹㅕ	51 四
(되롱뇽	ㄷㅗㅣㄹㅗㅇㄴㅛㅇ	21 三
(되먹이장사	ㄷㅗㅣㅁㅕㄱㅣㅈㅏㅇㅅㅏ	57 四
(됩더	ㄷㅗㅣㅂㄷㅓ	51 四
(됩데	ㄷㅗㅣㅂㄷㅓㅣ	51 四
되씌우다	ㄷㅗㅣㅅㅅㅡㅣㅜㄷㅏ	82 二
되잡다	ㄷㅗㅣㅈㅏㅂㄷㅏ	82 二
되잡히다	ㄷㅗㅣㅈㅏㅂㅎㅣㄷㅏ	82 二
(되지기	ㄷㅗㅣㅈㅣㄱㅣ	57 四
(되치이다	ㄷㅗㅣㅊㅣㅣㄷㅏ	57 四
되어서	ㄷㅗㅣㅓㅅㅓ	18 三
(되여서	ㄷㅗㅣㅕㅅㅓ	18 三
(되오	ㄷㅗㅣㅗ	24 三
되우	ㄷㅗㅣㅜ	24 三
둑	ㄷㅜㄱ	5 二
두껍	ㄷㅜㄱㄱㅓㅂ	82 二
두껍다	ㄷㅜㄱㄱㅓㅂㄷㅏ	82 二
두껍닫이	ㄷㅜㄱㄱㅓㅂㄷㅏㄷㅣ	58 一
(두껍미닫이	ㄷㅜㄱㄱㅓㅂㅁㅣㄷㅏㅈㅣ	58 一
(두껍창	ㄷㅜㄱㄱㅓㅂㅊㅏㅇ	58 一
(두껍의집	ㄷㅜㄱㄱㅓㅂㅡㅣㅈㅣㅂ	58 一
두께	ㄷㅜㄱㄱㅓㅣ	4 二
(둑성이	ㄷㅜㄱㅅㅓㅇㅣ	5 二
(둑수리	ㄷㅜㄱㅅㅜㄹㅣ	6 一
두근거리다	ㄷㅜㄱㅡㄴㄱㅓㄹㅣㄷㅏ	82 二
두근두근	ㄷㅜㄱㅡㄴㄷㅜㄱㅡㄴ	82 三
(두길마보기	ㄷㅜㄱㅣㄹㅁㅏㅂㅗㄱㅣ	47 四
두길보기	ㄷㅜㄱㅣㄹㅂㅗㄱㅣ	47 四
둔덕	ㄷㅜㄴㄷㅓㄱ	80 四
(둔덩	ㄷㅜㄴㄷㅓㅇ	5 一
둔팍하다	ㄷㅜㄴㅍㅏㄱㅎㅏㄷㅏ	82 三
(두다리다	ㄷㅜㄷㅏㄹㅣㄷㅏ	15 三
(두덕	ㄷㅜㄷㅓㄱ	36 四
(두던	ㄷㅜㄷㅓㄴ	5 一
두덜거리다	ㄷㅜㄷㅓㄹㄱㅓㄹㅣㄷㅏ	5二,8三
두덩	ㄷㅜㄷㅓㅇ	5 一
(두동그르다	ㄷㅜㄷㅗㅇㄱㅡㄹㅡㄷㅏ	58 一
(두동싸다	ㄷㅜㄷㅗㅇㅅㅅㅏㄷㅏ	58 一
두동지다	ㄷㅜㄷㅗㅇㅈㅣㄷㅏ	58 一
두둑	ㄷㅜㄷㅜㄱ	82 三
(두두러기	ㄷㅜㄷㅜㄹㅓㄱㅣ	29 四
(두두러지다	ㄷㅜㄷㅜㄹㅓㅈㅣㄷㅏ	29 四
(두듥	ㄷㅜㄷㅡㄹㄱ	8 四
두들기다	ㄷㅜㄷㅡㄹㄱㅣㄷㅏ	82 三
두드러기	ㄷㅜㄷㅡㄹㅓㄱㅣ	29 四
두드러지다	ㄷㅜㄷㅡㄹㅓㅈㅣㄷㅏ	29 四
두드리다	ㄷㅜㄷㅡㄹㅣㄷㅏ	15三,82三
둘둘	ㄷㅜㄹㄷㅜㄹ	82 三
둘레	ㄷㅜㄹㄹㅓㅣ	37二,82三
둘째	ㄷㅜㄹㅈㅈㅏㅣ	17 一
(둘찌	ㄷㅜㄹㅈㅈㅣ	17 一
둘하다	ㄷㅜㄹㅎㅏㄷㅏ	82 三

(두럭	ㄷㅜㄹㅓㄱ	2 四
두렁	ㄷㅜㄹㅓㅇ	2四, 2三
(두렁치마	ㄷㅜㄹㅓㅇㅊㅣㅁㅏ	52 一
두렁이	ㄷㅜㄹㅓㅇㅣ	52 一
(두레	ㄷㅜㄹㅔ	37 二
두레박	ㄷㅜㄹㅔㅂㅏㄱ	23三, 82三
(두루막	ㄷㅜㄹㅜㅁㅏㄱ	44 四
두루마기	ㄷㅜㄹㅜㅁㅏㄱㅣ	44 四
두루마리	ㄷㅜㄹㅜㅁㅏㄹㅣ	6 四
(두루마지	ㄷㅜㄹㅜㅁㅏㅈㅣ	6 四
(두리박	ㄷㅜㄹㅣㅂㅏㄱ	28 三
두리번두리번	ㄷㅜㄹㅣㅂㅓㄴㄷㅜㄹㅣㅂㅓㄴ	52 一
(두릿두릿	ㄷㅜㄹㅣㅅㄷㅜㄹㅣㅅ	52 一
두메	ㄷㅜㅁㅔ	47 二
(두밤중	ㄷㅜㅂㅏㅁㅈㅜㅇ	65 四
두세	ㄷㅜㅅㅔ	82 四
두셋	ㄷㅜㅅㅔㅅ	82 四
둥굴레	ㄷㅜㅇㄱㅜㄹㄹㅔ	67 四
둥구미	ㄷㅜㅇㄱㅜㅁㅣ	114 四
둥글다	ㄷㅜㅇㄱㅡㄹㄷㅏ	82 四
둥그렇다	ㄷㅜㅇㄱㅡㄹㅓㅎㄷㅏ	82 四
둥그스럼하다	ㄷㅜㅇㄱㅡㅅㅡㄹㅓㅁㅎㅏㄷㅏ	82 四
둥둥	ㄷㅜㅇㄷㅜㅇ	82 四
둥실둥실	ㄷㅜㅇㅅㅣㄹㄷㅜㅇㅅㅣㄹ	82 四
(두짝	ㄷㅜㅈㅈㅏㄱ	58 一
(두쪽	ㄷㅜㅈㅈㅗㄱ	53 一
(두주	ㄷㅜㅈㅜ	27 四
(두지	ㄷㅜㅈㅣ	27 四
(두태	ㄷㅜㅌㅐ	69 一
두텁다	ㄷㅜㅌㅓㅂㄷㅏ	82 二
(두테	ㄷㅜㅌㅔ	4 二
두툴두툴	ㄷㅜㅌㅜㄹㄷㅜㅌㅜㄹ	82 四
두툼하다	ㄷㅜㅌㅜㅁㅎㅏㄷㅏ	82 四
두편	ㄷㅜㅍㅕㄴ	58 一
두어	ㄷㅜㅓ	82 四
두엇	ㄷㅜㅓㅅ	82 四
뒈지다	ㄷㅜㅓㅣㅈㅣㄷㅏ	62 二
(뒤꼭지	ㄷㅜㅣㄱㄱㅗㄱㅈㅣ	66 三
(뒤굴다	ㄷㅜㅣㄱㅜㄹㄷㅏ	39 四
(뒤꿀르다	ㄷㅜㅣㄱㄱㅜㄹㄹㅡㄷㅏ	39 四
(뒤꾸르다	ㄷㅜㅣㄱㄱㅜㄹㅡㄷㅏ	39 四
뒤뜨다	ㄷㅜㅣㄷㄷㅡㄷㅏ	82 四
뒤둥그러지다	ㄷㅜㅣㄷㅜㅇㄱㅡㄹㅓㅈㅣㄷㅏ	82 四
뒤범벅되다	ㄷㅜㅣㅂㅓㅁㅂㅓㄱㄷㅗㅣㄷㅏ	52 一
뒤버무리다	ㄷㅜㅣㅂㅓㅁㅜㄹㅣㄷㅏ	82 四
뒷간	ㄷㅜㅣㅅㄱㅏㄴ	64 一
뒷공론	ㄷㅜㅣㅅㄱㅗㅇㄹㅗㄴ	83 一
뒷나무	ㄷㅜㅣㅅㄴㅏㅁㅜ	67 四
뒷말	ㄷㅜㅣㅅㅁㅏㄹ	83 一
뒤섞다	ㄷㅜㅣㅅㅓㄱㄱㄷㅏ	82 四
뒤서다	ㄷㅜㅣㅅㅓㄷㅏ	83 一
뒹굴다	ㄷㅜㅣㅇㄱㅜㄹㄷㅏ	39 四
뒤적거리다	ㄷㅜㅣㅈㅓㄱㄱㅓㄹㅣㄷㅏ	83 一
뒤적뒤적	ㄷㅜㅣㅈㅓㄱㄷㅜㅣㅈㅓㄱ	83 一
뒤적이다	ㄷㅜㅣㅈㅓㄱㅣㄷㅏ	83 一
뒤주	ㄷㅜㅣㅈㅜ	27 四
뒤지	ㄷㅜㅣㅈㅣ	67 四
뒤지다	ㄷㅜㅣㅈㅣㄷㅏ	83 一
뒤집다	ㄷㅜㅣㅈㅣㅂㄷㅏ	83 一
뒤척거리다	ㄷㅜㅣㅊㅓㄱㄱㅓㄹㅣㄷㅏ	83 一
뒤척뒤척	ㄷㅜㅣㅊㅓㄱㄷㅜㅣㅊㅓㄱ	83 一
뒤치다	ㄷㅜㅣㅊㅣㄷㅏ	83 一
(뒤틀	ㄷㅜㅣㅌㅡㄹ	64 二
뒤틀리다	ㄷㅜㅣㅌㅡㄹㄹㅣㄷㅏ	83 一
뒤틀어지다	ㄷㅜㅣㅌㅡㄹㅓㅈㅣㄷㅏ	83 一
(뒤함박치다	ㄷㅜㅣㅎㅏㅁㅂㅏㄱㅊㅣㄷㅏ	52 一
(뒤어지다	ㄷㅜㅣㅓㅈㅣㄷㅏ	62 二
(~든	~ㄷㅡㄴ	19 二
~든지	~ㄷㅡㄴㅈㅣ	19 四
(든지르다	ㄷㅡㄴㅈㅣㄹㅡㄷㅏ	52 一
(~드니	~ㄷㅡㄴㅣ	19 三
(드대여	ㄷㅡㄷㅐㅕ	17 二
(드듸여	ㄷㅡㄷㅡㅣㅕ	17 二
(드디다	ㄷㅡㄷㅣㄷㅏ	32 四
드디어	ㄷㅡㄷㅣㅓ	17 二
(들구뛰다	ㄷㅡㄹㄱㅜㄷㄷㅜㅣㄷㅏ	67 三
(들구버리다	ㄷㅡㄹㄱㅜㅂㅓㄹㅣㄷㅏ	67 三
(들구주다	ㄷㅡㄹㄱㅜㅈㅜㄷㅏ	67 三

(들구튀다	ㄷㅡㄹㄱㅜㅌㅜㅣㄷㅏ	67 三
(들떼리다	ㄷㅡㄹㄸㅓㅣㄹㅣㄷㅏ	62 二
들다	ㄷㅡㄹㄷㅏ	73 二
들들볶다	ㄷㅡㄹㄷㅡㄹㅂㅗㄲㄷㅏ	83 一
들러붙다	ㄷㅡㄹㄹㅓㅂㅜㅌㄷㅏ	83 一
(들레다	ㄷㅡㄹㄹㅓㅣㄷㅏ	67 三
들리다	ㄷㅡㄹㄹㅣㄷㅏ	83 一
들먹거리다	ㄷㅡㄹㅁㅓㄱㄱㅓㄹㅣㄷㅏ	83 二
들먹들먹	ㄷㅡㄹㅁㅓㄱㄷㅡㄹㅁㅓㄱ	83 二
들먹이다	ㄷㅡㄹㅁㅓㄱㅣㄷㅏ	83 二
들메	ㄷㅡㄹㅁㅓㅣ	67 四
들보	ㄷㅡㄹㅂㅗ	88 一
들볶다	ㄷㅡㄹㅂㅗㄲㄷㅏ	83 一
들부수다	ㄷㅡㄹㅂㅜㅅㅜㄷㅏ	91 三
들썩거리다	ㄷㅡㄹㅆㅓㄱㄱㅓㄹㅣㄷㅏ	83 二
들썩들썩	ㄷㅡㄹㅆㅓㄱㄷㅡㄹㅆㅓㄱ	33 二
들썩이다	ㄷㅡㄹㅆㅓㄱㅣㄷㅏ	83 二
(들쩍거리다	ㄷㅡㄹㅉㅓㄱㄱㅓㄹㅣㄷㅏ	52 一
(들쩍들쩍	ㄷㅡㄹㅉㅓㄱㄷㅡㄹㅉㅓㄱ	52 一
(들컥거리다	ㄷㅡㄹㅋㅓㄱㄱㅓㄹㅣㄷㅏ	52 一
(들컥들컥	ㄷㅡㄹㅋㅓㄱㄷㅡㄹㅋㅓㄱ	52 一
(들컹거리다	ㄷㅡㄹㅋㅓㅇㄱㅓㄹㅣㄷㅏ	52 一
(들컹들컹	ㄷㅡㄹㅋㅓㅇㄷㅡㄹㅋㅓㅇ	52 一
들큰거리다	ㄷㅡㄹㅋㅡㄴㄱㅓㄹㅣㄷㅏ	52 一
들큰들큰	ㄷㅡㄹㅋㅡㄴㄷㅡㄹㅋㅡㄴ	52 一
들키다	ㄷㅡㄹㅋㅣㄷㅏ	83 一
(~드라	~ㄷㅡㄹㅏ	19 三
(~드라도	~ㄷㅡㄹㅏㄷㅗ	19 三
(~드래도	~ㄷㅡㄹㅐㄷㅗ	19 三
들어붓다	ㄷㅡㄹㅓㅂㅜㅅㄷㅏ	83 二
(드령뚜리	ㄷㅡㄹㅕㅇㄸㅜㄹㅣ	52 一
(드령치기	ㄷㅡㄹㅕㅇㅊㅣㄱㅣ	52 一
드령허리	ㄷㅡㄹㅕㅇㅎㅓㄹㅣ	52 一
(드레박	ㄷㅡㄹㅔㅂㅏㄱ	28 三
(드로리	ㄷㅡㄹㅗㄹㅣ	64 二
드리다	ㄷㅡㄹㅣㄷㅏ	31 四
드림	ㄷㅡㄹㅣㅁ	79 二
드림셈	ㄷㅡㄹㅣㅁㅅㅓㅣㅁ	83 二
드림흥정	ㄷㅡㄹㅣㅁㅎㅡㅇㅈㅓㅇ	83 二
들이붓다	ㄷㅡㄹㅣㅂㅜㅅㄷㅏ	83 二
드리지르다	ㄷㅡㄹㅣㅈㅣㄹㅡㄷㅏ	52 一
듬성듬성	ㄷㅡㅁㅅㅓㅇㄷㅡㅁㅅㅓㅇ	83 二
드문드문	ㄷㅡㅁㅜㄴㄷㅡㅁㅜㄴ	28三,83二
드물다	ㄷㅡㅁㅜㄹㄷㅏ	28 三
(드믄드믄	ㄷㅡㅁㅡㄴㄷㅡㅁㅡㄴ	28 三
(드믈다	ㄷㅡㅁㅡㄹㄷㅏ	28 三
등	ㄷㅡㅇ	83 三
(등꼽장이	ㄷㅡㅇㄱㄱㅗㅂㅈㅏㅇㅣ	49 二
등거리	ㄷㅡㅇㄱㅓㄹㅣ	86 四
등겨	ㄷㅡㅇㄱㅕ	74 三
등날	ㄷㅡㅇㄴㅏㄹ	83 三
등마루	ㄷㅡㅇㅁㅏㄹㅜ	83 三
(등매	ㄷㅡㅇㅁㅏㅣ	16 三
등메	ㄷㅡㅇㅁㅓㅣ	16 三
(등믜	ㄷㅡㅇㅁㅡㅣ	16 三
등상	ㄷㅡㅇㅅㅏㅇ	87 一
등성마루	ㄷㅡㅇㅅㅓㅇㅁㅏㄹㅜ	83 三
(등심	ㄷㅡㅇㅅㅣㅁ	68 三
등줄기	ㄷㅡㅇㅈㅜㄹㄱㅣ	83 三
등어리	ㄷㅡㅇㅓㄹㅣ	83 三
(드퇴다	ㄷㅡㅌㅗㅣㄷㅏ	34 三
드티다	ㄷㅡㅌㅣㄷㅏ	34 三
(듸리다	ㄷㅡㅣㄹㅣㄷㅏ	31 四
디굴디굴	ㄷㅣㄱㅜㄹㄷㅣㄱㅜㄹ	83 三
(딛다	ㄷㅣㄷㄷㅏ	32 四
디디다	ㄷㅣㄷㅣㄷㅏ	32四,83三
디딜방아	ㄷㅣㄷㅣㄹㅂㅏㅇㅏ	64 一
(디리다	ㄷㅣㄹㅣㄷㅏ	31 四
딩딩하다	ㄷㅣㅇㄷㅣㅇㅎㅏㄷㅏ	94 二

ㄹ

(~ㄹ래야	~ㄹㄹㅐㅑ	62 二
(~ㄹ싸록	~ㄹㅆㅏㄹㅗㄱ	28 三
~ㄹ쑤록	~ㄹㅆㅜㄹㅗㄱ	28 三
(~ㄹ쓰록	~ㄹㅆㅡㄹㅗㄱ	28 三
(~ㄹ쓰룩	~ㄹㅆㅡㄹㅜㄱ	28 三
(~라	~ㄹㅏ	13 三
(~랴고	~ㄹㅑㄱㅗ	18 一

~러	~ㄹㅓ	13 三
~러고	~ㄹㅓㄱㅗ	18 一
~러무나	~ㄹㅓㅁㅜㄴㅏ	28 四
(~러므나	~ㄹㅓㅁㅡㄴㅏ	28 四
~러야	~ㄹㅓㅑ	62 二
	ㅁ	
막	ㅁㅏㄱ	43 二
막걸리	ㅁㅏㄱㄱㅓㄹㄹㅣ	58 一
막내	ㅁㅏㄱㄴㅐ	83 三
막내동이	ㅁㅏㄱㄴㅐㄷㅗㅇㅣ	83 三
막다른질	ㅁㅏㄱㄷㅏㄹㅡㄴㅈㅣㄹ	74 四
(막대	ㅁㅏㄱㄷㅐ	46 四
막대기	ㅁㅏㄱㄷㅐㄱㅣ	46 四
막동이	ㅁㅏㄱㄷㅗㅇㅣ	83 三
(막배기	ㅁㅏㄱㅂㅐㄱㅣ	58 一
막잡이	ㅁㅏㄱㅈㅏㅂㅣ	43三,83三
막치	ㅁㅏㄱㅊㅣ	83 三
마감	ㅁㅏㄱㅏㅁ	83 三
마개	ㅁㅏㄱㅐ	83 三
(마고리	ㅁㅏㄱㅗㄹㅣ	24 三
마고자	ㅁㅏㄱㅗㅈㅏ	67四,83四
(마괄	ㅁㅏㄱㅘㄹ	67 四
(마구	ㅁㅏㄱㅜ	43 二
마구리	ㅁㅏㄱㅜㄹㅣ	24 三
마굿간	ㅁㅏㄱㅜㅅㄱㅏㄴ	36 一
(마구잡이	ㅁㅏㄱㅜㅈㅏㅂㅣ	43 三
막이	ㅁㅏㄱㅣ	83 三
만귀잠잠하다	ㅁㅏㄴㄱㅜㅣㅈㅏㅁㅈㅏㅁㅎㅏㄷㅏ	64 一
만들다	ㅁㅏㄴㄷㅡㄹㄷㅏ	11 三
만만하다	ㅁㅏㄴㅁㅏㄴㅎㅏㄷㅏ	83 三
만만히보다	ㅁㅏㄴㅁㅏㄴㅎㅣㅂㅗㄷㅏ	83 四
만만히여기다	ㅁㅏㄴㅁㅏㄴㅎㅣㅕㄱㅣㄷㅏ	83 四
만적만적	ㅁㅏㄴㅈㅓㄱㅁㅏㄴㅈㅓㄱ	83 四
만지다	ㅁㅏㄴㅈㅣㄷㅏ	10 二
만질만질하다	ㅁㅏㄴㅈㅣㄹㅁㅏㄴㅈㅣㄹㅎㅏㄷㅏ	83 三
만지작만지작	ㅁㅏㄴㅈㅣㅈㅓㄱㅁㅏㄴㅈㅣㅈㅓㄱ	83 四
(만치	ㅁㅏㄴㅊㅣ	26 二
(만치다	ㅁㅏㄴㅊㅣㄷㅏ	10 二
(만침	ㅁㅏㄴㅊㅣㅁ	26 二
(만콤	ㅁㅏㄴㅋㅗㅁ	26 二
만큼	ㅁㅏㄴㅋㅡㅁ	26二,95二
(만약	ㅁㅏㄴㅑㄱ	52 一
(마눌	ㅁㅏㄴㅜㄹ	29 四
마늘	ㅁㅏㄴㅡㄹ	29 四
(마늼	ㅁㅏㄴㅡㅣㅁ	34 三
만일	ㅁㅏㄴㅣㄹ	52 一
마님	ㅁㅏㄴㅣㅁ	34 三
맏	ㅁㅏㄷ	5 四
맏딸	ㅁㅏㄷㄷㄷㅏㄹ	64 一
마땅히	ㅁㅏㄷㄷㅏㅇㅎㅣ	40 四
(마땅이	ㅁㅏㄷㄷㅏㅇㅣ	40 四
맏사위	ㅁㅏㄷㅅㅏㅜㅣ	64 一
맏손자	ㅁㅏㄷㅅㅗㄴㅈㅏ	64 一
마다	ㅁㅏㄷㅏ	39 四
맏아들	ㅁㅏㄷㅏㄷㅡㄹ	64 一
(마당(每)	ㅁㅏㄷㅏㅇ	39 四
마당(場)	ㅁㅏㄷㅏㅇ	80 二
(마대	ㅁㅏㄷㅐ	17 二
(마듸	ㅁㅏㄷㅡㅣ	17 二
마디	ㅁㅏㄷㅣ	17 二
(말	ㅁㅏㄹ	43 四
맑다	ㅁㅏㄹㄱㄷㅏ	83 四
말갛다	ㅁㅏㄹㄱㅏㅎㄷㅏ	83 四
(말개미	ㅁㅏㄹㄱㅐㅁㅣ	66 三
말겻	ㅁㅏㄹㄱㅕㅅ	83 四
(말국	ㅁㅏㄹㄱㅜㄱ	67 一
말군	ㅁㅏㄹㄱㅜㄴ	47四,84一
말귀	ㅁㅏㄹㄱㅜㅣ	83 四
(맑은쇠	ㅁㅏㄹㄱㅡㄴㅅㅗㅣ	63 一
맑은술	ㅁㅏㄹㄱㅡㄴㅅㅜㄹ	58 一
(맑은이	ㅁㅏㄹㄱㅡㄴㅣ	58 一
(말담	ㅁㅏㄹㄷㅏㅁ	62 四
말랑말랑	ㅁㅏㄹㄹㅏㅇㅁㅏㄹㄹㅏㅇ	85 二
(말르다(乾)	ㅁㅏㄹㄹㅡㄷㅏ	38 一
(말르다(裁)	ㅁㅏㄹㄹㅡㄷㅏ	38 一
말램	ㅁㅏㄹㄹㅐㅁ	83 四
말립갓	ㅁㅏㄹㄹㅣㅂㄱㅏㅅ	83 四

말막음	ㅁㅏㄹㅁㅏㄱㅡㅁ	58 一
말말뚝	ㅁㅏㄹㅁㅏㄹㄸㅜㄱ	84 一
(말매압다	ㅁㅏㄹㅁㅏㅣㅏㅂㄷㅏ	17 二
(말물잇군	ㅁㅏㄹㅁㅗㄹㅣㅅㄱㅜㄴ	47 四
(말믜받다	ㅁㅏㄹㅁㅡㅣㅂㅏㄷㄷㅏ	34 三
말미받다	ㅁㅏㄹㅁㅣㅂㅏㄷㄷㅏ	34 三
말미압다	ㅁㅏㄹㅁㅣㅏㅂㄷㅏ	17 二
(말빙구	ㅁㅏㄹㅂㅏㅇㄱㅜ	58 一
말별	ㅁㅏㄹㅂㅕㄹ	110 三
(말쌈	ㅁㅏㄹㅆㅏㅁ	15 三
(말쌍부리다	ㅁㅏㄹㅆㅏㅇㅂㅜㄹㅣㄷㅏ	13 三
말썽부리다	ㅁㅏㄹㅆㅓㅇㅂㅜㄹㅣㄷㅏ	13 三
말씀	ㅁㅏㄹㅆㅡㅁ	15 三
말씬말씬	ㅁㅏㄹㅆㅣㄴㅁㅏㄹㅆㅣㄴ	85 二
(말속	ㅁㅏㄹㅅㅗㄱ	38 一
말짱말짱	ㅁㅏㄹㅉㅏㅇㅁㅏㄹㅉㅏㅇ	85 二
말전주하다	ㅁㅏㄹㅈㅓㄴㅈㅜㅎㅏㄷㅏ	83 四
말질하다	ㅁㅏㄹㅈㅣㄹㅎㅏㄷㅏ	83 四
말캉말캉	ㅁㅏㄹㅋㅏㅇㅁㅏㄹㅋㅏㅇ	85 二
말큰말큰	ㅁㅏㄹㅋㅡㄴㅁㅏㄹㅋㅡㄴ	85 二
마루	ㅁㅏㄹㅜ	83 四
(마루창	ㅁㅏㄹㅜㅊㅏㅇ	13 三
마루청	ㅁㅏㄹㅜㅊㅓㅇ	13 三
마른갈이	ㅁㅏㄹㅡㄴㄱㅏㄹㅣ	64 一
마르다(乾)	ㅁㅏㄹㅡㄷㅏ	58 一
마르다(裁)	ㅁㅏㄹㅡㄷㅏ	58 一
(마름개질	ㅁㅏㄹㅡㅁㄱㅏㅣㅈㅣㄹ	47 四
마름질	ㅁㅏㄹㅡㅁㅈㅣㄹ	47 四
(마르재다	ㅁㅏㄹㅡㅈㅏㅣㄷㅏ	58 一
마리	ㅁㅏㄹㅣ	13 二
맘	ㅁㅏㅁ	114 四
맘결	ㅁㅏㅁㄱㅕㄹ	83 四
맘보	ㅁㅏㅁㅂㅗ	62二,83四
맘씨	ㅁㅏㅁㅆㅣ	83 四
맘성	ㅁㅏㅁㅅㅓㅇ	8 四
맘자리	ㅁㅏㅁㅈㅏㄹㅣ	8 四
마마	ㅁㅏㅁㅏ	96 三
마맛자국	ㅁㅏㅁㅏㅅㅈㅏㄱㅜㄱ	64 二
마바릿군	ㅁㅏㅂㅏㄹㅣㅅㄱㅜㄴ	84 一
마부	ㅁㅏㅂㅜ	84 一
맛나다	ㅁㅏㅅㄴㅏㄷㅏ	84 一
(맛보	ㅁㅏㅅㅂㅗ	58 一
맛부리다	ㅁㅏㅅㅂㅜㄹㅣㄷㅏ	84 一
맛살	ㅁㅏㅅㅅㅏㄹ	84 一
맛장수	ㅁㅏㅅㅈㅏㅇㅅㅜ	58 一
(맛장이	ㅁㅏㅅㅈㅏㅇㅣ	58 一
맛적다	ㅁㅏㅅㅈㅓㄱㄷㅏ	84 一
맛피우다	ㅁㅏㅅㅍㅣㅜㄷㅏ	84 一
(마새부리다	ㅁㅏㅅㅏㅣㅂㅜㄹㅣㄷㅏ	13 三
맛없다	ㅁㅏㅅㅓㅂㅅㄷㅏ	84 一
마속	ㅁㅏㅅㅗㄱ	38 一
맛있다	ㅁㅏㅅㅣㅆㄷㅏ	84 一
망그뜨리다	ㅁㅏㅇㄱㅡㄸㅡㄹㅣㄷㅏ	84 一
(망굴다	ㅁㅏㅇㄱㅜㄹㄷㅏ	11 三
(망그질르다	ㅁㅏㅇㄱㅡㅈㅣㄹㄹㅡㄷㅏ	8 一
망그지르다	ㅁㅏㅇㄱㅡㅈㅣㄹㅡㄷㅏ	8一,84一
(망기다	ㅁㅏㅇㄱㅣㄷㅏ	38 一
망녕되다	ㅁㅏㅇㄴㅕㅇㄷㅗㅣㄷㅏ	84 一
망녕들리다	ㅁㅏㅇㄴㅕㅇㄷㅡㄹㄹㅣㄷㅏ	84 一
망녕부리다	ㅁㅏㅇㄴㅕㅇㅂㅜㄹㅣㄷㅏ	84 一
망녕스럽다	ㅁㅏㅇㄴㅕㅇㅅㅡㄹㅓㅂㄷㅏ	84 一
(망동이	ㅁㅏㅇㄷㅗㅇㅣ	24 三
망둥이	ㅁㅏㅇㄷㅜㅇㅣ	24 三
망치다	ㅁㅏㅇㅊㅣㄷㅏ	84 一
(망태	ㅁㅏㅇㅌㅏㅣ	46 四
망태기	ㅁㅏㅇㅌㅏㅣㄱㅣ	46 四
망아지	ㅁㅏㅇㅏㅈㅣ	64 二
(망어	ㅁㅏㅇㅓ	68 二
망울	ㅁㅏㅇㅜㄹ	84 三
(맞	ㅁㅏㅈ	5 四
맞닥뜨리다	ㅁㅏㅈㄷㅏㄱㄸㅡㄹㅣㄷㅏ	80 二
맞닥치다	ㅁㅏㅈㄷㅏㄱㅊㅣㄷㅏ	80 二
(맞호다	ㅁㅏㅈㅎㅗㄷㅏ	24 三
맞후다	ㅁㅏㅈㅎㅜㄷㅏ	24 三
(마자	ㅁㅏㅈㅏ	13 三
마저	ㅁㅏㅈㅓ	13 三
마전	ㅁㅏㅈㅓㄴ	86 一
(마조	ㅁㅏㅈㅗ	24 三

(마종	ㅁㅏㅈㅗㅇ	24 三
(마조치다	ㅁㅏㅈㅗㅊㅣㄷㅏ	24 三
마주	ㅁㅏㅈㅜ	24 三
마줏대	ㅁㅏㅈㅜㅅㄷㅏㅣ	84 一
마중	ㅁㅏㅈㅜㅇ	24 三
마주치다	ㅁㅏㅈㅜㅊㅣㄷㅏ	24三,80二
맞은바라기	ㅁㅏㅈㅡㄴㅂㅏㄹㅏㄱㅣ	74 四
(맞은쇠질	ㅁㅏㅈㅡㄴㅅㅗㅣㅈㅣㄹ	63 二
(맞은짝	ㅁㅏㅈㅡㄴㅈㅈㅏㄱ	58 一
(맞은쪽	ㅁㅏㅈㅡㄴㅈㅈㅗㄱ	58 一
맞은편	ㅁㅏㅈㅡㄴㅍㅕㄴ	58 一
(마즈막	ㅁㅏㅈㅡㅁㅏㄱ	82 四
마지막	ㅁㅏㅈㅣㅁㅏㄱ	82 四
맟도록	ㅁㅏㅊㄷㅗㄹㅗㄱ	114 三
마찬가지	ㅁㅏㅊㅏㄴㄱㅏㅈㅣ	13 二
(마참	ㅁㅏㅊㅏㅁ	82 四
(마참내	ㅁㅏㅊㅏㅁㄴㅏㅣ	33 一
(마친가지	ㅁㅏㅊㅣㄴㄱㅏㅈㅣ	13 二
(마추다	ㅁㅏㅊㅜㄷㅏ	80 四
(마츰	ㅁㅏㅊㅡㅁ	82 四
(마츰내	ㅁㅏㅊㅡㅁㄴㅏㅣ	33 一
(마치 만큼)	ㅁㅏㅊㅣ	26 二
마치 恰)	ㅁㅏㅊㅣ	84 一
마치(鎚)	ㅁㅏㅊㅣ	84 二
마치다	ㅁㅏㅊㅣㄷㅏ	80 四
마치도록	ㅁㅏㅊㅣㄷㅗㄹㅗㄱ	114 三
(마침 만큼	ㅁㅏㅊㅣㅁ	26 二
마침(適)	ㅁㅏㅊㅣㅁ	82四,84一
마침내	ㅁㅏㅊㅣㅁㄴㅏㅣ	83 一
(마콤	ㅁㅏㅋㅗㅁ	26 二
(마큼	ㅁㅏㅋㅡㅁ	26 二
(마야지	ㅁ ㅑㅈㅣ	64 二
(마웃간	ㅁㅏㅜㅅㄱㅏㄴ	36 一
마울	ㅁㅏㅜㄹ	43 四
마음	ㅁㅏㅡㅁ	114 四
매끈거리다	ㅁㅏㅣㄱㄱㅡㄴㄱㅓㄹㅣㄷㅏ	85 三
매끈둥하다	ㅁㅏㅣㄱㄱㅡㄴㄷㅜㅇㅎㅏㄷㅏ	85 三
매끈하다	ㅁㅏㅣㄱㄱㅡㄴㅎㅏㄷㅏ	85 三
매끄럽다	ㅁㅏㅣㄱㄱㅡㄹㅓㅂㄷㅏ	85 三
맥적다	ㅁㅏㅣㄱㅈㅓㄱㄷㅏ	84 二
맥질하다	ㅁㅏㅣㄱㅈㅣㄹㅎㅏㄷㅏ	64 二
매개	ㅁㅏㅣㄱㅏㅣ	72 三
맥없다	ㅁㅏㅣㄱㅓㅂㅅㄷㅏ	84 二
(매기다	ㅁㅏㅣㄱㅣㄷㅏ	46 一
매기단하다	ㅁㅏㅣㄱㅣㄷㅏㄴㅎㅏㄷㅏ	46 一
(맨도라미	ㅁㅏㅣㄴㄷㅗㄹㅏㅁㅣ	26 二
(맨두라미	ㅁㅏㅣㄴㄷㅜㄹㅏㅁㅣ	26 二
맨둥맨둥	ㅁㅏㅣㄴㄷㅜㅇㅁㅏㅣㄴㄷㅜㅇ	85 四
(맨들다	ㅁㅏㅣㄴㄷㅡㄹㄷㅏ	11 三
맨드라미	ㅁㅏㅣㄴㄷㅡㄹㅏㅁㅣ	26 二
맨머리	ㅁㅏㅣㄴㅁㅓㄹㅣ	85 四
맨몸	ㅁㅏㅣㄴㅁㅗㅁ	84 二
맨몸뚱이	ㅁㅏㅣㄴㅁㅗㅁㄷㄷㅜㅇㅇㅣ	84 二
(맨보리밥	ㅁㅏㅣㄴㅂㅗㄹㅣㅂㅏㅂ	一
맨손	ㅁㅏㅣㄴㅅㅗㄴ	84 二
맨숭맨숭	ㅁㅏㅣㄴㅅㅜㅇㅁㅏㅣㄴㅅㅜㅇ	85 四
맨주먹	ㅁㅏㅣㄴㅈㅜㅁㅓㄱ	84 二
(매년	ㅁㅏㅣㄴㅕㄴ	69 二
(매독	ㅁㅏㅣㄷㅗㄱ	68 四
매련하다	ㅁㅏㅣㄹㅕㄴㅎㅏㄷㅏ	16一,8四
매맞다	ㅁㅏㅣㅁㅏㅈㄷㅏ	84 二
매미	ㅁㅏㅣㅁㅣ	42 一
맵다	ㅁㅏㅣㅂㄷㅏ	43 三
맷맷하다	ㅁㅏㅣㅅㅁㅏㅣㅅㅎㅏㄷㅏ	85 四
맷방석	ㅁㅏㅣㅅㅂㅏㅇㅅㅓㄱ	84 二
(매싸리	ㅁㅏㅣㅅㅅㅏㄹㅣ	68 三
(맹글다	ㅁㅏㅣㅇㄱㅡㄹㄷㅏ	11 三
(맹서	ㅁㅏㅣㅇㅅㅓ	1. 二
맹세	ㅁㅏㅣㅇㅅㅓㅣ	18 二
맹탕	ㅁㅏㅣㅇㅌㅏㅇ	55 二
(맹태	ㅁㅏㅣㅇㅌㅏㅣ	58 二
매작지근하다	ㅁㅏㅣㅈㅏㄱㅈㅣㄱㅡㄴㅎㅏㄷㅏ	85 四
(매지	ㅁㅏㅣㅈㅣ	64 二
매지근하다	ㅁㅏㅣㅈㅣㄱㅡㄴㅎㅏㄷㅏ	85 四
(매지매지	ㅁㅏㅣㅈㅣㅁㅏㅣㅈㅣ	16 三
매캐하다	ㅁㅏㅣㅋㅏㅣㅎㅏㄷㅏ	16二,'4二
(매케하다	ㅁㅏㅣㅋㅓㅣㅎㅏㄷㅏ	16 二
매콤하다	ㅁㅏㅣㅋㅗㅁㅎㅏㄷㅏ	84 二

매큽하다	ㅁㅏㅣㅋㅡㅂㅎㅏㄷㅏ	84 二
매탄	ㅁㅏㅣㅌㅏㄴ	84 二
매화틀	ㅁㅏㅣㅎㅗㅏㅌㅡㄹ	64 二
(매흙질하다	ㅁㅏㅣㅎㅡㄺㅈㅣㄹㅎㅏㄷㅏ	64 二
(매야미	ㅁㅏㅣㅑㅁㅣ	42 一
(매아지	ㅁㅏㅣㅏㅈㅣ	64 二
(매오	ㅁㅏㅣㅗ	24 三
매우	ㅁㅏㅣㅜ	24 三
매욱하다	ㅁㅏㅣㅜㄱㅎㅏㄷㅏ	16二,85四
(매웁다	ㅁㅏㅣㅜㅂㄷㅏ	4[illegible] 三
(먀련히다	ㅁㅑㄹㅕㄴㅎㅏㄷㅏ	16 一
(먀욱하다	ㅁㅑㅜㄱㅎㅏㄷㅏ	16 二
먹벙	ㅁㅓㄱㅂㅓㅇ	58 二
(먹보	ㅁㅓㄱㅂㅗ	56 四
(먹새([illegible])	ㅁㅓㄱㅅㅏㅣ	6 二
먹새(食事)	ㅁㅓㄱㅅㅏㅣ	84 二
먹성	ㅁㅓㄱㅅㅓㅇ	84 二
(먹소용	ㅁㅓㄱㅅㅗㅛㅇ	58 二
(먹추	ㅁㅓㄱㅊㅜ	56 四
머구리	ㅁㅓㄱㅜㄹㅣ	7[illegible] 二
먹은금	ㅁㅓㄱㅡㄴㄱㅡㅁ	48 四
(먹은금새	ㅁㅓㄱㅡㄴㄱㅡㅁㅅㅏㅣ	48 四
(먹음먹이	ㅁㅓㄱㅡㅁㅁㅓㄱㅣ	58 二
먹음새	ㅁㅓㄱㅡㅁㅅㅏㅣ	58二,84二
먼저	ㅁㅓㄴㅈㅓ	18 四
(먼점	ㅁㅓㄴㅈㅓㅁ	18 四
(먼젓번	ㅁㅓㄴㅈㅓㅅㅂㅓㄴ	60 一
먼지	ㅁㅓㄴㅈㅣ	18四,101三
먼지떨이	ㅁㅓㄴㅈㅣㄸㅓㄹㅣ	6一,100一
(먼지털이	ㅁㅓㄴㅈㅣㅌㅓㄹㅣ	6 一
(먼처	ㅁㅓㄴㅊㅓ	18 四
(먼첨	ㅁㅓㄴㅊㅓㅁ	18 四
(먼침	ㅁㅓㄴㅊㅣㅁ	18 四
머드레콩	ㅁㅓㄷㅡㄹㅓㅣㅋㅗㅇ	76 三
멀겋다	ㅁㅓㄹㄱㅓㅎㄷㅏ	85 二
(멀겅이	ㅁㅓㄹㄱㅓㅇㅣ	19 二
(머리	ㅁㅓㄹㅣ	13 二
(머리맛	ㅁㅓㄹㅣㅁㅏㅅ	9 一
(머리맟	ㅁㅓㄹㅣㅁㅏㅊ	9 一
머리말	ㅁㅓㄹㅣㅁㅏㄹ	9 一
머리카락	ㅁㅓㄹㅣㅋㅏㄹㅏㄱ	84 二
머리털	ㅁㅓㄹㅣㅌㅓㄹ	84 二
(머물다	ㅁㅓㅁㅜㄹㄷㅏ	4 四
머무트다	ㅁㅓㅁㅜㅌㅡㄷㅏ	4[illegible] 四
머뭇거리다	ㅁㅓㅁㅜㅅㄱㅓㄹㅣㄷㅏ	84 三
머뭇머뭇	ㅁㅓㅁㅜㅅㅁㅓㅁㅜㅅ	84 三
머무적거리다	ㅁㅓㅁㅜㅈㅓㄱㄱㅓㄹㅣㄷㅏ	28四,84三
머무적머무적	ㅁㅓㅁㅜㅈㅓㄱㅁㅓㅁㅜㅈㅓㄱ	84 三
(머믈다	ㅁㅓㅁㅡㄹㄷㅏ	4 四
(머므적거리다	ㅁㅓㅁㅡㅈㅓㄱㄱㅓㄹㅣㄷㅏ	2[illegible] 四
(멋구러기	ㅁㅓㅅㄱㅜㄹㅓㄱㅣ	11 三
멋장이	ㅁㅓㅅㅈㅏㅇㅣ	11 三
(멋쟁이	ㅁㅓㅅㅈㅏㅣㅇㅣ	11 三
머슴	ㅁㅓㅅㅡㅁ	[illegible]9 二
머슴살이	ㅁㅓㅅㅡㅁㅅㅏㄹㅣ	84 三
멍구럭	ㅁㅓㅇㄱㅜㄹㅓㄱ	114 四
멍청이	ㅁㅓㅇㅊㅓㅇㅣ	10 四
(멍추	ㅁㅓㅇㅊㅜ	10 四
(멍텅구리	ㅁㅓㅇㅌㅓㅇㄱㅜㄹㅣ	10 四
(멍텅이	ㅁㅓㅇㅌㅓㅇㅣ	10 四
(멍어리	ㅁㅓㅇㅓㄹㅣ	45 一
멍울	ㅁㅓㅇㅜㄹ	45一,84三
(멍우리	ㅁㅓㅇㅜㄹㅣ	45 一
(머즘하다	ㅁㅓㅈㅡㅁㅎㅏㄷㅏ	10 三
(머즈막하다	ㅁㅓㅈㅡㅁㅏㄱㅎㅏㄷㅏ	10 三
머츰하다	ㅁㅓㅊㅡㅁㅎㅏㄷㅏ	10三,84三
(머여기	ㅁㅓㅕㄱㅣ	62 二
(머음	ㅁㅓㅡㅁ	[illegible]9 二
(메(餌)	ㅁㅓㅣ	20 二
메(山)	ㅁㅓㅣ	20 二
메기	ㅁㅓㅣㄱㅣ	62 二
메나리	ㅁㅓㅣㄴㅏㄹㅣ	20 二
메뚜기	ㅁㅓㅣㄸㅜㄱㅣ	20 二
(메뜨기	ㅁㅓㅣㄸㅡㄱㅣ	20 二
메다	ㅁㅓㅣㄷㅏ	45 一
(메리치	ㅁㅓㅣㄹㅣㅊㅣ	44 一
(메물	ㅁㅓㅣㅁㅜㄹ	20 二
메밀	ㅁㅓㅣㅁㅣㄹ	20 二

멥쌀	ㅁㅓㅣㅂㅅㅅㅏㄹ	39 一
멧갓	ㅁㅓㅣㅅㄱㅏㅅ	20 三
(멧돌	ㅁㅓㅣㅅㄷㅗㄹ	64 三
(멧돼지	ㅁㅓㅣㅅㄷㅗㅏㅣㅈㅣ	64 三
(멧뽕나무	ㅁㅓㅣㅅㅂㅂㅗㅇㄴㅏㅁㅜ	64 三
멧부리	ㅁㅓㅣㅅㅂㅜㄹㅣ	20 三
(멧비들기	ㅁㅓㅣㅅㅂㅣㄷㅡㄹㄱㅣ	64 三
(메쌀	ㅁㅓㅣㅅㅅㅏㄹ	39 一
멧새	ㅁㅓㅣㅅㅅㅏㅣ	64 二
(멧소	ㅁㅓㅣㅅㅅㅗ	64 一
메주	ㅁㅓㅣㅈㅜ	19 四
메지메지	ㅁㅓㅣㅈㅣㅁㅓㅣㅈㅣ	16 三
(멫	ㅁㅓㅣㅊ	8 四
(메추라기	ㅁㅓㅣㅊㅜㄹㅏㄱㅣ	47 四
메추리	ㅁㅓㅣㅊㅜㄹㅣ	47 四
(메칠	ㅁㅓㅣㅊㅣㄹ	19 四
(메투리	ㅁㅓㅣㅌㅜㄹㅣ	21 一
(메역	ㅁㅓㅣㅕㄱ	21 一
(메역감다	ㅁㅓㅣㅕㄱㄱㅏㅁㄷㅏ	21 一
메우다	ㅁㅓㅣㅜㄷㅏ	30 三
(메이	ㅁㅓㅣㅣ	20 二
(메이다(使塡)	ㅁㅓㅣㅣㄷㅏ	30 三
(메이다(擔)	ㅁㅓㅣㅣㄷㅏ	45 一
멱	ㅁㅕㄱ	84 四
(멱감다	ㅁㅕㄱㄱㅏㅁㄷㅏ	21 一
(멱대기	ㅁㅕㄱㄷㅏㅣㄱㅣ	52 二
멱둥구미	ㅁㅕㄱㄷㅜㅇㄱㅜㅁㅣ	114 四
(멱두지	ㅁㅕㄱㄷㅜㅈㅣ	21 二
(멱사리	ㅁㅕㄱㅅㅏㄹㅣ	52 二
멱서리	ㅁㅕㄱㅅㅓㄹㅣ	52 二
(멱접이	ㅁㅕㄱㅈㅓㅂㅣ	21 二
(멱제비	ㅁㅕㄱㅈㅓㅣㅂㅣ	21 二
(멱줄때기	ㅁㅕㄱㅈㅜㄹㄷㄷㅏㅣㄱㅣ	21 二
(멱줄띠	ㅁㅕㄱㅈㅜㄹㄷㄷㅣ	21 二
(멱통	ㅁㅕㄱㅌㅗㅇ	45 一
며가지	ㅁㅕㄱㅏㅈㅣ	84 四
(면두	ㅁㅕㄴㄷㅜ	68 一
(면상	ㅁㅕㄴㅅㅏㅇ	26 一
(면주	ㅁㅕㄴㅈㅜ	5 二
면치레	ㅁㅕㄴㅊㅣㄹㅓㅣ	110 三
(며나리	ㅁㅕㄴㅏㄹㅣ	29 四
(며누리	ㅁㅕㄴㅜㄹㅣ	29 四
며느리	ㅁㅕㄴㅡㄹㅣ	29 四
(멸	ㅁㅕㄹ	67 四
멸나물	ㅁㅕㄹㄴㅏㅁㅜㄹ	67 四
멸치	ㅁㅕㄹㅊㅣ	44 一
(며르치	ㅁㅕㄹㅡㅊㅣ	44 一
(몃	ㅁㅕㅅ	8 四
명란젓	ㅁㅕㅇㄹㅏㄴㅈㅓㅅ	107 一
명주	ㅁㅕㅇㅈㅜ	5 二
명태	ㅁㅕㅇㅌㅏㅣ	84 三
명아주	ㅁㅕㅇㅏㅈㅜ	63 一
(며주	ㅁㅕㅈㅜ	19 四
몇	ㅁㅕㅊ	8 四
며칠	ㅁㅕㅊㅣㄹ	19 四
(몉	ㅁㅕㅌ	8 四
모	ㅁㅗ	84 三
(목(配分)	ㅁㅗㄱ	2 一
목(要路)	ㅁㅗㄱ	48 四
목(項)	ㅁㅗㄱ	84 四
(목걸이 項巾)	ㅁㅗㄱㄱㅓㄹㅣ	22 二
목거리(喉病)	ㅁㅗㄱㄱㅓㄹㅣ	58 二
(모꺼지	ㅁㅗㄱㄱㅓㅈㅣ	19 一
모꼬지	ㅁㅗㄱㄱㅗㅈㅣ	19 一
(목과	ㅁㅗㄱㄱㅗㅏ	36 二
(목구녁	ㅁㅗㄱㄱㅜㄴㅕㄱ	58 二
(목구녕	ㅁㅗㄱㄱㅜㄴㅕㅇ	58 二
목구멍	ㅁㅗㄱㄱㅜㅁㅓㅇ	58二,84四
목단꽃	ㅁㅗㄱㄷㅏㄴㄱㄱㅗㅊ	52 二
목달이	ㅁㅗㄱㄷㅏㄹㅣ	76 四
(목대	ㅁㅗㄱㄷㅏㅣ	18 一
(목돌림	ㅁㅗㄱㄷㅗㄹㄹㅣㅁ	58 二
목도리	ㅁㅗㄱㄷㅗㄹㅣ	22 二
목두깨비	ㅁㅗㄱㄷㅜㄱㄱㅏㅣㅂㅣ	52 二
(목두기	ㅁㅗㄱㄷㅜㄱㅣ	52 二
(목두리	ㅁㅗㄱㄷㅜㄹㅣ	22 二
(목로	ㅁㅗㄱㄹㅗ	64 三
(목맺히다	ㅁㅗㄱㅁㅏㅣㅈㅎㅣㄷㅏ	58 二

목메다	ㅁㅗㄱㅁㅔㄷㅏ	58 二
몫	ㅁㅗㄱㅅ	2 一
목수	ㅁㅗㄱㅅㅜ	84 四
(목자	ㅁㅗㄱㅈㅏ	16 一
목접이	ㅁㅗㄱㅈㅓㅂㅣ	21 二
목정강이	ㅁㅗㄱㅈㅓㅇㄱㅏㅇㅣ	84 四
(목정이	ㅁㅗㄱㅈㅓㅇㅣ	48 四
목줄띠	ㅁㅗㄱㅈㅜㄹㄸㅣ	21 二,84 四
목지	ㅁㅗㄱㅈㅣ	16 一
목통	ㅁㅗㄱㅌㅗㅇ	84 四
모가비	ㅁㅗㄱㅏㅂㅣ	11 三
모가지	ㅁㅗㄱㅏㅈㅣ	84 四
(모개비	ㅁㅗㄱㅐㅂㅣ	11 三
모과	ㅁㅗㄱㅘ	36 二
(모긔	ㅁㅗㄱㅢ	34 三
모기	ㅁㅗㄱㅣ	34 三
(몬대기	ㅁㅗㄴㄷㅐㄱㅣ	18 四
(몬저	ㅁㅗㄴㅈㅓ	13 四
(몬지	ㅁㅗㄴㅈㅣ	13 四
모나다	ㅁㅗㄴㅏㄷㅏ	58 二
(몯다	ㅁㅗㄷㄷㅏ	43 四
(모다(皆)	ㅁㅗㄷㅏ	24 三
(모다(會)	ㅁㅗㄷㅏ	43 四
(모도	ㅁㅗㄷㅗ	24 三
모두	ㅁㅗㄷㅜ	24三,80二
(모두다	ㅁㅗㄷㅜㄷㅏ	43 四
몰골	ㅁㅗㄹㄱㅗㄹ	71 四
(몰래	ㅁㅗㄹㄹㅐ	38 一
(몰르다	ㅁㅗㄹㅡㄷㅏ	38 二
몰수이	ㅁㅗㄹㅅㅜㅣ	80 二
모락모락	ㅁㅗㄹㅏㄱㅁㅗㄹㅏㄱ	85 三
모란꽃	ㅁㅗㄹㅏㄴㄲㅗㅊ	62 二
모래	ㅁㅗㄹㅐ	38一,84四
모록모록	ㅁㅗㄹㅗㄱㅁㅗㄹㅗㄱ	85 三
모롱이	ㅁㅗㄹㅗㅇㅣ	85 一
모르다	ㅁㅗㄹㅡㄷㅏ	38 二
(모리	ㅁㅗㄹㅣ	70 一
몸히다	ㅁㅗㅁㅎㅣㄷㅏ	84 四
(모밀	ㅁㅗㅁㅣㄹ	20 二
몸있다	ㅁㅗㅁㅣㅅㅅㄷㅏ	84 四
몹슬놈	ㅁㅗㅂㅅㅡㄹㄴㅗㅁ	84 四
(모번단	ㅁㅗㅂㅓㄴㄷㅏㄴ	19 一
모본단	ㅁㅗㅂㅗㄴㄷㅏㄴ	19 一
못된놈	ㅁㅗㅅㄷㅚㄴㄴㅗㅁ	84 四
못되다	ㅁㅗㅅㄷㅚㄷㅏ	85 一
못박다	ㅁㅗㅅㅂㅏㄱㄷㅏ	84 四
못자리	ㅁㅗㅅㅈㅏㄹㅣ	84 四
못주다	ㅁㅗㅅㅈㅜㄷㅏ	84 四
모새	ㅁㅗㅅㅐ	84 四
모서리	ㅁㅗㅅㅓㄹㅣ	84 三
모시다	ㅁㅗㅅㅣㄷㅏ	21 四
(몽근겨	ㅁㅗㅇㄱㅡㄴㄱㅕ	85 一
몽당치마	ㅁㅗㅇㄷㅏㅇㅊㅣㅁㅏ	82 一
(몽동이	ㅁㅗㅇㄷㅗㅇㅣ	24 四
몽둥이	ㅁㅗㅇㄷㅜㅇㅣ	24四,85一
몽실몽실	ㅁㅗㅇㅅㅣㄹㅁㅗㅇㅅㅣㄹ	85 三
(몽중	ㅁㅗㅇㅈㅜㅇ	66 四
몽치 .	ㅁㅗㅇㅊㅣ	85 一
몽탕몽탕	ㅁㅗㅇㅌㅏㅇㅁㅗㅇㅌㅏㅇ	85 一
모짝모짝	ㅁㅗㅉㅏㄱㅁㅗㅉㅏㄱ	85 一
모자라다	ㅁㅗㅈㅏㄹㅏㄷㅏ	85 一
모조리	ㅁㅗㅈㅗㄹㅣ	22三,80二
(모주리	ㅁㅗㅈㅜㄹㅣ	22 三
(모지다	ㅁㅗㅈㅣㄷㅏ	58 二
모지라지다	ㅁㅗㅈㅣㄹㅏㅈㅣㄷㅏ	13二,85一
(모지러지다	ㅁㅗㅈㅣㄹㅓㅈㅣㄷㅏ	13 二
(모추라기	ㅁㅗㅊㅜㄹㅏㄱㅣ	47 四
모퉁이	ㅁㅗㅌㅜㅇㅣ	84三,85一
모판	ㅁㅗㅍㅏㄴ	84 四
(모히다	ㅁㅗㅎㅣㄷㅏ	41 二
모으다	ㅁㅗㅡㄷㅏ	43四,85一
(뫼(餌)	ㅁㅚ	20 二
(뫼(山)	ㅁㅚ	20 二
모이	ㅁㅗㅣ	20 二
(뫼나리	ㅁㅚㄴㅏㄹㅣ	20 二
(뫼뚜기	ㅁㅚㄸㅜㄱㅣ	20 二
(뫼뛰기	ㅁㅚㄸㅟㄱㅣ	20 二

모이다	ㅁㅗㅣㄷㅏ	41二,85一
(묏갓	ㅁㅗㅣㅅㄱㅏㅅ	20 三
(묏돝	ㅁㅗㅣㅅㄷㅗㅌ	64 三
(묏돼지	ㅁㅗㅣㅅㄷㅙㅈㅣ	64 三
(묏뽕나무	ㅁㅗㅣㅅㅂㅂㅗㅇㄴㅏㅁㅜ	64 三
(묏부리	ㅁㅗㅣㅅㅂㅜㄹㅣ	20 三
(뫼시다	ㅁㅗㅣㅅㅣㄷㅏ	21 四
무	ㅁㅜ	114 四
묶음	ㅁㅜㄲㅇㅡㅁ	80 二
묵밭	ㅁㅜㄱㅂㅏㅌ	48 一
(묵정밭	ㅁㅜㄱㅈㅓㅇㅂㅏㅌ	48 一
묵정이	ㅁㅜㄱㅈㅓㅇㅣ	85 一
(묵즉하다	ㅁㅜㄱㅈㅡㄱㅎㅏㄷㅏ	33 一
(묵지	ㅁㅜㄱㅈㅣ	52 二
묵직하다	ㅁㅜㄱㅈㅣㄱㅎㅏㄷㅏ	83一,85一
무거리	ㅁㅜㄱㅓㄹㅣ	52二,85一
(문	ㅁㅜㄴ	44 三
문골	ㅁㅜㄴㄱㅗㄹ	48 一
(문뜩	ㅁㅜㄴㄸㅡㄱ	37 一
문덕문덕	ㅁㅜㄴㄷㅓㄱㅁㅜㄴㄷㅓㄱ	2三,85一
(문덩문덩	ㅁㅜㄴㄷㅓㅇㅁㅜㄴㄷㅓㅇ	2 三
(문동이	ㅁㅜㄴㄷㅗㅇㅣ	24 四
문둥이	ㅁㅜㄴㄷㅜㅇㅣ	24 四
문득	ㅁㅜㄴㄷㅡㄱ	2 三
문드러지다	ㅁㅜㄴㄷㅡㄹㅓㅈㅣㄷㅏ	85 二
(문듯	ㅁㅜㄴㄷㅡㅅ	2 三
문문하다	ㅁㅜㄴㅁㅜㄴㅎㅏㄷㅏ	83 三
문문히보다	ㅁㅜㄴㅁㅜㄴㅎㅣㅂㅗㄷㅏ	83 四
문문히여기다	ㅁㅜㄴㅁㅜㄴㅎㅣㅕㄱㅣㄷㅏ	83 四
문배	ㅁㅜㄴㅂㅐ	82 一
문설주	ㅁㅜㄴㅅㅓㄹㅈㅜ	114 四
문장부	ㅁㅜㄴㅈㅏㅇㅂㅜ	82 一
문적문적	ㅁㅜㄴㅈㅓㄱㅁㅜㄴㅈㅓㄱ	85 一
문지방	ㅁㅜㄴㅈㅣㅂㅏㅇ	85 一
(문척	ㅁㅜㄴㅊㅓㄱ	37 一
문척문척	ㅁㅜㄴㅊㅓㄱㅁㅜㄴㅊㅓㄱ	2四,85一
(문청	ㅁㅜㄴㅊㅓㅇ	37 一
(문청문청	ㅁㅜㄴㅊㅓㅇㅁㅜㄴㅊㅓㅇ	2 四
문칫거리다	ㅁㅜㄴㅊㅣㅅㄱㅓㄹㅣㄷㅏ	84 三
문칫문칫	ㅁㅜㄴㅊㅣㅅㅁㅜㄴㅊㅣㅅ	84 三
문치적거리다	ㅁㅜㄴㅊㅣㅈㅓㄱㄱㅓㄹㅣㄷㅏ	84 三
문치적문치적	ㅁㅜㄴㅊㅣㅈㅓㄱㅁㅜㄴㅊㅣㅈㅓㄱ	84 三
(문크러지다	ㅁㅜㄴㅋㅡㄹㅓㅈㅣㄷㅏ	5 二
문턱	ㅁㅜㄴㅌㅓㄱ	85 一
(문합	ㅁㅜㄴㅎㅏㅂ	68 一
(문허지다	ㅁㅜㄴㅎㅓㅈㅣㄷㅏ	41 二
무너뜨리다	ㅁㅜㄴㅓㄸㅡㄹㅣㄷㅏ	6 二
(문얼골	ㅁㅜㄴㅓㄹㄱㅗㄹ	43 一
무너지다	ㅁㅜㄴㅓㅈㅣㄷㅏ	41二,85二
(무너치다	ㅁㅜㄴㅓㅊㅣㄷㅏ	6 二
(무너트리다	ㅁㅜㄴㅓㅌㅡㄹㅣㄷㅏ	6 二
(무넝	ㅁㅜㄴㅓㅇ	4 四
무늬	ㅁㅜㄴㅡㅣ	44 三
무뜩	ㅁㅜㄸㅡㄱ	37 一
(무뜽	ㅁㅜㄸㅡㅇ	37 一
(무당새	ㅁㅜㄷㅏㅇㅅㅐ	54 一
(무대다	ㅁㅜㄷㅐㄷㅏ	17 二
무덕지다	ㅁㅜㄷㅓㄱㅈㅣㄷㅏ	48 一
무더기	ㅁㅜㄷㅓㄱㅣ	18一,85二
(무데기	ㅁㅜㄷㅔㄱㅣ	18 一
(무드럭지다	ㅁㅜㄷㅡㄹㅓㄱㅈㅣㄷㅏ	48 一
(무듸다	ㅁㅜㄷㅡㅣㄷㅏ	17 二
무디다	ㅁㅜㄷㅣㄷㅏ	17 二
묽다	ㅁㅜㄹㄱㄷㅏ	85 二
물감	ㅁㅜㄹㄱㅏㅁ	68 一
물구덩이	ㅁㅜㄹㄱㅜㄷㅓㅇㅣ	3 三
(물길	ㅁㅜㄹㄱㅣㄹ	64 三
물때	ㅁㅜㄹㄸㅐ	85 二
물렁물렁	ㅁㅜㄹㄹㅓㅇㅁㅜㄹㄹㅓㅇ	85 二
물론	ㅁㅜㄹㄹㅗㄴ	37 二
(물르다	ㅁㅜㄹㄹㅡㄷㅏ	38 二
(물만밥	ㅁㅜㄹㅁㅏㄴㅂㅏㅂ	58 二
물말이	ㅁㅜㄹㅁㅏㄹㅣ	58 二
물멀미	ㅁㅜㄹㅁㅓㄹㅁㅣ	85 二
물뿌리	ㅁㅜㄹㅂㅂㅜㄹㅣ	8 一
(물써다(引飮)	ㅁㅜㄹㅅㅅㅓㄷㅏ	10 一
물써다(潮退)	ㅁㅜㄹㅅㅅㅓㄷㅏ	85 二
물썬물썬	ㅁㅜㄹㅅㅅㅓㄴㅁㅜㄹㅅㅅㅓㄴ	85 二

물소	ㅁㅜㄹㅅㅗ	57	二
물쩡물쩡	ㅁㅜㄹㅉㅓㅇㅁㅜㄹㅉㅓㅇ	85	二
물장수	ㅁㅜㄹㅈㅏㅇㅅㅜ	58	二
물참	ㅁㅜㄹㅊㅏㅁ	85	二
(물추리	ㅁㅜㄹㅊㅜㄹㅣ	8	一
물컹물컹	ㅁㅜㄹㅋㅓㅇㅁㅜㄹㅋㅓㅇ	85	二
물컹이	ㅁㅜㄹㅋㅓㅇㅇㅣ	19	二
물켜다	ㅁㅜㄹㅋㅕㄷㅏ	10	一
(물쿠덩이	ㅁㅜㄹㅋㅜㄷㅓㅇㅇㅣ	[illegible]	三
(물쿵뎅이	ㅁㅜㄹㅋㅜㅇㄷㅔㅇㅇㅣ	3	三
물큰물큰	ㅁㅜㄹㅋㅡㄴㅁㅜㄹㅋㅡㄴ	85	二
물크러지다	ㅁㅜㄹㅋㅡㄹㅓㅈㅣㄷㅏ	85	二
(물통장이	ㅁㅜㄹㅌㅗㅇㅈㅏㅇㅇㅣ	58	二
(물풍뎅이	ㅁㅜㄹㅍㅜㅇㄷㅔㅇㅇㅣ	3	三
무럭무럭	ㅁㅜㄹㅓㄱㅁㅜㄹㅓㄱ	85	三
(무럽생선	ㅁㅜㄹㅓㅂㅅㅐㅇㅅㅓㄴ	69	二
(무론	ㅁㅜㄹㅗㄴ	37	二
무로리	ㅁㅜㄹㅗㄹㅣ	64	二
무룩무룩	ㅁㅜㄹㅜㄱㅁㅜㄹㅜㄱ	85	三
무르다	ㅁㅜㄹㅡㄷㅏ	18	二
무릇	ㅁㅜㄹㅡㅅ	23	四
무릎	ㅁㅜㄹㅡㅍ	48	四
무릎맞춤	ㅁㅜㄹㅡㅍㅁㅏㅈㅊㅜㅁ	68	一
(무르팍	ㅁㅜㄹㅡㅍㅏㄱ	48	四
(무리(雹)	ㅁㅜㄹㅣ	70	二
무리(棚材)	ㅁㅜㄹㅣ	114	四
(무릿매	ㅁㅜㄹㅣㅅㅁㅐ	65	四
무리풀	ㅁㅜㄹㅣㅍㅜㄹ	114	四
무명	ㅁㅜㅁㅕㅇ	4	四
무명조개	ㅁㅜㅁㅕㅇㅈㅗㄱㅐ	68	一
(뭇(陸)	ㅁㅜㅅ	9	一
뭇(束)	ㅁㅜㅅ	80	二
(무삼	ㅁㅜㅅㅏㅁ	52	二
(무소	ㅁㅜㅅㅗ	37	二
(무수	ㅁㅜㅅㅜ	39	三
무순	ㅁㅜㅅㅜㄴ	52	二
뭉개다	ㅁㅜㅇㄱㅐㄷㅏ	85	三
뭉긋거리다	ㅁㅜㅇㄱㅡㅅㄱㅓㄹㅣㄷㅏ	84	三
뭉긋뭉긋	ㅁㅜㅇㄱㅡㅅㅁㅜㅇㄱㅡㅅ	84	三
뭉그적거리다	ㅁㅜㅇㄱㅡㅈㅓㄱㄱㅓㄹㅣㄷㅏ	84	三
뭉그적뭉그적	ㅁㅜㅇㄱㅡㅈㅓㄱㅁㅜㅇㄱㅡㅈㅓㄱ	84	三
뭉기다	ㅁㅜㅇㄱㅣㄷㅏ	85	三
뭉뚝하다	ㅁㅜㅇㄸㅜㄱㅎㅏㄷㅏ	85	三
뭉실뭉실	ㅁㅜㅇㅅㅣㄹㅁㅜㅇㅅㅣㄹ	85	三
뭉치	ㅁㅜㅇㅊㅣ	85	三
뭉크러지다	ㅁㅜㅇㅋㅡㄹㅓㅈㅣㄷㅏ	5二,85	二
뭉킈다	ㅁㅜㅇㅋㅡㅣㄷㅏ	3[illegible]	三
뭉키다	ㅁㅜㅇㅋㅣㄷㅏ	24	三
뭉텅이	ㅁㅜㅇㅌㅓㅇㅇㅣ	85	三
뭉툭하다	ㅁㅜㅇㅌㅜㄱㅎㅏㄷㅏ	85	三
(무자멱질	ㅁㅜㅈㅏㅁㅕㄱㅈㅣㄹ	16	四
무직하다	ㅁㅜㅈㅣㄱㅎㅏㄷㅏ	85	一
무지러지다	ㅁㅜㅈㅣㄹㅓㅈㅣㄷㅏ	85	一
(뭋	ㅁㅜㅊ	9	一
무척	ㅁㅜㅊㅓㄱ	87	一
(무커리	ㅁㅜㅋㅓㄹㅣ	21	一
뭍	ㅁㅜㅌ	9	一
무턱대다	ㅁㅜㅌㅓㄱㄷㅐㄷㅏ	85	三
무어	ㅁㅜㅓ	114	四
무엇	ㅁㅜㅓㅅ	114	四
무우	ㅁㅜㅜ	39三,114	四
(뮙다	ㅁㅜㅣㅂㄷㅏ	31	三
(므릇	ㅁㅡㄹㅡㅅ	23	四
(믠둥산	ㅁㅡㅣㄴㄷㅜㅇㅅㅏㄴ	34	三
(믠머리	ㅁㅡㅣㄴㅁㅓㄹㅣ	34	四
(믭다	ㅁㅡㅣㅂㄷㅏ	31	三
미꾸라지	ㅁㅣㄲㅜㄹㅏㅈㅣ	46	一
(미꾸리	ㅁㅣㄲㅜㄹㅣ	46	一
미끈거리다	ㅁㅣㄲㅡㄴㄱㅓㄹㅣㄷㅏ	85	三
미끈둥하다	ㅁㅣㄲㅡㄴㄷㅜㅇㅎㅏㄷㅏ	85	三
미끈하다	ㅁㅣㄲㅡㄴㅎㅏㄷㅏ	85	三
미끄럽다	ㅁㅣㄲㅡㄹㅓㅂㄷㅏ	85	三
미끼	ㅁㅣㄲㅣ	77	三
민둥민둥	ㅁㅣㄴㄷㅜㅇㅁㅣㄴㄷㅜㅇ	85	四
민둥산	ㅁㅣㄴㄷㅜㅇㅅㅏㄴ	34	三
민머리	ㅁㅣㄴㅁㅓㄹㅣ	34四,85	四
민숭민숭	ㅁㅣㄴㅅㅜㅇㅁㅣㄴㅅㅜㅇ	85	四
(미나리	ㅁㅣㄴㅏㄹㅣ	20	二

(미늘	ㅁㅣㄴㅜㄹ	29 四
미늘	ㅁㅣㄴㅡㄹ	29 四
미뜨리다	ㅁㅣㄷㄷㅡㄹㅣㄷㅏ	38二,85四
미닫이	ㅁㅣㄷㅏㄷㅣ	52 二
밀가루	ㅁㅣㄹㄱㅏㄹㅜ	64 二
(밀때	ㅁㅣㄹㄷㄷㅏㅣ	67 四
(밀뜨리다	ㅁㅣㄹㄷㄷㅡㄹㅣㄷㅏ	38 二
밀다	ㅁㅣㄹㄷㅏ	85 四
(밀창	ㅁㅣㄹㅊㅏㅇ	52 二
밀초	ㅁㅣㄹㅊㅗ	64 二
밀치다	ㅁㅣㄹㅊㅣㄷㅏ	85 四
미력	ㅁㅣㄹㅕㄱ	21 三
미련하다	ㅁㅣㄹㅕㄴㅎㅏㄷㅏ	85 四
(미둑미둑	ㅁㅣㄹㅜㄱㅁㅣㄹㅜㄱ	48 一
미루다	ㅁㅣㄹㅜㄷㅏ	85 四
(미루적미루적	ㅁㅣㄹㅜㅈㅓㄱㅁㅣㄹㅜㅈㅓㄱ	43 一
(미륵	ㅁㅣㄹㅡㄱ	21 三
미리	ㅁㅣㄹㅣ	85 四
밉다	ㅁㅣㅂㄷㅏ	31 三
(밉둥머리스럽다	ㅁㅣㅂㄷㅜㅇㅁㅓㄹㅣㅅㅡㄹㅓㅂㄷㅏ	52 二
(밉둥스럽다	ㅁㅣㅂㄷㅜㅇㅅㅡㄹㅓㅂㄷㅏ	52 二
밉살머리스럽다	ㅁㅣㅂㅅㅏㄹㅁㅓㄹㅣㅅㅡㄹㅓㅂㄷㅏ	52 二
밉살스럽다	ㅁㅣㅂㅅㅏㄹㅅㅡㄹㅓㅂㄷㅏ	52 二
(밋	ㅁㅣㅅ	9 一
밋밋하다	ㅁㅣㅅㅁㅣㅅㅎㅏㄷㅏ	85 四
미장이	ㅁㅣㅈㅏㅇㅣ	11 三
(미쟁이	ㅁㅣㅈㅏㅣㅇㅣ	11 三
미적미적	ㅁㅣㅈㅓㄱㅁㅣㅈㅓㄱ	43 一
미적지근하다	ㅁㅣㅈㅓㄱㅈㅣㄱㅡㄴㅎㅏㄷㅏ	85 四
미지근하다	ㅁㅣㅈㅣㄱㅡㄴㅎㅏㄷㅏ	85 四
(및	ㅁㅣㅊ	9 一
밑	ㅁㅣㅌ	9 一
밑구멍	ㅁㅣㅌㄱㅜㅁㅓㅇ	80 一
밑동	ㅁㅣㅌㄷㅗㅇ	22 三
(밑둥	ㅁㅣㅌㄷㅜㅇ	22 三
(밑씻개	ㅁㅣㅌㅅㅅㅣㅅㄱㅏㅣ	67 四
(밑전	ㅁㅣㅌㅈㅓㄴ	10 三
밑천	ㅁㅣㅌㅊㅓㄴ	10 三
미투리	ㅁㅣㅌㅜㄹㅣ	21 一

미안스럽다	ㅁㅣㅏㄴㅅㅡㄹㅓㅂㄷㅏ	85 四
미역	ㅁㅣㅕㄱ	21 一
미역감다	ㅁㅣㅕㄱㄱㅏㅁㄷㅏ	21 一
미욱하다	ㅁㅣㅜㄱㅎㅏㄷㅏ	85 四

ㅂ

(~ㅂ내다	~ㅂㄴㅏㅣㄷㅏ	17 三
~ㅂ니다	~ㅂㄴㅣㄷㅏ	17 三
(~ㅂ데다	~ㅂㄷㅓㅣㄷㅏ	21 二
(~ㅂ듸다	~ㅂㄷㅡㅣㄷㅏ	21 二
~ㅂ디다	ㅂㄷㅣㄷㅏ	21 二
빡빡하다	ㅂㅂㅏㄱㅂㅂㅏㄱㅎㅏㄷㅏ	86 一
빤둥빤둥	ㅂㅂㅏㄴㄷㅜㅇㅂㅂㅏㄴㄷㅜㅇ	101 四
빤들빤들(練滑)	ㅂㅂㅏㄴㄷㅡㄹㅂㅂㅏㄴㄷㅡㄹ	86 三
빤들빤들(遊惰)	ㅂㅂㅏㄴㄷㅡㄹㅂㅂㅏㄴㄷㅡㄹ	101 四
빤빤하다	ㅂㅂㅏㄴㅂㅂㅏㄴㅎㅏㄷㅏ	86 一
빤짝거리다	ㅂㅂㅏㄴㅈㅈㅏㄱㄱㅓㄹㅣㄷㅏ	86 四
빤짝빤짝	ㅂㅂㅏㄴㅈㅈㅏㄱㅂㅂㅏㄴㅈㅈㅏㄱ	86 四
빤작거리다	ㅂㅂㅏㄴㅈㅏㄱㄱㅓㄹㅣㄷㅏ	86 四
빤작빤작	ㅂㅂㅏㄴㅈㅏㄱㅂㅂㅏㅈㅏㄱ	86 四
빤질빤질	ㅂㅂㅏㄴㅈㅣㄹㅂㅂㅏㄴㅈㅣㄹ	86 三
빤하다	ㅂㅂㅏㄴㅎㅏㄷㅏ	86 四
빠드득빠드득	ㅂㅂㅏㄷㅡㄷㅡㄱㅂㅂㅏㄷㅡㄷㅡㄱ	86 二
빠듯하다(僅及)	ㅂㅂㅏㄷㅡㅅㅎㅏㄷㅏ	52 二
빠듯하다(密合)	ㅂㅂㅏㄷㅡㅅㅎㅏㄷㅏ	86 一
빨끈거리다	ㅂㅂㅏㄹㄱㄱㅡㄴㄱㅓㄹㅣㄷㅏ	86 四
빨갛다	ㅂㅂㅏㄹㄱㅏㅎㄷㅏ	87 一
빨긋빨긋	ㅂㅂㅏㄹㄱㅡㅅㅂㅂㅏㄹㄱㅡㅅ	38 三
빨딱빨딱	ㅂㅂㅏㄹㄷㄷㅏㄱㅂㅂㅏㄹㄷㄷㅏㄱ	87 二
빨래	ㅂㅂㅏㄹㄹㅏㅣ	86 一
빨랫방망이	ㅂㅂㅏㄹㄹㅏㅣㅅㅂㅏㅇㅁㅏㅇㅣ	58 二
(빨랫방추	ㅂㅂㅏㄹㄹㅏㅣㅅㅂㅏㅇㅊㅜ	58 二
(빨르다	ㅂㅂㅏㄹㄹㅡㄷㅏ	38 二
빨쭉빨쭉	ㅂㅂㅏㄹㅈㅈㅜㄱㅂㅂㅏㄹㅈㅈㅜㄱ	87 三
빠르다	ㅂㅂㅏㄹㅡㄷㅏ	38 二
(빰	ㅂㅂㅏㅁ	16 二
빵글빵글	ㅂㅂㅏㅇㄱㅡㄹㅂㅂㅏㅇㄱㅡㄹ	87 四
빵긋빵긋	ㅂㅂㅏㅇㄱㅡㅅㅂㅂㅏㅇㄱㅡㅅ	87 四
빵실빵실	ㅂㅂㅏㅇㅅㅣㄹㅂㅂㅏㅇㅅㅣㄹ	87 四

빽	ㅂㅂㅏㅣㄱ	86	二
빼꿋빼꿋	ㅂㅂㅏㅣㄱㄱㅜㅅㅂㅂㅏㅣㄱㄱㅜㅅ	89	一
빽빽하다	ㅂㅂㅏㅣㄱㅂㅂㅏㅣㄱ하다	86	一
빼각거리다	ㅂㅂㅏㅣ가ㄱㄱㅓㄹㅣ다	89	二
뺀둥뺀둥	ㅂㅂㅏㅣㄴㄷㅜㅇㅂㅂㅏㅣㄴㄷㅜㅇ	101	四
뺀들뺀들	ㅂㅂㅏㅣㄴㄷㅡㄹㅂㅂㅏㅣㄴㄷㅡㄹ	101	四
빼나다	ㅂㅂㅏㅣ나다	42	三
빼뚝거리다	ㅂㅂㅏㅣㄷㄷㅜㄱㄱㅓㄹㅣ다	89	二
빼뚤어지다	ㅂㅂㅏㅣㄷㄷㅜㄹㅓㅈㅣ다	89	二
빼뚜름하다	ㅂㅂㅏㅣㄷㄷㅜㄹㅡㅁ하다	89	二
(뺌	ㅂㅂㅏㅣㅁ	16	二
뺑	ㅂㅂㅏㅣㅇ	89	四
뺑글뺑글	ㅂㅂㅏㅣㅇㄱㅡㄹㅂㅂㅏㅣㅇㄱㅡㄹ	87	四
뺑그르르	ㅂㅂㅏㅣㅇㄱㅡㄹㅡㄹㅡ	89	四
뺑긋뺑긋	ㅂㅂㅏㅣㅇㄱㅡㅅㅂㅂㅏㅣㅇㄱㅡㅅ	87	四
빼쭉거리다	ㅂㅂㅏㅣㅈㅈㅜㄱㄱㅓㄹㅣ다	89	四
빼쭉하다	ㅂㅂㅏㅣㅈㅈㅜㄱ하다	86	一
빼죽거리다	ㅂㅂㅏㅣㅈㅜㄱㄱㅓㄹㅣ다	90	一
빼죽하다	ㅂㅂㅏㅣㅈㅜㄱ하다	86	一
빼주룩하다	ㅂㅂㅏㅣㅈㅜㄹㅜㄱ하다	86	一
(빼어나다	ㅂㅂㅏㅣㅓ나다	42	三
뺨	ㅂㅂㅑㅁ	16	二
(뺨따구니	ㅂㅂㅑㅁㄷㄷㅏㄱㅜㄴㅣ	48	一
뺨따귀	ㅂㅂㅑㅁㄷㄷㅏㄱㅜㅣ	48	一
뺘드득	ㅂㅂㅑㄷㅡㄷㅡㄱ	86	二
(뻐꾹새	ㅂㅂㅓㄱㄱㅜㄱㅅㅏㅣ	52	二
뻐꾸기	ㅂㅂㅓㄱㄱㅜㄱㅣ	52二, 86	一
뻑적지근하다	ㅂㅂㅓㄱㅈㅓㄱㅈㅣㄱㅡㄴ하다	86	一
뻑근하다	ㅂㅂㅓㄱㄱㅡㄴ하다	86	一
(뻐긔다	ㅂㅂㅓㄱㅡㅣ다	34	四
뻐기다	ㅂㅂㅓㄱㅣ다	34	四
뻔뜩거리다	ㅂㅂㅓㄴㄷㄷㅡㄱㄱㅓㄹㅣ다	87	一
뻔뜩뻔뜩	ㅂㅂㅓㄴㄷㄷㅡㄱㅂㅂㅓㄴㄷㄷㅡㄱ	8.	二
뻔둥뻔둥	ㅂㅂㅓㄴㄷㅜㅇㅂㅂㅓㄴㄷㅜㅇ	101	四
뻔득거리다	ㅂㅂㅓㄴㄷㅡㄱㄱㅓㄹㅣ다	87	一
뻔득뻔득	ㅂㅂㅓㄴㄷㅡㄱㅂㅂㅓㄴㄷㅡㄱ	8	二
뻔들뻔들(練	ㅂㅂㅓㄴㄷㅡㄹㅂㅂㅓㄴㄷㅡㄹ	86	三
뻔들뻔들(遊滑	ㅂㅂㅓㄴㄷㅡㄹㅂㅂㅓㄴㄷㅡㄹ	101	四
뻔뻔하다	ㅂㅂㅓㄴㅂㅂㅓㄴ하다	86	一
뻔쩍거리다	ㅂㅂㅓㄴㅈㅈㅓㄱㄱㅓㄹㅣ다	86	四
뻔쩍뻔쩍	ㅂㅂㅓㄴㅈㅈㅓㄱㅂㅂㅓㄴㅈㅈㅓㄱ	8	四
뻔적거리다	ㅂㅂㅓㄴㅈㅓㄱㄱㅓㄹㅣ다	86	四
뻔적뻔적	ㅂㅂㅓㄴㅈㅓㄱㅂㅂㅓㄴㅈㅓㄱ	86	四
뻔질뻔질	ㅂㅂㅓㄴㅈㅣㄹㅂㅂㅓㄴㅈㅣㄹ	86	三
뻗대다	ㅂㅂㅓㄷㄷㅏㅣ다	89	三
뻗드러지다	ㅂㅂㅓㄷㄷㅡㄹㅓㅈㅣ다	87	二
뻘겋다	ㅂㅂㅓㄹㄱㅓㅎ다	87	一
뻘때추니	ㅂㅂㅓㄹㄷㄷㅏㅣㅊㅜㄴㅣ	1.0	三
뻘떡뻘떡	ㅂㅂㅓㄹㄷㄷㅓㄱㅂㅂㅓㄹㄷㄷㅓㄱ	87	二
뻘쭉뻘쭉	ㅂㅂㅓㄹㅈㅈㅜㄱㅂㅂㅓㄹㅈㅈㅜㄱ	87	三
뻥글뻥글	ㅂㅂㅓㅇㄱㅡㄹㅂㅂㅓㅇㄱㅡㄹ	87	四
뻥긋뻥긋	ㅂㅂㅓㅇㄱㅡㅅㅂㅂㅓㅇㄱㅡㅅ	87	四
뻥실뻥실	ㅂㅂㅓㅇㅅㅣㄹㅂㅂㅓㅇㅅㅣㄹ	87	四
(뻬	ㅂㅂㅓㅣ	19	四
뼈	ㅂㅂㅕ	19	四
뼈들다	ㅂㅂㅕㄷㅡㄹ다	86	一
뼈물다	ㅂㅂㅕㅁㅜㄹ다	86	一
뽀듯하다	ㅂㅂㅗㄷㅡㅅ하다	86	一
뽀얗다	ㅂㅂㅗㅑㅎ다	8	二
(뾰두라지	ㅂㅂㅛㄷㅜㄹㅏㅈㅣ	52	三
뾰로지	ㅂㅂㅛㄹㅗㅈㅣ	52	三
뾰쪽하다	ㅂㅂㅛㅈㅈㅗㄱ하다	86	一
뾰족하다	ㅂㅂㅛㅈㅗㄱ하다	86	一
뾰조록하다	ㅂㅂㅛㅈㅗㄹㅗㄱ하다	86	一
뿌듯하다	ㅂㅂㅜㄷㅡㅅ하다	88	三
뿌드득뿌드득	ㅂㅂㅜㄷㅡㄷㅡㄱㅂㅂㅜㄷㅡㄷㅡㄱ	86	二
(뿌드드하다	ㅂㅂㅜㄷㅡㄷㅡ하다	45	二
뿔긋뿔긋	ㅂㅂㅜㄹㄱㅡㅅㅂㅂㅜㄹㄱㅡㅅ	88	三
(뿌럭지	ㅂㅂㅜㄹㅓㄱㅈㅣ	48	一
(뿌러기	ㅂㅂㅜㄹㅓㄱㅣ	48	一
(뿌르치다	ㅂㅂㅜㄹㅡㅊㅣ다	33	一
뿌리	ㅂㅂㅜㄹㅣ	48	一
뿌리치다	ㅂㅂㅜㄹㅣㅊㅣ다	33	一
뿌옇다	ㅂㅂㅜㅕㅎ다	89	一
삑	ㅂㅂㅣㄱ	86	二
삐꿀어지다	ㅂㅂㅣㄱㄱㅜㄹㅓㅈㅣ다	89	二
삐꿋삐꿋	ㅂㅂㅣㄱㄱㅜㅅㅂㅂㅣㄱㄱㅜㅅ	89	一
삐걱거리다	ㅂㅂㅣㄱㅓㄱㄱㅓㄹㅣ다	89	二

(삑기	ㅂㅂㅣㄱㄱㅣ	87 三
삔둥삔둥	/ㅂㅂㅣㄴㄷㅜㅇㅂㅂㅣㄴㄷㅜㅇ	101 四
삔들삔들	ㅂㅂㅣㄴㄷㅡㄹㅂㅂㅣㄴㄷㅡㄹ	101 四
삐뚝거리다	ㅂㅂㅣㄷㄷㅜㄱㄱㅓㄹㅣㄷㅏ	89 二
삐뚤어지다	ㅂㅂㅣㄷㄷㅜㄹㅓㅈㅣㄷㅏ	89 二
삐뚜름하다	ㅂㅂㅣㄷㄷㅜㄹㅡㅁㅎㅏㄷㅏ	89 二
삐드득	ㅂㅂㅣㄷㅡㄷㅡㄱ	86 二
삘기	ㅂㅂㅣㄹㄱㅣ	37 三
삐쭉거리다	ㅂㅂㅣㅈㅈㅜㄱㄱㅓㄹㅣㄷㅏ	89 四
삥	ㅂㅂㅣㅇ	89 四
삥글삥글	ㅂㅂㅣㅇㄱㅡㄹㅂㅂㅣㅇㄱㅡㄹ	87 四
삥그르르	ㅂㅂㅣㅇㄱㅡㄹㅡㄹㅡ	89 四
삥긋삥긋	ㅂㅂㅣㅇㄱㅡㅅㅂㅂㅣㅇㄱㅡㅅ	87 四
삥삥매다	ㅂㅂㅣㅇㅂㅂㅣㅇㅁㅏㅣㄷㅏ	86 二
삐쭉거리다	ㅂㅂㅣㅈㅈㅜㄱㄱㅓㄹㅣㄷㅏ	89 四
삐쭉하다	ㅂㅂ'ㅈㅈㅜㄱㅎㅏㄷㅏ	86 一
삐죽거리다	ㅂㅂㅣㅈㅜㄱㄱㅓㄹㅣㄷㅏ	90 一
삐죽하다	ㅂㅂㅣㅈㅜㄱㅎㅏㄷㅏ	86 一
삐주룩하다	ㅂㅂㅣㅈㅜㄹㅜㄱㅎㅏㄷㅏ	86 一
삐침	ㅂㅂㅣㅊㅣㅁ	7 三
(삐오기	ㅂㅂㅣㅗㄱㅣ	37 三
밖	ㅂㅏㄱㄱ	4 一
바깥	ㅂㅏㄱㄱㅏㅌ	14 二
바깥쪽	ㅂㅏㄱㄱㅏㅌㅈㅈㅗㄱ	14 二
(바꼍	ㅂㅏㄱㄱㅕㅌ	14 二
(바꼍짝	ㅂㅏㄱㄱㅕㅌㅈㅈㅏㄱ	14 二
(바꼍쪽	ㅂㅏㄱㄱㅕㅌㅈㅈㅗㄱ	14 二
(바꼬다	ㅂㅏㄱㄱㅗㄷㅏ	24 四
바꾸다	ㅂㅏㄱㄱㅜㄷㅏ	24 四
박공	ㅂㅏㄱㄱㅗㅇ	22 三
(박궁	ㅂㅏㄱㄱㅜㅇ	22 三
박다	ㅂㅏㄱㄷㅏ	86 二
(박승	ㅂㅏㄱㅅㅡㅇ	65 四
박작거리다	ㅂㅏㄴㅈㅏㄱㄱㅓㄹㅣㄷㅏ	88 二
박작박작	ㅂㅏㄱㅈㅏㄱㅂㅏㄱㅈㅏㄱ	83 二
박절하다	ㅂㅏㄱㅈㅓㄹㅎㅏㄷㅏ	86 二
박히다	ㅂㅏㄱㅎㅣㄷㅏ	86 二
바가지	ㅂㅏㄱㅏㅈㅣ	10 二
(바가치	ㅂㅏㄱㅏㅊㅣ	10 二
바구니	ㅂㅏㄱㅜㄴㅣ	14三,86二
(바구미	ㅂㅏㄱㅜㅁㅣ	14 三
바글바글	ㅂㅏㄱㅡㄹㅂㅏㄱㅡㄹ	88 二
(박이것	ㅂㅏㄱㅣㄱㅓㅅ	58 三
박이다	ㅂㅏㄱㅣㄷㅏ	86 二
박이옷	ㅂㅏㄱㅣㅗㅅ	58 三
반갑다	ㅂㅏㄴㄱㅏㅂㄷㅏ	43三,8 二
(반가히	ㅂㅏㄴㄱㅏㅎㅣ	41 二
(반기웁다	ㅂㅏㄴㄱㅏㅜㅂㄷㅏ	43 三
반가이	ㅂㅏㄴㄱㅏㅣ	41 二
반기다	ㅂㅏㄴㄱㅣㄷㅏ	86 二
(반다시	ㅂㅏㄴㄷㅏㅅㅣ	15 四
반둥반둥	ㅂㅏㄴㄷㅜㅇㅂㅏㄴㄷㅜㅇ	101 四
반들거리다	ㅂㅏㄴㄷㅡㄹㄱㅓㄹㅣㄷㅏ	86 二
반들반들(練滑)	ㅂㅏㄴㄷㅡㄹㅂㅏㄴㄷㅡㄹ	86 三
반들반들(遊惰)	ㅂㅏㄴㄷㅡㄹㅂㅏㄴㄷㅡㄹ	101 四
반드럽다	ㅂㅏㄴㄷㅡㄹㅓㅂㄷㅏ	83 三
반드르르	ㅂㅏㄴㄷㅡㄹㅡㄹㅡ	83 三
반듯하다	ㅂㅏㄴㄷㅡㅅㅎㅏㄷㅏ	86 三
반드시	ㅂㅏㄴㄷㅡㅅㅣ	15 四
반딧불	ㅂㅏㄴㄷㅣㅅㅂㅜㄹ	73 二
반물	ㅂㅏㄴㅁㅜㄹ	86 三
반반하다	ㅂㅏㄴㅂㅏㄴㅎㅏㄷㅏ	86 三
(반배	ㅂㅏㄴㅂㅏㅣ	67 四
반빗	ㅂㅏㄴㅂㅣㅅ	86 三
반빗아치	ㅂㅏㄴㅂㅣㅅㅏㅊㅣ	86 三
반짝	ㅂㅏㄴㅈㅈㅏㄱ	87 二
반짝거리다	ㅂㅏㄴㅈㅈㅏㄱㄱㅓㄹㅣㄷㅏ	86 四
반짝반짝	ㅂㅏㄴㅈㅈㅏㄱㅂㅏㄴㅈㅈㅏㄱ	83 四
반작거리다	ㅂㅏㄴㅈㅏㄱㄱㅓㄹㅣㄷㅏ	83 四
반작반작	ㅂㅏㄴㅈㅏㄱㅂㅏㄴㅈㅏㄱ	83 四
(반주	ㅂㅏㄴㅈㅜ	62 四
반질거리다	ㅂㅏㄴㅈㅣㄹㄱㅓㄹㅣㄷㅏ	86 二
반질반질	ㅂㅏㄴㅈㅣㄹㅂㅏㄴㅈㅣㄹ	86 三
반지럽다	ㅂㅏㄴㅈㅣㄹㅓㅂㄷㅏ	86 三
반지르르	ㅂㅏㄴㅈㅣㄹㅡㄹㅡ	86 三
반팔등거리	ㅂㅏㄴㅍㅏㄹㄷㅡㅇㄱㅓㄹㅣ	86 四
반하다	ㅂㅏㄴㅎㅏㄷㅏ	86 四
(바눌	ㅂㅏㄴㅜㄹ	29 四

바눌	ㅂㅏㄴㅜㄹ	29 四
(반일	ㅂㅏㄴㅣㄹ	69 一
(바다	ㅂㅏㄷㅏ	46 一
(바닥첫째	ㅂㅏㄷㅏ-ㅊㅓㅅㅈㅈㅏㅣ	49 一
(바독	ㅂㅏㄷㅗㄱ	24 四
바동거리다	ㅂㅏㄷㅗㅇㄱㅓㄹㅣㄷㅏ	87 二
바둑	ㅂㅏㄷㅜㄱ	24 四
(바듸	ㅂㅏㄷㅡㅣ	34 四
바디	ㅂㅏㄷㅣ	34 四
발꿈치	ㅂㅏㄹㄱㄱㅜㅁㅊㅣ	86 四
발끈거리다	ㅂㅏㄹㄱㄱㅡㄴㄱㅓㄹㅣㄷㅏ	86 四
발가락	ㅂㅏㄹㄱㅏㄹㅏㄱ	14 三
발가숭이	ㅂㅏㄹㄱㅏㅅㅜㅇㅣ	87 二
발갛다	ㅂㅏㄹㄱㅏㅎㄷㅏ	87 一
(발고	ㅂㅏㄹㄱㅗ	24 四
(발고락	ㅂㅏㄹㄱㅗㄹㅏㄱ	14 三
발구	ㅂㅏㄹㄱㅜ	24 四
(발구락	ㅂㅏㄹㄱㅜㄹㅏㄱ	14 三
발긋발긋	ㅂㅏㄹㄱㅡㅅㅂㅏㄹㄱㅡㅅ	88 三
발딱발딱	ㅂㅏㄹㄷㄷㅏㄱㅂㅏㄹㄷㄷㅏㄱ	87 二
(발돋옴	ㅂㅏㄹㄷㅗㄷㅗㅁ	24 四
발돋움	ㅂㅏㄹㄷㅗㄷㅜㅁ	24 四
(발돋음	ㅂㅏㄹㄷㅗㄷㅡㅁ	24 四
발뒷꿈치	ㅂㅏㄹㄷㅜㅣㅅㄱㄱㅜㅁㅊㅣ	86 [illegible]
발등	ㅂㅏㄹㄷㅡㅇ	48 四
(발등어리	ㅂㅏㄹㄷㅡㅇㅓㄹㅣ	48 四
발목	ㅂㅏㄹㅁㅗㄱ	87 一
밟다	ㅂㅏㄹㅂㄷㅏ	83 三
발바닥	ㅂㅏㄹㅂㅏㄷㅏㄱ	2 四
(발바당	ㅂㅏㄹㅂㅏㄷㅏㅇ	2 四
발발	ㅂㅏㄹㅂㅏㄹ	81 二
(발방아	ㅂㅏㄹㅂㅏㅇㅏ	64 一
(발써	ㅂㅏㄹㅅㅅㅓ	13 四
발쭉발쭉	ㅂㅏㄹㅈㅈㅜㄱㅂㅏㄹㅈㅈㅜㄱ	87 三
발판	ㅂㅏㄹㅍㅏㄴ	87 一
발회목	ㅂㅏㄹㅎㅗㅣㅁㅗㄱ	87 一
바락바락	ㅂㅏㄹㅏㄱㅂㅏㄹㅏㄱ	87 三
바람동이	ㅂㅏㄹㅏㅁㄷㅗㅇㅣ	58 三
(바람맞이	ㅂㅏㄹㅏㅁㅁㅏㅈㅣ	58 三
바람벽	ㅂㅏㄹㅏㅁㅂㅕㄱ	80 四
바로	ㅂㅏㄹㅗ	22 三
(바루	ㅂㅏㄹㅜ	22 三
(바른쪽	ㅂㅏㄹㅡㄴㅈㅈㅗㄱ	61 三
(바른편	ㅂㅏㄹㅡㄴㅍㅕㄴ	61 三
(바른편짝	ㅂㅏㄹㅡㄴㅍㅕㄴㅈㅈㅏㄱ	61 三
(바릇하다	ㅂㅏㄹㅡㅅㅎㅏㄷㅏ	52 二
바르작거리다	ㅂㅏㄹㅡㅈㅏㄱㄱㅓㄹㅣㄷㅏ	87 三
바리다	ㅂㅏㄹㅣㄷㅏ	1 四
밤나	ㅂㅏㅁㄴㅏ	40 一
밤낮	ㅂㅏㅁㄴㅏㅈ	40 一
(밤송아리	ㅂㅏㅁㅅㅗㅇㅏㄹㅣ	48 一
밤송이	ㅂㅏㅁㅅㅗㅇㅣ	48 一
밥그릇	ㅂㅏㅂㄱㅡㄹㅡㅅ	87 一
(밥데기	ㅂㅏㅂㄷㅓㅣㄱㅣ	62 二
(바뿌다	ㅂㅏㅂㅂㅜㄷㅏ	29 四
바쁘다	ㅂㅏㅂㅂㅡㄷㅏ	29 四
밥풀	ㅂㅏㅂㅍㅜㄹ	87 一
밥풀눈	ㅂㅏㅂㅍㅜㄹㄴㅜㄴ	74 二
밥풀눈이	ㅂㅏㅂㅍㅜㄹㄴㅜㄴㅣ	74 二
밥알	ㅂㅏㅂㅏㄹ	8[illegible] 一
(밧	ㅂㅏㅅ	9 一
(밗	ㅂㅏㅅㄱ	4 一
바싹	ㅂㅏㅅㅅㅏㄱ	87 一
바싹바싹	ㅂㅏㅅㅅㅏㄱㅂㅏㅅㅅㅏㄱ	87 三
밧쪽	ㅂㅏㅅㅈㅈㅗㄱ	74 二
바삭바삭	ㅂㅏㅅㅏㄱㅂㅏㅅㅏㄱ	87 三
바서지다	ㅂㅏㅅㅓㅈㅣㄷㅏ	88 四
(바소리	ㅂㅏㅅㅗㄹㅣ	39 二
바수다	ㅂㅏㅅㅜㄷㅏ	40一, 8 四
바스대다	ㅂㅏㅅㅡㄷㅐㄷㅏ	88 四
바스라기	ㅂㅏㅅㅡㄹㅏㄱㅣ	14四, 9一
바스럭거리다	ㅂㅏㅅㅡㄹㅓㄱㄱㅓㄹㅣㄷㅏ	88 四
바스러뜨리다	ㅂㅏㅅㅡㄹㅓㄷㄷㅡㄹㅣㄷㅏ	89 一
바스러지다	ㅂㅏㅅㅡㄹㅓㅈㅣㄷㅏ	88 四
바스스	ㅂㅏㅅㅡㅅㅡ	89 一
방고래	ㅂㅏㅇㄱㅗㄹㅐ	114 四
방귀	ㅂㅏㅇㄱㅜㅣ	21 二
방글방글	ㅂㅏㅇㄱㅡㄹㅂㅏㅇㄱㅡㄹ	87 四

방금	ㅂㅏㅇㄱㅡㅁ	70 三
방긋방긋	ㅂㅏㅇㄱㅡㅅㅂㅏㅇㄱㅡㅅ	87 四
(방긔	ㅂㅏㅇㄱㅡㅣ	81 二
(방기	ㅂㅏㅇㄱㅣ	31 二
방망이	ㅂㅏㅇㅁㅏㅇㅣ	85 一
방실방실	ㅂㅏㅇㅅㅣㄹㅂㅏㅇㅅㅣㄹ	87 四
(방정꾸니	ㅂㅏㅇㅈㅓㅇㄱㄱㅜㄴㅣ	88 三
방정구러기	ㅂㅏㅇㅈㅓㅇㄱㅜㄹㅓㄱㅣ	5 三
(방춧돌	ㅂㅏㅇㅊㅜㅅㄷㅗㄹ	63 四
(방칫돌	ㅂㅏㅇㅊㅣㅅㄷㅗㄹ	63 四
방아깨비	ㅂㅏㅇㅏㄱㄱㅏㅣㅂㅣ	64 二
방앗간	ㅂㅏㅇㅏㅅㄱㅏㄴ	87 一
바짝	ㅂㅏㅈㅈㅏㄱ	87 一
바지런하다	ㅂㅏㅈㅣㄹㅓㄴㅎㅏㄷㅏ	89 一
(밫	ㅂㅏㅊ	9 一
(바쾨	ㅂㅏㅋㅗㅣ	27 一
바퀴(輪)	ㅂㅏㅋㅜㅣ	27 一
바퀴(香猥子)	ㅂㅏㅋㅜㅣ	68 一
밭	ㅂㅏㅌ	9 一
(밭다(吐)	ㅂㅏㅌㄷㅏ	62 二
밭다(濾)	ㅂㅏㅌㄷㅏ	73 四
(바토	ㅂㅏㅌㅗ	24 四
바투	ㅂㅏㅌㅜ	2 四,87一
바트기	ㅂㅏㅌㅡㄱㅣ	87 一
밭이랑	ㅂㅏㅌㅣㄹㅏㅇ	113 一
(바회	ㅂㅏㅎㅗㅣ	52 三
바야흐로	ㅂㅑㅎㅡㄹㅗ	40 四
(바야으로	ㅂㅑㅡㄹㅗ	40 四
(바우	ㅂㅏㅜ	52 三
바위	ㅂㅏㅜㅣ	52 三
배꼬다	ㅂㅏㅣㄱㄱㅗㄷㅏ	101 二
배꼿배꼿	ㅂㅏㅣㄱㄱㅗㅅㅂㅏㅣㄱㄱㅗㅅ	89 一
(백발	ㅂㅏㅣㄱㅂㅏㄹ	68 二
백설기	ㅂㅏㅣㄱㅅㅓㄹㄱㅣ	106 三
(백자	ㅂㅏㅣㄱㅈㅏ	16 一
백지	ㅂㅏㅣㄱㅈㅣ	16 一
(백어	ㅂㅏㅣㄱㅓ	2 四
밴둥밴둥	ㅂㅏㅣㄴㄷㅜㅇㅂㅏㅣㄴㄷㅜㅇ	101 四
밴들밴들	ㅂㅏㅣㄴㄷㅡㄹㅂㅏㅣㄴㄷㅡㄹ	101 四
배뚝거리다(傾)	ㅂㅏㅣㄷㄷㅜㄱㄱㅓㄹㅣㄷㅏ	89 二
배뜩거리다(蹌)	ㅂㅏㅣㄷㄷㅡㄱㄱㅓㄹㅣㄷㅏ	90 一
배뚤어지다	ㅂㅏㅣㄷㄷㅜㄹㅓㅈㅣㄷㅏ	89 二
배뚜름하다	ㅂㅏㅣㄷㄷㅜㄹㅡㅁㅎㅏㄷㅏ	89 二
(배다(學)	ㅂㅏㅣㄷㅏ	43 一
배다(孕)	ㅂㅏㅣㄷㅏ	45 二
배라먹다	ㅂㅏㅣㄹㅏㅁㅓㄱㄷㅏ	89 二
배리다	ㅂㅏㅣㄹㅣㄷㅏ	89 三
배릿배릿하다	ㅂㅏㅣㄹㅣㅅㅂㅏㅣㄹㅣㅅㅎㅏㄷㅏ	89 三
뱀	ㅂㅏㅣㅁ	42 一
뱀딸기	ㅂㅏㅣㅁㄷㄷㅏㄹㄱㅣ	64 三
뱀장어	ㅂㅏㅣㅁㅈㅏㅇㅓ	42 二
배배꼬다	ㅂㅏㅣㅂㅏㅣㄱㄱㅗㄷㅏ	89 三
배배틀다	ㅂㅏㅣㅂㅏㅣㅌㅡㄹㄷㅏ	89 三
배비적거리다	ㅂㅏㅣㅂㅣㅈㅓㄱㄱㅓㄹㅣㄷㅏ	89 三
뱃길	ㅂㅏㅣㅅㄱㅣㄹ	64 三
뱃멀미	ㅂㅏㅣㅅㅁㅓㄹㅁㅣ	85 二
배스듬하다	ㅂㅏㅣㅅㅡㄷㅡㅁㅎㅏㄷㅏ	89 四
배슷하다	ㅂㅏㅣㅅㅡㅅㅎㅏㄷㅏ	89 四
뱅	ㅂㅏㅣㅇ	89 四
뱅글뱅글	ㅂㅏㅣㅇㄱㅡㄹㅂㅏㅣㅇㄱㅡㄹ	87 四
뱅그르르	ㅂㅏㅣㅇㄱㅡㄹㅡㄹㅡ	89 四
뱅긋뱅긋	ㅂㅏㅣㅇㄱㅡㅅㅂㅏㅣㅇㄱㅡㅅ	87 四
뱅충맞다	ㅂㅏㅣㅇㅊㅜㅇㅁㅏㅈㄷㅏ	89 四
뱅충이	ㅂㅏㅣㅇㅊㅜㅇㅣ	89 四
뱅어	ㅂㅏㅣㅇㅓ	2 四
배쭉거리다	ㅂㅏㅣㅈㅈㅜㄱㄱㅓㄹㅣㄷㅏ	89 四
배자	ㅂㅏㅣㅈㅏ	86 四
배죽거리다	ㅂㅏㅣㅈㅜㄱㄱㅓㄹㅣㄷㅏ	90 一
(배차	ㅂㅏㅣㅊㅏ	15 二
(배채	ㅂㅏㅣㅊㅏㅣ	15 二
배척거리다	ㅂㅏㅣㅊㅓㄱㄱㅓㄹㅣㄷㅏ	90 一
배추	ㅂㅏㅣㅊㅜ	15 二
배코	ㅂㅏㅣㅋㅗ	68 一
뱉다	ㅂㅏㅣㅌㄷㅏ	62 二
배틀거리다	ㅂㅏㅣㅌㅡㄹㄱㅓㄹㅣㄷㅏ	90 一
배틀다	ㅂㅏㅣㅌㅡㄹㄷㅏ	101 二
(배호다	ㅂㅏㅣㅎㅗㄷㅏ	43 一
(배암	ㅂㅏㅣㅏㅁ	42 一

(배암장어	ㅂㅏㅣㅏㅁㅈㅏㅇㅓ	42	二
(배앝다	ㅂㅏㅣㅏㅌㄷㅏ	62	二
배우다	ㅂㅏㅣㅜㄷㅏ	43	一
(배이다	ㅂㅏㅣㅣㄷㅏ	45	二
벅적거리다	ㅂㅓㄱㅈㅓㄱㄱㅓㄹㅣㄷㅏ	88	二
벅적벅적	ㅂㅓㄱㅈㅓㄱㅂㅓㄱㅈㅓㄱ	88	二
(버굿	ㅂㅓㄱㅜㅅ	19	一
버근하다	ㅂㅓㄱㅡㄴㅎㅏㄷㅏ	88	一
버긋하다	ㅂㅓㄱㅡㅅㅎㅏㄷㅏ	83	一
번뜩거리다	ㅂㅓㄴㄷㄷㅡㄱㄱㅓㄹㅣㄷㅏ	87	一
번뜩번뜩	ㅂㅓㄴㄷㄷㅡㄱㅂㅓㄴㄷㄷㅡㄱ	87	二
(번데	ㅂㅓㄴㄷㅓㅣ	46	四
번데기	ㅂㅓㄴㄷㅓㅣㄱㅣ	46	四
번둥번둥	ㅂㅓㄴㄷㅜㅇㅂㅓㄴㄷㅜㅇ	101	四
번득거리다	ㅂㅓㄴㄷㅡㄱㄱㅓㄹㅣㄷㅏ	87	一
번득번득	ㅂㅓㄴㄷㅡㄱㅂㅓㄴㄷㅡㄱ	87	二
번들번들(綠滑)	ㅂㅓㄴㄷㅡㄹㅂㅓㄴㄷㅡㄹ	86	三
번들번들(遊惰	ㅂㅓㄴㄷㅡㄹㅂㅓㄴㄷㅡㄹ	101	四
번드럽다	ㅂㅓㄴㄷㅡㄹㅓㅂㄷㅏ	86	三
번드르르	ㅂㅓㄴㄷㅡㄹㅡㄹㅡ	86	三
번듯하다	ㅂㅓㄴㄷㅡㅅㅎㅏㄷㅏ	86	三
번번하다	ㅂㅓㄴㅂㅓㄴㅎㅏㄷㅏ	86	三
(번번히	ㅂㅓㄴㅂㅓㄴㅎㅣ	41	二
번번이	ㅂㅓㄴㅂㅓㄴㅣ	41	二
번쩍	ㅂㅓㄴㅈㅈㅓㄱ	87	二
번쩍거리다	ㅂㅓㄴㅈㅈㅓㄱㄱㅓㄹㅣㄷㅏ	86	四
번쩍번쩍	ㅂㅓㄴㅈㅈㅓㄱㅂㅓㄴㅈㅈㅓㄱ	86	四
번적거리다	ㅂㅓㄴㅈㅓㄱㄱㅓㄹㅣㄷㅏ	86	四
번적번적	ㅂㅓㄴㅈㅓㄱㅂㅓㄴㅈㅓㄱ	86	四
번지다	ㅂㅓㄴㅈㅣㄷㅏ	10	二
번질번질	ㅂㅓㄴㅈㅣㄹㅂㅓㄴㅈㅣㄹ	86	三
번지럽다	ㅂㅓㄴㅈㅣㄹㅓㅂㄷㅏ	86	三
번지르르	ㅂㅓㄴㅈㅣㄹㅡㄹㅡ	86	三
(번치다	ㅂㅓㄴㅊㅣㄷㅏ	10	二
(버네	ㅂㅓㄴㅓㅣ	19	一
번연히	ㅂㅓㄴㅕㄴㅎㅣ	18	四
(버늬	ㅂㅓㄴㅡㅣ	19	一
(벋	ㅂㅓㄷ	5	三
벋버듬하다	ㅂㅓㄷㅂㅓㄷㅡㅁㅎㅏㄷㅏ	87	二
버둥거리다	ㅂㅓㄷㅜㅇㄱㅓㄹㅣㄷㅏ	87	二
버들개지	ㅂㅓㄷㅡㄹㄱㅏㅣㅈㅣ	45	一
버드러지다	ㅂㅓㄷㅡㄹㅓㅈㅣㄷㅏ	87	二
버듬하다	ㅂㅓㄷㅡㅁㅎㅏㄷㅏ	87	二
벌거숭이	ㅂㅓㄹㄱㅓㅅㅜㅇㅣ	87	二
(벌거지	ㅂㅓㄹㄱㅓㅈㅣ	87	三
벌겋다	ㅂㅓㄹㄱㅓㅎㄷㅏ	87	一
벌떡벌떡	ㅂㅓㄹㄷㄷㅓㄱㅂㅓㄹㄷㄷㅓㄱ	87	二
(벌떠구니	ㅂㅓㄹㄷㄷㅓㄱㅜㄴㅣ	88	三
벌다	ㅂㅓㄹㄷㅏ	87	二
(벌러지	ㅂㅓㄹㄹㅓㅈㅣ	87	三
벌레	ㅂㅓㄹㄹㅓㅣ	87	三
벌룩거리다	ㅂㅓㄹㄹㅜㄱㄱㅓㄹㅣㄷㅏ	87	二
벌룩벌룩	ㅂㅓㄹㄹㅜㄱㅂㅓㄹㄹㅜㄱ	87	三
벌름벌름	ㅂㅓㄹㄹㅡㅁㅂㅓㄹㄹㅡㅁ	87	三
벌름하다	ㅂㅓㄹㄹㅡㅁㅎㅏㄷㅏ	88	一
벌벌	ㅂㅓㄹㅂㅓㄹ	81	二
벌써	ㅂㅓㄹㅅㅅㅓ	13	四
벌쭉거리다	ㅂㅓㄹㅈㅈㅜㄱㄱㅓㄹㅣㄷㅏ	87	二
벌쭉벌쭉	ㅂㅓㄹㅈㅈㅜㄱㅂㅓㄹㅈㅈㅜㄱ	87	三
벌컥	ㅂㅓㄹㅋㅓㄱ	87	三
벌판	ㅂㅓㄹㅍㅏㄴ	58	三
버럭	ㅂㅓㄹㅓㄱ	87	三
버럭버럭	ㅂㅓㄹㅓㄱㅂㅓㄹㅓㄱ	87	三
(버러기	ㅂㅓㄹㅓㄱㅣ	62	三
(버러지	ㅂㅓㄹㅓㅈㅣ	87	三
벌어지다	ㅂㅓㄹㅓㅈㅣㄷㅏ	87	二
(버레	ㅂㅓㄹㅓㅣ	87	三
버름하다	ㅂㅓㄹㅡㅁㅎㅏㄷㅏ	88	一
버릇	ㅂㅓㄹㅡㅅ	87	三
(버르장머리	ㅂㅓㄹㅡㅈㅏㅇㅁㅓㄹㅣ	48	四
버르장이	ㅂㅓㄹㅡㅈㅏㅇㅣ	48四, 87	三
버르적거리다	ㅂㅓㄹㅡㅈㅓㄱㄱㅓㄹㅣㄷㅏ	87	三
(버리	ㅂㅓㄹㅣ	19	一
버리다	ㅂㅓㄹㅣㄷㅏ	13	四
범	ㅂㅓㅁ	63	一
범나비	ㅂㅓㅁㄴㅏㅂㅣ	64	三
(범아자비	ㅂㅓㅁㅏㅈㅏㅂㅣ	69	四
(버물다	ㅂㅓㅁㅜㄹㄷㅏ	44	四

버무리다	ㅂㅓㅁㅜㄹㅣㄷㅏ	44 四
벗	ㅂㅓㅅ	5 三
벗가다	ㅂㅓㅅㄱㅏㄷㅏ	64三,89三
벗놓다	ㅂㅓㅅㄴㅗㅎㄷㅏ	89 三
버썩버썩	ㅂㅓㅅㅅㅓㄱㅂㅓㅅㅅㅓㄱ	87 三
버석버석	ㅂㅓㅅㅓㄱㅂㅓㅅㅓㄱ	87 三
버선	ㅂㅓㅅㅓㄴ	18 四
(버성귀다	ㅂㅓㅅㅓㅇㄱㅜㅣㄷㅏ	24 四
버성기다	ㅂㅓㅅㅓㅇㄱㅣㄷㅏ	34 四
벙거짓꼴	ㅂㅓㅇㄱㅓㅈㅣㅅㄱㅗㄹ	96 三
벙글벙글	ㅂㅓㅇㄱㅡㄹㅂㅓㅇㄱㅡㄹ	87 四
벙긋벙긋	ㅂㅓㅇㄱㅡㅅㅂㅓㅇㄱㅡㅅ	87 四
벙긋하다	ㅂㅓㅇㄱㅡㅅㅎㅏㄷㅏ	88 一
벙실벙실	ㅂㅓㅇㅅㅣㄹㅂㅓㅇㅅㅣㄹ	87 四
(벙추	ㅂㅓㅇㅊㅜ	52 三
벙어리	ㅂㅓㅇㅓㄹㅣ	52 三
(버즘	ㅂㅓㅈㅡㅁ	33 一
버짐	ㅂㅓㅈㅣㅁ	33 一
(버채다	ㅂㅓㅊㅏㅣㄷㅏ	19 二
(버큼	ㅂㅓㅋㅡㅁ	28 二
(버히다	ㅂㅓㅎㅣㄷㅏ	21 一
(베(稻)	ㅂㅓㅣ	20 一
베(布)	ㅂㅓㅣ	2[illegible] 三
베개	ㅂㅓㅣㄱㅏㅣ	19 四
베다(枕)	ㅂㅓㅣㄷㅏ	21 一
베다(斬)	ㅂㅓㅣㄷㅏ	21 一
(베락	ㅂㅓㅣㄹㅏㄱ	20 一
베실	ㅂㅓㅣㅅㅣㄹ	68 一
벼	ㅂㅕ	20 一
(벼개	ㅂㅕㄱㅏㅣ	19 四
변	ㅂㅕㄴ	114 四
변두리	ㅂㅕㄴㄷㅜㄹㅣ	73 二
변리	ㅂㅕㄴㄹㅣ	68一,114四
변모없다	ㅂㅕㄴㅁㅗㅓㅂㅅㄷㅏ	88 一
(변소	ㅂㅕㄴㅅㅗ	64 一
변죽치다	ㅂㅕㄴㅈㅜㄱㅊㅣㄷㅏ	88 一
변죽울리다	ㅂㅕㄴㅈㅜㄱㅜㄹㄹㅣㄷㅏ	88 一
(별가	ㅂㅕㄹㄱㅏ	13 四
별로	ㅂㅕㄹㄹㅗ	45 二
(별로히	ㅂㅕㄹㄹㅗㅎㅣ	45 二
(별로이	ㅂㅕㄹㄹㅗㅣ	45 二
별말	ㅂㅕㄹㅁㅏㄹ	83 一
별소리	ㅂㅕㄹㅅㅗㄹㅣ	88 一
(별실	ㅂㅕㄹㅅㅣㄹ	13 四
벼락	ㅂㅕㄹㅏㄱ	2[illegible] 一
벼락닫이	ㅂㅕㄹㅏㄱㄷㅏㄷㅣ	73 一
(벼록	ㅂㅕㄹㅗㄱ	24 四
벼룩	ㅂㅕㄹㅜㄱ	24 四
(볏(陽)	ㅂㅕㅅ	9 一
볏(鷄冠)	ㅂㅕㅅ	68 一
볏가리	ㅂㅕㅅㄱㅏㄹㅣ	88 一
볏단	ㅂㅕㅅㄷㅏㄴ	58 三
(볏뭇	ㅂㅕㅅㅁㅜㅅ	58 三
벼슬	ㅂㅕㅅㅡㄹ	32 一
(벼실	ㅂㅕㅅㅣㄹ	32 一
병나다	ㅂㅕㅇㄴㅏㄷㅏ	88 一
병들다	ㅂㅕㅇㄷㄷㅡㄹㄷㅏ	88 一
(볓	ㅂㅕㅊ	9 一
볕	ㅂㅕㅌ	9 一
(보(小皿)	ㅂㅗ	52 三
보(褓)	ㅂㅗ	83 一
복	ㅂㅗㄱ	49 一
(복사	ㅂㅗㄱㅅㅏ	24 四
(복생선	ㅂㅗㄱㅅㅏㅣㅇㅅㅓㄴ	49 一
(복송아	ㅂㅗㄱㅅㅗㅇㅏ	24 四
복숭아	ㅂㅗㄱㅅㅜㅇㅏ	24 四
복작거리다	ㅂㅗㄱㅈㅏㄱㄱㅓㄹㅣㄷㅏ	83 二
복작복작	ㅂㅗㄱㅈㅏㄱㅂㅗㄱㅈㅏㄱ	83 二
(복쟁이	ㅂㅗㄱㅈㅏㅣㅇㅣ	49 一
(복태	ㅂㅗㄱㅌㅏㅣ	63 四
(보구니	ㅂㅗㄱㅜㄴㅣ	14 三
(보구미	ㅂㅗㄱㅜㅁㅣ	14 三
보굿	ㅂㅗㄱㅜㅅ	19 一
보글보글	ㅂㅗㄱㅡㄹㅂㅗㄱㅡㄹ	88 二
(본가	ㅂㅗㄴㄱㅏ	58 三
본값	ㅂㅗㄴㄱㅏㅂㅅ	58 三
(본대	ㅂㅗㄴㄷㅏㅣ	17 三

본댁네	ㅂㅗㄴㄷㅏㅣㄱㄴㅓㅣ	96 一
(본듸	ㅂㅗㄴㄷㅡㅣ	17 三
본디	ㅂㅗㄴㄷㅣ	17 三
본바닥	ㅂㅗㄴㅂㅏㄷㅏㄱ	83 一
본바탕	ㅂㅗㄴㅂㅏㅌㅏㅇ	88 一
본치	ㅂㅗㄴㅊㅣ	4 三
(보녜	ㅂㅗㄴㅕㅣ	19 一
보년히	ㅂㅗㄴㅕㄴㅎㅣ	18 四
(보녈	ㅂㅗㄴㅕㄹ	70 三
보늬	ㅂㅗㄴㅡㅣ	19 一
(보니	ㅂㅗㄴㅣ	19 一
(보닐	ㅂㅗㄴㅣㄹ	70 二
보다	ㅂㅗㄷㅏ	28 四
(보다가	ㅂㅗㄷㅏㄱㅏ	38 四
(보담	ㅂㅗㄷㅏㅁ	28 四
(보두다	ㅂㅗㄷㅜㄷㅏ	58 三
보득솔	ㅂㅗㄷㅡㄱㅅㅗㄹ	88 一
보드기	ㅂㅗㄷㅡㄱㅣ	83 一
보드렵다	ㅂㅗㄷㅡㄹㅕㅂㄷㅏ	88 三
볼끼	ㅂㅗㄹㄱㄱㅣ	4 一
(볼따구니	ㅂㅗㄹㄷㄷㅏㄱㅜㄴㅣ	48 一
볼따기	ㅂㅗㄹㄷㄷㅏㄱㅣ	48 一
(볼셩	ㅂㅗㄹㅅㅕㅇ	58 三
(볼찌	ㅂㅗㄹㅈㅈㅣ	4 一
(볼조개	ㅂㅗㄹㅈㅗㄱㅏㅣ	38 二
(볼치	ㅂㅗㄹㅊㅣ	4 三
(볼태기	ㅂㅗㄹㅌㅏㅣㄱㅣ	48 一
볼통볼통	ㅂㅗㄹㅌㅗㅇㅂㅗㄹㅌㅗㅇ	88 三
볼품	ㅂㅗㄹㅍㅜㅁ	58 三
보루퉁하다	ㅂㅗㄹㅜㅌㅜㅇㅎㅏㄷㅏ	88 四
보름(十五個日)	ㅂㅗㄹㅡㅁ	88 二
보름(望日)	ㅂㅗㄹㅡㅁ	114 四
보름날	ㅂㅗㄹㅡㅁㄴㅏㄹ	88二,114四
보리	ㅂㅗㄹㅣ	19 一
보리수	ㅂㅗㄹㅣㅅㅜ	52 三
보리타다	ㅂㅗㄹㅣㅌㅏㄷㅏ	84 二
(보병	ㅂㅗㅂㅕㅇ	4 四
(보병목	ㅂㅗㅂㅕㅇㅁㅗㄱ	4 四
봇짐	ㅂㅗㅅㅈㅣㅁ	88 二
(보삽	ㅂㅗㅅㅏㅂ	15 四
(보선	ㅂㅗㅅㅓㄴ	18 四
보서다	ㅂㅗㅅㅓㄷㅏ	58 三
보송보송	ㅂㅗㅅㅗㅇㅂㅗㅅㅗㅇ	88 四
보슬보슬	ㅂㅗㅅㅡㄹㅂㅗㅅㅡㄹ	88 四
(보스라기	ㅂㅗㅅㅡㄹㅏㄱㅣ	14 四
보습	ㅂㅗㅅㅡㅂ	15 四
보시기	ㅂㅗㅅㅣㄱㅣ	52 三
(봉나다	ㅂㅗㅇㄴㅏㄷㅏ	45 一
(봉답	ㅂㅗㅇㄷㅏㅂ	65 三
(봉두라지	ㅂㅗㅇㄷㅜㄹㅏㅈㅣ	25 一
(봉사	ㅂㅗㅇㅅㅏ	52 三
(봉선화	ㅂㅗㅇㅅㅓㄴㅎㅗㅏ	52 三
봉숭아	ㅂㅗㅇㅅㅜㅇㅏ	52 三
봉채	ㅂㅗㅇㅊㅏㅣ	17 三
봉천지기	ㅂㅗㅇㅊㅓㄴㅈㅣㄱㅣ	65 三
봉치	ㅂㅗㅇㅊㅣ	17 三
봉투	ㅂㅗㅇㅌㅜ	68二,88二
(봉오라지	ㅂㅗㅇㅗㄹㅏㅈㅣ	22 三
봉오리(蕾)	ㅂㅗㅇㅗㄹㅣ	22 三
(봉오리(峰)	ㅂㅗㅇㅗㄹㅣ	25 一
(봉우라지	ㅂㅗㅇㅜㄹㅏㅈㅣ	25 一
봉우리(蕾)	ㅂㅗㅇㅜㄹㅣ	22 三
봉우리(峰)	ㅂㅗㅇㅜㄹㅣ	25 一
(보제수	ㅂㅗㅈㅓㅣㅅㅜ	52 三
보조개	ㅂㅗㅈㅗㄱㅏㅣ	38 二
보채다	ㅂㅗㅊㅏㅣㄷㅏ	19 二
보퉁이	ㅂㅗㅌㅜㅇㅣ	58 二
(보히다	ㅂㅗㅎㅣㄷㅏ	41 三
(보아	ㅂㅗㅏ	52 三
보얗다	ㅂㅗㅑㅎㄷㅏ	58 二
(뵈	ㅂㅗㅣ	2 三
보이다	ㅂㅗㅣㄷㅏ	41 三
(북녁	ㅂㅜㄱㄴㅕㄱ	58 三
북돋우다	ㅂㅜㄱㄷㅗㄷㅜㄷㅏ	58 三
(북방망이	ㅂㅜㄱㅂㅏㅇㅁㅏㅇㅇㅣ	58 四
북슬북슬	ㅂㅜㄱㅅㅡㄹㅂㅜㄱㅅㅡㄹ	88 二
북쪽	ㅂㅜㄱㅈㅈㅗㄱ	58 三

북적거리다	ㅂㅜㄱㅈㅓㄱㄱㅓㄹㅣㄷㅏ	88 二
북적북적	ㅂㅜㄱㅈㅓㄱㅂㅜㄱㅈㅓㄱ	88 二
(북주다	ㅂㅜㄱㅈㅜㄷㅏ	58 三
북채	ㅂㅜㄱㅊㅏㅣ	58 四
(북편	ㅂㅜㄱㅍㅕㄴ	58 三
북어	ㅂㅜㄱㅓ	84 三
부검지	ㅂㅜㄱㅓㅁㅈㅣ	40 一
(부거미	ㅂㅜㄱㅓㅁㅣ	40 一
부글부글	ㅂㅜㄱㅡㄹㅂㅜㄱㅡㄹ	88 二
부기	ㅂㅜㄱㅣ	7 四
(분결	ㅂㅜㄴㄱㅕㄹ	58 四
분김	ㅂㅜㄴㄱㅣㅁ	58 四
(분문	ㅂㅜㄴㅁㅜㄴ	57 三
(분비다	ㅂㅜㄴㅂㅣㄷㅏ	4 四
(분전	ㅂㅜㄴㅈㅕㄴ	8 一
분풀이하다	ㅂㅜㄴㅍㅜㄹㅣㅎㅏㄷㅏ	88 三
분합	ㅂㅜㄴㅎㅏㅂ	40 四
(부납	ㅂㅜㄴㅏㅂ	40 四
(부다	ㅂㅜㄷㅏ	46 一
(부대	ㅂㅜㄷㅏㅣ	17 三
부듯하다	ㅂㅜㄷㅜㅅㅎㅏㄷㅏ	88 三
(부둥킈다	ㅂㅜㄷㅜㅇㅋㅡㅣㄷㅏ	24 四
부둥키다	ㅂㅜㄷㅜㅇㅋㅣㄷㅏ	24 四
부드럽다	ㅂㅜㄷㅡㄹㅓㅂㄷㅏ	88 三
부등가리	ㅂㅜㄷㅡㅇㄱㅏㄹㅣ	52 三
(부등갱이	ㅂㅜㄷㅡㅇㄱㅏㅣㅇㅣ	52 三
(부등키다	ㅂㅜㄷㅡㅇㅋㅣㄷㅏ	24 四
부디	ㅂㅜㄷㅣ	17 三
부디뜨리다	ㅂㅜㄷㅣㄷㄷㅡㄹㅣㄷㅏ	80 二
부디치다	ㅂㅜㄷㅣㅊㅣㄷㅏ	80 二
(불꾸럼지	ㅂㅜㄹㄱㄱㅜㄹㅓㅁㅈㅣ	40 二
불꾸러미	ㅂㅜㄹㄱㄱㅜㄹㅓㅁㅣ	40 二
불겅불겅	ㅂㅜㄹㄱㅓㅇㅂㅜㄹㄱㅓㅇ	88 三
불겅이	ㅂㅜㄹㄱㅓㅇㅣ	68 二
불근불근	ㅂㅜㄹㄱㅡㄴㅂㅜㄹㄱㅡㄴ	88 三
불긋불긋	ㅂㅜㄹㄱㅡㅅㅂㅜㄹㄱㅡㅅ	88 三
불놓다	ㅂㅜㄹㄴㅗㅎㄷㅏ	88 三
(불뜨갱이	ㅂㅜㄹㄷㄷㅡㄱㅏㅣㅇㅣ	52 三
(불다	ㅂㅜㄹㄷㅏ	42 三
(불르다	ㅂㅜㄹㄹㅡㄷㅏ	88 二
(붋다	ㅂㅜㄹㅂㄷㅏ	42 三
(불범	ㅂㅜㄹㅂㅓㅁ	65 四
불쑥불쑥	ㅂㅜㄹㅅㅅㅜㄱㅂㅜㄹㅅㅅㅜㄱ	88 三
(불손	ㅂㅜㄹㅅㅗㄴ	52 三
불지르다	ㅂㅜㄹㅈㅣㄹㅡㄷㅏ	88 三
불퉁불퉁	ㅂㅜㄹㅌㅜㅇㅂㅜㄹㅌㅜㅇ	88 三
불현듯이	ㅂㅜㄹㅎㅕㄴㄷㅡㅅㅣ	41 一
불안스럽다	ㅂㅜㄹㅏㄴㅅㅡㄹㅓㅂㄷㅏ	65 四
부러	ㅂㅜㄹㅓ	99 一
(부럼	ㅂㅜㄹㅓㅁ	46 一
부럽다	ㅂㅜㄹㅓㅂㄷㅏ	42 三
부러지다	ㅂㅜㄹㅓㅈㅣㄷㅏ	88 三
부레	ㅂㅜㄹㅓㅣ	88 四
부레풀	ㅂㅜㄹㅓㅣㅍㅜㄹ	88 四
(불연듯이	ㅂㅜㄹㅕㄴㄷㅡㅅㅣ	41 一
(부루	ㅂㅜㄹㅜ	81 一
부룻	ㅂㅜㄹㅜㅅ	89 一
부루퉁하다	ㅂㅜㄹㅜㅌㅜㅇㅎㅏㄷㅏ	88 四
부르다	ㅂㅜㄹㅡㄷㅏ	88 二
부릍다	ㅂㅜㄹㅡㅌㄷㅏ	44 二
(부르트다	ㅂㅜㄹㅡㅌㅡㄷㅏ	44 二
(붐뷔다	ㅂㅜㅁㅂㅜㅣㄷㅏ	4 四
붐비다	ㅂㅜㅁㅂㅣㄷㅏ	4 四
(부비다	ㅂㅜㅂㅣㄷㅏ	30 四
(부빔밥	ㅂㅜㅂㅣㅁㅂㅏㅂ	31 一
(부비질	ㅂㅜㅂㅣㅈㅣㄹ	52 四
붓다	ㅂㅜㅅㄷㅏ	115 一
붓두껍	ㅂㅜㅅㄷㅜㄱㄱㅓㅂ	82 二
부썩부썩	ㅂㅜㅅㅅㅓㄱㅂㅜㅅㅅㅓㄱ	88 四
부삽	ㅂㅜㅅㅏㅂ	88 四
(부석지	ㅂㅜㅅㅓㄱㅈㅣ	40 二
부서지다	ㅂㅜㅅㅓㅈㅣㄷㅏ	88 四
부손	ㅂㅜㅅㅗㄴ	52三, 88四
(부쇠	ㅂㅜㅅㅗㅣ	27 二
부수다	ㅂㅜㅅㅜㄷㅏ	46一, 88四, 115一
(부술	ㅂㅜㅅㅜㄹ	52 三
부숭부숭	ㅂㅜㅅㅜㅇㅂㅜㅅㅜㅇ	88 四

부스대다	ㅂㅜㅅㅡㄷㅏㅣㄷㅏ	88 四
부슬부슬	ㅂㅜㅅㅡㄹㅂㅜㅅㅡㄹ	88 四
부스럭거리다	ㅂㅜㅅㅡㄹㅓㄱㄱㅓㄹㅣㄷㅏ	88 四
(부스럭지	ㅂㅜㅅㅡㄹㅓㄱㅈㅣ	40 二
부스러기	ㅂㅜㅅㅡㄹㅓㄱㅣ	40二,89一
부스러뜨리다	ㅂㅜㅅㅡㄹㅓㄸㅡㄹㅣㄷㅏ	89 一
부스럽	ㅂㅜㅅㅡㄹㅓㅂ	46 一
부스러지다	ㅂㅜㅅㅡㄹㅓㅈㅣㄷㅏ	88 四
부스스	ㅂㅜㅅㅡㅅㅡ	89 一
부시	ㅂㅜㅅㅣ	27 二
부시다	ㅂㅜㅅㅣㄷㅏ	73 一
(부실	ㅂㅜㅅㅣㄹ	13 四
붕어	ㅂㅜㅇㅓ	39 四
부쩍부쩍	ㅂㅜㅈㅈㅓㄱㅂㅜㅈㅈㅓㄱ	88 四
(부적내다	ㅂㅜㅈㅓㄱㄴㅏㅣㄷㅏ	6 四
(부젓가락	ㅂㅜㅈㅓㅅㄱㅏㄹㅏㄱ	86 一
(부즈런하다	ㅂㅜㅈㅡㄹㅓㄴㅎㅏㄷㅏ	83 一
부지깽이	ㅂㅜㅈㅣㄱㄱㅏㅣㅇㅣ	4 一
(부지땡이	ㅂㅜㅈㅣㄷㄷㅏㅣㅇㅣ	4 一
부지런하다	ㅂㅜㅈㅣㄹㅓㄴㅎㅏㄷㅏ	30一,89一
(부지팽이	ㅂㅜㅈㅣㅍㅏㅣㅇㅣ	4 一
(부채	ㅂㅜㅊㅏㅣ	17 一
부추	ㅂㅜㅊㅜ	17 一
부추기다	ㅂㅜㅊㅜㄱㅣㄷㅏ	100 一
(부침개질	ㅂㅜㅊㅣㅁㄱㅏㅣㅈㅣㄹ	65 三
(붙따르다	ㅂㅜㅌㄷㄷㅏㄹㅡㄷㅏ	58 四
붙좇다	ㅂㅜㅌㅈㅗㅊㄷㅏ	58 四
부터	ㅂㅜㅌㅓ	28 四
(부텀	ㅂㅜㅌㅓㅁ	28 四
(부틔	ㅂㅜㅌㅡㅣ	34 四
부티	ㅂㅜㅌㅣ	34 四
(붚다	ㅂㅜㅍㄷㅏ	43 四
부프다	ㅂㅜㅍㅡㄷㅏ	43 四
부피	ㅂㅈㅍㅣ	89 一
(부하	ㅂㅜㅎㅏ	41 三
(부헝이	ㅂㅜㅎㅓㅇㅣ	41 三
(부화	ㅂㅜㅎㅗㅏ	41 三
부아	ㅂㅜㅏ	41 三
(부어	ㅂㅜㅓ	39 四
(부역	ㅂㅜㅕㄱ	3 三
(부엒	ㅂㅜㅓㄱㄱ	3 三
부열부얼	ㅂㅜㅕㄹㅂㅜㅓㄹ	88 二
(부엉덕새	ㅂㅜㅓㅇㄷㅓㄱㅅㅏㅣ	41 三
부엉이	ㅂㅜㅓㅇㅣ	41 三
부엌	ㅂㅜㅓㅋ	3 三
부엌데기	ㅂㅜㅓㅋㄷㅓㅣㄱㅣ	82 二
(부엌칼	ㅂㅜㅓㅋㅋㅏㄹ	83 三
부옇다	ㅂㅜㅕㅎㄷㅏ	89 一
(뷔	ㅂㅜㅣ	31 三
(뷔다	ㅂㅜㅣㄷㅏ	31 三
(브터	ㅂㅡㅌㅓ	28 四
(븨다	ㅂㅡㅣㄷㅏ	31 三
비(箒)	ㅂㅣ	31 三
비(碑)	ㅂㅣ	89 一
비꼬다	ㅂㅣㄱㄱㅗㄷㅏ	101 二
비꼬이다	ㅂㅣㄱㄱㅗㅣㄷㅏ	89 一
비꿀어지다	ㅂㅣㄱㄱㅜㄹㅓㅈㅣㄷㅏ	89 二
비끗비끗	ㅂㅣㄱㄱㅡㅅㅂㅣㄱㄱㅡㅅ	89 一
비걱거리다	ㅂㅣㄱㅓㄱㄱㅓㄹㅣㄷㅏ	89 二
비게질	ㅂㅣㄱㅓㅣㅈㅣㄹ	82 四
(빈대코	ㅂㅣㄴㄷㅏㅣㅋㅗ	63 三
빈둥빈둥	ㅂㅣㄴㄷㅜㅇㅂㅣㄴㄷㅜㅇ	101 四
빈들빈들	ㅂㅣㄴㄷㅡㄹㅂㅣㄴㄷㅡㄹ	101 四
빈손	ㅂㅣㄴㅅㅗㄴ	84 二
빈정거리다	ㅂㅣㄴㅈㅓㅇㄱㅓㄹㅣㄷㅏ	82四,90一
빈정빈정	ㅂㅣㄴㅈㅓㅇㅂㅣㄴㅈㅓㅇ	89 二
빈주먹	ㅂㅣㄴㅈㅜㅁㅓㄱ	84 二
빈탕	ㅂㅣㄴㅌㅏㅇ	104 二
(빈혀	ㅂㅣㄴㅎㅕ	14 二
(비나	ㅂㅣㄴㅏ	14 二
비녀	ㅂㅣㄴㅕ	14 二
(비눌	ㅂㅣㄴㅜㄹ	29 四
비늘	ㅂㅣㄴㅡㄹ	29 四
(빋	ㅂㅣㄷ	5 四
(비떠서다	ㅂㅣㄷㄷㅓㅅㅓㄷㅏ	52 四
비뚝거리다(傾)	ㅂㅣㄷㄷㅜㄱㄱㅓㄹㅣㄷㅏ	89 二
비뚝거리다(蹌)	ㅂㅣㄷㄷㅜㄱㄱㅓㄹㅣㄷㅏ	90 一
비뚤어지다	ㅂㅣㄷㄷㅜㄹㅓㅈㅣㄷㅏ	89 二

비뚜름하다	ㅂㅣㄸㅜㄹㅡㅁㅎㅏㄷㅏ	89 二
(비다(枕)	ㅂㅣㄷㅏ	21 一
(비다(斬)	ㅂㅣㄷㅏ	21 一
비다(虛)	ㅂㅣㄷㅏ	31 三
비둘기	ㅂㅣㄷㅜㄹㄱㅣ	28 四
(비들기	ㅂㅣㄷㅡㄹㄱㅣ	28 四
(비듬히	ㅂㅣㄷㅡㅁㅎㅣ	46 一
빌어먹다	ㅂㅣㄹㅓㅁㅓㄱㄷㅏ	89 二
비렁뱅이	ㅂㅣㄹㅓㅇㅂㅐㅇㅇㅣ	62三,89二
(비렁이	ㅂㅣㄹㅓㅇㅇㅣ	62 三
비록	ㅂㅣㄹㅗㄱ	89 三
비리다	ㅂㅣㄹㅣㄷㅏ	89 三
비릿비릿하다	ㅂㅣㄹㅣㅅㅂㅣㄹㅣㅅㅎㅏㄷㅏ	89 三
(빕더서다	ㅂㅣㅂㄷㅓㅅㅓㄷㅏ	52 四
비비꼬다	ㅂㅣㅂㅣㄲㅗㄷㅏ	89 三
비빈밥	ㅂㅣㅂㅣㄴㅂㅏㅂ	89 三
비비다	ㅂㅣㅂㅣㄷㅏ	30 四
비빔밥	ㅂㅣㅂㅣㅁㅂㅏㅂ	31一,89三
비비적거리다	ㅂㅣㅂㅣㅈㅓㄱㄱㅓㄹㅣㄷㅏ	89 三
(비비질	ㅂㅣㅂㅣㅈㅣㄹ	52 四
비비틀다	ㅂㅣㅂㅣㅌㅡㄹㄷㅏ	89 三
빗(梳)	ㅂㅣㅅ	5 四
(빗(債)	ㅂㅣㅅ	8 二
(빗(色)	ㅂㅣㅅ	8 四
빗가다	ㅂㅣㅅㄱㅏㄷㅏ	89 三
빗대다	ㅂㅣㅅㄷㅐㄷㅏ	108 二
빗돌	ㅂㅣㅅㄷㅗㄹ	89 一
비사리	ㅂㅣㅅㅏㄹㅣ	89 二
(비슥하다	ㅂㅣㅅㅡㄱㅎㅏㄷㅏ	2 三
비스듬하다	ㅂㅣㅅㅡㄷㅡㅁㅎㅏㄷㅏ	89 四
비스듬히	ㅂㅣㅅㅡㄷㅡㅁㅎㅣ	46一,89四
비스름하다	ㅂㅣㅅㅡㄹㅡㅁㅎㅏㄷㅏ	89 三
비슷하다(近似)	ㅂㅣㅅㅡㅅㅎㅏㄷㅏ	2三,89三
비슷하다(少傾)	ㅂㅣㅅㅡㅅㅎㅏㄷㅏ	89 四
비슷이	ㅂㅣㅅㅡㅅㅣ	89 四
빙	ㅂㅣㅇ	89 四
빙글빙글	ㅂㅣㅇㄱㅡㄹㅂㅣㅇㄱㅡㄹ	87 四
빙그르르	ㅂㅣㅇㄱㅡㄹㅡㄹㅡ	89 四
빙긋거리다	ㅂㅣㅇㄱㅡㅅㄱㅓㄹㅣㄷㅏ	90 一

빙긋빙긋	ㅂㅣㅇㄱㅡㅅㅂㅣㅇㄱㅡㅅ	87四,89二
빙충맞다	ㅂㅣㅇㅊㅜㅇㅁㅏㅈㄷㅏ	89 四
(빙충맞이	ㅂㅣㅇㅊㅜㅇㅁㅏㅈㅣ	48 二
(빙충바리	ㅂㅣㅇㅊㅜㅇㅂㅏㄹㅣ	43 二
빙충이	ㅂㅣㅇㅊㅜㅇㅇㅣ	48二,89四
빚	ㅂㅣㅈ	8 二
빚거간	ㅂㅣㅈㄱㅓㄱㅏㄴ	90 一
(빚놀이	ㅂㅣㅈㄴㅗㄹㅣ	63 四
(빚놓이	ㅂㅣㅈㄴㅗㅎㅣ	63 四
비쭉거리다	ㅂㅣㅉㅜㄱㄱㅓㄹㅣㄷㅏ	89 四
빚지시	ㅂㅣㅈㅈㅣㅅㅣ	90 一
비죽거리다	ㅂㅣㅈㅜㄱㄱㅓㄹㅣㄷㅏ	90 一
빛	ㅂㅣㅊ	8 四
비척거리다	ㅂㅣㅊㅓㄱㄱㅓㄹㅣㄷㅏ	90 一
(비최다(對照)	ㅂㅣㅊㅗㅣㄷㅏ	27 一
(비최다(自照)	ㅂㅣㅊㅗㅣㄷㅏ	27 二
비추다(對照)	ㅂㅣㅊㅜㄷㅏ	27一,90一
비취다(被照)	ㅂㅣㅊㅜㅣㄷㅏ	90 一
비치다(自照)	ㅂㅣㅊㅣㄷㅏ	27二.90一
(비침	ㅂㅣㅊㅣㅁ	7 三
비켜서다	ㅂㅣㅋㅕㅅㅓㄷㅏ	52 四
(빝	ㅂㅣㅌ	8 四
비틀거리다	ㅂㅣㅌㅡㄹㄱㅓㄹㅣㄷㅏ	99 一
비틀다	ㅂㅣㅌㅡㄹㄷㅏ	11 二
비틀리다	ㅂㅣㅌㅡㄹㄹㅣㄷㅏ	89 一
비틀어지다	ㅂㅣㅌㅡㄹㅓㅈㅣㄷㅏ	89 一
(비틈하다	ㅂㅣㅌㅡㅁㅎㅏㄷㅏ	2 三
(비틈히	ㅂㅣㅌㅡㅁㅎㅣ	46 一
(비아리	ㅂㅣㅏㄹㅣ	39 二
(비얕다	ㅂㅣㅑㅌㄷㅏ	62 二
(비양거리다	ㅂㅣㅑㅇㄱㅓㄹㅣㄷㅏ	52 四
비오리	ㅂㅣㅗㄹㅣ	99 一
비우다	ㅂㅣㅜㄷㅏ	30 三
(비웃	ㅂㅣㅜㅅ	89 一
비웃다	ㅂㅣㅜㅅㄷㅏ	90 一
비웃적거리다	ㅂㅣㅜㅅㅈㅓㄱㄱㅓㄹㅣㄷㅏ	90 一
(비이다	ㅂㅣㅣㄷㅏ	30 三

ㅅ

싹	ㅅㅅㅏㄱ	2 一

싹독싹독	ㅅㅅㅏㄱㄷㅗㄱㅅㅅㅏㄱㄷㅗㄱ	90 一
(싻	ㅅㅅㅏㄱㅅ	2 一
싸각거리다	ㅅㅅㅏㄱㅏㄱㄱㅓㄹㅣㄷㅏ	91 二
싸각싸각	ㅅㅅㅏㄱㅏㄱㅅㅅㅏㄱㅏㄱ	91 二
(싸다니다	ㅅㅅㅏㄷㅏㄴㅣㄷㅏ	52 四
싸대다	ㅅㅅㅏㄷㅏㅣㄷㅏ	52四,90二
쌀겨	ㅅㅅㅏㄹㄱㅕ	74 三
(싸락눈	ㅅㅅㅏㄹㅏㄱㄴㅜㄴ	46 四
(싸라기	ㅅㅅㅏㄹㅏㄱㅣ	46 四
싸라기눈	ㅅㅅㅏㄹㅏㄱㅣㄴㅜㄴ	46 四
(싸리문	ㅅㅅㅏㄹㅣㅁㅜㄴ	64 四
(싸리짝문	ㅅㅅㅏㄹㅣㅈㅈㅏㄱㅁㅜㄴ	64 四
쌈	ㅅㅅㅏㅁ	115 一
쌈빡쌈빡	ㅅㅅㅏㅁㅂㅂㅏㄱㅅㅅㅏㅁㅂㅂㅏㄱ	91 三
쌈박쌈박	ㅅㅅㅏㅁㅂㅏㄱㅅㅅㅏㅁㅂㅏㄱ	91 三
쌈싸우다	ㅅㅅㅏㅁㅅㅅㅏㅜㄷㅏ	90 二
쌈지	ㅅㅅㅏㅁㅈㅣ	90 四
쌈하다	ㅅㅅㅏㅁㅎㅏㄷㅏ	90 二
(싸전시정	ㅅㅅㅏㅈㅓㄴㅅㅣㅈㅓㅇ	58 四
싸전장이	ㅅㅅㅏㅈㅓㄴㅈㅏㅇㅣ	58 四
(싸질르다	ㅅㅅㅏㅈㅣㄹㄹㅡㄷㅏ	52 四
(싸지르다	ㅅㅅㅏㅈㅣㄹㅡㄷㅏ	52 四
(싸호다	ㅅㅅㅏㅎㅗㄷㅏ	52 四
(싸홈	ㅅㅅㅏㅎㅗㅁ	52 四
싸우다	ㅅㅅㅏㅜㄷㅏ	52四,90二
싸움	ㅅㅅㅏㅜㅁ	52四,115一
쌕근거리다	ㅅㅅㅏㅣㄱㅡㄴㄱㅓㄹㅣㄷㅏ	90 二
쌕근쌕근	ㅅㅅㅏㅣㄱㅡㄴㅅㅅㅏㅣㄱㅡㄴ	90 三
쌩글쌩글	ㅅㅅㅏㅣㅇㄱㅡㄹㅅㅅㅏㅣㅇㄱㅡㄹ	87 四
쌩긋쌩긋	ㅅㅅㅏㅣㅇㄱㅡㅅㅅㅅㅏㅣㅇㄱㅡㅅ	87 四
썩둑썩둑	ㅅㅅㅓㄱㄷㅜㄱㅅㅅㅓㄱㄷㅜㄱ	90 一
(썩히다	ㅅㅅㅓㄱㅎㅣㄷㅏ	41 三
써걱거리다	ㅅㅅㅓㄱㅓㄱㄱㅓㄹㅣㄷㅏ	91 二
써걱써걱	ㅅㅅㅓㄱㅓㄱㅅㅅㅓㄱㅓㄱ	91 二
[illegible]이다	ㅅㅅㅓㄱㅣㄷㅏ	41 三
(썬담배	ㅅㅅㅓㄴㄷㅏㅁㅂㅏㅣ	64 四
써늘하다	ㅅㅅㅓㄴㅡㄹㅎㅏㄷㅏ	91 三
써느렇다	ㅅㅅㅓㄴㅡㄹㅓㅎㄷㅏ	91 三
(써다(點火)	ㅅㅅㅓㄷㅏ	10 四
써다(潮退)	ㅅㅅㅓㄷㅏ	85 二
썰매	ㅅㅅㅓㄹㅁㅏㅣ	68 二
썰물	ㅅㅅㅓㄹㅁㅜㄹ	10 一
썸뻑썸뻑	ㅅㅅㅓㅁㅂㅂㅓㄱㅅㅅㅓㅁㅂㅂㅓㄱ	91 三
썸벅썸벅	ㅅㅅㅓㅁㅂㅓㄱㅅㅅㅓㅁㅂㅓㄱ	91 三
쏙닥거리다	ㅅㅅㅗㄱㄷㅏㄱㄱㅓㄹㅣㄷㅏ	92 四
쏙닥쏙닥	ㅅㅅㅗㄱㄷㅏㄱㅅㅅㅗㄱㄷㅏㄱ	92 四
쏙달거리다	ㅅㅅㅗㄱㄷㅏㄹㄱㅓㄹㅣㄷㅏ	92 四
쏙달쏙달	ㅅㅅㅗㄱㄷㅏㄹㅅㅅㅗ-ㄷㅏㄹ	92 四
쏙살거리다	ㅅㅅㅗㄱㅅㅏㄹㄱㅓㄹㅣㄷㅏ	92 四
쏙살쏙살	ㅅㅅㅗㄱㅅㅏㄹㅅㅅㅗㄱㅅㅏㄹ	92 四
쏘가리	ㅅㅅㅗㄱㅏㄹㅣ	8 二
쏘곤거리다	ㅅㅅㅗㄱㅜㄴㄱㅓㄹㅣㄷㅏ	92 四
쏘곤쏘곤	ㅅㅅㅗㄱㅗㄴㅅㅅㅗㄱㅗㄴ	92 四
(쏘고리	ㅅㅅㅗㄱㅗㄹㅣ	25 一
(쏘구리	ㅅㅅㅗㄱㅜㄹㅣ	25 一
(쏘다니다	ㅅㅅㅗㄷㅏㄴㅣㄷㅏ	52 四
쏘대다	ㅅㅅㅗㄷㅏㅣㄷㅏ	52四,90二
쏘삭거리다	ㅅㅅㅗㅅㅏㄱㄱㅓㄹㅣㄷㅏ	90 二
(쏘질르다	ㅅㅅㅗㅈㅣㄹㄹㅡㄷㅏ	52 四
(쏘지르다	ㅅㅅㅗㅈㅣㄹㅡㄷㅏ	52 四
쐐기	ㅅㅅㅗㅏㅣㄱㅣ	53 一
(쏘야기	ㅅㅅㅗㅑㄱㅣ	53 一
쐬다	ㅅㅅㅗㅣㄷㅏ	48 二
(쏘이다	ㅅㅅㅗㅣㄷㅏ	48 二
쑥덕거리다	ㅅㅅㅜㄱㄷㅓㄱㄱㅓㄹㅣㄷㅏ	92 三
쑥덕쑥덕	ㅅㅅㅜㄱㄷㅓㄱㅅㅅㅜㄱㄷㅓㄱ	92 四
쑥덜거리다	ㅅㅅㅜㄱㄷㅓㄹㄱㅓㄹㅣㄷㅏ	92 三
쑥덜쑥덜	ㅅㅅㅜㄱㄷㅓㄹㅅㅅㅜㄱㄷㅓㄹ	92 四
쑥설거리다	ㅅㅅㅜㄱㅅㅓㄹㄱㅓㄹㅣㄷㅏ	92 四
쑥설쑥설	ㅅㅅㅜㄱㅅㅓㄹㅅㅅㅜㅅㅓㄹ	92 四
쑤군거리다	ㅅㅅㅜㄱㅜㄴㄱㅓㄹㅣㄷㅏ	92 三
쑤군쑤군	ㅅㅅㅜㄱㅜㄴㅅㅅㅜㄱㅜㄴ	92 四
쑤석거리다	ㅅㅅㅜㅅㅓㄱㄱㅓㄹㅣㄷㅏ	90 二
(쒸애기	ㅅㅅㅜㅣㅏㅣㄱㅣ	53 一
(쓴너삼	ㅅㅅㅡㄴㄴㅓㅅㅏㅁ	47 一
쓰다	ㅅㅅㅡㄷㅏ	32 一
쓰다듬다	ㅅㅅㅡㄷㅏㄷㅡㅁㄷㅏ	32 一
쓸까스르다	ㅅㅅㅡㄹㄱㄱㅏㅅㅡㄹㅡㄷㅏ	90 一

쓸개	ㅅㅅㅡㄹㄱㅏㅣ	32 一
쓸다	ㅅㅅㅡㄹㄷㅏ	32 一
쓸쓸하다	ㅅㅅㅡㄹㅅㅅㅡㄹㅎㅏㄷㅏ	32 一
쓰라리다	ㅅㅅㅡㄹㅏㄹㅣㄷㅏ	32一,90二
쓰러지다	ㅅㅅㅡㄹㅓㅈㅣㄷㅏ	32 一
쓰레기	ㅅㅅㅡㄹㅓㅣㄱㅣ	32 一
쓰레받기	ㅅㅅㅡㄹㅓㅣㅂㅏㄷㄱㅣ	58 四
(쓰레장판	ㅅㅅㅡㄹㅓㅣㅈㅏㅇㅍㅏㄴ	58 四
쓰르라미	ㅅㅅㅡㄹㅡㄹㅏㅁㅣ	11 四
(쓰르래미	ㅅㅅㅡㄹㅡㄹㅏㅣㅁㅣ	11 四
쓰리다	ㅅㅅㅡㄹㅣㄷㅏ	90 二
씀바귀	ㅅㅅㅡㅁㅂㅏㄱㅜㅣ	53一,90二
(씀배	ㅅㅅㅡㅁㅂㅏㅣ	53 一
(씀베	ㅅㅅㅡㅁㅂㅓㅣ	8 一
씀씀이	ㅅㅅㅡㅁㅅㅅㅡㅁㅣ	68 二
씁쓸하다	ㅅㅅㅡㅂㅅㅅㅡㄹㅎㅏㄷㅏ	90 二
씁쓰레하다	ㅅㅅㅡㅂㅅㅅㅡㄹㅓㅣㅎㅏㄷㅏ	90 二
(쓰히다	ㅅㅅㅡㅎㅣㄷㅏ	41 三
쓰이다	ㅅㅅㅡㅣㄷㅏ	41 三
씨	ㅅㅅㅣ	90 二
씩	ㅅㅅㅣㄱ	8 二
씩둑꺽둑	ㅅㅅㅣㄱㄷㅜㄱㄱㄱㅓㄱㄷㅜㄱ	90 二
씩둑씩둑	ㅅㅅㅣㄱㄷㅜㄱㅅㅅㅣㄱㄷㅜㄱ	53一,90二
(씩쉴씩쉴	ㅅㅅㅣㄱㅅㅜㅣㄹㅅㅅㅣㄱㅅㅜㅣㄹ	53 一
씨근거리다	ㅅㅅㅣㄱㅡㄴㄱㅓㄹㅣㄷㅏ	90 二
씨근씨근	ㅅㅅㅣㄱㅡㄴㅅㅅㅣㄱㅡㄴ	90 三
(씨다	ㅅㅅㅣㄷㅏ	32 一
(씨다듬다	ㅅㅅㅣㄷㅏㄷㅡㅁㄷㅏ	32 一
(씰개	ㅅㅅㅣㄹㄱㅏㅣ	32 一
(씰다	ㅅㅅㅣㄹㄷㅏ	32 一
(씰씰하다	ㅅㅅㅣㄹㅅㅅㅣㄹㅎㅏㄷㅏ	32 一
(씨라리다	ㅅㅅㅣㄹㅏㄹㅣㄷㅏ	32 一
(씨러지다	ㅅㅅㅣㄹㅓㅈㅣㄷㅏ	32 一
(씨레기	ㅅㅅㅣㄹㅓㅣㄱㅣ	32 一
씻가시다	ㅅㅅㅣㅅㄱㅏㅅㅣㄷㅏ	90 三
씻다	ㅅㅅㅣㅅㄷㅏ	8 三
씻부시다	ㅅㅅㅣㅅㅂㅜㅅㅣㄷㅏ	90 三
씽글씽글	ㅅㅅㅣㅇㄱㅡㄹㅅㅅㅣㅇㄱㅡㄹ	87 四
씽긋씽긋	ㅅㅅㅣㅇㄱㅡㅅㅅㅅㅣㅇㄱㅡㅅ	87 四

(씿다	ㅅㅅㅣㅊㄷㅏ	8 三
씨알머리	ㅅㅅㅣㅏㄹㅁㅓㄹㅣ	6 三
씨앗	ㅅㅅㅣㅏㅅ	90 二
(씨앗머리	ㅅㅅㅣㅏㅅㅁㅓㄹㅣ	6 三
(삭	ㅅㅏㄱ	2 一
(사끼(雛)	ㅅㅏㄱㄱㅣ	12 三
(사끼(索)	ㅅㅏㄱㄱㅣ	12 三
삯	ㅅㅏㄱㅅ	2 一
삯군	ㅅㅏㄱㅅㄱㅜㄴ	90 三
(삯돈	ㅅㅏㄱㅅㄷㅗㄴ	58 四
삯전	ㅅㅏㄱㅅㅈㅓㄴ	58 四
삯팔잇군	ㅅㅏㄱㅅㅍㅏㄹㅣㅅㄱㅜㄴ	90 三
삭치다	ㅅㅏㄱㅊㅣㄷㅏ	58 四
(삭하다	ㅅㅏㄱㅎㅏㄷㅏ	58 四
삭히다	ㅅㅏㄱㅎㅣㄷㅏ	11 四
사각거리다	ㅅㅏㄱㅏㄱㄱㅓㄹㅣㄷㅏ	91 二
사각사각	ㅅㅏㄱㅏㄱㅅㅏㄱㅏㄱ	91 二
(사거리	ㅅㅏㄱㅓㄹㅣ	63 三
(사경스럽다	ㅅㅏㄱㅕㅇㅅㅡㄹㅓㅂㄷㅏ	39 三
사공	ㅅㅏㄱㅗㅇ	22 三
사과	ㅅㅏㄱㅗㅏ	79 三
(사괴다	ㅅㅏㄱㅗㅣㄷㅏ	27 二
(사궁	ㅅㅏㄱㅜㅇ	22 三
사귀다	ㅅㅏㄱㅜㅣㄷㅏ	27 二
(사금치	ㅅㅏㄱㅡㅁㅊㅣ	53 一
사금파리	ㅅㅏㄱㅡㅁㅍㅏㄹㅣ	53 一
(사금팽이	ㅅㅏㄱㅡㅁㅍㅏㅣㅇㅣ	53 一
(사기다(刻)	ㅅㅏㄱㅣㄷㅏ	12 三
삭이다(消化)	ㅅㅏㄱㅣㄷㅏ	11 四
산가지	ㅅㅏㄴㄱㅏㅈㅣ	58 四
(산개비	ㅅㅏㄴㄱㅏㅣㅂㅣ	58 四
산골	ㅅㅏㄴㄱㅗㄹ	90 三
산골짜기	ㅅㅏㄴㄱㅗㄹㅈㅈㅏㄱㅣ	90 三
(산놓다	ㅅㅏㄴㄴㅗㅎㄷㅏ	65 二
산뜩산뜩	ㅅㅏㄴㄷㄷㅡㄱㅅㅏㄴㄷㄷㅡㄱ	91 二
산뜩하다	ㅅㅏㄴㄷㄷㅡㄱㅎㅏㄷㅏ	91 二
산뜻하다	ㅅㅏㄴㄷㄷㅡㅅㅎㅏㄷㅏ	91 二
(산대	ㅅㅏㄴㄷㅏㅣ	58 四
산돼지	ㅅㅏㄴㄷㅗㅏㅣㅈㅣ	64 三

(산두다	ㅅㅏㄴㄷㅜㄷㅏ	65 二
(산두메	ㅅㅏㄴㄷㅜㅁㅔ	47 二
산득산득	ㅅㅏㄴㄷㅡㄱㅅㅏㄴㄷㅡㄱ	91 二
산드러지다	ㅅㅏㄴㄷㅡㄹㅓㅈㅣㄷㅏ	72 三
산등성이	ㅅㅏㄴㄷㅡㅇㅅㅓㅇㅣ	90 三
산디놀음	ㅅㅏㄴㄷㅣㄴㅗㄹㅡㅁ	90 三
산디도감	ㅅㅏㄴㄷㅣㄷㅗㄱㅏㅁ	90 三
산마루	ㅅㅏㄴㅁㅏㄹㅜ	90 三
산망스럽다	ㅅㅏㄴㅁㅏㅇㅅㅡㄹㅓㅂㄷㅏ	90 三
(산매자	ㅅㅏㄴㅁㅐㅈㅏ	59 一
산멱	ㅅㅏㄴㅁㅕㄱ	115 一
산멱통	ㅅㅏㄴㅁㅕㄱㅌㅗㅇ	45一,115一
산뽕나무	ㅅㅏㄴㅃㅗㅇㄴㅏㅁㅜ	64 三
산벼락	ㅅㅏㄴㅂㅕㄹㅏㄱ	64三,90三
산비둘기	ㅅㅏㄴㅂㅣㄷㅜㄹㄱㅣ	64 三
(산새	ㅅㅏㄴㅅㅐ	64 二
(산코골다	ㅅㅏㄴㅋㅗㄱㅗㄹㄷㅏ	65 四
사날	ㅅㅏㄴㅏㄹ	48 二
사납다	ㅅㅏㄴㅏㅂㄷㅏ	43 三
(사나훌	ㅅㅏㄴㅏㅎㅜㄹ	48 二
(사나웁다	ㅅㅏㄴㅏㅜㅂㄷㅏ	48 三
사내	ㅅㅏㄴㅐ	49 一
(사나이	ㅅㅏㄴㅏㅣ	49 一
산이스랏	ㅅㅏㄴㅣㅅㅡㄹㅏㅅ	59 一
사닥다리	ㅅㅏㄷㅏㄱㄷㅏㄹㅣ	46 一
(사다리	ㅅㅏㄷㅏㄹㅣ	46 一
살(年歲)	ㅅㅏㄹ	13 二
살(矢)	ㅅㅏㄹ	116 一
삵	ㅅㅏㄹㄱ	49 一
(삵괭이	ㅅㅏㄹㄱㄱㅙㅇㅣ	49 一
살갑다	ㅅㅏㄹㄱㅏㅂㄷㅏ	93 三
(살갓	ㅅㅏㄹㄱㅏㅅ	8 四
살강	ㅅㅏㄹㄱㅏㅇ	53 一
살갗	ㅅㅏㄹㄱㅏㅊ	8四,90三
(살같	ㅅㅏㄹㄱㅏㅌ	8 四
살결	ㅅㅏㄹㄱㅕㄹ	90 三
(살고기	ㅅㅏㄹㄱㅗㄱㅣ	3 四
(살곰히	ㅅㅏㄹㄱㅗㅁㅎㅣ	46 一
(살곰이	ㅅㅏㄹㄱㅗㅁㅣ	46 一
살근거리다	ㅅㅏㄹㄱㅡㄴㄱㅓㄹㅣㄷㅏ	93 三
살근살근	ㅅㅏㄹㄱㅡㄴㅅㅏㄹㄱㅡㄴ	9 三
살근이	ㅅㅏㄹㄱㅡㄴㅣ	93 三
(살금히	ㅅㅏㄹㄱㅡㅁㅎㅣ	46 一
살그머니	ㅅㅏㄹㄱㅡㅁㅓㄴㅣ	46一,9[illegible]三
(살금이	ㅅㅏㄹㄱㅡㅁㅣ	46 一
살똥스럽다	ㅅㅏㄹㄸㅗㅇㅅㅡㄹㅓㅂㄷㅏ	90 三
(살다	ㅅㅏㄹㄷㅏ	26 三
살담배	ㅅㅏㄹㄷㅏㅁㅂㅐ	64 四
살래살래	ㅅㅏㄹㄹㅐㅅㅏㄹㄹㅐ	90 三
(살르다	ㅅㅏㄹㄹㅡㄷㅏ	26 三
살림살이	ㅅㅏㄹㄹㅣㅁㅅㅏㄹㅣ	64 四
살망하다	ㅅㅏㄹㅁㅏㅇㅎㅏㄷㅏ	91 四
살며시	ㅅㅏㄹㅁㅕㅅㅣ	93 三
살받이	ㅅㅏㄹㅂㅏㄷㅣ	90 四
살살(搖頭)	ㅅㅏㄹㅅㅏㄹ	90 三
살살(輕撫)	ㅅㅏㄹㅅㅏㄹ	93 三
살성	ㅅㅏㄹㅅㅓㅇ	90 三
살쩍	ㅅㅏㄹㅉㅓㄱ	68 二
살찌우다	ㅅㅏㄹㅉㅣㅇㅜㄷㅏ	30 三
(살찌이다	ㅅㅏㄹㅉㅣㅣㄷㅏ	30 三
살잡다	ㅅㅏㄹㅈㅏㅂㄷㅏ	90 四
살잡이하다	ㅅㅏㄹㅈㅏㅂㅣㅎㅏㄷㅏ	90 四
(살촉	ㅅㅏㄹㅊㅗㄱ	66 一
살코기	ㅅㅏㄹㅋㅗㄱㅣ	3 四
살판	ㅅㅏㄹㅍㅏㄴ	115 一
(살픠	ㅅㅏㄹㅍㅡㅣ	34 四
살피	ㅅㅏㄹㅍㅣ	34 四
(살픠다	ㅅㅣㄹㅍㅡㅣㄷㅏ	34 四
살피다	ㅅㅏㄹㅍㅣㄷㅏ	34四,91四
살핏하다	ㅅㅏㄹㅍㅣㅅㅎㅏㄷㅏ	91 四
살아나다	ㅅㅏㄹㅏㄴㅏㄷㅏ	103 一
사라지	ㅅㅏㄹㅏㅈㅣ	90 四
사라지다	ㅅㅏㄹㅏㅈㅣㄷㅏ	90 四
(사래	ㅅㅏㄹㅐ	17 三
사래질하다	ㅅㅏㄹㅐㅈㅣㄹㅎㅏㄷㅏ	71 二
(살언치	ㅅㅏㄹㅓㄴㅊㅣ	47 二
살얼음판	ㅅㅏㄹㅓㄹㅡㅁㅍㅏㄴ	115 一
(사로다(白)	ㅅㅏㄹㅗㄷㅏ	21 四

(사로다(燒)	ㅅㅏㄹㅗㄷㅏ	26 三
사로잠그다	ㅅㅏㄹㅗㅈㅏㅁㄱㅡㄷㅏ	59 一
(사로채우다	ㅅㅏㄹㅗㅊㅏㅣㅜㄷㅏ	59 一
사뢰다	ㅅㅏㄹㅗㅣㄷㅏ	21 四
(사룽	ㅅㅏㄹㅜㅇ	53 一
사르다	ㅅㅏㄹㅡㄷㅏ	20三,90四
시름질하다	ㅅㅣㄹㅡㅁㅈㅣㄹㅎㅏㄷㅏ	71 二
사리	ㅅㅏㄹㅣ	17 三
사린괘	ㅅㅏㄹㅣㄴㄱㅙ	37 三
(사리다	ㅅㅏㄹㅣㄷㅏ	21 四
사립문	ㅅㅏㄹㅣㅂㅁㅜㄴ	64 四
사립짝	ㅅㅏㄹㅣㅂㅉㅏㄱ	64 四
사리사리	ㅅㅏㄹㅣㅅㅏㄹㅣ	90 四
삼가다	ㅅㅏㅁㄱㅏㄷㅏ	7 一
삼가르다	ㅅㅏㅁㄱㅏㄹㅡㄷㅏ	64 四
(삼갑실	ㅅㅏㅁㄱㅏㅂㅅㅣㄹ	14 二
삼거리	ㅅㅏㅁㄱㅓㄹㅣ	64 四
삼겹실	ㅅㅏㅁㄱㅕㅂㅅㅣㄹ	14 二
삼빡삼빡	ㅅㅏㅁㅃㅏㄱㅅㅏㅁㅃㅏㄱ	91 三
삼박삼박	ㅅㅏㅁㅂㅏㄱㅅㅏㅁㅂㅏㄱ	91 三
(삼발쇠	ㅅㅏㅁㅂㅏㄹㅅㅗㅣ	53 一
삼발이	ㅅㅏㅁㅂㅏㄹㅣ	53 一
삼씨	ㅅㅏㅁㅆㅣ	64 四
삼삼하다	ㅅㅏㅁㅅㅏㅁㅎㅏㄷㅏ	94 三
(삼줄	ㅅㅏㅁㅈㅜㄹ	65 三
삼치	ㅅㅏㅁㅊㅣ	68 二
(삼치다	ㅅㅏㅁㅊㅣㄷㅏ	7 一
삼키다	ㅅㅏㅁㅋㅣㄷㅏ	7 一
(삼태	ㅅㅏㅁㅌㅏㅣ	46 四
삼태기	ㅅㅏㅁㅌㅏㅣㄱㅣ	46 四
삼악하다	ㅅㅏㅁㅏㄱㅎㅏㄷㅏ	94 三
삼악스럽다	ㅅㅏㅁㅏㄱㅅㅡㄹㅓㅂㄷㅏ	94 三
(사마귀	ㅅㅏㅁㅏㄱㅜㅣ	69 四
(사못	ㅅㅏㅁㅗㅅ	25 一
(사모치다	ㅅㅏㅁㅗㅊㅣㄷㅏ	25 一
사뭇	ㅅㅏㅁㅜㅅ	25 一
사무치다	ㅅㅏㅁㅜㅊㅣㄷㅏ	25 一
사뿐사뿐	ㅅㅏㅃㅜㄴㅅㅏㅃㅜㄴ	90 四
사뿟사뿟	ㅅㅏㅃㅜㅅㅅㅏㅃㅜㅅ	90 四
(삽살개	ㅅㅏㅂㅅㅏㄹㄱㅏㅣ	53 一
삽사리	ㅅㅏㅂㅅㅏㄹㅣ	53 一
(삽짝	ㅅㅏㅂㅉㅏㄱ	64 四
사박스럽다	ㅅㅏㅂㅏㄱㅅㅡㄹㅓㅂㄷㅏ	53 一
사분사분	ㅅㅏㅂㅜㄴㅅㅏㅂㅜㄴ	90 四
사부렁하다	ㅅㅏㅂㅜㄹㅓㅇㅎㅏㄷㅏ	91 四
사붓사붓	ㅅㅏㅂㅜㅅㅅㅏㅂㅜㅅ	90 四
(삿	ㅅㅏㅅ	9 二
삿갓	ㅅㅏㅅㄱㅏㅅ	90 四
삿반	ㅅㅏㅅㅂㅏㄴ	90 四
사슬	ㅅㅏㅅㅡㄹ	32二,91一
사슬시조	ㅅㅏㅅㅡㄹㅅㅣㅈㅗ	64 四
사슴	ㅅㅏㅅㅡㅁ	32 二
(사실	ㅅㅏㅅㅣㄹ	32 二
(사심	ㅅㅏㅅㅣㅁ	32 二
(상가다	ㅅㅏㅇㄱㅏㄷㅏ	7 一
상기다	ㅅㅏㅇㄱㅣㄷㅏ	91 四
(상고	ㅅㅏㅇㄱㅗ	68 三
상관없다	ㅅㅏㅇㄱㅗㅏㄴㅓㅂㅅㄷㅏ	64四,75一
상깃하다	ㅅㅏㅇㄱㅣㅅㅎㅏㄷㅏ	91 四
상기상기	ㅅㅏㅇㄱㅣㅅㅏㅇㄱㅣ	91 四
상말	ㅅㅏㅇㅁㅏㄹ	91 一
상배보다	ㅅㅏㅇㅂㅏㅣㅂㅗㄷㅏ	91 一
상보다	ㅅㅏㅇㅂㅗㄷㅏ	91 一
상소리	ㅅㅏㅇㅅㅗㄹㅣ	91 一
(상청	ㅅㅏㅇㅊㅓㅇ	66 三
(상추	ㅅㅏㅇㅊㅜ	31 一
(상취	ㅅㅏㅇㅊㅜㅣ	31 一
(상층	ㅅㅏㅇㅊㅡㅇ	66 三
상치	ㅅㅏㅇㅊㅣ	31 一
상큼상큼	ㅅㅏㅇㅋㅡㅁㅅㅏㅇㅋㅡㅁ	91 四
상큼하다	ㅅㅏㅇㅋㅡㅁㅎㅏㄷㅏ	91 四
(상키다	ㅅㅏㅇㅋㅣㄷㅏ	7 一
(상토	ㅅㅏㅇㅌㅗ	25 一
상투	ㅅㅏㅇㅌㅜ	25 一
(상투밑	ㅅㅏㅇㅌㅜㅁㅣㅌ	68 一
(상안손	ㅅㅏㅇㅏㄴㅅㅗㄴ	15 四
(상인	ㅅㅏㅇㅣㄴ	63 三
(사작바르다	ㅅㅏㅈㅏㄱㅂㅏㄹㅡㄷㅏ	53 一
(사재하다	ㅅㅏㅈㅏㅣㅎㅏㄷㅏ	53 一

(샃	ㅅㅏㅊ	9 二
사처	ㅅㅏㅊㅓ	9 三
사철쑥	ㅅㅏㅊㅓㄹㅅㅅㅜㄱ	91 一
(사추기	ㅅㅏㅊㅜㄱㅣ	46 二
(사추리	ㅅㅏㅊㅜㄹㅣ	46 二
(사춤	ㅅㅏㅊㅜㅁ	63 二
(사춤대	ㅅㅏㅊㅜㅁㄷㅏㅣ	31 一
(사추미	ㅅㅏㅊㅜㅁㅣ	31 一
사침대	ㅅㅏㅊㅣㅁㄷㅏㅣ	31 一
샅	ㅅㅏㅌ	9 二
(샅깃	ㅅㅏㅌㄱㅣㅅ	67 二
사타구니	ㅅㅏㅌㅏㄱㅜㄴㅣ	46 二
(사타기	ㅅㅏㅌㅏㄱㅣ	46 二
(사타리	ㅅㅏㅌㅏㄹㅣ	46 二
(사토리	ㅅㅏㅌㅗㄹㅣ	25 一
사투리	ㅅㅏㅌㅜㄹㅣ	25 一
사팔뜨기	ㅅㅏㅍㅏㄹㄷㄷㅡㄱㅣ	105 三
사푼사푼	ㅅㅏㅍㅜㄴㅅㅏㅍㅜㄴ	90 四
사풋사풋	ㅅㅏㅍㅜㅅㅅㅏㅍㅜㅅ	90 四
사흗날	ㅅㅏㅎㅡㄷㄴㅏㄹ	91一, 115三
사흘(三個日)	ㅅㅏㅎㅡㄹ	91 一
사흘(第三日)	ㅅㅏㅎㅡㄹ	115 三
새(山蘆)	ㅅㅏㅣ	91 一
새(間)	ㅅㅏㅣ	115 一
사이	ㅅㅏㅣ	115 一
색	ㅅㅏㅣㄱ	2 一
새끼(雛)	ㅅㅏㅣㄱㄱㅣ	12 三
새끼(索)	ㅅㅏㅣㄱㄱㅣ	12 三
(새끼발	ㅅㅏㅣㄱㄱㅣㅂㅏㄹ	46 四
새끼발가락	ㅅㅏㅣㄱㄱㅣㅂㅏㄹㄱㅏㄹㅏㄱ	46 四
(새끼손	ㅅㅏㅣㄱㄱㅣㅅㅗㄴ	46 四
새끼손가락	ㅅㅏㅣㄱㄱㅣㅅㅗㄴㄱㅏㄹㅏㄱ	46 四
색떡	ㅅㅏㅣㄱㄷㄷㅓㄱ	91 一
(샋	ㅅㅏㅣㄱㅅ	2 一
색절편	ㅅㅏㅣㄱㅈㅓㄹㅍㅕㄴ	91 一
(색히다	ㅅㅏㅣㄱㅎㅣㄷㅏ	11 四
새곰하다	ㅅㅏㅣㄱㅗㅁㅎㅏㄷㅏ	93 四
새근하다	ㅅㅏㅣㄱㅡㄴㅎㅏㄷㅏ	93 四
새금하다	ㅅㅏㅣㄱㅡㅁㅎㅏㄷㅏ	93 四
새기다(刻)	ㅅㅏㅣㄱㅣㄷㅏ	12 三
(색이다(消化)	ㅅㅏㅣㄱㅣㄷㅏ	11 四
(사인교	ㅅㅏㅣㄴㄱㅛ	87 三
샌님	ㅅㅏㅣㄴㄴㅣㅁ	65 一
새남하다	ㅅㅏㅣㄴㅏㅁㅎㅏㄷㅏ	91 一
새나무	ㅅㅏㅣㄴㅏㅁㅜ	91 一
(새다	ㅅㅏㅣㄷㅏ	43 一
새득새득	ㅅㅏㅣㄷㅡㄱㅅㅏㅣㄷㅡㄱ	93 四
새들새들	ㅅㅏㅣㄷㅡㄹㅅㅏㅣㄷㅡㄹ	93 四
샐그러지다	ㅅㅏㅣㄹㄱㅡㄹㅓㅈㅣㄷㅏ	94 一
샐긋거리다	ㅅㅏㅣㄹㄱㅡㅅㄱㅓㄹㅣㄷㅏ	94 一
샐긋샐긋	ㅅㅏㅣㄹㄱㅡㅅㅅㅏㅣㄹㄱㅡㅅ	94 一
샐긋하다	ㅅㅏㅣㄹㄱㅡㅅㅎㅏㄷㅏ	94 一
샐룩거리다	ㅅㅏㅣㄹㄹㅜㄱㄱㅓㄹㅣㄷㅏ	94 一
샐룩샐룩	ㅅㅏㅣㄹㄹㅜㄱㅅㅏㅣㄹㄹㅜㄱ	94 一
샐룩하다	ㅅㅏㅣㄹㄹㅜㄱㅎㅏㄷㅏ	94 一
샐쭉거리다	ㅅㅏㅣㄹㅈㅈㅜㄱㄱㅓㄹㅣㄷㅏ	94 一
샐쭉샐쭉	ㅅㅏㅣㄹㅈㅈㅜㄱㅅㅏㅣㄹㅈㅈㅜㄱ	94 一
샐쭉하다(斜)	ㅅㅏㅣㄹㅈㅈㅜㄱㅎㅏㄷㅏ	94 一
샐쭉하다(厭)	ㅅㅏㅣㄹㅈㅈㅜㄱㅎㅏㄷㅏ	94 二
샐큼하다	ㅅㅏㅣㄹㅋㅡㅁㅎㅏㄷㅏ	94 二
새로	ㅅㅏㅣㄹㅗ	115 一
(새로히	ㅅㅏㅣㄹㅗㅎㅣ	41 三
새로이	ㅅㅏㅣㄹㅗㅣ	41三, 115一
새룽거리다	ㅅㅏㅣㄹㅜㅇㄱㅓㄹㅣㄷㅏ	91 一
샘	ㅅㅏㅣㅁ	42 二
샘하다	ㅅㅏㅣㅁㅎㅏㄷㅏ	42 二
새매	ㅅㅏㅣㅁㅏㅣ	91 一
(새박뿌리	ㅅㅏㅣㅂㅏㄱㅂㅂㅜㄹㅣ	70 二
새부렁거리다	ㅅㅏㅣㅂㅜㄹㅓㅇㄱㅓㄹㅣㄷㅏ	91 一
샛검불	ㅅㅏㅣㅅㄱㅓㅁㅂㅜㄹ	91 一
샛길	ㅅㅏㅣㅅㄱㅣㄹ	45二, 91二
(샛밥	ㅅㅏㅣㅅㅂㅏㅂ	4 三
(샛참	ㅅㅏㅣㅅㅊㅏㅁ	4 三
새삼스럽다	ㅅㅏㅣㅅㅏㅁㅅㅡㄹㅓㅂㄷㅏ	53 一
새새(戱笑)	ㅅㅏㅣㅅㅏㅣ	91 二
새새(間間)	ㅅㅏㅣㅅㅏㅣ	101 三
새서방	ㅅㅏㅣㅅㅓㅂㅏㅇ	68 二
새실새실	ㅅㅏㅣㅅㅣㄹㅅㅏㅣㅅㅣㄹ	91 二

(생것	ㅅㅏㅣㅇㄱㅓㅅ	63 三
생글거리다	ㅅㅏㅣㅇㄱㅡㄹㄱㅓㄹㅣㄷㅏ	94 三
생글방글	ㅅㅏㅣㅇㄱㅡㄹㅂㅏㅇㄱㅡㄹ	87 四
생글생글	ㅅㅏㅣㅇㄱㅡㄹㅅㅏㅣㅇㄱㅡㄹ	87 四
(생급스럽다	ㅅㅏㅣㅇㄱㅡㅂㅅㅡㄹㅓㅂㄷㅏ	53 一
생긋거리다	ㅅㅏㅣㅇㄱㅡㅅㄱㅓㄹㅣㄷㅏ	94 三
생긋생긋	ㅅㅏㅣㅇㄱㅡㅅㅅㅏㅣㅇㄱㅡㅅ	87 四
(생동찰	ㅅㅏㅣㅇㄷㅗㅇㅊㅏㄹ	33 四
생무지	ㅅㅏㅣㅇㅁㅜㅈㅣ	65 一
생벼락	ㅅㅏㅣㅇㅂㅕㄹㅏㄱ	65一,90三
생소리	ㅅㅏㅣㅇㅅㅗㄹㅣ	79 四
(생짜	ㅅㅏㅣㅇㅉㅏ	63 三
(생쥐	ㅅㅏㅣㅇㅈㅜㅣ	42 二
(생취	ㅅㅏㅣㅇㅊㅜㅣ	31 一
(생치	ㅅㅏㅣㅇㅊㅣ	31 一
(생키다	ㅅㅏㅣㅇㅋㅣㄷㅏ	7 一
생안손	ㅅㅏㅣㅇㅏㄴㅅㅗㄴ	15 四
(생원님	ㅅㅏㅣㅇㅝㄴㄴㅣㅁ	65 一
생으로	ㅅㅣㅇㅡㄹㅗ	91 二
(생인손	ㅅㅏㅣㅇㅣㄴㅅㅗㄴ	15 四
새척지근하다	ㅅㅏㅣㅊㅓㄱㅈㅣㄱㅡㄴㅎㅏㄷㅏ	93 四
새콤하다	ㅅㅏㅣㅋㅗㅁㅎㅏㄷㅏ	93 四
새큰하다	ㅅㅏㅣㅋㅡㄴㅎㅏㄷㅏ	93 四
새큼하다	ㅅㅏㅣㅋㅡㅁㅎㅏㄷㅏ	93 四
새파랗다	ㅅㅏㅣㅍㅏㄹㅏㅎㄷㅏ	94 四
새악씨	ㅅㅏㅣㅏㄱㅅㅅㅣ	106 四
(새아기씨	ㅅㅏㅣㅏㄱㅣㅅㅅㅣ	48 二
(새암	ㅅㅏㅣㅏㅁ	42 二
(새암하다	ㅅㅏㅣㅏㅁㅎㅏㄷㅏ	42 二
새아씨	ㅅㅏㅣㅏㅅㅅㅣ	48二,106四
새양쥐	ㅅㅏㅣㅑㅇㅈㅜㅣ	42 二
(새염하다	ㅅㅏㅣㅕㅁㅎㅏㄷㅏ	42 二
(새오	ㅅㅏㅣㅗ	25 一
새우	ㅅㅏㅣㅜ	25 一
새우다(徹夜)	ㅅㅏㅣㅜㄷㅏ	30 三
재우다(鮨)	ㅅㅏㅣㅜㄷㅏ	43 一
(새움하다	ㅅㅏㅣㅏㅁㅎㅏㄷㅏ	42 二
(새음하다	ㅅㅏㅣㅡㅁㅎㅏㄷㅏ	42 二
(새이다	ㅅㅏㅣㅣㄷㅏ	30 三
(새잇길	ㅅㅏㅣㅣㅅㄱㅣㄹ	45 二
(서(혀)	ㅅㅓ	9 三
서(에서)	ㅅㅓ	116 二
(서끠다	ㅅㅓㄲㅡㅣㄷㅏ	35 一
석쇠	ㅅㅓㄱㅅㅗㅣ	27 二
(석시	ㅅㅓㄱㅅㅣ	27 二
석양판	ㅅㅓㄱㅑㅇㅍㅏㄴ	65 一
서걱거리다	ㅅㅓㄱㅓㄱㄱㅓㄹㅣㄷㅏ	91 二
서걱서걱	ㅅㅓㄱㅓㄱㅅㅓㄱㅓㄱ	91 二
(서과	ㅅㅓㄱㅘ	68 三
(선뜩	ㅅㅓㄴㄸㅡㄱ	2 三
선뜩선뜩	ㅅㅓㄴㄸㅡㄱㅅㅓㄴㄸㅡㄱ	91 二
선뜩하다(冷觸)	ㅅㅓㄴㄸㅡㄱㅎㅏㄷㅏ	91 二
선뜩하다(驚慄)	ㅅㅓㄴㄸㅡㄱㅎㅏㄷㅏ	91 二
선뜻	ㅅㅓㄴㄸㅡㅅ	2 三
선뜻히다(瞭然)	ㅅㅓㄴㄸㅡㅅㅎㅏㄷㅏ	91 二
선뜻히다(驚慄)	ㅅㅓㄴㄸㅡㅅㅎㅏㄷㅏ	91 二
선득선득	ㅅㅓㄴㄷㅡㄱㅅㅓㄴㄷㅡㄱ	91 二
선들선들	ㅅㅓㄴㄷㅡㄹㅅㅓㄴㄷㅡㄹ	91 三
선반	ㅅㅓㄴㅂㅏㄴ	9 三
(선배	ㅅㅓㄴㅂㅏㅣ	17 三
(선벼락	ㅅㅓㄴㅂㅕㄹㅏㄱ	64 三
선비	ㅅㅓㄴㅂㅣ	17 三
선선하다	ㅅㅓㄴㅅㅓㄴㅎㅏㄷㅏ	91 三
선지	ㅅㅓㄴㅈㅣ	91 三
선지피	ㅅㅓㄴㅈㅣㅍㅣ	91 三
(선채	ㅅㅓㄴㅊㅏㅣ	17 三
선치	ㅅㅓㄴㅊㅣ	17 三
(선판	ㅅㅓㄴㅍㅏㄴ	9 三
서낭당	ㅅㅓㄴㅏㅇㄷㅏㅇ	62 三
서너너덧	ㅅㅓㄴㅓㄴㅓㄷㅓㅅ	91 三
서넛	ㅅㅓㄴㅓㅅ	91 三
(서녘	ㅅㅓㄴㅕㅋ	59 一
서늘하다	ㅅㅓㄴㅡㄹㅎㅏㄷㅏ	91 三
서느렇다	ㅅㅓㄴㅡㄹㅓㅎㄷㅏ	91 三
서다	ㅅㅓㄷㅏ	19 三
(서답	ㅅㅓㄷㅏㅂ	2 四
(설	ㅅㅓㄹ	13 二
설겆다	ㅅㅓㄹㄱㅓㅈㄷㅏ	91 三

설겆이	ㅅㅓㄹㄱㅓㅈㅣ	53 二
설겆이하다	ㅅㅓㄹㄱㅓㅈㅣㅎㅏㄷㅏ	53 二
설다	ㅅㅓㄹㄷㅏ	92 一
설다루다	ㅅㅓㄹㄷㅏㄹㅜㄷㅏ	28四,91三
(설다르다	ㅅㅓㄹㄷㅏㄹㅡㄷㅏ	28 四
설렁설렁	ㅅㅓㄹㄹㅓㅇㅅㅓㄹㄹㅓㅇ	91 三
설마	ㅅㅓㄹㅁㅏ	9 三
설명하다	ㅅㅓㄹㅁㅕㅇㅎㅏㄷㅏ	91 四
(설면자	ㅅㅓㄹㅁㅕㄴㅈㅏ	69 一
(설뷤	ㅅㅓㄹㅂㅜㅣㅁ	31 三
(설븸	ㅅㅓㄹㅂㅡㅣㅁ	31 三
설빔	ㅅㅓㄹㅂㅣㅁ	31 三
설삶기다	ㅅㅓㄹㅅㅏㄹㅁㄱㅣㄷㅏ	81 四
설잡죄다	ㅅㅓㄹㅈㅏㅂㅈㅗㅣㄷㅏ	91 三
설주	ㅅㅓㄹㅈㅜ	114 四
(설픳하다	ㅅㅓㄹㅍㅡㅣㅅㅎㅏㄷㅏ	34 四
설피다	ㅅㅓㄹㅍㅣㄷㅏ	91 四
설핏하다	ㅅㅓㄹㅍㅣㅅㅎㅏㄷㅏ	34四,91四
서로	ㅅㅓㄹㅗ	22 三
(서루	ㅅㅓㄹㅜ	22 三
(서름질	ㅅㅓㄹㅡㅁㅈㅣㄹ	53 二
(서름질하다	ㅅㅓㄹㅡㅁㅈㅣㄹㅎㅏㄷㅏ	53 二
서릊다	ㅅㅓㄹㅡㅈㄷㅏ	91 三
(서릊이	ㅅㅓㄹㅡㅈㅣ	53 二
(서릊이하다	ㅅㅓㄹㅡㅈㅣㅎㅏㄷㅏ	53 二
설익다	ㅅㅓㄹㅣㄱㄷㅏ	81 四
서리서리	ㅅㅓㄹㅣㅅㅓㄹㅣ	90 四
섬기다	ㅅㅓㅁㄱㅣㄷㅏ	7 一
섬누룩	ㅅㅓㅁㄴㅜㄹㅜㄱ	59 一
섬뜩하다	ㅅㅓㅁㄸㅡㄱㅎㅏㄷㅏ	91 二
(섬돌	ㅅㅓㅁㄷㅗㄹ	63 四
섬빽섬뻑	ㅅㅓㅁㅃㅐㄱㅅㅓㅁㅃㅓㄱ	19三,91三
섬벅섬벅	ㅅㅓㅁㅂㅓㄱㅅㅓㅁㅂㅓㄱ	91 三
(섬치	ㅅㅓㅁㅊㅣ	59 一
(서목태	ㅅㅓㅁㅗㄱㅌㅐ	65 二
섭섭하다	ㅅㅓㅂㅅㅓㅂㅎㅏㄷㅏ	92 一
서분하다	ㅅㅓㅂㅜㄴㅎㅏㄷㅏ	91 四
서부렁하다	ㅅㅓㅂㅜㄹㅓㅇㅎㅏㄷㅏ	91 四
(섯바닥	ㅅㅓㅅㅂㅏㄷㅏㄱ	9 四
서산나귀	ㅅㅓㅅㅏㄴㄴㅏㄱㅜㅣ	53 二
(서산이	ㅅㅓㅅㅏㄴㅣ	53 二
성가시다	ㅅㅓㅇㄱㅏㅅㅣㄷㅏ	76 一
(성귀다	ㅅㅓㅇㄱㅜㅣㄷㅏ	35 一
(성기다([illegible])	ㅅㅓㅇㄱㅣㄷㅏ	7 一
성기다(踈)	ㅅㅓㅇㄱㅣㄷㅏ	35一,91四
성깃하다	ㅅㅓㅇㄱㅣㅅㅎㅏㄷㅏ	91 四
성기성기	ㅅㅓㅇㄱㅣㅅㅓㅇㄱㅣ	91 四
성나다	ㅅㅓㅇㄴㅏㄷㅏ	91 四
성내다	ㅅㅓㅇㄴㅐㄷㅏ	91 四
성냥	ㅅㅓㅇㄴㅑㅇ	47 二
(성냥간	ㅅㅓㅇㄴㅑㅇㄱㅏㄴ	43 四
성큼성큼	ㅅㅓㅇㅋㅡㅁㅅㅓㅇㅋㅡㅁ	91 四
성큼하다	ㅅㅓㅇㅋㅡㅁㅎㅏㄷㅏ	91 四
성풀이하다	ㅅㅓㅇㅍㅜㄹㅣㅎㅏㄷㅏ	88 三
(성황당	ㅅㅓㅇㅎㅘㅇㄷㅏㅇ	62 三
성에	ㅅㅓㅇㅔ	92 一
성엣장	ㅅㅓㅇㅔㅅㅈㅏㅇ	92 一
서쪽	ㅅㅓㅉㅗㄱ	59 一
(서툴다	ㅅㅓㅌㅜㄹㄷㅏ	43 四
서투르다	ㅅㅓㅌㅜㄹㅡㄷㅏ	43四,92一
(섶나무	ㅅㅓㅍㄴㅏㅁㅜ	66 四
(서편	ㅅㅓㅍㅕㄴ	59 一
서운하다	ㅅㅓㅜㄴㅎㅏㄷㅏ	53二,92一
서울나기	ㅅㅓㅜㄹㄴㅏㄱㅣ	92 一
서울뜨기	ㅅㅓㅜㄹㄸㅡㄱㅣ	92 一
(서위하다	ㅅㅓㅜㅣㅎㅏㄷㅏ	53 二
(세간살이	ㅅㅔㄱㅏㄴㅅㅏㄹㅣ	64 四
(세거리	ㅅㅔㄱㅓㄹㅣ	64 四
센개	ㅅㅔㄴㄱㅐ	65 一
센털	ㅅㅔㄴㅌㅓㄹ	63 二
세다(數)	ㅅㅔㄷㅏ	9 三
(세다(建)	ㅅㅔㄷㅏ	43 一
세다(強)	ㅅㅔㄷㅏ	92 一
세로	ㅅㅔㄹㅗ	22 三
(세루	ㅅㅔㄹㅜ	22 三
셈	ㅅㅔㅁ	44 二
셈나다	ㅅㅔㅁㄴㅏㄷㅏ	92 一
셈들다	ㅅㅔㅁㄷㅡㄹㄷㅏ	92 一

셈속	ㅅㅔㅁㅅㅗㄱ	92 一
셈판	ㅅㅔㅁㅍㅏㄴ	92 一
세모시	ㅅㅔㅁㅗㅅㅣ	53 二
(셋좌	ㅅㅔㅅㅈㅗㅏ	59 一
(셍기다	ㅅㅔㅇㄱㅣㄷㅏ	7 一
세째	ㅅㅔㅈㅈㅐ	59 一
(세지	ㅅㅔㅈㅓ	53 二
세차다	ㅅㅔㅊㅏㄷㅏ	92 一
(세오	ㅅㅔㅗ	25 一
세우(強烈)	ㅅㅔㅜ	25 一
(세우(細雨)	ㅅㅔㅜ	63 一
세우다	ㅅㅔㅜㄷㅏ	43 一
(세음	ㅅㅔㅡㅁ	44 二
솎다	ㅅㅗㄱㄱㄷㅏ	44 二
(속것	ㅅㅗㄱㄱㅓㅅ	19 一
속겨	ㅅㅗㄱㄱㅕ	65一,74三
속곳	ㅅㅗㄱㄱㅗㅅ	19一,92一
속고의	ㅅㅗㄱㄱㅗㅡㅣ	92 二
(소끄다	ㅅㅗㄱㄱㅡㄷㅏ	44 二
속내	ㅅㅗㄱㄴㅐ	115 一
속내평	ㅅㅗㄱㄴㅐㅍㅕㅇ	115 一
속닥거리다	ㅅㅗㄱㄷㅏㄱㄱㅓㄹㅣㄷㅏ	92 四
속닥속닥	ㅅㅗㄱㄷㅏㄱㅅㅗㄱㄷㅏㄱ	92 四
속닥이다	ㅅㅗㄱㄷㅏㄱㅣㄷㅏ	92 二
속달거리다	ㅅㅗㄱㄷㅏㄹㄱㅓㄹㅣㄷㅏ	92 四
속달속달	ㅅㅗㄱㄷㅏㄹㅅㅗㄱㄷㅏㄹ	92 四
속대	ㅅㅗㄱㄷㅐ	81 一
속말	ㅅㅗㄱㅁㅏㄹ	59 一
속배포	ㅅㅗㄱㅂㅐㅍㅗ	92 二
속병	ㅅㅗㄱㅂㅕㅇ	59 一
속삭이다	ㅅㅗㄱㅅㅏㄱㅣㄷㅏ	92 二
속살거리다	ㅅㅗㄱㅅㅏㄹㄱㅓㄹㅣㄷㅏ	92 四
속살속살	ㅅㅗㄱㅅㅏㄹㅅㅗㄱㅅㅏㄹ	92 四
속셈	ㅅㅗㄱㅅㅔㅁ	92 二
(속속것	ㅅㅗㄱㅅㅗㄱㄱㅓㅅ	19 二
속속곳	ㅅㅗㄱㅅㅗㄱㄱㅗㅅ	19二,92一
(속소리	ㅅㅗㄱㅅㅗㄹㅣ	59 一
속종	ㅅㅗㄱㅈㅗㅇ	92 二
(속히다	ㅅㅗㄱㅎㅣㄷㅏ	41 三
(소가	ㅅㅗㄱㅏ	13 四
소갈머리	ㅅㅗㄱㅏㄹㅁㅓㄹㅣ	53二,92二
(소갈찌	ㅅㅗㄱㅏㄹㅈㅈㅣ	53 二
(속앓이	ㅅㅗㄱㅏㄹㅎㅣ	59 一
(소가리	ㅅㅗㄱㅏㄹㅣ	8 二
소견머리	ㅅㅗㄱㅕㄴㅁㅓㄹㅣ	92 二
소경	ㅅㅗㄱㅕㅇ	92 二
소곤거리다	ㅅㅗㄱㅗㄴㄱㅓㄹㅣㄷㅏ	92 四
소곤소곤	ㅅㅗㄱㅗㄴㅅㅗㄱㅗㄴ	92 四
(소곰	ㅅㅗㄱㅗㅁ	26 三
(소구리	ㅅㅗㄱㅜㄹㅣ	25 一
소금	ㅅㅗㄱㅡㅁ	26 三
속이다	ㅅㅗㄱㅣㄷㅏ	41 三
손가락	ㅅㅗㄴㄱㅏㄹㅏㄱ	14 四
(손가래	ㅅㅗㄴㄱㅏㄹㅐ	65 二
손겪다	ㅅㅗㄴㄱㅕㄱㄱㄷㅏ	92 二
손겪이하다	ㅅㅗㄴㄱㅕㄱㄱㅣㅎㅏㄷㅏ	92 二
(손고락	ㅅㅗㄴㄱㅗㄹㅏㄱ	14 四
(손구락	ㅅㅗㄴㄱㅜㄹㅏㄱ	14 四
손녀딸	ㅅㅗㄴㄴㅕㄸㅏㄹ	59 一
(손님자국	ㅅㅗㄴㄴㅣㅁㅈㅏㄱㅜㄱ	64 二
손대중	ㅅㅗㄴㄷㅐㅈㅜㅇ	92 二
손설다	ㅅㅗㄴㅅㅓㄹㄷㅏ	92 二
손서투르다	ㅅㅗㄴㅅㅓㅌㅜㄹㅡㄷㅏ	92 二
손수	ㅅㅗㄴㅅㅜ	59 一
(손자딸	ㅅㅗㄴㅈㅏㄸㅏㄹ	59 一
(손조	ㅅㅗㄴㅈㅗ	59 一
(손주	ㅅㅗㄴㅈㅜ	59 一
(손주벼	ㅅㅗㄴㅈㅜㅂㅕ	66 三
(손짐작	ㅅㅗㄴㅈㅣㅁㅈㅏㄱ	59 一
손치다	ㅅㅗㄴㅊㅣㄷㅏ	92 二
손치르다	ㅅㅗㄴㅊㅣㄹㅡㄷㅏ	92 二
손톱	ㅅㅗㄴㅌㅗㅂ	22 三
(손툽	ㅅㅗㄴㅌㅜㅂ	22 三
(손틉	ㅅㅗㄴㅌㅡㅂ	22 三
(소낙비	ㅅㅗㄴㅏㄱㅂㅣ	39 一
소나기	ㅅㅗㄴㅏㄱㅣ	39 一
소나무	ㅅㅗㄴㅏㅁㅜ	38 二

손어림	ㅅㅗㄴㅓㄹㅣㅁ	59一,92二
(소뇌	ㅅㅗㄴㅗㅣ	21 四
소담스럽다	ㅅㅗㄷㅏㅁㅅㅡㄹㅓㅂㄷㅏ	92 二
소담하다	ㅅㅗㄷㅏㅁㅎㅏㄷㅏ	92 二
소댕	ㅅㅗㄷㅏㅣㅇ	53 二
(소댕뚜껑	ㅅㅗㄷㅏㅣㅇㄷㄷㅜㄱㄱㅓㅇ	53 二
소득소득	ㅅㅗㄷㅡㄱㅅㅗㄷㅡㄱ	93 四
소들소들	ㅅㅗㄷㅡㄹㅅㅗㄷㅡㄹ	93 四
소들하다	ㅅㅗㄷㅡㄹㅎㅏㄷㅏ	93 四
(소디앙	ㅅㅗㄷㅣㅏㅇ	53 二
솔개	ㅅㅗㄹㄱㅏㅣ	45 二
(솔개미	ㅅㅗㄹㄱㅏㅣㅁㅣ	45 二
(솔나무	ㅅㅗㄹㄴㅏㅁㅜ	38 二
솔솔	ㅅㅗㄹㅅㅗㄹ	93 一
소라	ㅅㅗㄹㅏ	74 三
(소래	ㅅㅗㄹㅏㅣ	17 三
소르르	ㅅㅗㄹㅡㄹㅡ	93 一
소리	ㅅㅗㄹㅣ	17 三
(소리개	ㅅㅗㄹㅣㄱㅏㅣ	45 二
솜	ㅅㅗㅁ	44二,92三
(솜것	ㅅㅗㅁㄱㅓㅅ	59 二
(소목	ㅅㅗㅁㅗㄱ	62 一
솜옷	ㅅㅗㅁㅗㅅ	59二,92三
(소방목	ㅅㅗㅂㅏㅇㅁㅗㄱ	62 一
(소배	ㅅㅗㅂㅏㅣ	53 三
소복하다	ㅅㅗㅂㅗㄱㅎㅏㄷㅏ	93 一
(솟	ㅅㅗㅅ	9 二
소사스럽다	ㅅㅗㅅㅏㅅㅡㄹㅓㅂㄷㅏ	92 三
(소실	ㅅㅗㅅㅣㄹ	13 四
송골매	ㅅㅗㅇㄱㅗㄹㅁㅏㅣ	53三,91一
(송고리	ㅅㅗㅇㄱㅗㄹㅣ	53 三
송곳	ㅅㅗㅇㄱㅗㅅ	8 二
송곳이	ㅅㅗㅇㄱㅗㅅㅣ	65 一
(송곶	ㅅㅗㅇㄱㅗㅈ	8 二
송당송당	ㅅㅗㅇㄷㅏㅇㅅㅗㅇㄷㅏㅇ	9 二
송사리	ㅅㅗㅇㅅㅏㄹㅣ	92 三
송송	ㅅㅗㅇㅅㅗㅇ	93 二
(송송이	ㅅㅗㅇㅅㅗㅇㅣ	66 一
(송아리	ㅅㅗㅇㅏㄹㅣ	22 四
송아지	ㅅㅗㅇㅏㅈㅣ	10 二
(송아치	ㅅㅗㅇㅏㅊㅣ	10 二
송이	ㅅㅗㅇㅣ	22 四
(송이술	ㅅㅗㅇㅣㅅㅜㄹ	92 三
소쩍새	ㅅㅗㅈㅈㅕㄱㅅㅏㅣ	65 一
(솣	ㅅㅗㅊ	9 二
(소코리	ㅅㅗㅋㅗㄹㅣ	25 一
소쿠리	ㅅㅗㅋㅜㄹㅣ	25一,86二
솥	ㅅㅗㅌ	9 二
(솥뚜껑	ㅅㅗㅌㄷㄷㅜㄱㄱㅓㅇ	53 二
(솥뚜께	ㅅㅗㅌㄷㄷㅜㄱㄱㅓㅣ	53 二
(솥뚜에	ㅅㅗㅌㄷㄷㅜㅓㅣ	53 二
(소통	ㅅㅗㅌㅗㅇ	53 三
(소음	ㅅㅗㅡㅁ	44 二
(쇠	ㅅㅗㅣ	68 四
소인	ㅅㅗㅣㄴ	92 三
쇤네	ㅅㅗㅣㄴㄴㅓㅣ	92 三
쇠뇌	ㅅㅗㅣㄴㅗㅣ	21 四
소일	ㅅㅗㅣㄹ	47 二
쇠몽치	ㅅㅗㅣㅁㅗㅇㅊㅣ	92 三
(쇠물	ㅅㅗㅣㅁㅜㄹ	59 二
쇠뭉치	ㅅㅗㅣㅁㅜㅇㅊㅣ	92 三
(쇠배	ㅅㅗㅣㅂㅏㅣ	53 三
쇠붙이	ㅅㅗㅣㅂㅜㅌㅣ	76 三
(쇳대	ㅅㅗㅣㅅㄷㅏㅣ	61 三
쇠사슬	ㅅㅗㅣㅅㅏㅅㅡㄹ	91 一
쇠죽	ㅅㅗㅣㅈㅜㄱ	59 二
쇠통	ㅅㅗㅣㅌㅗㅇ	53 三
쇠옹두리	ㅅㅗㅣㅗㅇㄷㅜㄹㅣ	68 二
(숙냉	ㅅㅜㄱㄴㅏㅣㅇ	53 三
숙덕거리다	ㅅㅜㄱㄷㅓㄱㄱㅓㄹㅣㄷㅏ	92 三
숙덕숙덕	ㅅㅜㄱㄷㅓㄱㅅㅜㄱㄷㅓㄱ	92 四
숙덜거리다	ㅅㅜㄱㄷㅓㄹㄱㅓㄹㅣㄷㅏ	92 三
숙덜숙덜	ㅅㅜㄱㄷㅓㄹㅅㅜㄱㄷㅓㄹ	92 四
숙설거리다	ㅅㅜㄱㅅㅓㄹㄱㅓㄹㅣㄷㅏ	92 四
숙설숙설	ㅅㅜㄱㅅㅓㄹㅅㅜㄱㅅㅓㄹ	92 四
숙주	ㅅㅜㄱㅈㅜ	115 一

(숭보다	ㅅㅜㅇㅂㅗㄷㅏ	9 四
숭숭	ㅅㅜㅇㅅㅜㅇ	93 二
(숭잡히다	ㅅㅜㅇㅈㅏㅂㅎㅣㄷㅏ	9 四
(숭하다	ㅅㅜㅇㅎㅏㄷㅏ	9 四
(숭하적	ㅅㅜㅇㅎㅏㅈㅓㄱ	9 四
(숭허물	ㅅㅜㅇㅎㅓㅁㅜㄹ	9 四
(숭헙다	ㅅㅜㅇㅎㅓㅂㄷㅏ	10 一
(숭이	ㅅㅜㅇㅣ	22 四
(수종다리	ㅅㅜㅈㅗㅇㄷㅏㄹㅣ	25 二
수줍다	ㅅㅜㅈㅜㅂㄷㅏ	93 二
수중다리	ㅅㅜㅈㅜㅇㄷㅏㄹㅣ	25 二
수지	ㅅㅜㅈㅣ	9 三
숯(炭)	ㅅㅜㅊ	8 四
(숯(量)	ㅅㅜㅊ	9 二
(숯검댕	ㅅㅜㅊㄱㅓㅁㄷㅐㅇ	59 二
(숯검디양	ㅅㅜㅊㄱㅓㅁㄷㅣㅑㅇ	59 二
(숯검장	ㅅㅜㅊㄱㅓㅁㅈㅏㅇ	59 二
숯검정	ㅅㅜㅊㄱㅓㅁㅈㅓㅇ	59 二
(숯거먕	ㅅㅜㅊㄱㅓㅁㅑㅇ	59 二
수컷	ㅅㅜㅋㅓㅅ	59 二
(숱(炭)	ㅅㅜㅌ	8 四
숱(量)	ㅅㅜㅌ	9 二
(수파람	ㅅㅜㅍㅏㄹㅏㅁ	9 四
수월스럽다	ㅅㅜㅓㄹㅅㅡㄹㅓㅂㄷㅏ	93 二
수월하다	ㅅㅜㅓㄹㅎㅏㄷㅏ	93 二
쉬	ㅅㅜㅣ	49二,93二
(수이	ㅅㅜㅣ	49 二
(쉰무	ㅅㅜㅣㄴㅁㅜ	27 三
쉬다	ㅅㅜㅣㄷㅏ	45 三
쉽게여기다	ㅅㅜㅣㅂㄱㅓㅣㅕㄱㅣㄷㅏ	65 二
쉽사리	ㅅㅜㅣㅂㅅㅏㄹㅣ	93 二
(쉬파람	ㅅㅜㅣㅍㅏㄹㅏㅁ	9 四
쉬파리	ㅅㅜㅣㅍㅏㄹㅣ	93 二
(수이여기다	ㅅㅜㅣㅕㄱㅣㄷㅏ	65 二
(쉬이다	ㅅㅜㅣㅣㄷㅏ	45 三
스님	ㅅㅡㄴㅣㅁ	32 二
(스다	ㅅㅡㄷㅏ	19 三
(슬갑다	ㅅㅡㄹㄱㅏㅂㄷㅏ	59 二
슬겁다	ㅅㅡㄹㄱㅓㅂㄷㅏ	93 三
슬근거리다	ㅅㅡㄹㄱㅡㄴㄱㅓㄹㅣㄷㅏ	93 三
슬근슬근	ㅅㅡㄹㄱㅡㄴㅅㅡㄹㄱㅡㄴ	22二,93三
슬그니	ㅅㅡㄹㄱㅡㄴㅣ	93 三
슬긐하다	ㅅㅡㄹㄱㅡㅋㅎㅏㄷㅏ	93 三
슬그머니	ㅅㅡㄹㄱㅡㅁㅓㄴㅣ	22二,9 三
슬기롭다	ㅅㅡㄹㄱㅣㄹㅗㅂㄷㅏ	59二,93三
슬다	ㅅㅡㄹㄷㅏ	90 四
슬며시	ㅅㅡㄹㅁㅕㅅㅣ	22二,93三
(슬미죽죽하다	ㅅㅡㄹㅁㅣㅈㅜㄱㅈㅜㄱㅎㅏㄷㅏ	53 三
슬미지근하다	ㅅㅡㄹㅁㅣㅈㅣㄱㅡㄴㅎㅏㄷㅏ	53 三
슬슬	ㅅㅡㄹㅅㅡㄹ	93 三
슬푸다	ㅅㅡㄹㅍㅜㄷㅏ	30 一
슬프다	ㅅㅡㄹㅍㅡㄷㅏ	30 一
(슳다	ㅅㅡㄹㅎㄷㅏ	33 一
스라소니	ㅅㅡㄹㅏㅅㅗㄴㅣ	22 二
스러지다	ㅅㅡㄹㅓㅈㅣㄷㅏ	90 四
(슴겁다	ㅅㅡㅁㄱㅓㅂㄷㅏ	33 一
(슴뻭슴뼉	ㅅㅡㅁㅂㅂㅓㅣㄱㅅㅡㅁㅂㅂㅕㄱ	19 三
슴베	ㅅㅡㅁㅂㅓㅣ	8 一
스멀거리다	ㅅㅡㅁㅓㄹㄱㅓㄹㅣㄷㅏ	76 一
스멀스멀	ㅅㅡㅁㅓㄹㅅㅡㅁㅓㄹ	76 一
(스메	ㅅㅡㅁㅓㅣ	8 一
스무나무	ㅅㅡㅁㅜㄴㅏㅁㅜ	30 三
스물	ㅅㅡㅁㅜㄹ	32 二
(스믜나무	ㅅㅡㅁㅡㅣㄴㅏㅁㅜ	30 三
(스믜다	ㅅㅡㅁㅡㅣㄷㅏ	35 一
(스미나무	ㅅㅡㅁㅣㄴㅏㅁㅜ	30 三
스미다	ㅅㅡㅁㅣㄷㅏ	35 一
(스사로	ㅅㅡㅅㅏㄹㅗ	15 四
스스로	ㅅㅡㅅㅡㄹㅗ	15 四
스승	ㅅㅡㅅㅡㅇ	32 二
승검초	ㅅㅡㅇㄱㅓㅁㅊㅗ	32 二
(승겁다	ㅅㅡㅇㄱㅓㅂㄷㅏ	33 一
스치다	ㅅㅡㅊㅣㄷㅏ	32 三
(스치미떼다	ㅅㅡㅊㅣㅁㅣㄸㅓㅣㄷㅏ	44 四
(싀끄럽다	ㅅㅡㅣㄲㅡㄹㅓㅂㄷㅏ	35 一
(싀누이	ㅅㅡㅣㄴㅜㅣ	35 一
(싀르죽다	ㅅㅡㅣㄹㅡㅈㅜㄱㄷㅏ	35 一
(싀새우다	ㅅㅡㅣㅅㅏㅣㅜㄷㅏ	35 一

(싀싀하다	ㅅㅡㅣㅅㅡㅣㅎㅏㄷㅏ	35 一
(싀장하다	ㅅㅡㅣㅈㅏㅇㅎㅏㄷㅏ	35 一
(싀집가다	ㅅㅡㅣㅈㅣㅂㄱㅏㄷㅏ	35 一
(싀화	ㅅㅡㅣㅎㅗㅏ	35 二
(싀아비	ㅅㅡㅣㅏㅂㅣ	35 二
(싀어미	ㅅㅡㅣㅓㅁㅣ	35 二
(식	ㅅㅣㄱ	8 二
시끄럽다	ㅅㅣㄱㄱㅡㄹㅓㅂㄷㅏ	35 一
식기	ㅅㅣㄱㄱㅣ	87 一
(식도	ㅅㅣㄱㄷㅗ	53 三
식칼	ㅅㅣㄱㅋㅏㄹ	53 三
식히다(冷)	ㅅㅣㄱㅎㅣㄷㅏ	41 一
(시가	ㅅㅣㄱㅏ	59 三
시골	ㅅㅣㄱㅗㄹ	22 四
시골고라리	ㅅㅣㄱㅗㄹㄱㅗㄹㅏㄹㅣ	93 三
시골나기	ㅅㅣㄱㅗㄹㄴㅏㄱㅣ	93 三
시골뜨기	ㅅㅣㄱㅗㄹㄷㄷㅡㄱㅣ	93 三
(시굴	ㅅㅣㄱㅜㄹ	22 四
(시궁발치	ㅅㅣㄱㅜㅇㅂㅏㄹㅊㅣ	45 三
시궁창	ㅅㅣㄱㅜㅇㅊㅏㅇ	45 三
(시궁창이	ㅅㅣㄱㅜㅇㅊㅏㅇㅣ	45 三
(시궁치	ㅅㅣㄱㅜㅇㅊㅣ	45 三
(시근치	ㅅㅣㄱㅡㄴㅊㅣ	17 三
시근하다	ㅅㅣㄱㅡㄴㅎㅏㄷㅏ	93 四
시금떨떨하다	ㅅㅣㄱㅡㅁㄷㄷㅓㄹㄷㄷㅓㄹㅎㅏㄷㅏ	93 三
(시금채	ㅅㅣㄱㅡㅁㅊㅏㅣ	17 三
시금치	ㅅㅣㄱㅡㅁㅊㅣ	17 三
시금털털하다	ㅅㅣㄱㅡㅁㅌㅓㄹㅌㅓㄹㅎㅏㄷㅏ	93 三
시금하다	ㅅㅣㄱㅡㅁㅎㅏㄷㅏ	93 四
(시기다(使)	ㅅㅣㄱㅣㄷㅏ	3 四
(식이다(冷)	ㅅㅣㄱㅣㄷㅏ	41 一
신	ㅅㅣㄴ	49 二
(신끈	ㅅㅣㄴㄱㄱㅡㄴ	67 四
(신랑	ㅅㅣㄴㄹㅏㅇ	68 二
(신발	ㅅㅣㄴㅂㅏㄹ	49 二
신선로	ㅅㅣㄴㅅㅓㄴㄹㅗ	93 四
시누이	ㅅㅣㄴㅜㅣ	35 一
(시님	ㅅㅣㄴㅣㅁ	32 二
싣다	ㅅㅣㄷㄷㅏ	5 二
시달리다	ㅅㅣㄷㅏㄹㄹㅣㄷㅏ	37 三
(시다리다	ㅅㅣㄷㅏㄹㅣㄷㅏ	37 三
(시대리다	ㅅㅣㄷㅏㅣㄹㅣㄷㅏ	37 三
시득부득	ㅅㅣㄷㅡㄱㅂㅜㄷㅡㄱ	93 四
시득시득	ㅅㅣㄷㅡㄱㅅㅣㄷㅡㄱ	93 四
시들부들	ㅅㅣㄷㅡㄹㅂㅜㄷㅡㄹ	93 四
시들시들	ㅅㅣㄷㅡㄹㅅㅣㄷㅡㄹ	93 四
시들하다	ㅅㅣㄷㅡㄹㅎㅏㄷㅏ	93 四
시들히보다	ㅅㅣㄷㅡㄹㅎㅣㅂㅗㄷㅏ	94 一
시들히여기다	ㅅㅣㄷㅡㄹㅎㅣㅕㄱㅣㄷㅏ	94 一
실감개	ㅅㅣㄹㄱㅏㅁㄱㅏㅣ	17一,94二
(실감기	ㅅㅣㄹㄱㅏㅁㄱㅣ	17 一
(실과	ㅅㅣㄹㄱㅗㅏ	39 二
(실근실근	ㅅㅣㄹㄱㅡㄴㅅㅣㄹㄱㅡㄴ	32 二
실그러지다	ㅅㅣㄹㄱㅡㄹㅓㅈㅣㄷㅏ	94 一
(실그머니	ㅅㅣㄹㄱㅡㅁㅓㄴㅣ	32 二
실긋거리다	ㅅㅣㄹㄱㅡㅅㄱㅓㄹㅣㄷㅏ	94 一
실긋샐긋	ㅅㅣㄹㄱㅡㅅㅅㅏㅣㄹㄱㅡㅅ	94 一
실긋실긋	ㅅㅣㄹㄱㅡㅅㅅㅣㄹㄱㅡㅅ	94 一
실긋하다	ㅅㅣㄹㄱㅡㅅㅎㅏㄷㅏ	94 一
실떡실떡	ㅅㅣㄹㄷㄷㅓㄱㅅㅣㄹㄷㄷㅓㄱ	94 二
(실다	ㅅㅣㄹㄷㅏ	5 二
실룩거리다	ㅅㅣㄹㄹㅜㄱㄱㅓㄹㅣㄷㅏ	94 一
실룩샐룩	ㅅㅣㄹㄹㅜㄱㅅㅏㅣㄹㄹㅜㄱ	94 一
실룩실룩	ㅅㅣㄹㄹㅜㄱㅅㅣㄹㄹㅜㄱ	94 一
실룩하다	ㅅㅣㄹㄹㅜㄱㅎㅏㄷㅏ	94 一
(실며시	ㅅㅣㄹㅁㅕㅅㅣ	32 二
실몽댕이	ㅅㅣㄹㅁㅗㅇㄷㅏㅣㅇㅣ	94 二
실뽀무라지	ㅅㅣㄹㅂㅂㅗㅁㅜㄹㅏㅈㅣ	94 二
실밥	ㅅㅣㄹㅂㅏㅂ	94 二
실싸뀌	ㅅㅣㄹㅅㅅㅏㄱㄱㅜㅣ	94 二
(실살	ㅅㅣㄹㅅㅏㄹ	59 二
실속	ㅅㅣㄹㅅㅗㄱ	59二,94二
실실	ㅅㅣㄹㅅㅣㄹ	94 二
실쭉거리다	ㅅㅣㄹㅈㅈㅜㄱㄱㅓㄹㅣㄷㅏ	94 一
실쭉샐쭉	ㅅㅣㄹㅈㅈㅜㄱㅅㅏㅣㄹㅈㅈㅜㄱ	94 一
실쭉실쭉	ㅅㅣㄹㅈㅈㅜㄱㅅㅣㄹㅈㅈㅜㄱ	94 一
실쭉하다(斜)	ㅅㅣㄹㅈㅈㅜㄱㅎㅏㄷㅏ	94 一
실쭉하다(厭)	ㅅㅣㄹㅈㅈㅜㄱㅎㅏㄷㅏ	94 二

실중	ㅅㅣㄹㅈㅜㅇ	65 二
(실콤하다	ㅅㅣㄹㅋㅗㅁㅎㅏㄷㅏ	26 三
실큼하다	ㅅㅣㄹㅋㅡㅁㅎㅏㄷㅏ	26三,94二
실톳	ㅅㅣㄹㅌㅗㅅ	49二,94二
(실토생이	ㅅㅣㄹㅌㅗㅅㅐㅇㅇㅣ	49 二
실팍하다	ㅅㅣㄹㅍㅏㄱㅎㅏㄷㅏ	94 二
실패	ㅅㅣㄹㅍㅐ	94 二
싫다	ㅅㅣㅀㄷㅏ	33 一
실하다	ㅅㅣㄹㅎㅏㄷㅏ	94 二
싫어하다	ㅅㅣㅀㅓㅎㅏㄷㅏ	18 三
(싫여하다	ㅅㅣㅀㅕㅎㅏㄷㅏ	18 三
(시라소니	ㅅㅣㄹㅏㅅㅗㄴㅣ	32 二
(실업난송이	ㅅㅣㄹㅓㅂㄴㅏㄴㅅㅗㅇㅣ	59 二
(실업낮도깨비	ㅅㅣㄹㅓㅂㄴㅏㅈㄷㅗㄲㅐㅂㅣ	59 二
실없은말	ㅅㅣㄹㅓㅄㅡㄴㅁㅏㄹ	94 二
실업의아들	ㅅㅣㄹㅓㅂㅢㅇㅏㄷㅡㄹ	59 二
시루떡	ㅅㅣㄹㅜㄸㅓㄱ	59 三
시룽거리다	ㅅㅣㄹㅜㅇㄱㅓㄹㅣㄷㅏ	94 二
시룽새룽	ㅅㅣㄹㅜㅇㅅㅐㄹㅜㅇ	94 四
시룽시룽	ㅅㅣㄹㅜㅇㅅㅣㄹㅜㅇ	94 三
(시루편	ㅅㅣㄹㅜㅍㅕㄴ	59 三
시르죽다	ㅅㅣㄹㅡㅈㅜㄱㄷㅏ	35 一
(심	ㅅㅣㅁ	10 一
(심그다	ㅅㅣㅁㄱㅡㄷㅏ	44 二
심다	ㅅㅣㅁㄷㅏ	44 二
(심바람	ㅅㅣㅁㅂㅏㄹㅏㅁ	53 三
(심바름	ㅅㅣㅁㅂㅏㄹㅡㅁ	53 三
(심보	ㅅㅣㅁㅂㅗ	62 二
심부름	ㅅㅣㅁㅂㅜㄹㅡㅁ	53 三
심사	ㅅㅣㅁㅅㅏ	8 四
(심사놀다	ㅅㅣㅁㅅㅏㄴㅗㄹㄷㅏ	59 三
(심사놓다	ㅅㅣㅁㅅㅏㄴㅗㅎㄷㅏ	59 三
심사부리다	ㅅㅣㅁㅅㅏㅂㅜㄹㅣㄷㅏ	59 三
심술	ㅅㅣㅁㅅㅜㄹ	83 四
(심술꾸니	ㅅㅣㅁㅅㅜㄹㄲㅜㄴㅣ	59 三
심술구러기	ㅅㅣㅁㅅㅜㄹㄱㅜㄹㅓㄱㅣ	59三,94三
(심술놀다	ㅅㅣㅁㅅㅜㄹㄴㅗㄹㄷㅏ	59 三
심술딱지	ㅅㅣㅁㅅㅜㄹㄸㅏㄱㅈㅣ	59 三
(심술머리	ㅅㅣㅁㅅㅜㄹㅁㅓㄹㅣ	59 三
심술부리다	ㅅㅣㅁㅅㅜㄹㅂㅜㄹㅣㄷㅏ	59三,94三
(심술장이	ㅅㅣㅁㅅㅜㄹㅈㅏㅇㅇㅣ	59 三
심술통이	ㅅㅣㅁㅅㅜㄹㅌㅗㅇㅇㅣ	94 三
심술패기	ㅅㅣㅁㅅㅜㄹㅍㅐㄱㅣ	94 三
심술피우다	ㅅㅣㅁㅅㅜㄹㅍㅣㅇㅜㄷㅏ	94 三
심심소일	ㅅㅣㅁㅅㅣㅁㅅㅗㅇㅣㄹ	94 三
(심심파적	ㅅㅣㅁㅅㅣㅁㅍㅏㅈㅓㄱ	59 三
심심풀이	ㅅㅣㅁㅅㅣㅁㅍㅜㄹㅇㅣ	59三,94三
심심하다	ㅅㅣㅁㅅㅣㅁㅎㅏㄷㅏ	94 三
심정	ㅅㅣㅁㅈㅓㅇ	83 四
심줄	ㅅㅣㅁㅈㅜㄹ	9 三
심지	ㅅㅣㅁㅈㅣ	68 三
심악스럽다	ㅅㅣㅁㅇㅏㄱㅅㅡㄹㅓㅂㄷㅏ	94 三
심악하다	ㅅㅣㅁㅇㅏㄱㅎㅏㄷㅏ	94 三
(시물	ㅅㅣㅁㅜㄹ	12 二
(시므다	ㅅㅣㅁㅡㄷㅏ	44 二
십상	ㅅㅣㅂㅅㅏㅇ	13 二
(십성	ㅅㅣㅂㅅㅓㅇ	13 二
시부렁거리다	ㅅㅣㅂㅜㄹㅓㅇㄱㅓㄹㅣㄷㅏ	94 二
시부렁시부렁	ㅅㅣㅂㅜㄹㅓㅇㅅㅣㅂㅜㄹㅓㅇ	94 三
(시브다	ㅅㅣㅂㅡㄷㅏ	44 二
시새우다	ㅅㅣㅅㅐㅇㅜㄷㅏ	35 一
(시승	ㅅㅣㅅㅡㅇ	32 二
시시하다	ㅅㅣㅅㅣㅎㅏㄷㅏ	35 一
(싱겁초	ㅅㅣㅇㄱㅓㅂㅊㅗ	32 二
싱겁다	ㅅㅣㅇㄱㅓㅂㄷㅏ	32一,94三
싱글거리다	ㅅㅣㅇㄱㅡㄹㄱㅓㄹㅣㄷㅏ	94 三
싱글벙글	ㅅㅣㅇㄱㅡㄹㅂㅓㅇㄱㅡㄹ	87 四
싱글싱글	ㅅㅣㅇㄱㅡㄹㅅㅣㅇㄱㅡㄹ	87 四
싱긋거리다	ㅅㅣㅇㄱㅡㅅㄱㅓㄹㅣㄷㅏ	94 三
싱긋싱긋	ㅅㅣㅇㄱㅡㅅㅅㅣㅇㄱㅡㅅ	87 四
싱숭생숭	ㅅㅣㅇㅅㅜㅇㅅㅐㅇㅅㅜㅇ	94 四
시장하다	ㅅㅣㅈㅏㅇㅎㅏㄷㅏ	55 一
시적거리다	ㅅㅣㅈㅓㄱㄱㅓㄹㅣㄷㅏ	94 四
시적시적	ㅅㅣㅈㅓㄱㅅㅣㅈㅓㄱ	94 四
시집	ㅅㅣㅈㅣㅂ	59 三
시집가다	ㅅㅣㅈㅣㅂㄱㅏㄷㅏ	35 一
(싳다	ㅅㅣㅊㄷㅏ	8 三
시척지근하다	ㅅㅣㅊㅓㄱㅈㅣㄱㅡㄴㅎㅏㄷㅏ	93 四

(시치다	ㅅㅣㅊㅣㄷㅏ	32 三
(시침떼다	ㅅㅣㅊㅣㅁㄷㄷㅓㅣㄷㅏ	44 四
시치미떼다	ㅅㅣㅊㅣㅁㅣㄷㄷㅓㅣㄷㅏ	44 四
시큰둥하다	ㅅㅣㅋㅡㄴㄷㅜㅇㅎㅏㄷㅏ	94 四
시큰하다	ㅅㅣㅋㅡㄴㅎㅏㄷㅏ	93 四
시큽하다	ㅅㅣㅋㅡㅂㅎㅏㄷㅏ	93 四
시키다(使)	ㅅㅣㅋㅣㄷㅏ	3 四
시퉁머리터지다	ㅅㅣㅌㅜㅇㅁㅓㄹㅣㅌㅓㅈㅣㄷㅏ	94 四
시퉁스럽다	ㅅㅣㅌㅜㅇㅅㅡㄹㅓㅂㄷㅏ	94 四
시틋하다	ㅅㅣㅌㅡㅅㅎㅏㄷㅏ	94 四
싶다	ㅅㅣㅍㄷㅏ	44 二
시퍼렇다	ㅅㅣㅍㅓㄹㅓㅎㄷㅏ	94 四
시푸르덩덩하다	ㅅㅣㅍㅜㄹㅡㄷㅓㅇㄷㅓㅇㅎㅏㄷㅏ	94 四
시푸르죽죽하다	ㅅㅣㅍㅜㄹㅡㅈㅜㄱㅈㅜㄱㅎㅏㄷㅏ	94 四
(시프다	ㅅㅣㅍㅡㄷㅏ	44 二
시화	ㅅㅣㅎㅘ	35 二
시아비	ㅅㅣㅏㅂㅣ	35 二
시어미	ㅅㅣㅓㅁㅣ	35 二
시왕가르다	ㅅㅣㅘㅇㄱㅏㄹㅡㄷㅏ	91 一

ㅈ

짝	ㅈㅈㅏㄱ	95 一
짝바라지다	ㅈㅈㅏㄱㅂㅏㄹㅏㅈㅣㄷㅏ	95 一
짝짝	ㅈㅈㅏㄱㅈㅈㅏㄱ	95 一
짝짝거리다	ㅈㅈㅏㄱㅈㅈㅏㄱㄱㅓㄹㅣㄷㅏ	95 一
짝칫다	ㅈㅈㅏㄱㅊㅣㅅㄷㅏ	95 一
짝채우다	ㅈㅈㅏㄱㅊㅏㅣㅜㄷㅏ	95 一
짜개	ㅈㅈㅏㄱㅏㅣ	14 四
짜개다	ㅈㅈㅏㄱㅏㅣㄷㅏ	17 一
(짝없다	ㅈㅈㅏㄱㅓㅂㅅㄷㅏ	46 二
(짜귀다	ㅈㅈㅏㄱㅜㅣㄷㅏ	17 一
짜글짜글	ㅈㅈㅏㄱㅡㄹㅈㅈㅏㄱㅡㄹ	111 一
짜그러뜨리다	ㅈㅈㅏㄱㅡㄹㅓㄷㄷㅡㄹㅣㄷㅏ	111 一
짜그러지다	ㅈㅈㅏㄱㅡㄹㅓㅈㅣㄷㅏ	110 四
짜그리다	ㅈㅈㅏㄱㅡㄹㅣㄷㅏ	111 一
(짜긔다	ㅈㅈㅏㄱㅡㅣㄷㅏ	17 一
짠지패	ㅈㅈㅏㄴㅈㅣㅍㅏㅣ	95 一
짜들럽짜들럽	ㅈㅈㅏㄷㅡㄹㄹㅓㅂㅈㅈㅏㄷㅡㄹㄹㅓㅂ	95 一
짤깍	ㅈㅈㅏㄹㄱㄱㅏㄱ	93 三
짤깍거리다	ㅈㅈㅏㄹㄱㄱㅏㄱㄱㅓㄹㅣㄷㅏ	96 四
짤깍짤깍	ㅈㅈㅏㄹㄱㄱㅏㄱㅈㅈㅏㄹㄱㄱㅏㄱ	96 四
짤끔거리다	ㅈㅈㅏㄹㄱㄱㅡㅁㄱㅓㄹㅣㄷㅏ	98 四
짤끔짤끔	ㅈㅈㅏㄹㄱㄱㅡㅁㅈㅈㅏㄹㄱㄱㅡㅁ	98 四
짤똑짤똑	ㅈㅈㅏㄹㄷㄷㅗㄱㅈㅈㅏㄹㄷㄷㅗㄱ	95 四
짤똑하다	ㅈㅈㅏㄹㄷㄷㅗㄱㅎㅏㄷㅏ	95 四
짤뚝거리다	ㅈㅈㅏㄹㄷㄷㅜㄱㄱㅓㄹㅣㄷㅏ	96 四
짤뚝짤뚝	ㅈㅈㅏㄹㄷㄷㅜㄱㅈㅈㅏㄹㄷㄷㅜㄱ	96 四
짤록짤록	ㅈㅈㅏㄹㄹㅗㄱㅈㅈㅏㄹㄹㅗㄱ	95 四
짤록히다	ㅈㅈㅏㄹㄹㅗㄱㅎㅏㄷㅏ	95 四
짤막하다	ㅈㅈㅏㄹㅁㅏㄱㅎㅏㄷㅏ	44二,95一
짧다	ㅈㅈㅏㄹㅂㄷㅏ	53 四
짤짤	ㅈㅈㅏㄹㅈㅈㅏㄹ	97 一
(짜르다	ㅈㅈㅏㄹㅡㄷㅏ	53 四
짜르르	ㅈㅈㅏㄹㅡㄹㅡ	99 一
짜릅하다	ㅈㅈㅏㄹㅡㅂㅎㅏㄷㅏ	95 一
(짜르막하다	ㅈㅈㅏㄹㅡㅁㅏㄱㅎㅏㄷㅏ	44 二
짬짜미하다	ㅈㅈㅏㅁㅈㅈㅏㅁㅣㅎㅏㄷㅏ	31 三
짬짜위하다	ㅈㅈㅏㅁㅈㅈㅏㅜㅣㅎㅏㄷㅏ	31 三
짭짭	ㅈㅈㅏㅂㅈㅈㅏㅂ	95 一
짭짭거리다	ㅈㅈㅏㅂㅈㅈㅏㅂㄱㅓㄹㅣㄷㅏ	95 一
짜하다	ㅈㅈㅏㅎㅏㄷㅏ	110 二
째	ㅈㅈㅏㅣ	10 二
째다	ㅈㅈㅏㅣㄷㅏ	45 三
째마리	ㅈㅈㅏㅣㅁㅏㄹㅣ	53 四
째보	ㅈㅈㅏㅣㅂㅗ	108 二
째어지다	ㅈㅈㅏㅣㅓㅈㅣㄷㅏ	95 三
(째이다	ㅈㅈㅏㅣㅣㄷㅏ	45 三
쩍벌어지다	ㅈㅈㅓㄱㅂㅓㄹㅓㅈㅣㄷㅏ	95 一
쩍쩍	ㅈㅈㅓㄱㅈㅈㅓㄱ	95 一
쩍쩍거리다	ㅈㅈㅓㄱㅈㅈㅓㄱㄱㅓㄹㅣㄷㅏ	95 一
(쩌귀다	ㅈㅈㅓㄱㅜㅣㄷㅏ	17 一
쩔꺽	ㅈㅈㅓㄹㄱㄱㅓㄱ	96 三
쩔꺽거리다	ㅈㅈㅓㄹㄱㄱㅓㄱㄱㅓㄹㅣㄷㅏ	96 四
쩔꺽쩔꺽	ㅈㅈㅓㄹㄱㄱㅓㄱㅈㅈㅓㄹㄱㄱㅓㄱ	96 四
쩔뚝거리다	ㅈㅈㅓㄹㄷㄷㅜㄱㄱㅓㄹㅣㄷㅏ	96 四
쩔뚝쩔뚝	ㅈㅈㅓㄹㄷㄷㅜㄱㅈㅈㅓㄹㄷㄷㅜㄱ	96 四
(쩗다	ㅈㅈㅓㄹㅂㄷㅏ	53 四

쩔쩔	ㅈㅈㅓㄹㅈㅈㅓㄹ	97 一
쩔쩔매다	ㅈㅈㅓㄹㅈㅈㅓㄹㅁㅏㅣㄷㅏ	86 二
(쩌르다	ㅈㅈㅓㄹㅡㄷㅏ	53 四
쩝쩝	ㅈㅈㅓㅂㅈㅈㅓㅂ	95 一
쩝쩝거리다	ㅈㅈㅓㅂㅈㅈㅓㅂㄱㅓㄹㅣㄷㅏ	95 一
쪽(片)	ㅈㅈㅗㄱ	95 一
쪽(方面)	ㅈㅈㅗㄱ	95 二
쪽박	ㅈㅈㅗㄱㅂㅏㄱ	10 二
쪽쪽 吮)	ㅈㅈㅗㄱㅈㅈㅗㄱ	95 二
쪽쪽(連下)	ㅈㅈㅗㄱㅈㅈㅗㄱ	97 四
(쪼각	ㅈㅈㅗㄱㅏㄱ	10 一
(쪼개	ㅈㅈㅗㄱㅏㅣ	14 四
쪼개다	ㅈㅈㅗㄱㅏㅣㄷㅏ	17 一
(쪼귀다	ㅈㅈㅗㄱㅜㅣㄷㅏ	17 一
쪼글쪼글	ㅈㅈㅗㄱㅡㄹㅈㅈㅗㄱㅡㄹ	111 一
쪼그러뜨리다	ㅈㅈㅗㄱㅡㄹㅓㄷㄷㅡㄹㅣㄷㅏ	111 一
쪼그러지다	ㅈㅈㅗㄱㅡㄹㅓㅈㅣㄷㅏ	110 四
쪼그리다	ㅈㅈㅗㄱㅡㄹㅣㄷㅏ	111 一
(쪼긔다	ㅈㅈㅗㄱㅡㅣㄷㅏ	17 一
(쪼기다	ㅈㅈㅗㄱㅣㄷㅏ	17 一
쪼다	ㅈㅈㅗㄷㅏ	53 四
쫄끔거리다	ㅈㅈㅗㄹㄱㄱㅡㅁㄱㅓㄹㅣㄷㅏ	98 四
쫄끔쫄끔	ㅈㅈㅗㄹㄱㄱㅡㅁㅈㅈㅗㄹㄱㄱㅡㅁ	98 四
쫄쫄	ㅈㅈㅗㄹㅈㅈㅗㄹ	97 四
(쫍다	ㅈㅈㅗㅂㄷㅏ	53 四
(쫏다	ㅈㅈㅗㅅㄷㅏ	53 四
쫑긋거리다	ㅈㅈㅗㅇㄱㅡㅅㄱㅓㄹㅣㄷㅏ	95 二
쫑긋쫑긋	ㅈㅈㅗㅇㄱㅡㅅㅈㅈㅗㅇㄱㅡㅅ	95 二
쫑쫑거리다	ㅈㅈㅗㅇㅈㅈㅗㅇㄱㅓㄹㅣㄷㅏ	93 一
쫑알거리다	ㅈㅈㅗㅇㅏㄹㄱㅓㄹㅣㄷㅏ	98 一
쫑알쫑알	ㅈㅈㅗㅇㅏㄹㅈㅈㅗㅇㅏㄹ	98 一
쪼크러뜨리다	ㅈㅈㅗㅋㅡㄹㅓㄷㄷㅡㄹㅣㄷㅏ	95 二
쪼크리다	ㅈㅈㅗㅋㅡㄹㅣㄷㅏ	95 二
쫙쫙	ㅈㅈㅗㅏㄱㅈㅈㅗㅏㄱ	97 四
쫠쫠	ㅈㅈㅗㅏㄹㅈㅈㅗㅏㄹ	97 四
쬐다	ㅈㅈㅗㅣㄷㅏ	48 二
(쪼이다	ㅈㅈㅗㅣㄷㅏ	48 二
쭉쭉(吮)	ㅈㅈㅜㄱㅈㅈㅜㄱ	95 二
쭉쭉(連下)	ㅈㅈㅜㄱㅈㅈㅜㄱ	97 四
쭈글쭈글	ㅈㅈㅜㄱㅡㄹㅈㅈㅜㄱㅡㄹ	111 一
쭈그러뜨리다	ㅈㅈㅜㄱㅡㄹㅓㄷㄷㅡㄹㅣㄷㅏ	111 一
쭈그러지다	ㅈㅈㅜㄱㅡㄹㅓㅈㅣㄷㅏ	110 四
쭈그리다	ㅈㅈㅜㄱㅡㄹㅣㄷㅏ	111 一
쭐쭐	ㅈㅈㅜㄹㅈㅈㅜㄹ	97 四
쭝긋거리다	ㅈㅈㅜㅇㄱㅡㅅㄱㅓㄹㅣㄷㅏ	95 二
쭝긋쭝긋	ㅈㅈㅜㅇㄱㅡㅅㅈㅈㅜㅇㄱㅡㅅ	95 二
쭝쭝거리다	ㅈㅈㅜㅇㅈㅈㅜㅇㄱㅓㄹㅣㄷㅏ	98 一
쭝얼거리다	ㅈㅈㅜㅇㅓㄹㄱㅓㄹㅣㄷㅏ	98 一
쭝얼쭝얼	ㅈㅈㅜㅇㅓㄹㅈㅈㅜㅇㅓㄹ	98 一
쭈크러뜨리다	ㅈㅈㅜㅋㅡㄹㅓㄷㄷㅡㄹㅣㄷㅏ	95 二
쭈크리다	ㅈㅈㅜㅋㅡㄹㅣㄷㅏ	95 二
쯕	ㅈㅈㅡㄱ	95 二
(쯫다	ㅈㅈㅡㅣㅈㄷㅏ	35 二
(찌꺽지	ㅈㅈㅣㄱㄱㅓㄱㅈㅣ	53 四
(찌꺼기	ㅈㅈㅣㄱㄱㅓㄱㅣ	53 四
(찌끗거리다	ㅈㅈㅣㄱㄱㅡㅅㄱㅓㄹㅣㄷㅏ	1 二
(찌끗찌끗	ㅈㅈㅣㄱㄱㅡㅅㅈㅈㅣㄱㄱㅡㅅ	1 二
찌끼	ㅈㅈㅣㄱㄱㅣ	53 四
찍뿌드드하다	ㅈㅈㅣㄱㅂㅂㅜㄷㅡㄷㅡㅎㅏㄷㅏ	45 二
찍어매다	ㅈㅈㅣㄱㅓㅁㅏㅣㄷㅏ	72 二
찌글찌글	ㅈㅈㅣㄱㅡㄹㅈㅈㅣㄱㅡㄹ	111 一
찌그러뜨리다	ㅈㅈㅣㄱㅡㄹㅓㄷㄷㅡㄹㅣㄷㅏ	111 一
찌그러지다	ㅈㅈㅣㄱㅡㄹㅓㅈㅣㄷㅏ	110 四
찌그리다	ㅈㅈㅣㄱㅡㄹㅣㄷㅏ	111 一
찌긋거리다	ㅈㅈㅣㄱㅡㅅㄱㅓㄹㅣㄷㅏ	1二.95二
찌긋찌긋	ㅈㅈㅣㄱㅡㅅㅈㅈㅣㄱㅡㅅ	1二,95二
찌들럼찌들럼	ㅈㅈㅣㄷㅡㄹㄹㅓㅁㅈㅈㅣㄷㅡㄹㄹㅓㅁ	95 一
찔끔거리다	ㅈㅈㅣㄹㄱㄱㅡㅁㄱㅓㄹㅣㄷㅏ	98 四
찔끔찔끔	ㅈㅈㅣㄹㄱㄱㅡㅁㅈㅈㅣㄹㄱㄱㅡㅁ	98 四
찔레	ㅈㅈㅣㄹㄹㅓㅣ	53 四
찔리다	ㅈㅈㅣㄹㄹㅣㄷㅏ	98 四
찔찔	ㅈㅈㅣㄹㅈㅈㅣㄹ	98 四
찌르다	ㅈㅈㅣㄹㅡㄷㅏ	99 一
찌르르	ㅈㅈㅣㄹㅡㄹㅡ	99 一
찜부럭	ㅈㅈㅣㅁㅂㅜㄹㅓㄱ	6 四
찜부럭내다	ㅈㅈㅣㅁㅂㅜㄹㅓㄱㄴㅏㅣㄷㅏ	6四,95二
찜부럭부리다	ㅈㅈㅣㅁㅂㅜㄹㅓㄱㅂㅜㄹㅣㄷㅏ	6四,95二
(찜부적	ㅈㅈㅣㅁㅂㅜㅈㅓㄱ	6 四

(찝부적내다	ㅈㅈㅣㅂㅂㅜㅈㅓㄱㄴㅏㅣㄷㅏ	6 四
(찝부적부리다	ㅈㅈㅣㅂㅂㅜㅈㅓㄱㅂㅜㄹㅣㄷㅏ	6 四
찝찝하다	ㅈㅈㅣㅂㅈㅈㅣㅂㅎㅏㄷㅏ	95 二
(찝게	ㅈㅈㅣㅂㄱㅓㅣ	10 二
(찝다	ㅈㅈㅣㅂㄷㅏ	10 二
찡긋거리다	ㅈㅈㅣㅇㄱㅡㅅㄱㅓㄹㅣㄷㅏ	95 二
찡긋찡긋	ㅈㅈㅣㅇㄱㅡㅅㅈㅈㅣㅇㄱㅡㅅ	95 二
찡그리다	ㅈㅈㅣㅇㄱㅡㄹㅣㄷㅏ	95 三
(찡긔다	ㅈㅈㅣㅇㄱㅡㅣㄷㅏ	35 二
찡기다	ㅈㅈㅣㅇㄱㅣㄷㅏ	35二,95三
찡찡하다	ㅈㅈㅣㅇㅈㅈㅣㅇㅎㅏㄷㅏ	95 二
찡얼거리다	ㅈㅈㅣㅇㅓㄹㄱㅓㄹㅣㄷㅏ	100 二
찡얼찡얼	ㅈㅈㅣㅇㅓㄹㅈㅈㅣㅇㅓㄹ	100 二
찢다	ㅈㅈㅣㅈㄷㅏ	35 二
(찌적	ㅈㅈㅣㅈㅓㄱ	6 四
(찌적내다	ㅈㅈㅣㅈㅓㄱㄴㅏㅣㄷㅏ	6 四
(찌적부리다	ㅈㅈㅣㅈㅓㄱㅂㅜㄹㅣㄷㅏ	6 四
찢어지다	ㅈㅈㅣㅈㅓㅈㅣㄷㅏ	40一,95三
찌무리다	ㅈㅈㅣㅁㅜㄹㅣㄷㅏ	95 三
(찌억	ㅈㅈㅣㅓㄱ	6 四
(찌억내다	ㅈㅈㅣㅓㄱㄴㅏㅣㄷㅏ	6 四
(찌억부리다	ㅈㅈㅣㅓㄱㅂㅜㄹㅣㄷㅏ	6 四
(찌어지다	ㅈㅈㅣㅓㅈㅣㄷㅏ	40 一
(자꼬	ㅈㅏㄱㄱㅗ	25 二
자꾸	ㅈㅏㄱㄱㅜ	25 二
자끈자끈	ㅈㅏㄱㄱㅡㄴㅈㅏㄱㄱㅡㄴ	112 二
작다(小)	ㅈㅏㄱㄷㅏ	13二,95三
(작다(少)	ㅈㅏㄱㄷㅏ	13 四
작대기	ㅈㅏㄱㄷㅏㅣㄱㅣ	95 三
작대기바늘	ㅈㅏㄱㄷㅏㅣㄱㅣㅂㅏㄴㅡㄹ	82 一
작살	ㅈㅏㄱㅅㅏㄹ	95 三
작사리	ㅈㅏㄱㅅㅏㄹㅣ	95 三
(자가	ㅈㅏㄱㅏ	12 四
(자갈(衙)	ㅈㅏㄱㅏㄹ	12 三
자갈(礫)	ㅈㅏㄱㅏㄹ	47 二
자갈밭	ㅈㅏㄱㅏㄹㅂㅏㅌ	65 二
(자강	ㅈㅏㄱㅏㅇ	12 三
자갸	ㅈㅏㄱㅑ	12 四
(자고로	ㅈㅏㄱㅗㄹㅗ	70 一
(자곡	ㅈㅏㄱㅗㄱ	25 二
자고깨면	ㅈㅏㄱㅗㄱㄱㅏㅣㅁㅕㄴ	95 三
자고새면	ㅈㅏㄱㅗㅅㅏㅣㅁㅕㄴ	95 三
자국	ㅈㅏㄱㅜㄱ	25 二
자국눈	ㅈㅏㄱㅜㄱㄴㅜㄴ	65 二
자국밟다	ㅈㅏㄱㅜㄱㅂㅏㄹㅂㄷㅏ	59 三
(자국짚다	ㅈㅏㄱㅜㄱㅈㅣㅍㄷㅏ	59 三
(자국치다	ㅈㅏㄱㅜㄱㅊㅣㄷㅏ	59 三
(자구나무	ㅈㅏㄱㅜㄴㅏㅁㅜ	27 四
자귀나무	ㅈㅏㄱㅜㅣㄴㅏㅁㅜ	27 四
자근거리다	ㅈㅏㄱㅡㄴㄱㅓㄹㅣㄷㅏ	98 二
자근덕거리다	ㅈㅏㄱㅡㄴㄷㅓㄱㄱㅓㄹㅣㄷㅏ	98 二
자근덕자근덕	ㅈㅏㄱㅡㄴㄷㅓㄱㅈㅏㄱㅡㄴㄷㅓㄱ	98 二
작은사랑	ㅈㅏㄱㅡㄴㅅㅏㄹㅏㅇ	95 三
자근자근	ㅈㅏㄱㅡㄴㅈㅏㄱㅡㄴ	98 二
(작은집(妾)	ㅈㅏㄱㅡㄴㅈㅣㅂ	13 四
작은집(次子家)	ㅈㅏㄱㅡㄴㅈㅣㅂ	95 三
자금거리다	ㅈㅏㄱㅡㅁㄱㅓㄹㅣㄷㅏ	98 二
자그마하다	ㅈㅏㄱㅡㅁㅏㅎㅏㄷㅏ	95 三
(잔나비	ㅈㅏㄴㄴㅏㅂㅣ	70 二
잔뜩	ㅈㅏㄴㄷㄷㅡㄱ	98 三
(잔대	ㅈㅏㄴㄷㅏㅣ	17 四
(잔대미	ㅈㅏㄴㄷㅏㅣㅁㅣ	17 四
잔득이	ㅈㅏㄴㄷㅡㄱㅣ	98 三
(잔등머리	ㅈㅏㄴㄷㅡㅇㅁㅓㄹㅣ	48 二
잔등이	ㅈㅏㅇㄷㅡㅇㅣ	48 二
(잔듸	ㅈㅏㄴㄷㅡㅣ	17 四
잔디	ㅈㅏㄴㄷㅣ	17四,95三
잔말	ㅈㅏㄴㅁㅏㄹ	95 四
잔말장이	ㅈㅏㄴㅁㅏㄹㅈㅏㅇㅣ	95 四
잔망스럽다	ㅈㅏㄴㅁㅏㅇㅅㅡㄹㅓㅂㄷㅏ	95 四
잔사설	ㅈㅏㄴㅅㅏㅅㅓㄹ	95 四
잔셈	ㅈㅏㄴㅅㅓㅣㅁ	44 二
(잔세음	ㅈㅏㄴㅅㅓㅣㅡㅁ	44 二
잔술	ㅈㅏㄴㅅㅗㄹ	68 三
잔소리	ㅈㅏㄴㅅㅗㄹㅣ	95 四
잔소릿군	ㅈㅏㄴㅅㅗㄹㅣㅅㄱㅜㄴ	95 四
잔작하다	ㅈㅏㄴㅈㅏㄱㅎㅏㄷㅏ	95 四
잔잔하다	ㅈㅏㄴㅈㅏㄴㅎㅏㄷㅏ	95 四

잔자누룩히다	ㅈㅏㄴㅈㅏㄴㅜㄹㅜㄱㅎㅏㄷㅏ	95 四
(잔자리	ㅈㅏㄴㅈㅏㄹㅣ	4 四
잔지러뜨리다	ㅈㅏㄴㅈㅣㄹㅓㄷㄷㅡㄹㅣㄷㅏ	99 二
잔지러지다	ㅈㅏㄴㅈㅣㄹㅓㅈㅣㄷㅏ	99 二
(잔체	ㅈㅏㄴㅊㅏㅣ	17 四
잔치	ㅈㅏㄴㅊㅣ	17 四
잔허리	ㅈㅏㄴㅎㅓㄹㅣ	104 一
(자내	ㅈㅏㄴㅏㅣ	16 三
(잔양판	ㅈㅏㄴㅑㅇㅍㅏㄴ	65 一
자네	ㅈㅏㄴㅓㅣ	16 三
자드락	ㅈㅏㄷㅡㄹㅏㄱ	62 三
(자듸잘다	ㅈㅏㄷㅡㅣㅈㅏㄹㄷㅏ	35 二
자디잘다	ㅈㅏㄷㅣㅈㅏㄹㄷㅏ	35 二
잘깍	ㅈㅏㄹㄱㄱㅏㄱ	96 三
잘깍거리다	ㅈㅏㄹㄱㄱㅏㄱㄱㅓㄹㅣㄷㅏ	96 四
잘깍잘깍	ㅈㅏㄹㄱㄱㅏㄱㅈㅏㄹㄱㄱㅏㄱ	96 四
잘끈	ㅈㅏㄹㄱㄱㅡㄴ	98 三
잘강잘강	ㅈㅏㄹㄱㅏㅇㅈㅏㄹㄱㅏㅇ	98 四
잘금거리다	ㅈㅏㄹㄱㅡㅁㄱㅓㄹㅣㄷㅏ	98 四
잘금잘금	ㅈㅏㄹㄱㅡㅁㅈㅏㄹㄱㅡㅁ	98 四
(잘긋하다	ㅈㅏㄹㄱㅡㅅㅎㅏㄷㅏ	33 一
잘깃하다	ㅈㅏㄹㄱㅣㅅㅎㅏㄷㅏ	33 一
잘똑잘똑	ㅈㅏㄹㄷㄷㅗㄱㅈㅏㄹㄷㄷㅗㄱ	95 四
잘똑하다	ㅈㅏㄹㄷㄷㅗㄱㅎㅏㄷㅏ	95 四
잘뚝거리다	ㅈㅏㄹㄷㄷㅜㄱㄱㅓㄹㅣㄷㅏ	96 四
잘뚝잘뚝	ㅈㅏㄹㄷㄷㅜㄱㅈㅏㄹㄷㄷㅜㄱ	96 四
잘라매다	ㅈㅏㄹㄹㅏㅁㅏㅣㄷㅏ	96 一
(잘량하다	ㅈㅏㄹㄹㅑㅇㅎㅏㄷㅏ	40 二
잘록잘록	ㅈㅏㄹㄹㅗㄱㅈㅏㄹㄹㅗㄱ	95 四
잘록하다	ㅈㅏㄹㄹㅗㄱㅎㅏㄷㅏ	95 四
(잘르다	ㅈㅏㄹㄹㅡㄷㅏ	28 二
잘름거리다	ㅈㅏㄹㄹㅡㅁㄱㅓㄹㅣㄷㅏ	96 四
잘름잘름	ㅈㅏㄹㄹㅡㅁㅈㅏㄹㄹㅡㅁ	96 四
잘리다	ㅈㅏㄹㄹㅣㄷㅏ	95 四
잘박거리다	ㅈㅏㄹㅂㅏㄱㄱㅓㄹㅣㄷㅏ	99 四
잘박잘박	ㅈㅏㄹㅂㅏㄱㅈㅏㄹㅂㅏㄱ	99 四
(잘잘(骨痛)	ㅈㅏㄹㅈㅏㄹ	44 四
잘잘(沸)	ㅈㅏㄹㅈㅏㄹ	97 一
자란자란	ㅈㅏㄹㅏㄴㅈㅏㄹㅏㄴ	96 一
(자로(柄)	ㅈㅏㄹㅗ	25 二
(자로(類)	ㅈㅏㄹㅗ	25 二
(자뢰콩	ㅈㅏㄹㅗㅣㅋㅗㅇ	65 二
자루(柄)	ㅈㅏㄹㅜ	25 二
(자루(類)	ㅈㅏㄹㅜ	25 二
자르다(切)	ㅈㅏㄹㅡㄷㅏ	38 二
자르다(絞)	ㅈㅏㄹㅡㄷㅏ	96 一
자르르	ㅈㅏㄹㅡㄹㅡ	99 一
자리개	ㅈㅏㄹㅣㄱㅏㅣ	97 三
자리다	ㅈㅏㄹㅣㄷㅏ	97 一
자릿자릿	ㅈㅏㄹㅣㅅㅈㅏㄹㅣㅅ	97 一
자리자리	ㅈㅏㄹㅣㅈㅏㄹㅣ	44四,97一
자리옷	ㅈㅏㄹㅣㅗㅅ	68 三
잠구러기	ㅈㅏㅁㄱㅜㄹㅓㄱㅣ	59 三
잠그다	ㅈㅏㅁㄱㅡㄷㅏ	7 一
잠기다	ㅈㅏㅁㄱㅣㄷㅏ	7 二
잠방이	ㅈㅏㅁㅂㅏㅇㅣ	11 四
(잠뱅이	ㅈㅏㅁㅂㅏㅣㅇㅣ	11 四
잠자리	ㅈㅏㅁㅈㅏㄹㅣ	4 四
(잠충이	ㅈㅏㅁㅊㅜㅇㅣ	59 三
(자막질	ㅈㅏㅁㅏㄱㅈㅣㄹ	16 四
자맥질	ㅈㅏㅁㅏㅣㄱㅈㅣㄹ	16 四
(자멱질	ㅈㅏㅁㅕㄱㅈㅣㄹ	16 四
(자미	ㅈㅏㅁㅣ	12 三
잡가	ㅈㅏㅂㄱㅏ	96 一
(잡기	ㅈㅏㅂㄱㅣ	67 三
잡도리하다	ㅈㅏㅂㄷㅗㄹㅣㅎㅏㄷㅏ	96 一
잡맛	ㅈㅏㅂㅁㅏㅅ	59 四
(잡미	ㅈㅏㅂㅁㅣ	59 四
자빠지다	ㅈㅏㅂㅂㅏㅈㅣㄷㅏ	96 一
잡소리	ㅈㅏㅂㅅㅗㄹㅣ	96 一
잡수다	ㅈㅏㅂㅅㅜㄷㅏ	96 一
잡죄다	ㅈㅏㅂㅈㅗㅣㄷㅏ	96 一
(잡아다리다	ㅈㅏㅂㅏㄷㅏㄹㅣㄷㅏ	59 四
잡아당기다	ㅈㅏㅂㅏㄷㅏㅇㄱㅣㄷㅏ	59 四
자배기	ㅈㅏㅂㅏㅣㄱㅣ	62 三
자별레	ㅈㅏㅂㅕㄹㄹㅓㅣ	37 三
(자버레	ㅈㅏㅂㅓㄹㅓㅣ	37 三
자비	ㅈㅏㅂㅣ	10 三

자시다	ㅈㅏㅅㅣㄷㅏ	96 一
장께	ㅈㅏㅇㄱㄱㅣ	68 三
(장가가다	ㅈㅏㅇㄱㅏㄱㅏㄷㅏ	59 四
장가들다	ㅈㅏㅇㄱㅏㄷㅡㄹㄷㅏ	59 四
장가락	ㅈㅏㅇㄱㅏㄹㅏㄱ	65 二
장가쳐	ㅈㅏㅇㄱㅏㅊㅕ	93 一
(장개비	ㅈㅏㅇㄱㅏㅣㅂㅣ	53 四
장건건이	ㅈㅏㅇㄱㅓㄴㄱㅕㄴㅣ	73 二
장거리	ㅈㅏㅇㄱㅓㄹㅣ	96 一
(장고	ㅈㅏㅇㄱㅗ	25 二
(장고기	ㅈㅏㅇㄱㅗㄱㅣ	59 四
장구	ㅈㅏㅇㄱㅜ	25 二
장국밥	ㅈㅏㅇㄱㅜㄱㅂㅏㅂ	96 二
장구벌레	ㅈㅏㅇㄱㅜㅂㅓㄹㄹㅓㅣ	53 四
(장구아비	ㅈㅏㅇㄱㅜㅏㅂㅣ	53 四
(장그다	ㅈㅏㅇㄱㅡㄷㅏ	7 一
장금	ㅈㅏㅇㄱㅡㅁ	96 二
(장기다	ㅈㅏㅇㄱㅣㄷㅏ	7 二
(장기뼈	ㅈㅏㅇㄱㅣㅂㅂㅕ	31 一
장나무	ㅈㅏㅇㄴㅏㅁㅜ	96 二
장님	ㅈㅏㅇㄴㅣㅁ	92 二
(장때기	ㅈㅏㅇㄷㄷㅏㅣㄱㅣ	49 二
장다리	ㅈㅏㅇㄷㅏㄹㅣ	96 二
장대	ㅈㅏㅇㄷㅏㅣ	49二,96二
장돌림	ㅈㅏㅇㄷㅗㄹㄹㅣㅁ	59 四
(장돌뱅이	ㅈㅏㅇㄷㅗㄹㅂㅏㅣㅇㅣ	59 四
장도리	ㅈㅏㅇㄷㅗㄹㅣ	22四,84二
(장두리	ㅈㅏㅇㄷㅜㄹㅣ	22 四
장부	ㅈㅏㅇㅂㅜ	82 一
장사	ㅈㅏㅇㅅㅏ	96 二
장수	ㅈㅏㅇㅅㅜ	68三,96二
장시세	ㅈㅏㅇㅅㅣㅅㅓㅣ	96 二
(장자	ㅈㅏㅇㅈㅏ	16 一
장조림	ㅈㅏㅇㅈㅗㄹㅣㅁ	59 四
장지	ㅈㅏㅇㅈㅣ	16 一
장지문	ㅈㅏㅇㅈㅣㅁㅜㄴ	98 二
장차다	ㅈㅏㅇㅊㅏㄷㅏ	77 一
장판	ㅈㅏㅇㅍㅏㄴ	96 一
(장엣고기	ㅈㅏㅇㅓㅣㅅㄱㅗㄱㅣ	59 四
(장육	ㅈㅏㅇㅠㄱ	59 四
(잦거지다	ㅈㅏㅈㄱㅕㅈㅣㄷㅏ	3 四
(잦기다	ㅈㅏㅈㄱㅣㄷㅏ	3 四
잦다	ㅈㅏㅈㄷㅏ	96 二
잦바듬하다	ㅈㅏㅈㅂㅏㄷㅡㅁㅎㅏㄷㅏ	96 二
(잦켜지다	ㅈㅏㅈㅋㅕㅈㅣㄷㅏ	3 四
(잦키다	ㅈㅏㅈㅋㅣㄷㅏ	3 四
잦혀지다	ㅈㅏㅈㅎㅕㅈㅣㄷㅏ	3 四
잦히다	ㅈㅏㅈㅎㅣㄷㅏ	3四,96二
(잦아가다	ㅈㅏㅈㅏㄱㅏㄷㅏ	59 四
잦아들다	ㅈㅏㅈㅏㄷㅡㄹㄷㅏ	59四,96二
잦아지다	ㅈㅏㅈㅏㅈㅣㄷㅏ	96 二
(자조	ㅈㅏㅈㅗ	25 二
(자족	ㅈㅏㅈㅗㄱ	25 二
자주	ㅈㅏㅈㅜ	25 二
(자죽	ㅈㅏㅈㅜㄱ	25 二
자질구레하다	ㅈㅏㅈㅣㄹㄱㅜㄹㅓㅣㅎㅏㄷㅏ	96 二
자지러뜨리다	ㅈㅏㅈㅣㄹㅓㄷㄷㅡㄹㅣㄷㅏ	99 二
자지러지다	ㅈㅏㅈㅣㄹㅓㅈㅣㄷㅏ	99 二
자지레하다	ㅈㅏㅈㅣㄹㅓㅣㅎㅏㄷㅏ	96 二
자지리	ㅈㅏㅈㅣㄹㅣ	99 二
자차분하다	ㅈㅏㅊㅏㅂㅜㄴㅎㅏㄷㅏ	96 二
자채	ㅈㅏㅊㅏㅣ	110 二
(자최	ㅈㅏㅊㅗㅣ	27 二
자축거리다	ㅈㅏㅊㅜㄱㄱㅓㄹㅣㄷㅏ	96 四
자축자축	ㅈㅏㅊㅜㄱㅈㅏㅊㅜㄱ	96 四
자춤자춤	ㅈㅏㅊㅜㅁㅈㅏㅊㅜㅁ	96 四
자취	ㅈㅏㅊㅜㅣ	27 二
(자취눈	ㅈㅏㅊㅜㅣㄴㅜㄴ	65 二
자칫하면	ㅈㅏㅊㅣㅅㅎㅏㅁㅕㄴ	70 二
(자토리	ㅈㅏㅌㅗㄹㅣ	25 二
자투리	ㅈㅏㅌㅜㄹㅣ	25 二
(자약	ㅈㅏㅑㄱ	16 四
(자옥	ㅈㅏㅗㄱ	25 二
자옥하다	ㅈㅏㅗㄱㅎㅏㄷㅏ	96 二
자오록하다	ㅈㅏㅗㄹㅗㄱㅎㅏㄷㅏ	96 二
(자욱	ㅈㅏㅜㄱ	25 二
(재(第次)	ㅈㅏㅣ	10 二
재(嶺)	ㅈㅏㅣ	74 三

재깔거리다	ㅈㅏㅣㄱㄱㅏㄹㄱㅓㄹㅣㄷㅏ	98 二
재깔재깔	ㅈㅏㅣㄱㄱㅏㄹㅈㅏㅣㄱㄱㅏㄹ	96 三
재깔이다	ㅈㅏㅣㄱㄱㅏㄹㅣㄷㅏ	98 二
재갈	ㅈㅏㅣㄱㅏㄹ	12 三
재강	ㅈㅏㅣㄱㅏㅇ	12 三
재떨이	ㅈㅏㅣㄷㄷㅓㄹㅣ	6 二
(재다(使宿)	ㅈㅏㅣㄷㅏ	43 一
재다(尺度)	ㅈㅏㅣㄷㅏ	45 三
재다(鍛)	ㅈㅏㅣㄷㅏ	96 三
재리	ㅈㅏㅣㄹㅣ	70 二
재미	ㅈㅏㅣㅁㅣ	12 三
재바르다	ㅈㅏㅣㅂㅏㄹㅡㄷㅏ	96 三
(잿갑	ㅈㅏㅣㅅㄱㅏㅂ	53 四
(쟁팽이	ㅈㅏㅣㅇㄱㅍㅏㅣㅇㅣ	53 四
(쟁기다	ㅈㅏㅣㅇㄱㅣㄷㅏ	7 二
쟁퉁이	ㅈㅏㅣㅇㅌㅜㅇㅣ	53 四
(재작년	ㅈㅏㅣㅈㅏㄱㄴㅕㄴ	67 二
재잘거리다	ㅈㅏㅣㅈㅏㄹㄱㅓㄹㅣㄷㅏ	98 二
재잘재잘	ㅈㅏㅣㅈㅏㄹㅈㅏㅣㅈㅏㄹ	96 三
(재조	ㅈㅏㅣㅈㅗ	25 二
재주	ㅈㅏㅣㅈㅜ	25 二
(재짐	ㅈㅏㅣㅈㅣㅁ	2 四
재촉	ㅈㅏㅣㅊㅗㄱ	22 四
(재축	ㅈㅏㅣㅊㅜㄱ	22 四
(재치	ㅈㅏㅣㅊㅣ	53 四
(재털이	ㅈㅏㅣㅌㅓㄹㅣ	6 二
(재약돌	ㅈㅏㅣㅑㄱㄷㅗㄹ	16 四
재우다	ㅈㅏㅣㅜㄷㅏ	43 一
(재이다	ㅈㅏㅣㅣㄷㅏ	45 三
저까짓	ㅈㅓㄱㄱㅏㅈㅣㅅ	96 三
(적년	ㅈㅓㄱㄴㅕㄴ	69 四
(적다(小)	ㅈㅓㄱㄷㅏ	13 二
적다(少)	ㅈㅓㄱㄷㅏ	13四,95三
적다(記)	ㅈㅓㄱㄷㅏ	96 三
적바림하다	ㅈㅓㄱㅂㅏㄹㅣㅁㅎㅏㄷㅏ	96 三
저거	ㅈㅓㄱㅓ	115 一
(저거번	ㅈㅓㄱㅓㅂㅓㄴ	48 二
저것	ㅈㅓㄱㅓㅅ	115 一
저고리	ㅈㅓㄱㅗㄹㅣ	22 四
(저구리	ㅈㅓㄱㅜㄹㅣ	22 四
적은집	ㅈㅓㄱㅡㄴㅈㅣㅂ	13四,95三,96三
저그나하면	ㅈㅓㄱㅡㄴㅏㅎㅏㅁㅕㄴ	92 三
저그마하다	ㅈㅓㄱㅡㅁㅏㅎㅏㄷㅏ	95 三
(저긔	ㅈㅓㄱㅡㅣ	35 二
저기	ㅈㅓㄱㅣ	35二,115二
(저기나하면	ㅈㅓㄱㅣㄴㅏㅎㅏㅁㅕㄴ	92 三
전골	ㅈㅓㄴㄱㅗㄹ	96 三
전국	ㅈㅓㄴㄱㅜㄱ	96 三
전동	ㅈㅓㄴㄷㅗㅇ	5 四
(전량	ㅈㅓㄴㄹㅑㅇ	10 三
전반	ㅈㅓㄴㅂㅏㄴ	7 四
(전번	ㅈㅓㄴㅂㅓㄴ	60 一
전짭	ㅈㅓㄴㅈㅈㅏㅂ	96 三
(전죽	ㅈㅓㄴㅈㅜㄱ	47 二
(전통	ㅈㅓㄴㅌㅗㅇ	5 四
(전판	ㅈㅓㄴㅍㅏㄴ	7 四
전합지	ㅈㅓㄴㅎㅏㅂㅈㅣ	103 二
전혀	ㅈㅓㄴㅎㅕ	41 一
저네	ㅈㅓㄴㅓㅣ	96三,115二
저네들	ㅈㅓㄴㅓㅣㄷㅡㄹ	97二,115二
(전여	ㅈㅓㄴㅕ	41 一
저녁	ㅈㅓㄴㅕㄱ	115 二
저녁밥	ㅈㅓㄴㅕㄱㅂㅏㅂ	115 二
저따위	ㅈㅓㄷㄷㅏㅜㅣ	96 三
(저닥지	ㅈㅓㄷㅏㄱㅈㅣ	36 三
저다지	ㅈㅓㄷㅏㅈㅣ	36 三
(저대도록	ㅈㅓㄷㅏㅣㄷㅗㄹㅗㄱ	36 三
(저대지	ㅈㅓㄷㅏㅣㅈㅣ	36 三
저들	ㅈㅓㄷㅡㄹ	96三,115二
절꺽	ㅈㅓㄹㄱㄱㅓㄱ	96 三
절꺽거리다	ㅈㅓㄹㄱㄱㅓㄱㄱㅓㄹㅣㄷㅏ	96 四
절꺽절꺽	ㅈㅓㄹㄱㄱㅓㄱㅈㅓㄹㄱㄱㅓㄱ	96 四
절뚝거리다	ㅈㅓㄹㄷㄷㅜㄱㄱㅓㄹㅣㄷㅏ	96 四
절뚝발이	ㅈㅓㄹㄷㄷㅜㄱㅂㅏㄹㅣ	96 四
절뚝절뚝	ㅈㅓㄹㄷㄷㅜㄱㅈㅓㄹㄷㄷㅜㄱ	96 四

(절러로	ㅈㅓㄹㄹㅓㄹㅗ	53 四
절로	ㅈㅓㄹㄹㅗ	22四,115二
(절루	ㅈㅓㄹㄹㅜ	22 四
절름거리다	ㅈㅓㄹㄹㅡㅁㄱㅓㄹㅣㄷㅏ	96 四
절름절름	ㅈㅓㄹㄹㅡㅁㅈㅓㄹㄹㅡㅁ	96 四
절름발이	ㅈㅓㄹㄹㅡㅁㅂㅏㄹㅣ	96 四
절박하다	ㅈㅓㄹㅂㅏㄱㅎㅏㄷㅏ	96 二
절벅거리다	ㅈㅓㄹㅂㅓㄱㄱㅓㄹㅣㄷㅏ	99 四
절벅절벅	ㅈㅓㄹㅂㅓㄱㅈㅓㄹㅂㅓㄱ	99 四
절벙거리다	ㅈㅓㄹㅂㅓㅇㄱㅓㄹㅣㄷㅏ	99 四
절벙절벙	ㅈㅓㄹㅂㅓㅇㅈㅓㄹㅂㅓㅇ	99 四
(절썩	ㅈㅓㄹㅅㅅㅓㄱ	59 三
절절	ㅈㅓㄹㅈㅓㄹ	97 一
저런대로	ㅈㅓㄹㅓㄴㄷㅏㅣㄹㅗ	97 一
저런즉	ㅈㅓㄹㅓㄴㅈㅡㄱ	97 一
저런양으로	ㅈㅓㄹㅓㄴㅑㅇㅡㄹㅗ	97 一
저러면	ㅈㅓㄹㅓㅁㅕㄴ	97 一
저렇게	ㅈㅓㄹㅓㅎㄱㅓㅣ	97一,115二
저렇듯	ㅈㅓㄹㅓㅎㄷㅡㅅ	115 二
저렇듯이	ㅈㅓㄹㅓㅎㄷㅡㅅㅣ	97一,115二
저리(彼方)	ㅈㅓㄹㅣ	53 四
저리(如彼)	ㅈㅓㄹㅣ	115 二
저리다	ㅈㅓㄹㅣㄷㅏ	97 一
저릿저릿	ㅈㅓㄹㅣㅅㅈㅓㄹㅣㅅ	97 一
저리저리	ㅈㅓㄹㅣㅈㅓㄹㅣ	97 一
(점굴다	ㅈㅓㅁㄱㅜㄹㄷㅏ	54 一
점심	ㅈㅓㅁㅅㅣㅁ	3 二
점직하다	ㅈㅓㅁㅈㅣㄱㅎㅏㄷㅏ	46 二
(점하다	ㅈㅓㅁㅎㅏㄷㅏ	46 二
(저만치	ㅈㅓㅁㅏㄴㅊㅣ	26 三
(저만침	ㅈㅓㅁㅏㄴㅊㅣㅁ	26 三
(저만콤	ㅈㅓㅁㅏㄴㅋㅗㅁ	26 三
저만큼	ㅈㅓㅁㅏㄴㅋㅡㅁ	26 三
(저마치	ㅈㅓㅁㅏㅊㅣ	26 三
(저마침	ㅈㅓㅁㅏㅊㅣㅁ	26 三
(저마콤	ㅈㅓㅁㅏㅋㅗㅁ	26 三
(저마큼	ㅈㅓㅁㅏㅋㅡㅁ	26 三
저물다	ㅈㅓㅁㅜㄹㄷㅏ	54 一
접때	ㅈㅓㅂㄸㅏㅣ	54一,98三
접다	ㅈㅓㅂㄷㅏ	97 一
(접동새	ㅈㅓㅂㄷㅗㅇㅅㅏㅣ	65 一
접치다	ㅈㅓㅂㅊㅣㄷㅏ	97 一
저벅저벅	ㅈㅓㅂㅓㄱㅈㅓㅂㅓㄱ	97 一
저번	ㅈㅓㅂㅓㄴ	48二,98三
젓(醢)	ㅈㅓㅅ	8二,97一
젓(乳)	ㅈㅓㅅ	8 三
젓갈	ㅈㅓㅅㄱㅏㄹ	97 一
저손	ㅈㅓㅅㅗㄴ	97 二
(정굴다	ㅈㅓㅇㄱㅜㄹㄷㅏ	54 一
(정낭	ㅈㅓㅇㄴㅏㅇ	64 一
정미소	ㅈㅓㅇㅁㅣㅅㅗ	87 一
(정밤중	ㅈㅓㅇㅂㅏㅁㅈㅜㅇ	65 四
(정배기	ㅈㅓㅇㅂㅏㅣㄱㅣ	54 一
정수리	ㅈㅓㅇㅅㅜㄹㅣ	54一,97二
(정짜	ㅈㅓㅇㅉㅏ	62 三
(정아비	ㅈㅓㅇㅏㅂㅣ	62 四
(정의아비	ㅈㅓㅇㅡㅣㅏㅂㅣ	62 四
(젖(醢)	ㅈㅓㅈ	8 二
젖(乳)	ㅈㅓㅈ	8 三
(젖겨지다	ㅈㅓㅈㄱㅕㅈㅣㄷㅏ	3 四
(젖기다	ㅈㅓㅈㄱㅣㄷㅏ	3 四
젖다	ㅈㅓㅈㄷㅏ	96 二
젖먹이	ㅈㅓㅈㅁㅓㄱㅣ	97 二
젖버듬하다	ㅈㅓㅈㅂㅓㄷㅡㅁㅎㅏㄷㅏ	96 二
(저짝	ㅈㅓㅉㅏㄱ	14 四
저쪽	ㅈㅓㅉㅗㄱ	14 四
(젖켜지다	ㅈㅓㅈㅋㅕㅈㅣㄷㅏ	3 四
(젖키다	ㅈㅓㅈㅋㅣㄷㅏ	3 四
(젖통이	ㅈㅓㅈㅌㅗㅇㅣ	25 三
젖퉁이	ㅈㅓㅈㅌㅜㅇㅣ	25 三
젖혀지다	ㅈㅓㅈㅎㅕㅈㅣㄷㅏ	3 四
젖히다	ㅈㅓㅈㅎㅣㄷㅏ	3四,96二
저자	ㅈㅓㅈㅏ	97 二
저적저적	ㅈㅓㅈㅓㄱㅈㅓㅈㅓㄱ	97 一
저절로	ㅈㅓㅈㅓㄹㄹㅗ	115 二
(저즘께	ㅈㅓㅈㅡㅁㄲㅓㅣ	54 一
저처럼	ㅈㅓㅊㅓㄹㅓㅁ	97 一

저축거리다	ㅈㅓㅊㅜㄱㄱㅓㄹㅣㄷㅏ	96 四
저축저축	ㅈㅓㅊㅜㄱㅈㅓㅊㅜㄱ	96 四
저춤저춤	ㅈㅓㅊㅜㅁㅈㅓㅊㅜㅁ	96 四
(저편	ㅈㅓㅍㅕㄴ	14 四
저희	ㅈㅓㅎㅡㅣ	41 一
저희들	ㅈㅓㅎㅡㅣㄷㅡㄹ	97 二
(저의	ㅈㅓㅡㅣ	41 一
(저의들	ㅈㅓㅡㅣㄷㅡㄹ	55 二
제	ㅈㅓㅣ	115 二
(제가끔	ㅈㅓㅣㄱㅏㄱㄱㅡㅁ	59 四
제각기	ㅈㅓㅣㄱㅏㄱㄱㅣ	59 四
제군	ㅈㅓㅣㄱㅜㄴ	109 四
제대로	ㅈㅓㅣㄷㅏㅣㄹㅗ	97 二
제들	ㅈㅓㅣㄷㅡㄹ	55二,97二,115二
제물로	ㅈㅓㅣㅁㅜㄹㄹㅗ	97 二
제물묵	ㅈㅓㅣㅁㅜㄹㅁㅜㄱ	98 四
제물에	ㅈㅓㅣㅁㅜㄹㅔ	97 二
제출물로	ㅈㅓㅣㅊㅜㄹㅁㅜㄹㄹㅗ	97 二
제출물에	ㅈㅓㅣㅊㅜㄹㅁㅜㄹㅔ	97 二
제풀로	ㅈㅓㅣㅍㅜㄹㄹㅗ	97 二
제풀에	ㅈㅓㅣㅍㅜㄹㅔ	97 二
(제용	ㅈㅓㅣㅛㅇ	27 二
제웅	ㅈㅓㅣㅜㅇ	27二,97二
(제위	ㅈㅓㅣㅜㅣ	60 四
조	ㅈㅗ	97 二
조끔	ㅈㅗㄱㄱㅡㅁ	97 二
족대기다	ㅈㅗㄱㄷㅏㅣㄱㅣㄷㅏ	98 三
(죽박	ㅈㅜㄱㅂㅏㄱ	10 二
족족	ㅈㅗㄱㅈㅗㄱ	97 四
조각	ㅈㅗㄱㅏㄱ	10 一
(조갑지	ㅈㅗㄱㅏㅂㅈㅣ	40 二
조가비	ㅈㅗㄱㅏㅂㅣ	40 二
(조곰	ㅈㅗㄱㅗㅁ	26 三
조금	ㅈㅜㄱㅡㅁ	26三,97二
조그마하다	ㅈㅗㄱㅡㅁㅏㅎㅏㄷㅏ	95 三
(조긔	ㅈㅗㄱㅡㅣ	55 二
조기	ㅈㅗㄱㅣ	55 二
존득존득	ㅈㅗㄴㄷㅡㄱㅈㅗㄴㄷㅡㄱ	97 三
조둥이	ㅈㅗㄷㅜㅇㅣ	97 三
졸금거리다	ㅈㅗㄹㄱㅡㅁㄱㅓㄹㅣㄷㅏ	98 四
졸금졸금	ㅈㅗㄹㄱㅡㅁㅈㅗㄹㄱㅡㅁ	98 四
졸때기	ㅈㅗㄹㄸㅏㅣㄱㅣ	9 三
졸다	ㅈㅗㄹㄷㅏ	97 三
졸라매다	ㅈㅗㄹㄹㅏㅁㅏㅣㄷㅏ	96 一
졸리다	ㅈㅗㄹㄹㅣㄷㅏ	98 四
졸보	ㅈㅗㄹㅂㅗ	97 三
졸졸	ㅈㅗㄹㅈㅗㄹ	97 四
졸토	ㅈㅗㄹㅌㅗ	97 三
졸아들다	ㅈㅗㄹㅏㄷㅡㄹㄷㅏ	97 三
조랑조랑	ㅈㅗㄹㅏㅇㅈㅗㄹㅏㅇ	97 四
졸아지다	ㅈㅗㄹㅏㅈㅣㄷㅏ	97 三
조르다	ㅈㅗㄹㅡㄷㅏ	96 一
조르르	ㅈㅗㄹㅡㄹㅡ	97 四
조르륵	ㅈㅗㄹㅡㄹㅡㄱ	97 四
조름	ㅈㅗㄹㅡㅁ	106 四
조리개	ㅈㅗㄹㅣㄱㅏㅣ	97 三
졸이다	ㅈㅗㄹㅣㄷㅏ	97 四
좀먹다	ㅈㅗㅁㅁㅓㄱㄷㅏ	59 四
(좀집다	ㅈㅗㅁㅈㅣㅂㄷㅏ	59 四
좀처럼	ㅈㅗㅁㅊㅓㄹㅓㅁ	54 一
(좀체	ㅈㅗㅁㅊㅓㅣ	54 一
(좀해	ㅈㅗㅁㅎㅏㅣ	54 一
조몰락거리다	ㅈㅗㅁㅗㄹㄹㅏㄱㄱㅓㄹㅣㄷㅏ	97 四
조몰락조몰락	ㅈㅗㅁㅗㄹㄹㅏㄱㅈㅗㅁㅗㄹㄹㅏㄱ	97 四
(좁다(啄)	ㅈㅗㅂㄷㅏ	59 四
좁다(狹)	ㅈㅗㅂㄷㅏ	97 三
좁다랗다	ㅈㅗㅂㄷㅏㄹㅏㅎㄷㅏ	97 三
좁쌀	ㅈㅗㅂㅆㅏㄹ	97 二
(좁치다	ㅈㅗㅂㅊㅣㄷㅏ	68 三
(좁히다	ㅈㅗㅂㅎㅣㄷㅏ	68 三
(조반	ㅈㅗㅂㅏㄴ	55 一
조밥	ㅈㅗㅂㅏㅂ	7 四
(조식	ㅈㅗㅅㅣㄱ	67 一
(조식반	ㅈㅗㅅㅣㄱㅂㅏㄴ	67 一
종	ㅈㅗㅇ	96 二
종가래	ㅈㅗㅇㄱㅏㄹㅏㅣ	65 二
(종결	ㅈㅗㅇㄱㅕㄹ	67 一

(종국	ㅈㅗㅇㄱㅜㄱ	67 一
종달거리다	ㅈㅗㅇㄷㅏㄹㄱㅓㄹㅣㄷㅏ	93 一
종달새	ㅈㅗㅇㄷㅏㄹㅅㅐ	54 一
종달종달	ㅈㅗㅇㄷㅏㄹㅈㅗㅇㄷㅏㄹ	98 一
(종다리	ㅈㅗㅇㄷㅏㄹㅣ	54 一
종작없다	ㅈㅗㅇㅈㅏㄱㅓㅂㅅㄷㅏ	46二,31一
종잘거리다	ㅈㅗㅇㅈㅏㄹㄱㅓㄹㅣㄷㅏ	98 一
종잘종잘	ㅈㅗㅇㅈㅏㄹㅈㅗㅇㅈㅏㄹ	98 一
(종자뼈	ㅈㅗㅇㅈㅏㅃㅕ	31 一
종종거리다	ㅈㅗㅇㅈㅗㅇㄱㅓㄹㅣㄷㅏ	98 一
(종주뼈	ㅈㅗㅇㅈㅜㅃㅕ	31 一
종지뼈	ㅈㅗㅇㅈㅣㅃㅕ	31 一
(종판	ㅈㅗㅇㅍㅏㄴ	67 一
(종희	ㅈㅗㅇㅎㅢ	54 一
종알거리다	ㅈㅗㅇㅏㄹㄱㅓㄹㅣㄷㅏ	98 一
종알종알	ㅈㅗㅇㅏㄹㅈㅗㅇㅏㄹ	98 一
종아리채	ㅈㅗㅇㅏㄹㅣㅊㅐ	68 三
(종없다	ㅈㅗㅇㅓㅂㅅㄷㅏ	46 二
(종용하다	ㅈㅗㅇㅛㅇㅎㅏㄷㅏ	39 四
(종용히	ㅈㅗㅇㅛㅇㅎㅣ	41 一
(종우	ㅈㅗㅇㅜ	54 一
(종의	ㅈㅗㅇㅢ	54 一
종이	ㅈㅗㅇㅣ	54 一
조촐하다	ㅈㅗㅊㅗㄹㅎㅏㄷㅏ	22 四
조촘조촘	ㅈㅗㅊㅗㅁㅈㅗㅊㅗㅁ	98 一
(조출하다	ㅈㅗㅊㅜㄹㅎㅏㄷㅏ	22 四
(조팝	ㅈㅗㅍㅏㅂ	7 四
좋지않다	ㅈㅗㅎㅈㅣㅏㄴㅎㄷㅏ	97 三
(조회	ㅈㅗㅎㅢ	54 一
(조악	ㅈㅗㅏㄱ	25 三
좍좍	ㅈㅘㄱㅈㅘㄱ	97 四
좔좔	ㅈㅘㄹㅈㅘㄹ	97 四
조약돌	ㅈㅗㅑㄱㄷㅗㄹ	16 四
(조약밭	ㅈㅗㅑㄱㅂㅏㅌ	65 二
조용하다	ㅈㅛㅇㅎㅏㄷㅏ	39 四
조용히	ㅈㅛㅇㅎㅣ	41 一
(조용이	ㅈㅛㅇㅣ	41 一
죄다(縛)	ㅈㅗㅣㄷㅏ	48 二
죄다(各皆)	ㅈㅗㅣㄷㅏ	80 二
(조이다	ㅈㅗㅣㄷㅏ	48 二
죽	ㅈㅜㄱ	47 二
(죽기	ㅈㅜㄱㄱㅣ	67 三
죽때다	ㅈㅜㄱㄸㅔㄷㅏ	115 二
죽젓개	ㅈㅜㄱㅈㅓㅅㄱㅐ	59 四
(죽젓광이	ㅈㅜㄱㅈㅓㅅㄱㅘㅇㅣ	59 四
죽죽	ㅈㅜㄱㅈㅜㄱ	97 四
죽지때다	ㅈㅜㄱㅈㅣㄸㅔㄷㅏ	115 二
준득준득	ㅈㅜㄴㄷㅡㄱㅈㅜㄴㄷㅡㄱ	97 三
(주놓다	ㅈㅜㄴㅗㅎㄷㅏ	65 二
주두라지	ㅈㅜㄷㅜㄹㅏㅈㅣ	97 三
(주둥아리	ㅈㅜㄷㅜㅇㅏㄹㅣ	48 二
주둥이	ㅈㅜㄷㅜㅇㅣ	48二,97三
(줄	ㅈㅜㄹ	2 四
줄거리	ㅈㅜㄹㄱㅓㄹㅣ	97 三
줄곳	ㅈㅜㄹㄱㅗㅅ	54 一
줄기	ㅈㅜㄹㄱㅣ	97 三
줄다	ㅈㅜㄹㄷㅏ	97 三
줄줄	ㅈㅜㄹㅈㅜㄹ	97 四
줄창	ㅈㅜㄹㅊㅏㅇ	54 一
줄어들다	ㅈㅜㄹㅓㄷㅡㄹㄷㅏ	97 三
(주렵들다	ㅈㅜㄹㅓㅂㄷㅡㄹㄷㅏ	7 一
주렁주렁	ㅈㅜㄹㅓㅇㅈㅜㄹㅓㅇ	97 四
줄어지다	ㅈㅜㄹㅓㅈㅣㄷㅏ	97 三
주르르	ㅈㅜㄹㅡㄹㅡ	97 四
주르륵	ㅈㅜㄹㅡㄹㅡㄱ	97 四
주리다(飢)	ㅈㅜㄹㅣㄷㅏ	75 二
줄이다(減)	ㅈㅜㄹㅣㄷㅏ	97 四
주릿대	ㅈㅜㄹㅣㅅㄷㅐ	65 二
(줌치	ㅈㅜㅁㅊㅣ	54 二
주망나니	ㅈㅜㅁㅏㅇㄴㅏㄴㅣ	93 一
주먹	ㅈㅜㅁㅓㄱ	43 四
(주머귀	ㅈㅜㅁㅓㄱㅟ	43 四
주머니	ㅈㅜㅁㅓㄴㅣ	54 二
주물럭거리다	ㅈㅜㅁㅜㄹㄹㅓㄱㄱㅓㄹㅣㄷㅏ	97 四
주물럭주물럭	ㅈㅜㅁㅜㄹㄹㅓㄱㅈㅜㅁㅜㄹㄹㅓㄱ	97 四
주무르다	ㅈㅜㅁㅜㄹㅡㄷㅏ	28 四
주무시다	ㅈㅜㅁㅜㅅㅣㄷㅏ	28 四
(주므르다	ㅈㅜㅁㅡㄹㅡㄷㅏ	28 四

(주므시다	ㅈㅜㅁㅡㅅㅣㄷㅏ	28 四
줍다	ㅈㅜㅂㄷㅏ	7 三
주변성	ㅈㅜㅂㅕㄴㅅㅓㅇ	78 三
(줏가지	ㅈㅜㅅㄱㅏㅈㅣ	58 四
(줏개비	ㅈㅜㅅㄱㅏㅣㅂㅣ	58 四
(줏다	ㅈㅜㅅㄷㅏ	7 三
(줏대	ㅈㅜㅅㄷㅏㅣ	58 四
주사니	ㅈㅜㅅㅏㄴㅣ	54 二
주섬주섬	ㅈㅜㅅㅓㅁㅈㅜㅅㅓㅁ	59 二
(주속	ㅈㅜㅅㅗㄱ	54 二
(중다버지	ㅈㅜㅇㄷㅏㅂㅓㅈㅣ	6 三
중대가리	ㅈㅜㅇㄷㅏㅣㄱㅏㄹㅣ	6 三
(중대강이	ㅈㅜㅇㄷㅏㅣㄱㅏㅇㅣ	6 三
중덜거리다	ㅈㅜㅇㄷㅓㄹㄱㅓㄹㅣㄷㅏ	98 一
중덜중덜	ㅈㅜㅇㄷㅓㄹㅈㅜㅇㄷㅓㄹ	98 一
중절거리다	ㅈㅜㅇㅈㅓㄹㄱㅓㄹㅣㄷㅏ	98 一
중절중절	ㅈㅜㅇㅈㅓㄹㅈㅜㅇㅈㅓㄹ	98 一
중중거리다	ㅈㅜㅇㅈㅜㅇㄱㅓㄹㅣㄷㅏ	98 一
중얼거리다	ㅈㅜㅇㅓㄹㄱㅓㄹㅣㄷㅏ	98 一
중얼중얼	ㅈㅜㅇㅓㄹㅈㅜㅇㅓㄹ	98 一
(중의	ㅈㅜㅇㅡㅣ	62 一
주전부리	ㅈㅜㅈㅓㄴㅂㅜㄹㅣ	68 三
(주접	ㅈㅜㅈㅓㅂ	68 二
주접들다	ㅈㅜㅈㅓㅂㄷㅡㄹㄷㅏ	7 一
주정군	ㅈㅜㅈㅓㅇㄱㅜㄴ	98 一
주정장이	ㅈㅜㅈㅓㅇㅈㅏㅇㅣ	93 一
주제	ㅈㅜㅈㅓㅣ	49 三
(주제꼴	ㅈㅜㅈㅓㅣㄱㄱㅗㄹ	49 三
(주줍다	ㅈㅜㅈㅜㅂㄷㅏ	62 四
주체스럽다	ㅈㅜㅊㅓㅣㅅㅡㄹㅓㅂㄷㅏ	60 一
(주체어지럽다	ㅈㅜㅊㅓㅣㅓㅈㅣㄹㅓㅂㄷㅏ	60 一
(주초	ㅈㅜㅊㅗ	25 三
주추	ㅈㅜㅊㅜ	25三, 98一
주춤주춤	ㅈㅜㅊㅜㅁㅈㅜㅊㅜㅁ	98 一
주춧돌	ㅈㅜㅊㅜㅅㄷㅗㄹ	98 一
(주해	ㅈㅜㅎㅏㅣ	59 二
주악	ㅈㅜㅏㄱ	25 三
(주엄주엄	ㅈㅜㅓㅁㅈㅜㅓㅁ	59 二

쥐눈이콩	ㅈㅜㅣㄴㅜㄴㅣㅋㅗㅇ	65 二
(쥐통	ㅈㅜㅣㅌㅗㅇ	67 一
쥐어박다	ㅈㅜㅣㅓㅂㅏㄱㄷㅏ	98 二
쥐어지르다	ㅈㅜㅣㅓㅈㅣㄹㅡㄷㅏ	98 二
(즉기시에	ㅈㅡㄱㄱㅣㅅㅣㅓㅣ	63 三
즉식에	ㅈㅡㄱㅅㅣㄱㅓㅣ	63 三
(즉좌에	ㅈㅡㄱㅈㅗㅏㅓㅣ	63 三
(즉지에	ㅈㅡㄱㅈㅣㅓㅣ	63 三
즐겁다	ㅈㅡㄹㄱㅓㅂㄷㅏ	52 三
(즐거히	ㅈㅡㄹㄱㅓㅎㅣ	41 三
즐거이	ㅈㅡㄹㄱㅓㅣ	41 三
즐기나	ㅈㅡㄹㄱㅣㄷㅏ	52 三
(즐러가다	ㅈㅡㄹㄹㅓㄱㅏㄷㅏ	53 一
즐럽즐럽	ㅈㅡㄹㄹㅓㅂㅈㅡㄹㄹㅓㅂ	95 一
(즐즐	ㅈㅡㄹㅈㅡㄹ	23 二
(즐편하다	ㅈㅡㄹㅍㅕㄴㅎㅏㄷㅏ	53 二
(즈레	ㅈㅡㄹㅓㅣ	33 二
(즈름길	ㅈㅡㄹㅡㅁㄱㅣㄹ	33 二
(즘생	ㅈㅡㅁㅅㅏㅣㅇ	68 四
(즛	ㅈㅡㅅ	33 二
(증검다리	ㅈㅡㅇㄱㅓㅁㄷㅏㄹㅣ	33 二
(증경이	ㅈㅡㅇㄱㅕㅇㅣ	33 二
(증병	ㅈㅡㅇㅂㅕㅇ	54 二
증편	ㅈㅡㅇㅍㅕㄴ	54 二
즈음	ㅈㅡㅡㅁ	22 三
지껄거리다	ㅈㅣㄱㄱㅓㄹㄱㅓㄹㅣㄷㅏ	98 二
지껄이다	ㅈㅣㄱㄱㅓㄹㅣㄷㅏ	98 二
지꺼분하다	ㅈㅣㄱㄱㅓㅂㅜㄴㅎㅏㄷㅏ	28 四
(지꺼븐하다	ㅈㅣㄱㄱㅓㅂㅡㄴㅎㅏㄷㅏ	28 四
지끈지끈	ㅈㅣㄱㄱㅡㄴㅈㅣㄱㄱㅡㄴ	112 二
지각나다	ㅈㅣㄱㅏㄱㄴㅏㄷㅏ	92 一
지각들다	ㅈㅣㄱㅏㄱㄷㅡㄹㄷㅏ	92 一
(지집	ㅈㅣㄱㅓㅂ	51 二
지게	ㅈㅣㄱㅓㅣ	115 二
지게문	ㅈㅣㄱㅓㅣㅁㅜㄴ	98二, 115二
지근거리다	ㅈㅣㄱㅡㄴㄱㅓㄹㅣㄷㅏ	98 二
지근덕거리다	ㅈㅣㄱㅡㄴㄷㅓㄱㄱㅓㄹㅣㄷㅏ	98 二
지근덕지근덕	ㅈㅣㄱㅡㄴㄷㅓㄱㅈㅣㄱㅡㄴㄷㅓㄱ	98 二
지근지근	ㅈㅣㄱㅡㄴㅈㅣㄱㅡㄴ	98 二

지근지근하다	ㅈㅣㄱㅡㄴㅈㅣㄱㅡㄴㅎㅏㄷㅏ	98 二
지금거리다	ㅈㅣㄱㅡㅁㄱㅓㄹㅣㄷㅏ	98 二
지긋지긋하다	ㅈㅣㄱㅡㅅㅈㅣㄱㅡㅅㅎㅏㄷㅏ	68 三
지긋이	ㅈㅣㄱㅡㅅㅣ	98 三
(지기없다	ㅈㅣㄱㅣ·ㅂㅅㄷㅏ	68 三
(진가루	ㅈㅣㄴㄱㅏㄹㅜ	64 二
진국	ㅈㅣㄴㄱㅜㄱ	96 三
진구리	ㅈㅣㄴㄱㅜㄹㅣ	48三,104一
진땀빠지다	ㅈㅣㄴㄷㄷㅏㅁㅂㅂㅏㅈㅣㄷㅏ	79 四
진달래	ㅈㅣㄴㄷㅏㄹㄹㅏㅣ	3 二
(진달레	ㅈㅣㄴㄷㅏㄹㄹㅓㅣ	3 二
(진데기	ㅈㅣㄴㄷㅓㅣㄱㅣ	20 四
(진두리	ㅈㅣㄴㄷㅜㄹㅣ	29 一
진드기(蟯)	ㅈㅣㄴㄷㅡㄱㅣ	20 四
진득이(徐歷)	ㅈㅣㄴㄷㅡㄱㅣ	98 三
(진듸	ㅈㅣㄴㄷㅡㅣ	20 四
(진뒷물	ㅈㅣㄴㄷㅡㅣㅅㅁㅜㄹ	35 二
진딧물	ㅈㅣㄴㄷㅣㅅㅁㅜㄹ	35 二
(진말	ㅈㅣㄴㅁㅏㄹ	64 二
(진묵	ㅈㅣㄴㅁㅜㄱ	68 四
진발	ㅈㅣㄴㅂㅏㄹ	98 三
(진소	ㅈㅣㄴㅅㅗ	68 四
진신발	ㅈㅣㄴㅅㅣㄴㅂㅏㄹ	98 三
진짜	ㅈㅣㄴㅈㅈㅏ	62三,96三
진짬	ㅈㅣㄴㅈㅈㅏㅁ	96 三
진작	ㅈㅣㄴㅈㅏㄱ	16一,98三
진자리	ㅈㅣㄴㅈㅏㄹㅣ	93 三
진절머리나다	ㅈㅣㄴㅈㅓㄹㅁㅓㄹㅣㄴㅏㄷㅏ	94 四
(진직	ㅈㅣㄴㅈㅣㄱ	16 一
진지러뜨리다	ㅈㅣㄴㅈㅣㄹㅓㄷㄷㅡㄹㅣㄷㅏ	99 二
진지러지다	ㅈㅣㄴㅈㅣㄹㅓㅈㅣㄷㅏ	99 二
진창	ㅈㅣㄴㅊㅏㅇ	98 三
진펄	ㅈㅣㄴㅍㅓㄹ	45四,98三
(진퍼리	ㅈㅣㄴㅍㅓㄹㅣ	45 四
(진허구리	ㅈㅣㄴㅎㅓㄱㅜㄹㅣ	48 三
진허리	ㅈㅣㄴㅎㅓㄹㅣ	104 一
지난달	ㅈㅣㄴㅏㄴㄷㅏㄹ	65 三
(지난밤	ㅈㅣㄴㅏㄴㅂㅏㅁ	66 二
지난번	ㅈㅣㄴㅏㄴㅂㅓㄴ	60一,93三
(지난적	ㅈㅣㄴㅏㄴㅈㅓㄱ	60 一
지나다	ㅈㅣㄴㅏㄷㅏ	98 三
지남철	ㅈㅣㄴㅏㅁㅊㅓㄹ	68 四
지내다	ㅈㅣㄴㅏㅣㄷㅏ	93 三
(지네미	ㅈㅣㄴㅓㅣㅁㅣ	54 二
지느러미	ㅈㅣㄴㅡㄹㅓㅁㅣ	54 二
지널총	ㅈㅣㄴㅓㄹㅊㅗㅇ	65 三
지다(負)	ㅈㅣㄷㅏ	93 三
지다(消)	ㅈㅣㄷㅏ	98 三
지도리	ㅈㅣㄷㅗㄹㅣ	82 一
(질	ㅈㅣㄹ	3 一
질끈	ㅈㅣㄹㄱㄱㅡㄴ	93 三
(질겁다	ㅈㅣㄹㄱㅓㅂㄷㅏ	52 三
질경질경	ㅈㅣㄹㄱㅕㅇㅈㅣㄹㄱㅕㅇ	93 四
질그릇	ㅈㅣㄹㄱㅡㄹㅡㅅ	98 四
질금거리다	ㅈㅣㄹㄱㅡㅁㄱㅓㄹㅣㄷㅏ	98 四
질금질금	ㅈㅣㄹㄱㅡㅁㅈㅣㄹㄱㅡㅁ	98 四
(질기다(嗜)	ㅈㅣㄹㄱㅣㄷㅏ	52 三
질기다(韌)	ㅈㅣㄹㄱㅣㄷㅏ	98 四
질뚝질뚝	ㅈㅣㄹㄷㄷㅜㄱㅈㅣㄹㄷㄷㅜㄱ	95 四
질뚝하다	ㅈㅣㄹㄷㄷㅜㄱㅎㅏㄷㅏ	95 四
(질다	ㅈㅣㄹㄷㅏ	3 一
(질량하다	ㅈㅣㄹㄹㅑㅇㅎㅏㄷㅏ	40 二
질러가다	ㅈㅣㄹㄹㅓㄱㅏㄷㅏ	33 一
(질레길	ㅈㅣㄹㄹㅓㅣㄱㅣㄹ	33 一
질룩질룩	ㅈㅣㄹㄹㅜㄱㅈㅣㄹㄹㅜㄱ	95 四
질룩하다	ㅈㅣㄹㄹㅜㄱㅎㅏㄷㅏ	95 四
(질르다	ㅈㅣㄹㄹㅡㄷㅏ	38 二
질리다	ㅈㅣㄹㄹㅣㄷㅏ	93 四
(질마	ㅈㅣㄹㅁㅏ	44 一
짊어지다	ㅈㅣㄹㅁㅓㅈㅣㄷㅏ	98 三
질빵	ㅈㅣㄹㅂㅂㅏㅇ	62 三
질벅거리다	ㅈㅣㄹㅂㅓㄱㄱㅓㄹㅣㄷㅏ	98 四
질벅질벅	ㅈㅣㄹㅂㅓㄱㅈㅣㄹㅂㅓㄱ	99 一
(질쌈	ㅈㅣㄹㅅㅅㅏㅁ	3 一
질질 曳貌)	ㅈㅣㄹㅈㅣㄹ	33 一
질질(漏出)	ㅈㅣㄹㅈㅣㄹ	93 四
질컥거리다	ㅈㅣㄹㅋㅓㄱㄱㅓㄹㅣㄷㅏ	98 四
질컥질컥	ㅈㅣㄹㅋㅓㄱㅈㅣㄹㅋㅓㄱ	99 一

질퍽거리다	ㅈㅣㄹㅍㅓㄱㄱㅓㄹㅣㄷㅏ	98 四
질퍽질퍽	ㅈㅣㄹㅍㅓㄱㅈㅣㄹㅍㅓㄱ	99 一
질펀하다	ㅈㅣㄹㅍㅓㄴㅎㅏㄷㅏ	33 二
(질해	ㅈㅣㄹㅎㅏㅣ	14 一
(질혀	ㅈㅣㄹㅎㅕ	14 一
지라	ㅈㅣㄹㅏ	14 一
(지렴길	ㅈㅣㄹㅕㅁㄱㅣㄹ	33 二
[지례(脾)	ㅈㅣㄹㅕㅣ *	14 一
지례(豫速)	ㅈㅣㄹㅕㅣ	33二,35四
[지뤼	ㅈㅣㄹㅜㅣ	53 四
지르다	ㅈㅣㄹㅡㄷㅏ	38二,99一
지르르	ㅈㅣㄹㅡㄹㅡ	99 一
(지름	ㅈㅣㄹㅡㅁ	3 一
지름길	ㅈㅣㄹㅡㅁㄱㅣㄹ	33二,91二
지리하다	ㅈㅣㄹㅣㅎㅏㄷㅏ	99 一
(짐	ㅈㅣㅁ	3 一
짐바리	ㅈㅣㅁㅂㅏㄹㅣ	68 四
짐승	ㅈㅣㅁㅅㅡㅇ	68 四
(짐장	ㅈㅣㅁㅈㅏㅇ	3 一
(짐줏	ㅈㅣㅁㅈㅜㅅ	33 二
짐짓	ㅈㅣㅁㅉㅣㅅ	33二,99一
(짐채	ㅈㅣㅁㅊㅏㅣ	3 一
(짐치	ㅈㅣㅁㅊㅣ	3 一
~지만	~ㅈㅣㅁㅏㄴ	115 二
~지마는	~ㅈㅣㅁㅏㄴㅡㄴ	115 二
(지미	ㅈㅣㅁㅣ	3 一
집게	ㅈㅣㅂㄱㅓㅣ	10 二
(집내	ㅈㅣㅂㄴㅏㅣ	60 一
집다	ㅈㅣㅂㄷㅏ	10 二
지뻑거리다	ㅈㅣㅃㅓㄱㄱㅓㄹㅣㄷㅏ	7 三
지뻑지뻑	ㅈㅣㅃㅓㄱㅈㅣㅃㅓㄱ	7 三
집속	ㅈㅣㅂㅅㅗㄱ	99 一
(집자리	ㅈㅣㅂㅈㅏㄹㅣ	60 一
집주름	ㅈㅣㅂㅈㅜㄹㅡㅁ	68 四
집터	ㅈㅣㅂㅌㅓ	60 一
집안	ㅈㅣㅂㅏㄴ	60一,99一
(지벅거리다	ㅈㅣㅂㅓㄱㄱㅓㄹㅣㄷㅏ	7 三
(지벅지벅	ㅈㅣㅂㅓㄱㅈㅣㅂㅓㄱ	7 三
지부럭지부럭하다	ㅈㅣㅂㅜㄹㅓㄱㅈㅣㅂㅜㄹㅓㄱㅎㅏㄷㅏ	98二
(지붕마루	ㅈㅣㅂㅜㅇㅁㅏㄹㅜ	66 三
(짓(襟,羽)	ㅈㅣㅅ	3 一
짓(行動)	ㅈㅣㅅ	33 二
짓궂이	ㅈㅣㅅㄱㅜㅈㅣ	99 一
짓널다	ㅈㅣㅅㄴㅓㄹㄷㅏ	99 一
(짓다	ㅈㅣㅅㄷㅏ	30 三
짓씹다	ㅈㅣㅅㅅㅅㅣㅂㄷㅏ	99 一
(지사미	ㅈㅣㅅㅏㅁㅣ	64 四
짓이기다	ㅈㅣㅅㅣㄱㅣㄷㅏ	112 四
징걸이	ㅈㅣㅇㄱㅓㄹㅣ	60 一
징검다리	ㅈㅣㅇㄱㅓㅁㄷㅏㄹㅣ	33 二
징경이	ㅈㅣㅇㄱㅕㅇㅇㅣ	33二,99一
징두리	ㅈㅣㅇㄷㄷㅜㄹㅣ	29 一
(징드리	ㅈㅣㅇㄷㄷㅡㄹㅣ	29 一
(징모루	ㅈㅣㅇㅁㅗㄹㅜ	60 一
(징밀	ㅈㅣㅇㅁㅣㄹ	29 一
(지장	ㅈㅣㅈㅏㅇ	3 一
지지깨비	ㅈㅣㅈㅣㄱㄱㅏㅣㅂㅣ	54 二
(지적거리다	ㅈㅣㅈㅓㄱㄱㅓㄹㅣㄷㅏ	2 二
(지적지적(亂言)	ㅈㅣㅈㅓㄱㅈㅣㅈㅓㄱ	2 二
지적지적(濕漉)	ㅈㅣㅈㅓㄱㅈㅣㅈㅓㄱ	99 二
(지저귀	ㅈㅣㅈㅓㄱㅜㅣ	54 二
지저귀다	ㅈㅣㅈㅓㄱㅜㅣㄷㅏ	98 二
지절거리다	ㅈㅣㅈㅓㄹㄱㅓㄹㅣㄷㅏ	2二,98二
지절지절	ㅈㅣㅈㅓㄹㅈㅣㅈㅓㄹ	2 二
지저분하다	ㅈㅣㅈㅓㅂㅜㄴㅎㅏㄷㅏ	29一,99二
(지저븐하다	ㅈㅣㅈㅓㅂㅡㄴㅎㅏㄷㅏ	29 一
(지직	ㅈㅣㅈㅣㄱ	3 二
(지지개	ㅈㅣㅈㅣㄱㅏㅣ	3 二
(지지겁지	ㅈㅣㅈㅣㄱㅓㅂㅈㅣ	54 二
지질지질	ㅈㅣㅈㅣㄹㅈㅣㅈㅣㄹ	99 二
지질하다	ㅈㅣㅈㅣㄹㅎㅏㄷㅏ	99 一
지지락물	ㅈㅣㅈㅣㄹㅏㄱㅁㅜㄹ	77 三
지지러뜨리다	ㅈㅣㅈㅣㄹㅓㄸㅡㄹㅣㄷㅏ	99 二
지지러치다	ㅈㅣㅈㅣㄹㅓㅊㅣㄷㅏ	99 二
지지리	ㅈㅣㅈㅣㄹㅣ	99 二
지집질	ㅈㅣㅈㅣㅁㅈㅣㄹ	65 三
지차	ㅈㅣㅊㅏ	80 四
짚가리	ㅈㅣㅍㄱㅏㄹㅣ	88 一

(짚다	ㅈㅣㅍㄷㅏ	3 二
(짚석	ㅈㅣㅍㅅㅓㄱ	60 一
(짚서기	ㅈㅣㅍㅅㅓㄱㅣ	60 一
짚신	ㅈㅣㅍㅅㅣㄴ	60 一
짚자리	ㅈㅣㅍㅈㅏㄹㅣ	74 二
지팡이	ㅈㅣㅍㅏㅇㅣ	11 四
(지팽이	ㅈㅣㅍㅏㅣㅇㅣ	11 四
지푸라기	ㅈㅣㅍㅜㄹㅏㄱㅣ	11 四
(지푸래기	ㅈㅣㅍㅜㄹㅏㅣㄱㅣ	11 四
지우다(使負)	ㅈㅣㅜㄷㅏ	30 三
지우다(被消)	ㅈㅣㅜㄷㅏ	30三, [illegible]8三
지위	ㅈㅣㅜㅣ	81 四
(지음	ㅈㅣㅡㅁ	32 三
(지이다(使負)	ㅈㅣㅣㄷㅏ	30 三
(지이다(被消)	ㅈㅣㅣㄷㅏ	30 三

ㅊ

(착살갖다	ㅊㅏㄱㅅㅏㄹㄱㅏㅈㄷㅏ	60 一
착살스럽다	ㅊㅏㄱㅅㅏㄹㅅㅡㄹㅓㅂㄷㅏ	60 一
착하다	ㅊㅏㄱㅎㅏㄷㅏ	100 二
(차갑다	ㅊㅏㄱㅏㅂㄷㅏ	13 四
(차가웁다	ㅊㅏㄱㅏㅜㅂㄷㅏ	1 四
차겁다	ㅊㅏㄱㅓㅂㄷㅏ	1. 四, 99 三
(차겸차겸	ㅊㅏㄱㅕㅁㅊㅏㄱㅕㅁ	84 二
차곡차곡	ㅊㅏㄱㅗㄱㅊㅏㄱㅗㄱ	84 二
차근차근	ㅊㅏㄱㅡㄴㅊㅏㄱㅡㄴ	99 二
(찬국	ㅊㅏㄴㄱㅜㄱ	6 三
찬김	ㅊㅏㄴㄱㅣㅁ	99 二
찬기운	ㅊㅏㄴㄱㅣㅜㄴ	68 四, 99 二
찬찬	ㅊㅏㄴㅊㅏㄴ	1[illegible] 一
찬찬히	ㅊㅏㄴㅊㅏㄴㅎㅣ	99 二
차다(蹴)	ㅊㅏㄷㅏ	99 三
차다(冷)	ㅊㅏㄷㅏ	99 三
찰딱거리다	ㅊㅏㄹㄸㅏㄱㄱㅓㄹㅣㄷㅏ	99 三
찰딱찰딱	ㅊㅏㄹㄸㅏㄱㅊㅏㄹㄸㅏㄱ	99 三
찰랑거리다	ㅊㅏㄹㄹㅏㅇㄱㅓㄹㅣㄷㅏ	99 三
찰랑찰랑	ㅊㅏㄹㄹㅏㅇㅊㅏㄹㄹㅏㅇ	96 一
찰박거리다	ㅊㅏㄹㅂㅏㄱㄱㅓㄹㅣㄷㅏ	99 四
찰박찰박	ㅊㅏㄹㅂㅏㄱㅊㅏㄹㅂㅏㄱ	99 四
찰바닥거리다	ㅊㅏㄹㅂㅏㄷㅏㄱㄱㅓㄹㅣㄷㅏ	99 四
찰바닥찰바닥	ㅊㅏㄹㅂㅏㄷㅏㄱㅊㅏㄹㅂㅏㄷㅏㄱ	99 四
찰방거리다	ㅊㅏㄹㅂㅏㅇㄱㅓㄹㅣㄷㅏ	99 四
찰방찰방	ㅊㅏㄹㅂㅏㅇㅊㅏㄹㅂㅏㅇ	99 四
찰싹거리다	ㅊㅏㄹㅆㅏㄱㄱㅓㄹㅣㄷㅏ	99 四
찰싹찰싹	ㅊㅏㄹㅆㅏㄱㅊㅏㄹㅆㅏㄱ	99 四
찰지다	ㅊㅏㄹㅈㅣㄷㅏ	38 二
찰찰	ㅊㅏㄹㅊㅏㄹ	99 四
(찰하리	ㅊㅏㄹㅎㅏㄹㅣ	41 三
차란차란	ㅊㅏㄹㅏㄴㅊㅏㄹㅏㄴ	96 一
차라리	ㅊㅏㄹㅏㄹㅣ	41 三
차랑거리다	ㅊㅏㄹㅏㅇㄱㅓㄹㅣㄷㅏ	99 三
차랑차랑	ㅊㅏㄹㅏㅇㅊㅏㄹㅏㅇ	96 一
차리다	ㅊㅏㄹㅣㄷㅏ	11 四
참먹	ㅊㅏㅁㅁㅓㄱ	68 四
(참별	ㅊㅏㅁㅂㅕㄹ	63 一
참빗	ㅊㅏㅁㅂㅣㅅ	68 四
참외	ㅊㅏㅁㅗㅣ	27 二
참을성	ㅊㅏㅁㅡㄹㅅㅓㅇ	74 三
(참의	ㅊㅏㅁㅡㅣ	27 二
(참이	ㅊㅏㅁㅣ	27 二
(차비(자비)	ㅊㅏㅂㅣ	10 三
(차비(채비)	ㅊㅏㅂㅣ	12 三
(차사	ㅊㅏㅅㅏ	12 三
창병	ㅊㅏㅇㅂㅕㅇ	68 四
차조	ㅊㅏㅈㅗ	99 三
차좁쌀	ㅊㅏㅈㅗㅂㅆㅏㄹ	99 三
차지다	ㅊㅏㅈㅣㄷㅏ	33 二
(차질다	ㅊㅏㅈㅣㄹㄷㅏ	38 二
(차탈피탈	ㅊㅏㅌㅏㄹㅍㅣㅌㅏㄹ	70 四
(차월피월	ㅊㅏㅜㅓㄹㅍㅣㅜㅓㄹ	70 三
책가위	ㅊㅏㅣㄱㄱㅏㅜㅣ	99 三
책뚜껑	ㅊㅏㅣㄱㄸㅜㄲㅓㅇ	99 三
책의	ㅊㅏㅣㄱㅡㅣ	99 三
(채다(充)	ㅊㅏㅣㄷㅏ	43 一
채다(使蹴)	ㅊㅏㅣㄷㅏ	45 四
(차일피일	ㅊㅏㅣㄹㅍㅣㅣㄹ	70 三
채롱	ㅊㅏㅣㄹㅗㅇ	100 二
(채리다	ㅊㅏㅣㄹㅣㄷㅏ	31 四

책반	차바ᄂ	83三,00四
채비	차비	12 三
(첫반	차ᄉ바ᄂ	83 三
채사	차사	12 三
첫입	차ᄉᄅ	100 四
채신없다	차신ᄇᄉ다	100 —
(채쭉	차쭈ᄀ	26 四
(채쭉	차쭈ᄀ	26 四
채찍	차찌ᄀ	26 四
채우다	차ᅮ다	43 —
(채이다	차ᅵ다	45 四
척지다	처ᄀ지다	99 三
척짓다	처ᄀ지ᄉ다	99 三
(천귀잠잠하다	천귀잠잠하다	64 —
(천동	천동	25 三
천둥	천둥	25 三
천둥지기	천둥지기	65 三
천량	천량	10 三
천보	천보	62 四
(천산지산	천산지산	70 四
천장	천장	13 二
(천정	천정	13 二
(천정어	천정ᅥ	47 三
천천히	천천히	41—,99二
(천천이	천천ᅵ	41 —
(치든지르다	치든지르다	60 —
철나다	처 ᄅ나다	92 —
철딱서니없다	철딱서니ᄇᄉ다	54 二
(철떠구니없다	철떠구니ᄇᄉ다	54 二
(철때기없다	철때기ᄇᄉ다	54 二
(철떡거리다	철떠ᄀ거리다	99 三
철떡철떡	처 ᄅ떠ᄀ처 ᄅ떠ᄀ	83 三
철물다	철무ᄅ다	92 —
철렁거리다	처 ᄅ렁거리다	99 三
철렁철렁	처 ᄅ렁처 ᄅ렁	96 —
철모르다	철모르다	99 三
(철모르장이	철모르장ᅵ	60 —
철벅거리다	철버ᄀ거리다	99 四
철벅철벅	철버ᄀ철버ᄀ	99 四
철버덕거리다	철버더ᄀ거리다	99 四
철버덕철버덕	철버더ᄀ철버더ᄀ	99 四
철벙거리다	철벙거리다	99 四
철벙철벙	철벙철벙	99 四
철부지	철부지	60 —
철썩거리다	철써ᄀ거리다	99 四
철썩철썩	철써ᄀ철써ᄀ	99 四
철컬	철컬	99 四
치란	치라ᄂ	100 三
칠없다	칠ᄇᄉ다	83 三
치렁거리다	치렁거리다	99 三
치렁치렁	치렁치렁	96 —
침	침	115 三
(첨과	첨과	83 四
치믹다	치미ᄀ다	60 —
(첨위	첨위	83 四
(첩	첩	13 四
첫겨울	첫겨울	85 三
첫대	첫대	100 —
(첫대박게	첫대박게	60 二
첫밗에	첫박게	60二,100—
첫새벽	첫새벽	65 三
첫솜씨	첫솜씨	69 三
첫여름	첫여름	65 三
치신사납다	치신사납다	100 —
치신없다	치신ᄇᄉ다	100 —
청개구리	청개구리	73 二
청딋독같다	청딧독같다	100 —
청딋독되다	청딧독되다	100 —
청머구리	청머구리	73 二
청정미	청정미	83 四
(청정이	청정ᅵ	83 四
칭무	칭무	78 四
청어	청ᅥ	69 —
치음	치음	115 三
체하다	체하다	100 —
처주다	처주다	100 二
초	초	69 —
축축하다	추ᄀ추ᄀ하다	100 —

표제어		쪽		표제어		쪽	
〈초겨울	ㅊㅗㄱㅕㅜㄹ	65	三	〈최축	ㅊㅗㅣㅊㅜㄱ	22	四
초군초군	ㅊㅗㄱㅜㄴㅊㅗㄱㅜㄴ	69	二	초이튿날	ㅊㅗㅣㅌㅡㄷㄴㅏㄹ	115	四
촌나기	ㅊㅗㄴㄴㅏㄱㅣ	9	三	초이틀	ㅊㅗㅣㅌㅡㄹ	115	四
촌뜨기	ㅊㅗㄴㄸㅡㄱㅣ	93	三	축축하다	ㅊㅜㄱㅊㅜㄱㅎㅏㄷㅏ	100	一
초나흗날	ㅊㅗㄴㅏㅎㅡㄷㄴㅏㄹ	115	三	추기다	ㅊㅜㄱㅣㄷㅏ	100	一
초나흘	ㅊㅗㄴㅏㅎㅡㄹ	115	三	〈춘혀	ㅊㅜㄴㅎㅕ	41	四
〈초비다	ㅊㅗㄴㅏㅣㄷㅏ	60	二	추녀	ㅊㅜㄴㅕ	41	四
초닷새	ㅊㅗㄷㅏㅅㅅㅐ	11	三	〈추다(選擇)	ㅊㅜㄷㅏ	46	二
초닷샛날	ㅊㅗㄷㅏㅅㅅㅐㅅㄴㅏㄹ	115	三	추다(稱揚)	ㅊㅜㄷㅏ	100	一
〈초동	ㅊㅗㄷㅗㅇ	65	三	출출하다	ㅊㅜㄹㅊㅜㄹㅎㅏㄷㅏ	100	一
출출하다	ㅊㅗㄹㅊㅗㄹㅎㅏㄷㅏ	100	一	추라치	ㅊㅜㄹㅏㅊㅣ	52	三
〈초마	ㅊㅗㅁㅏ	26	四	추리다	ㅊㅜㄹㅣㄷㅏ	46	二
초사흗날	ㅊㅗㅅㅏㅎㅡㄷㄴㅏㄹ	115	三	〈춤	ㅊㅜㅁ	51	一
초사흘	ㅊㅗㅅㅏㅎㅡㄹ	115	三	춤다	ㅊㅜㅂㄷㅏ	30	四
〈초서	ㅊㅗㅅㅓ	69	二	추집지근하다	ㅊㅜㅈㅣㅂㅈㅣㄱㅡㄴㅎㅏㄷㅏ	93	二
〈초수	ㅊㅗㅅㅜ	60	一	추지분하다	ㅊㅜㅈㅣㅂㅜㄴㅎㅏㄷㅏ	99	二
〈초승목	ㅊㅗㅅㅡㅇㅁㅗㄱ	54	二	〈췌육	ㅊㅟㅇㅠㄱ	67	三
〈총대우	ㅊㅗㅇㄷㅐㅜ	60	二	〈추우	ㅊㅜㅜ	27	四
총모자	ㅊㅗㅇㅁㅗㅈㅏ	60	二	〈추웁다	ㅊㅜㅜㅂㄷㅏ	30	四
총채	ㅊㅗㅇㅊㅐ	100	一	추위	ㅊㅜㅟ	27	四
초잡다	ㅊㅗㅈㅏㅂㄷㅏ	60	二	〈훕	ㅊㅜㄹㄱ	23	二
초장	ㅊㅗㅈㅏㅇ	60	二	〈춥다	ㅊㅜㅂㄷㅏ	30	四
초저녁	ㅊㅗㅈㅓㄴㅕㄱ	54	二	〈충나다	ㅊㅜㅇㄴㅏㄷㅏ	60	二
〈초지령	ㅊㅗㅈㄹㅕㅇ	60	二	충지다	ㅊㅜㅇㅈㅣㄷㅏ	60	二
〈초하	ㅊㅗㅎㅏ	65	三	〈치	ㅊㅣ	10	四
초하루	ㅊㅗㅎㅏㄹㅜ	115	三	〈칙간	ㅊㅣㄱㄱㅏㄴ	64	一
초하룻날	ㅊㅗㅎㅏㄹㅜㅅㄴㅏㄹ	115	三	친친	ㅊㅣㄴㅊㅣㄴ	100	二
〈초혜	ㅊㅗㅎㅖ	60	一	치뜨리다	ㅊㅣㄷㄸㅡㄹㅣㄷㅏ	62,100	二
초아흐레	ㅊㅗㄴㅏㅎㅡㄹㅔ	115	三	〈치다(撤)	ㅊㅣㄷㅏ	43	一
초아흐렛날	ㅊㅗㄴㅏㅎㅡㄹㅔㅅㄴㅏㄹ	115	三	치다(認做)	ㅊㅣㄷㅏ	100	一
초여드레	ㅊㅗㅕㄷㅡㄹㅔ	115	四	치다(經)	ㅊㅣㄷㅏ	100	一
초여드렛날	ㅊㅗㅕㄷㅡㄹㅔㅅㄴㅏㄹ	115	四	첨	ㅊㅣㄹㄱ	83	二
초열흘	ㅊㅗㅕㄹㅎㅡㄹ	115	四	첨범	ㅊㅣㄹㄱㅂㅓㅁ	65	三
초열흘날	ㅊㅗㅕㄹㅎㅡㄹㄹㅏㄹ	115	四	치러주다	ㅊㅣㄹㅓㅈㄷㅏ	100	二
〈초여틈	ㅊㅗㅕㄹㅜㅁ	65	三	〈치루다(經)	ㅊㅣㄹㅜㄷㅏ	60	一
초엿새	ㅊㅗㅕㅅㅅㅐ	115	四	〈치루다(割給)	ㅊㅣㄹㅜㄷㅏ	60	一
초엿샛날	ㅊㅗㅕㅅㅅㅐㅅㄴㅏㄹ	115	四	치룽	ㅊㅣㄹㅜㅇ	100	二
초이레	ㅊㅗㅣㄹㅔ	115	四	치르다(經)	ㅊㅣㄹㅡㄷㅏ	60—100	二
초이렛날	ㅊㅗㅣㄹㅔㅅㄴㅏㄹ	115	四	치르다(割給)	ㅊㅣㄹㅡㄷㅏ	60—100	二

침	ㅊㅣㅁ	31 一
침놓다	ㅊㅣㅁㄴㅗㅎㄷㅏ	60 二
(침주다	ㅊㅣㅁㅈㅜㄷㅏ	60 二
치마	ㅊㅣㅁㅏ	26 四
(침의	ㅊㅣㅁㅡㅣ	68 三
(칩다	ㅊㅣㅂㄷㅏ	30 四
치살리다	ㅊㅣㅅㅏㄹㄹㅣㄷㅏ	100 一
(치송	ㅊㅣㅅㅗㅇ	68 三
칭얼거리다	ㅊㅣㅇㅓㄹㄱㅓㄹㅣㄷㅏ	100 二
칭얼칭얼	ㅊㅣㅇㅓㄹㅊㅣㅇㅓㄹ	100 二
치치다	ㅊㅣㅊㅣㄷㅏ	100 二
치키다	ㅊㅣㅋㅣㄷㅏ	100 二
(치트리다	ㅊㅣㅌㅡㄹㅣㄷㅏ	6 二
(치우	ㅊㅣㅜ	27 四
치우다	ㅊㅣㅜㄷㅏ	43 一
(치웁다	ㅊㅣㅜㅂㄷㅏ	30 四
(치위	ㅊㅣㅜㅣ	27 四

ㅋ

칵칵	ㅋㅏㄱㅋㅏㄱ	100 二
(칸	ㅋㅏㄴ	3 三
칼국수	ㅋㅏㄹㄱㅜㄱㅅㅜ	100 二
칼싹두기	ㅋㅏㄹㅆㅏㄱㄷㅜㄱㅣ	100 二
(칼치	ㅋㅏㄹㅊㅣ	3 三
카랑카랑	ㅋㅏㄹㅏㅇㅋㅏㄹㅏㅇ	72 四
캄캄하다	ㅋㅏㅁㅋㅏㅁㅎㅏㄷㅏ	71 二
(키옷	ㅋㅏㅗㅅ	36 一
캭캭	ㅋㅑㄱㅋㅑㄱ	100 二
커다랗다	ㅋㅓㄷㅏㄹㅏㅎㄷㅏ	54二,100三
(커다마하다	ㅋㅓㄷㅏㅁㅏㅎㅏㄷㅏ	54 二
컬럭거리다	ㅋㅓㄹㄹㅓㄱㄱㅓㄹㅣㄷㅏ	100 三
컴컴하다	ㅋㅓㅁㅋㅓㅁㅎㅏㄷㅏ	71 二
켕기다	ㅋㅓㅣㅇㄱㅣㄷㅏ	19 四
켜	ㅋㅕ	21 二
켜내다	ㅋㅕㄴㅏㅣㄷㅏ	100 二
켜다(點火)	ㅋㅕㄷㅏ	10 四
켜다(紡繭絲)	ㅋㅕㄷㅏ	100 二
켤레	ㅋㅕㄹㄹㅓㅣ	87 三
(켤굴	ㅋㅕㄹㄱㅜㄹ	10 一

(켜레	ㅋㅕㄹㅓㅣ	87 三
(켜리	ㅋㅕㄹㅣ	87 三
(켱기다	ㅋㅕㅇㄱㅣㄷㅏ	19 四
(켸	ㅋㅕㅣ	21 二
켸다	ㅋㅕㅣㄷㅏ	19 四
코떼다	ㅋㅗㄸㅓㅣㄷㅏ	60 二
콜록거리다	ㅋㅗㄹㄹㅗㄱㄱㅓㄹㅣㄷㅏ	100 三
(콧구녁	ㅋㅗㅅㄱㅜㄴㅕㄱ	60 二
(콧구녕	ㅋㅗㅅㄱㅜㄴㅕㅇ	60 二
콧구멍	ㅋㅗㅅㄱㅜㅁㅓㅇ	60 二
콧김	ㅋㅗㅅㄱㅣㅁ	100 三
콧날	ㅋㅗㅅㄴㅏㄹ	100 三
콧대	ㅋㅗㅅㄷㅏㅣ	60 二
콧등	ㅋㅗㅅㄷㅡㅇ	100 三
콧마루	ㅋㅗㅅㅁㅏㄹㅜ	100 三
(콧배기	ㅋㅗㅅㅂㅏㅣㄱㅣ	39 四
(콧사배기	ㅋㅗㅅㅅㅏㅂㅏㅣㄱㅣ	39 四
(코싸쥐다	ㅋㅗㅅㅅㅏㅈㅜㅣㄷㅏ	60 二
콧숨	ㅋㅗㅅㅅㅜㅁ	100 三
(콧줄기	ㅋㅗㅅㅈㅜㄹㄱㅣ	60 二
(콧주배기	ㅋㅗㅅㅈㅜㅂㅏㅣㄱㅣ	39 四
(콧주버기	ㅋㅗㅅㅈㅜㅂㅓㄱㅣ	39 四
콧중배기	ㅋㅗㅅㅈㅜㅇㅂㅏㅣㄱㅣ	39 四
(콩길금	ㅋㅗㅇㄱㅣㄹㄱㅡㅁ	60 三
(콩기름	ㅋㅗㅇㄱㅣㄹㅡㅁ	60 三
콩나물	ㅋㅗㅇㄴㅏㅁㅜㄹ	60 三
콩떡	ㅋㅗㅇㄸㅓㄱ	100 三
콩설기	ㅋㅗㅇㅅㅓㄹㄱㅣ	100 三
콩팥	ㅋㅗㅇㅍㅏㅌ	69 一
쾅쾅	ㅋㅗㅏㅇㅋㅗㅏㅇ	100 四
쾨쾨하다	ㅋㅗㅣㅋㅗㅣㅎㅏㄷㅏ	100 三
쿨룩거리다	ㅋㅜㄹㄹㅜㄱㄱㅓㄹㅣㄷㅏ	100 三
쿵쿵	ㅋㅜㅇㅋㅜㅇ	72 二
퀴퀴하다	ㅋㅜㅣㅋㅜㅣㅎㅏㄷㅏ	100 三
(큰딸	ㅋㅡㄴㄸㅏㄹ	64 一
(큰사위	ㅋㅡㄴㅅㅏㅜㅣ	64 一
(큰손자	ㅋㅡㄴㅅㅗㄴㅈㅏ	64 一
(큰판	ㅋㅡㄴㅍㅏㄴ	63 四
(큰아들	ㅋㅡㄴㅏㄷㅡㄹ	64 一

큰옷	ㅋㅡㄴㅗㅅ	112 一
크다	ㅋㅡㄷㅏ	100 三
(킈	ㅋㅡㅣ	85 三
킈우다	ㅋㅡㅣㅜㄷㅏ	77 一
키(舵)	ㅋㅣ	10 四
키(身長)	ㅋㅣ	85 三

ㅌ

(탁	ㅌㅏㄱ	13 四
(탁배기	ㅌㅏㄱㅂㅏㅣㄱㅣ	68 一
탁탁하다	ㅌㅏㄱㅌㅏㄱㅎㅏㄷㅏ	100 三
탄탄히다	ㅌㅏㄴㅌㅏㄴㅎㅏㄷㅏ	101 二
(탄환	ㅌㅏㄴㅎㅗㅏㄴ	54 三
탄알	ㅌㅏㄴㅏㄹ	54三, 100三
타닥거리다	ㅌㅏㄷㅏㄱㄱㅓㄹㅣㄷㅏ	100 四
타닥타닥	ㅌㅏㄷㅏㄱㅌㅏㄷㅏㄱ	100 四
타달거리다	ㅌㅏㄷㅏㄹㄱㅓㄹㅣㄷㅏ	100 四
타달타달	ㅌㅏㄷㅏㄹㅌㅏㄷㅏㄹ	100 四
탈탈	ㅌㅏㄹㅌㅏㄹ	100 四
탈탈거리다	ㅌㅏㄹㅌㅏㄹㄱㅓㄹㅣㄷㅏ	100 四
타래박	ㅌㅏㄹㅏㅣㅂㅏㄱ	62 三
탐탁스럽다	ㅌㅏㅁㅌㅏㄱㅅㅡㄹㅓㅂㄷㅏ	100 三
탐탁하다	ㅌㅏㅁㅌㅏㄱㅎㅏㄷㅏ	100 三
탑삭부리	ㅌㅏㅂㅅㅏㄱㅂㅜㄹㅣ	101 一
탕(祭湯)	ㅌㅏㅇ	75 一
탕(內盡)	ㅌㅏㅇ	101 一
탕진	ㅌㅏㅇㄱㅣㄴ	100 三
탕거리	ㅌㅏㅇㄱㅓㄹㅣ	75 一
(탕구자	ㅌㅏㅇㄱㅜㅈㅏ	69 四
탕그릇	ㅌㅏㅇㄱㅡㄹㅡㅅ	75 一
탕탕	ㅌㅏㅇㅌㅏㅇ	100 四
(태가다	ㅌㅏㅣㄱㅏㄷㅏ	63 二
(태가르다	ㅌㅏㅣㄱㅏㄹㅡㄷㅏ	64 四
(태다	ㅌㅏㅣㄷㅏ	43 一
탯줄	ㅌㅏㅣㅅㅈㅜㄹ	65 三
(태집	ㅌㅏㅣㅈㅣㅂ	68 四
태우다	ㅌㅏㅣㅜㄷㅏ	42一, 90四
터	ㅌㅓ	100 四
턱	ㅌㅓㄱ	13 四
턱살	ㅌㅓㄱㅅㅏㄹ	54 三
턱찌끼	ㅌㅓㄱㅈㅈㅣㄱㄱㅣ	100 四
(턱주가리	ㅌㅓㄱㅈㅜㄱㅏㄹㅣ	54 三
(터거리	ㅌㅓㄱㅓㄹㅣ	54 三
터뜨리다	ㅌㅓㄷㄷㅡㄹㅣㄷㅏ	6 二
터덕거리다	ㅌㅓㄷㅓㄱㄱㅓㄹㅣㄷㅏ	100 四
터덕터덕	ㅌㅓㄷㅓㄱㅌㅓㄷㅓㄱ	100 四
터덜거리다	ㅌㅓㄷㅓㄹㄱㅓㄹㅣㄷㅏ	100 四
터덜터덜	ㅌㅓㄷㅓㄹㅌㅓㄷㅓㄹ	100 四
털	ㅌㅓㄹ	100 四
털벙	ㅌㅓㄹㅂㅓㅇ	100 四
털털	ㅌㅓㄹㅌㅓㄹ	100 四
털털거리다	ㅌㅓㄹㅌㅓㄹㄱㅓㄹㅣㄷㅏ	100 四
터럭	ㅌㅓㄹㅓㄱ	49三, 100四
(터럭기	ㅌㅓㄹㅓㄱㄱㅣ	49 三
(털이개	ㅌㅓㄹㅣㄱㅏㅣ	6 一
텀벙	ㅌㅓㅁㅂㅓㅇ	100 四
터무니	ㅌㅓㅁㅜㄴㅣ	109 一
텁석	ㅌㅓㅂㅅㅓㄱ	81 二
텁석부리	ㅌㅓㅂㅅㅓㄱㅂㅜㄹㅣ	101 一
텁텁하다	ㅌㅓㅂㅌㅓㅂㅎㅏㄷㅏ	101 一
터분하다	ㅌㅓㅂㅜㄴㅎㅏㄷㅏ	101 一
텃밭	ㅌㅓㅅㅂㅏㅌ	101 一
텅	ㅌㅓㅇ	101 一
터전	ㅌㅓㅈㅓㄴ	10三, 100四
(터천	ㅌㅓㅊㅓㄴ	10 三
(터트리다	ㅌㅓㅌㅡㄹㅣㄷㅏ	6 二
터앝	ㅌㅓㅏㅌ	101 一
테	ㅌㅓㅣ	101 一
테두리	ㅌㅓㅣㄷㅜㄹㅣ	101 一
테석테석	ㅌㅓㅣㅅㅓㄱㅌㅓㅣㅅㅓㄱ	101 一
(텡보	ㅌㅓㅣㅇㅂㅗ	54 三
텡쇠	ㅌㅓㅣㅇㅅㅗㅣ	54 三
텡텡	ㅌㅓㅣㅇㅌㅓㅣㅇ	100 四
(토깽이	ㅌㅗㄱㄱㅏㅣㅇㅣ	48 三
토끼	ㅌㅗㄱㄱㅣ	48 三
톡비어지다	ㅌㅗㄱㅂㅣㅓㅈㅣㄷㅏ	101 一
톡톡	ㅌㅗㄱㅌㅗㄱ	101 一
톡톡하다	ㅌㅗㄱㅌㅗㄱㅎㅏㄷㅏ	101 一

토담	ㅌㅗㄷㅏㅁ	65 四
토라지다	ㅌㅗㄹㅏㅈㅣㄷㅏ	100 一
(토벽	ㅌㅗㅂㅕㄱ	66 二
통거리	ㅌㅗㅇㄱㅓㄹㅣ	60 三
(통견	ㅌㅗㅇㄱㅕㄴ	25 三
통겨지다	ㅌㅗㅇㄱㅕㅈㅣㄷㅏ	101 一
통기다	ㅌㅗㅇㄱㅣㄷㅏ	101 一
(통명태	ㅌㅗㅇㅁㅕㅇㅌㅏㅣ	5 四
통밀다	ㅌㅗㅇㅁㅣㄹㄷㅏ	103 二
(통소	ㅌㅗㅇㅅㅗ	25 三
통속	ㅌㅗㅇㅅㅗㄱ	22 四
(통시	ㅌㅗㅇㅅㅣ	64 一
(통째	ㅌㅗㅇㅈㅈㅏㅣ	60 三
(통찝	ㅌㅗㅇㅈㅈㅣㅂ	60 三
통장사	ㅌㅗㅇㅈㅏㅇㅅㅏ	60 三
(통장이	ㅌㅗㅇㅈㅏㅇㅣ	60 三
(통채	ㅌㅗㅇㅊㅏㅣ	60 三
(통치다	ㅌㅗㅇㅊㅣㄷㅏ	45 二
통통걸음	ㅌㅗㅇㅌㅗㅇㄱㅓㄹㅡㅁ	101 二
통통하다	ㅌㅗㅇㅌㅗㅇㅎㅏㄷㅏ	101 二
통틀다	ㅌㅗㅇㅌㅡㄹㄷㅏ	103 二
(토우	ㅌㅗㅜ	69 二
퇴기다	ㅌㅗㅣㄱㅣㄷㅏ	101 二
(퇴맞다	ㅌㅗㅣㅁㅏㅈㄷㅏ	46 二
퇴박맞다	ㅌㅗㅣㅂㅏㄱㅁㅏㅈㄷㅏ	46 二
(툇돌	ㅌㅗㅣㅅㄷㅗㄹ	63 四
(툭배기	ㅌㅜㄱㅂㅏㅣㄱㅣ	6 一
툭비어지다	ㅌㅜㄱㅂㅣㅓㅈㅣㄷㅏ	101 一
(툭수리	ㅌㅜㄱㅅㅜㄹㅣ	6 一
툭툭	ㅌㅜㄱㅌㅜㄱ	101 一
툭툭하다	ㅌㅜㄱㅌㅜㄱㅎㅏㄷㅏ	101 一
툭하면	ㅌㅜㄱㅎㅏㅁㅕㄴ	73 四
투덕거리다	ㅌㅜㄷㅓㄱㄱㅓㄹㅣㄷㅏ	80 一
투덕투덕	ㅌㅜㄷㅓㄱㅌㅜㄷㅓㄱ	80 一
투덜거리다	ㅌㅜㄷㅓㄹㄱㅓㄹㅣㄷㅏ	82 三
투레질	ㅌㅜㄹㅓㅣㅈㅣㄹ	6 二
(툽상스럽다	ㅌㅜㅂㅅㅏㅇㅅㅡㄹㅓㅂㄷㅏ	54 三
투박스럽다	ㅌㅜㅂㅏㄱㅅㅡㄹㅓㅂㄷㅏ	54 三
(투서	ㅌㅜㅅㅓ	67 四
투수	ㅌㅜㅅㅜ	67 四
(퉁	ㅌㅜㅇ	68 四
퉁견	ㅌㅜㅇㄱㅕㄴ	25 三
퉁겨지다	ㅌㅜㅇㄱㅕㅈㅣㄷㅏ	101 一
퉁기다	ㅌㅜㅇㄱㅣㄷㅏ	101 一
(퉁쏘이다	ㅌㅜㅇㅅㅅㅗㅣㄷㅏ	65 四
퉁소	ㅌㅜㅇㅅㅗ	25三,101二
(퉁속	ㅌㅜㅇㅅㅗㄱ	22 四
퉁탕거리다	ㅌㅜㅇㅌㅏㅇㄱㅓㄹㅣㄷㅏ	101 二
퉁퉁걸음	ㅌㅜㅇㅌㅜㅇㄱㅓㄹㅡㅁ	101 二
퉁퉁거리다	ㅌㅜㅇㅌㅜㅇㄱㅓㄹㅣㄷㅏ	101 二
퉁퉁하다	ㅌㅜㅇㅌㅜㅇㅎㅏㄷㅏ	101 二
튀기다	ㅌㅜㅣㄱㅣㄷㅏ	101 二
튼튼하다	ㅌㅡㄴㅌㅡㄴㅎㅏㄷㅏ	94二,101二
틀다	ㅌㅡㄹㄷㅏ	101 二
틀리다	ㅌㅡㄹㄹㅣㄷㅏ	101 二
틀어지다	ㅌㅡㄹㅓㅈㅣㄷㅏ	101 二
(트렷하다	ㅌㅡㄹㅕㅅㅎㅏㄷㅏ	21 三
트릿하다	ㅌㅡㄹㅣㅅㅎㅏㄷㅏ	21三,101三
틈	ㅌㅡㅁ	74 三
틈나다	ㅌㅡㅁㄴㅏㄷㅏ	101 三
틈바구니	ㅌㅡㅁㅂㅏㄱㅜㄴㅣ	46 二
(틈바귀	ㅌㅡㅁㅂㅏㄱㅜㅣ	46 二
(틈사리	ㅌㅡㅁㅅㅏㄹㅣ	46 二
틈틈이	ㅌㅡㅁㅌㅡㅁㅣ	101 三
트적지근하다	ㅌㅡㅈㅓㄱㅈㅣㄱㅡㄴㅎㅏㄷㅏ	101 三
(트적트적	ㅌㅡㅈㅓㄱㅌㅡㅈㅓㄱ	33 三
(틔	ㅌㅡㅣ	35 三
(틔눈	ㅌㅡㅣㄴㅜㄴ	35 三
틔다	ㅌㅡㅣㄷㅏ	115 四
트이다	ㅌㅡㅣㄷㅏ	115 四
티	ㅌㅣ	35三,101三
티끌	ㅌㅣㄱㄱㅡㄹ	6二,101三
(티각나다	ㅌㅣㄱㅏㄱㄴㅏㄷㅏ	14 三
티격나다	ㅌㅣㄱㅕㄱㄴㅏㄷㅏ	14三,101三
티눈	ㅌㅣㄴㅜㄴ	35 三
티석티석	ㅌㅣㅅㅓㄱㅌㅣㅅㅓㄱ	101 一
티적티적	ㅌㅣㅈㅓㄱㅌㅣㅈㅓㄱ	33 三

ㅍ

팍삭팍삭	ㅍㅏㄱㅅㅏㄱㅍㅏㄱㅅㅏㄱ	102 二
팍신팍신	ㅍㅏㄱㅅㅣㄴㅍㅏㄱㅅㅣㄴ	102 三
파근파근	ㅍㅏㄱㅡㄴㅍㅏㄱㅡㄴ	102 三
판가름하다	ㅍㅏㄴㄱㅏㄹㅡㅁㅎㅏㄷㅏ	60 三
(판따지다	ㅍㅏㄴㄸㅏㅈㅣㄷㅏ	60 三
판둥판둥	ㅍㅏㄴㄷㅜㅇㅍㅏㄴㄷㅜㅇ	101 四
판들판들	ㅍㅏㄴㄷㅡㄹㅍㅏㄴㄷㅡㄹ	101 四
판수	ㅍㅏㄴㅅㅜ	92 二
판판하다	ㅍㅏㄴㅍㅏㄴㅎㅏㄷㅏ	101 四
파딱파딱	ㅍㅏㄸㅏㄱㅍㅏㄸㅏㄱ	102 三
파뜩파뜩	ㅍㅏㄸㅡㄱㅍㅏㄸㅡㄱ	102 三
파다	ㅍㅏㄷㅏ	11 四
팔꿈치	ㅍㅏㄹㄲㅜㅁㅊㅣ	60 三
(팔꾸머리	ㅍㅏㄹㄲㅜㅁㅓㄹㅣ	60 三
(팔결	ㅍㅏㄹㄱㅕㄹ	46 二
팔난봉	ㅍㅏㄹㄴㅏㄴㅂㅗㅇ	77 三
팔딱팔딱	ㅍㅏㄹㄸㅏㄱㅍㅏㄹㄸㅏㄱ	102 一
팔따기	ㅍㅏㄹㄸㅏㄱㅣ	3二, 101三
(팔따시	ㅍㅏㄹㄸㅏㅅㅣ	3 二
(팔따지	ㅍㅏㄹㄸㅏㅈㅣ	3 二
팔뚝	ㅍㅏㄹㄸㅜㄱ	101 三
팔락거리다	ㅍㅏㄹㄹㅏㄱㄱㅓㄹㅣㄷㅏ	102 一
팔락팔락	ㅍㅏㄹㄹㅏㄱㅍㅏㄹㄹㅏㄱ	102 一
팔랑거리다	ㅍㅏㄹㄹㅏㅇㄱㅓㄹㅣㄷㅏ	102 一
팔랑팔랑	ㅍㅏㄹㄹㅏㅇㅍㅏㄹㄹㅏㅇ	102 一
팔매질	ㅍㅏㄹㅁㅏㅣㅈㅣㄹ	82 一
팔목	ㅍㅏㄹㅁㅗㄱ	101 三
(팔배	ㅍㅏㄹㅂㅏㅣ	67 四
팔짝거리다	ㅍㅏㄹㅉㅏㄱㄱㅓㄹㅣㄷㅏ	102 二
팔짝팔짝	ㅍㅏㄹㅉㅏㄱㅍㅏㄹㅉㅏㄱ	102 二
팔짱끼다	ㅍㅏㄹㅉㅏㅇㄲㅣㄷㅏ	101 三
팔짱지르다	ㅍㅏㄹㅉㅏㅇㅈㅣㄹㅡㄷㅏ	101 三
팔죽지	ㅍㅏㄹㅈㅜㄱㅈㅣ	101 三
팔팔	ㅍㅏㄹㅍㅏㄹ	102 二
팔팔결	ㅍㅏㄹㅍㅏㄹㄱㅕㄹ	46 二
팔회목	ㅍㅏㄹㅎㅗㅣㅁㅗㄱ	101 三
파릇파릇	ㅍㅏㄹㅡㅅㅍㅏㄹㅡㅅ	102 三
파르스렵하다	ㅍㅏㄹㅡㅅㅡㄹㅕㅂㅎㅏㄷㅏ	102 三
파르족족하다	ㅍㅏㄹㅡㅈㅗㄱㅈㅗㄱㅎㅏㄷㅏ	102 三
파리채	ㅍㅏㄹㅣㅊㅏㅣ	100 一
(팟	ㅍㅏㅅ	9 二
파삭파삭	ㅍㅏㅅㅏㄱㅍㅏㅅㅏㄱ	102 二
팡팡	ㅍㅏㅇㅍㅏㅇ	102 二
(팣	ㅍㅏㅊ	9 二
팥	ㅍㅏㅌ	9 二
팬둥팬둥	ㅍㅏㅣㄴㄷㅜㅇㅍㅏㅣㄴㄷㅜㅇ	101 四
팬들팬들	ㅍㅏㅣㄴㄷㅡㄹㅍㅏㅣㄴㄷㅡㄹ	101 四
(패다(掘)	ㅍㅏㅣㄷㅏ	11 四
패다(使掘)	ㅍㅏㅣㄷㅏ	45 四
팽	ㅍㅏㅣㅇ	102 四
팽그르르	ㅍㅏㅣㅇㄱㅡㄹㅡㄹㅡ	89 四
팽팽하다	ㅍㅏㅣㅇㅍㅏㅣㅇㅎㅏㄷㅏ	102 四
(패이다	ㅍㅏㅣㅣㄷㅏ	45 四
퍽	ㅍㅓㄱ	54 三
퍽석퍽석	ㅍㅓㄱㅅㅓㄱㅍㅓㄱㅅㅓㄱ	102 二
(퍼그나	ㅍㅓㄱㅡㄴㅏ	54 三
펀둥펀둥	ㅍㅓㄴㄷㅜㅇㅍㅓㄴㄷㅜㅇ	101 四
펀들펀들	ㅍㅓㄴㄷㅡㄹㅍㅓㄴㄷㅡㄹ	101 四
펀펀하다	ㅍㅓㄴㅍㅓㄴㅎㅏㄷㅏ	101 四
퍼뜨리다	ㅍㅓㄸㅡㄹㅣㄷㅏ	60 三
퍼덕거리다	ㅍㅓㄷㅓㄱㄱㅓㄹㅣㄷㅏ	102 一
퍼덕퍼덕	ㅍㅓㄷㅓㄱㅍㅓㄷㅓㄱ	102 一
펄	ㅍㅓㄹ	113 三
펄떡펄떡	ㅍㅓㄹㄸㅓㄱㅍㅓㄹㄸㅓㄱ	102 一
펄럭거리다	ㅍㅓㄹㄹㅓㄱㄱㅓㄹㅣㄷㅏ	102 一
펄럭펄럭	ㅍㅓㄹㄹㅓㄱㅍㅓㄹㄹㅓㄱ	102 一
펄렁거리다	ㅍㅓㄹㄹㅓㅇㄱㅓㄹㅣㄷㅏ	102 一
펄렁펄렁	ㅍㅓㄹㄹㅓㅇㅍㅓㄹㄹㅓㅇ	102 一
펄썩	ㅍㅓㄹㅆㅓㄱ	102 二
(펄쩍	ㅍㅓㄹㅉㅓㄱ	47 一
펄쩍거리다	ㅍㅓㄹㅉㅓㄱㄱㅓㄹㅣㄷㅏ	102 二
펄쩍나게	ㅍㅓㄹㅉㅓㄱㄴㅏㄱㅓㅣ	47 一
펄쩍펄쩍	ㅍㅓㄹㅉㅓㄱㅍㅓㄹㅉㅓㄱ	102 二
펄펄	ㅍㅓㄹㅍㅓㄹ	102 二
(퍼리	ㅍㅓㄹㅣ	67 一
퍼석퍼석	ㅍㅓㅅㅓㄱㅍㅓㅅㅓㄱ	102 二

펑	ㅍㅓㅇ	102 四
펑덩	ㅍㅓㅇㄷㅓㅇ	102 四
펑펑	ㅍㅓㅇㅍㅓㅇ	102 二
(퍼치다	ㅍㅓㅊㅣㄷㅏ	60 三
(페다	ㅍㅔㄷㅏ	29 一
(페단	ㅍㅔㄷㅏㄴ	20 一
편(片)	ㅍㅕㄴ	79 四
편(便)	ㅍㅕㄴ	95 二
편들다	ㅍㅕㄴㄷㅡㄹㄷㅏ	48 三
(편즙	ㅍㅕㄴㅈㅡㅂ	33 三
편집	ㅍㅕㄴㅈㅣㅂ	33 三
(편지우	ㅍㅕㄴㅈㅣㅇㅜ	60 三
편지를	ㅍㅕㄴㅈㅣㄹㅡㄹ	60 三
(편역들다	ㅍㅕㄴㅕㄱㄷㅡㄹㄷㅏ	48 三
펴놓다	ㅍㅕㄴㅗㅎㄷㅏ	102 二
펴다	ㅍㅕㄷㅏ	20 一, 102 二
폐단	ㅍㅖㄷㅏㄴ	20 一
폭	ㅍㅗㄱ	116 一
폭삭	ㅍㅗㄱㅅㅏㄱ	116 一
폭삭폭삭	ㅍㅗㄱㅅㅏㄱㅍㅗㄱㅅㅏㄱ	102 二
폭신폭신	ㅍㅗㄱㅅㅣㄴㅍㅗㄱㅅㅣㄴ	102 三
(포귀	ㅍㅗㄱㅜㅣ	31 四
포근포근	ㅍㅗㄱㅡㄴㅍㅗㄱㅡㄴ	102 三
포기	ㅍㅗㄱㅣ	31 四
(포다기	ㅍㅗㄷㅏㄱㅣ	12 四
포대기	ㅍㅗㄷㅐㄱㅣ	12 四
폴딱폴딱	ㅍㅗㄹㄸㅏㄱㅍㅗㄹㄸㅏㄱ	102 一
폴락거리다	ㅍㅗㄹㄹㅏㄱㄱㅓㄹㅣㄷㅏ	102 一
폴락폴락	ㅍㅗㄹㄹㅏㄱㅍㅗㄹㄹㅏㄱ	102 一
폴랑거리다	ㅍㅗㄹㄹㅏㅇㄱㅓㄹㅣㄷㅏ	102 一
폴랑폴랑	ㅍㅗㄹㄹㅏㅇㅍㅗㄹㄹㅏㅇ	102 一
폴싹	ㅍㅗㄹㅆㅏㄱ	102 二
포삭포삭	ㅍㅗㅅㅏㄱㅍㅗㅅㅏㄱ	102 二
포승	ㅍㅗㅅㅡㅇ	65 四
퐁당	ㅍㅗㅇㄷㅏㅇ	102 四
퐁퐁	ㅍㅗㅇㅍㅗㅇ	102 二
(포주	ㅍㅗㅈㅜ	25 三
표범	ㅍㅛㅂㅓㅁ	65 四
(표자	ㅍㅛㅈㅏ	54 三
표주박	ㅍㅛㅈㅜㅂㅏㄱ	54 三
푹석푹석	ㅍㅜㄱㅅㅓㄱㅍㅜㄱㅅㅓㄱ	102 二
(푹서기	ㅍㅜㄱㅅㅓㄱㅣ	36 三
푹신푹신	ㅍㅜㄱㅅㅣㄴㅍㅜㄱㅅㅣㄴ	102 三
푹하다	ㅍㅜㄱㅎㅏㄷㅏ	102 三
푸근푸근	ㅍㅜㄱㅡㄴㅍㅜㄱㅡㄴ	102 三
푸근하다	ㅍㅜㄱㅡㄴㅎㅏㄷㅏ	102 三
(푸기	ㅍㅜㄱㅣ	7 四
푼더분하다	ㅍㅜㄴㄷㅓㅂㅜㄴㅎㅏㄷㅏ	102 三
(푼자	ㅍㅜㄴㅈㅏ	15 二
푼전	ㅍㅜㄴㅈㅓㄴ	8 一
푼주	ㅍㅜㄴㅈㅜ	15 二
푼푼하다	ㅍㅜㄴㅍㅜㄴㅎㅏㄷㅏ	102 三
(푸떡푸떡	ㅍㅜㄸㅓㄱㅍㅜㄸㅓㄱ	19 四
푸뜩푸뜩	ㅍㅜㄸㅡㄱㅍㅜㄸㅡㄱ	19 四, 102 三
푸대접	ㅍㅜㄷㅐㅈㅓㅂ	69 一
푸덕거리다	ㅍㅜㄷㅓㄱㄱㅓㄹㅣㄷㅏ	102 一
푸덕푸덕	ㅍㅜㄷㅓㄱㅍㅜㄷㅓㄱ	102 一
푸드덕거리다	ㅍㅜㄷㅡㄷㅓㄱㄱㅓㄹㅣㄷㅏ	102 一
푸드덕푸드덕	ㅍㅜㄷㅡㄷㅓㄱㅍㅜㄷㅡㄷㅓㄱ	102 一
풀떡풀떡	ㅍㅜㄹㄸㅓㄱㅍㅜㄹㄸㅓㄱ	102 一
풀때기	ㅍㅜㄹㄸㅐㄱㅣ	54 三
(풀떼죽	ㅍㅜㄹㄸㅔㅈㅜㄱ	54 三
풀럭거리다	ㅍㅜㄹㄹㅓㄱㄱㅓㄹㅣㄷㅏ	102 一
풀럭풀럭	ㅍㅜㄹㄹㅓㄱㅍㅜㄹㄹㅓㄱ	102 一
풀렁거리다	ㅍㅜㄹㄹㅓㅇㄱㅓㄹㅣㄷㅏ	102 一
풀렁풀렁	ㅍㅜㄹㄹㅓㅇㅍㅜㄹㄹㅓㅇ	102 一
풀리다	ㅍㅜㄹㄹㅣㄷㅏ	102 三
풀매	ㅍㅜㅁㅐ	65 四
풀먹이다	ㅍㅜㄹㅁㅓㄱㅣㄷㅏ	102 四
(풀뭇간	ㅍㅜㄹㅁㅜㅅㄱㅏㄴ	63 四
풀썩	ㅍㅜㄹㅆㅓㄱ	102 二
풀솜	ㅍㅜㄹㅅㅗㅁ	69 一
풀어지다	ㅍㅜㄹㅓㅈㅣㄷㅏ	102 三
(푸렝이	ㅍㅜㄹㅔㅇㅣ	54 三
푸릇푸릇	ㅍㅜㄹㅡㅅㅍㅜㄹㅡㅅ	102 三
푸르스름하다	ㅍㅜㄹㅡㅅㅡㄹㅡㅁㅎㅏㄷㅏ	102 三
푸르죽죽하다	ㅍㅜㄹㅡㅈㅜㄱㅈㅜㄱㅎㅏㄷㅏ	102 三
품	ㅍㅜㅁ	102 三

(품값	ㅍㅜㅁㄱㅏㅂㅅ	60 三
품갚음	ㅍㅜㅁㄱㅏㅍㅡㅁ	102 四
품삯	ㅍㅜㅁㅅㅏㄱㅅ	60 三
품속	ㅍㅜㅁㅅㅗㄱ	102 三
품질	ㅍㅜㅁㅈㅣㄹ	29 一
품말다	ㅍㅜㅁㅁㅏㄹㄷㅏ	102 四
품말이	ㅍㅜㅁㅁㅏㄹㅣ	102 四
품말이하다	ㅍㅜㅁㅁㅏㄹㅣㅎㅏㄷㅏ	102 四
품앗이	ㅍㅜㅁㅏㅅㅣ	102 四
(풋곡	ㅍㅜㅅㄱㅗㄱ	47 一
풋곡식	ㅍㅜㅅㄱㅗㄱㅅㅣㄱ	47 一
(풋군	ㅍㅡㅅㄱㅜㄴ	60 三
풋나기	ㅍㅜㅅㄴㅏㄱㅣ	60 三
풋나무	ㅍㅜㅅㄴㅏㅁㅜ	60 四
풋담배	ㅍㅜㅅㄷㅏㅁㅂㅏㅣ	60 四
(풋장	ㅍㅜㅅㅈㅏㅇ	60 四
(풋초	ㅍㅜㅅㅊㅗ	60 四
푸새하다	ㅍㅜㅅㅏㅣㅎㅏㄷㅏ	102 四
푸석푸석	ㅍㅜㅅㅓㄱㅍㅜㅅㅓㄱ	102 二
푸서기	ㅍㅜㅅㅓㄱㅣ	36 三
풍덩	ㅍㅜㅇㄷㅓㅇ	102 四
풍뎅이	ㅍㅜㅇㄷㅓㅣㅇㅣ	77 四
풍풍	ㅍㅜㅇㅍㅜㅇ	102 二
푸주	ㅍㅜㅈㅜ	25 三
푸지다	ㅍㅜㅈㅣㄷㅏ	9 二
(퓌다	ㅍㅜㅣㄷㅏ	35 三
(픔질	ㅍㅡㅁㅈㅣㄹ	29 一
(픠다	ㅍㅡㅣㄷㅏ	35 三
(픠여나다	ㅍㅡㅣㅕㄴㅏㄷㅏ	35 三
피근피근	ㅍㅣㄱㅡㄴㅍㅣㄱㅡㄴ	102 四
핀둥핀둥	ㅍㅣㄴㄷㅜㅇㅍㅣㄴㄷㅜㅇ	101 四
(핀둥이	ㅍㅣㄴㄷㅜㅇㅣ	54 三
핀둥이쏘이다	ㅍㅣㄴㄷㅜㅇㅣㅅㅅㅗㅣㄷㅏ	65 四
핀들핀들	ㅍㅣㄴㄷㅡㄹㅍㅣㄴㄷㅡㄹ	101 四
핀잔	ㅍㅣㄴㅈㅏㄴ	54 三
(핀퉁이	ㅍㅣㄴㅌㅜㅇㅣ	54 三
피딱지	ㅍㅣㄷㄷㅏㄱㅈㅣ	46 三
피다	ㅍㅣㄷㅏ	35 三
피둥피둥	ㅍㅣㄷㅜㅇㅍㅣㄷㅜㅇ	102 四
(필장내다	ㅍㅣㄹㅈㅏㅇㄴㅏㅣㄷㅏ	63 一
피라미	ㅍㅣㄹㅏㅁㅣ	92 三
피리	ㅍㅣㄹㅣ	102 四
피마	ㅍㅣㅁㅏ	42 二
(피마자	ㅍㅣㅁㅏㅈㅏ	69 三
(피마주	ㅍㅣㅁㅏㅈㅜ	69 三
(피밤	ㅍㅣㅂㅏㅁ	63 一
(피봉	ㅍㅣㅂㅗㅇ	63 二
핏기	ㅍㅣㅅㄱㅣ	102 四
핏발	ㅍㅣㅅㅂㅏㄹ	102 四
(피잣	ㅍㅣㅈㅏㅅ	63 二
핑	ㅍㅣㅇ	102 四
(핑게하다	ㅍㅣㅇㄱㅓㅣㅎㅏㄷㅏ	20 一
핑계하다	ㅍㅣㅇㄱㅕㅣㅎㅏㄷㅏ	20 一
핑그르르	ㅍㅣㅇㄱㅡㄹㅡㄹㅡ	80 四
핑핑하다	ㅍㅣㅇㅍㅣㅇㅎㅏㄷㅏ	102 四
(피죽새	ㅍㅣㅈㅜㄱㅅㅏㅣ	64 二
(피지	ㅍㅣㅈㅣ	46 三
(피아마	ㅍㅣㅏㅁㅏ	42 二
피어나다	ㅍㅣㅓㄴㅏㄷㅏ	35三,103一
피우다	ㅍㅣㅜㄷㅏ	30 四
(피이다	ㅍㅣㅣㄷㅏ	30 四

ㅎ

하	ㅎㅏ	103 一
(하가	ㅎㅏㄱㅏ	69 三
하게	ㅎㅏㄱㅓㅣ	103 一
(한께	ㅎㅏㄴㄱㄱㅓㅣ	21 一
(한갈같다	ㅎㅏㄴㄱㅏㄹㄱㅏㅌㄷㅏ	14 三
한걱정	ㅎㅏㄴㄱㅓㄱㅈㅕㅇ	103 一
한결	ㅎㅏㄴㄱㅕㄹ	5一,103一
한결같다	ㅎㅏㄴㄱㅕㄹㄱㅏㅌㄷㅏ	14 三
한겻	ㅎㅏㄴㄱㅕㅅ	103 一
한근심	ㅎㅏㄴㄱㅡㄴㅅㅣㅁ	103 一
한길	ㅎㅏㄴㄱㅣㄹ	5 一
한나절	ㅎㅏㄴㄴㅏㅈㅓㄹ	69一,103一
한닥거리다	ㅎㅏㄴㄷㅏㄱㄱㅓㄹㅣㄷㅏ	105 四
한닥한닥	ㅎㅏㄴㄷㅏㄱㅎㅏㄴㄷㅏㄱ	106 一
(한대(一處)	ㅎㅏㄴㄷㅏㅣ	16 三

단어	발음	면	
(한때(閑天)	하ㄴ다ㅐ	16	三
한뎡거리다	하ㄴ다ㅓ이ㄱ리다	105	四
한뎡한뎡	하ㄴ다ㅓ이하ㄴ다ㅓㅇ	106	一
한더위	하ㄴ다ㅓ위	69	一
한뎨(一處)	하ㄴ다ㅔ	16	三
한제(露天)	하ㄴ다ㅔ	16	三
한물띰	하ㄴ다ㅜㄹ다ㅣㅁ	60四,10?一	
한동안	하ㄴ다ㅗㅇㅏㄴ	10?	一
한둘거리다	하ㄴ다ㅜㄹㅓ?리다	105	四
한둘한둘	하ㄴ다ㅜㄹ하ㄴ다ㅜㄹ	106	一
한드랑거려다	하ㄴ다ㅜㄹㅏ이거?리다	105	四
한드랑한드랑	하ㄴ다ㅜㄹㅏㅇ하ㄴ다ㅜㄹㅏㅇ	106	一
한드작거려다	하ㄴ다ㅜㅈㅏㄱ거?리다	105	四
한드작한드작	하ㄴ다ㅜㅈㅏㄱ하ㄴ다ㅜㅈㅏㄱ	106	一
한밤중	하ㄴ바ㅁㅈㅜㅇ	65	四
한바퀴	하ㄴ바퀴	103	一
(한새	하ㄴ사ㅐ	6	一
한속	하ㄴ사ㅗㄱ	103	一
(한순	하ㄴ사ㅜㄴ	60	四
한좌때	하ㄴ자ㅗㅏ따ㅐ	103	一
한참	하ㄴ차ㅁ	103	一
한창	하ㄴ차ㅇ	103	一
(한테	하ㄴ다ㅔ	16	三
한통	하ㄴ다ㅗㅇ	116	一
한통속	하ㄴ다ㅗㅇ사ㅗㄱ	103一,116一	
한통치다	하ㄴ다ㅗㅇ치다	45二,10?二	
(한판써름	하ㄴ파ㄴ사ㅓ름	5	四
한풀꺾이다	하ㄴ푸ㄹㄲㅓㄲ이다	103	二
한풀죽다	하ㄴ푸ㄹㅈㅜㄱ다	10?	三
(하남	하나ㅁ	80	—
(하늠	하ㄴㅡㅁ	80	—
하늘	하ㄴㅡㄹ	10?	—
하늘밤도둑	하ㄴㅡㄹ바ㅁ다ㅗ다ㅜㄱ	69	—
하다	하다	13	二
하도	하다ㅗ	103	—
하둥하둥	하ㄴ다ㅜㅇ하다ㅜㅇ	103	三
할금할금	하ㄹㄱㅡㅁ하ㄹㄱㅡㅁ	106	二
할끗할끗	하ㄹㄲㅡㅅ하ㄹㄲㅡㅅ	106	二
할긔거려다	하ㄹㄱㅡ이거?리다	103	三
할근할근	하ㄹㄱㅡㄴ하ㄹㄱㅡㄴ	103	三
할금할금	하ㄹㄱㅡㅁ하ㄹㄱㅡㅁ	1,6	二
할기족죽	하ㄹㄱㅣ자ㅗㄱ지ㅜㄱ	106	二
할딱거려다(喘)	하ㄹㄸㅏㄱ거?리다	103	二
할딱거리다(滑)	하ㄹㄸㅏㄱ거리다	10?	四
할딱할딱(喘)	하ㄹㄸㅏㄱ하ㄹㄸㅏㄱ	10?	三
할딱할딱(滑)	하ㄹㄸㅏㄱ하ㄹㄸㅏㄱ	10?	四
할딱이다	하ㄹㄸㅏㄱ이다	10?	三
할랑거리다	하ㄹㄹㅏ이거리다	10?	四
할랑하다	하ㄹㄹㅏㅇ하다	10?	四
할랑할랑	하ㄹㄹㅏㅇ하ㄹㄹㅏㅇ	10?	四
할멈	하ㄹㅁㅓㅁ	10?	二
할미	하ㄹㅁㅣ	10?	二
할미새	하ㄹㅁㅣ사ㅐ	65	四
할쑥하다	하ㄹ사ㅜㄱ하다	10?	四
할짝할짝	하ㄹㅉㅏㄱ하ㄹㅉㅏㄱ	10?	三
할쭉하다	하ㄹㅉㅜㄱ하다	10.	四
할쭉할쭉	하ㄹㅉㅜㄱ하ㄹㅉㅜㄱ	103	二
할퀴다	하ㄹ퀴다	31二,104—	
(할키다	하ㄹ키다	81	二
할아먹다	하ㄹㅏ머ㄱ다	60	四
(할아세다	하ㄹㅏ사ㅔ다	69	四
할아범	하ㄹㅏ버ㅁ	103	二
할아비	하ㄹㅏ비	103	二
(하로	하ㄹㅗ	25	三
(할옷	하ㄹ오ㅅ	15	—
하루	하ㄹㅜ	25三,115三	
(하루갓너	하ㄹㅜㄱㅏㅅㄴㅓ	60	四
하루걸러	하ㄹㅜㄱㅓㄹㄹㅓ	69	四
하루거리	하ㄹㅜㄱㅓ리	69	二
하룻날	하ㄹㅜㅅ나ㄹ	115	三
하리망당하다	하ㄹㅣ마ㅇ다ㅏㅇ하다	106	二
함께	하ㅁㄲㅔ	21	—
(함미	하ㅁㅁㅣ	21	—
함박	나ㅁ바ㄱ	8	—
함박	하ㅁ바ㄱ	116	—
(함박살	하ㅁ바ㄱ사ㄹ	65	四
합부로	하ㅂㅂㅜㄹㅗ	22	四
(합부루	하ㅂㅂㅜㄹㅜ	22	四

(합쌕	ㅎㅏㅂㅅㅅㅏㄱ	8 一
합성	ㅎㅏㅂㅅㅓㅇ	107 四
합실아궁이	ㅎㅏㅂㅅㅣㄹㅏㄱㅜㅇㅇㅣ	104 二
합지	ㅎㅏㅂㅈㅣ	103 二
합지박	ㅎㅏㅂㅈㅣㅂㅏㄱ	10. 二,116 一
합치르르	ㅎㅏㅂㅊㅣㄷㄷㅡㄹㅡ	103 二
하물며	ㅎㅏㅁㅜㄹㅁㅕ	29 一
(하믈며	ㅎㅏㅁㅡㄹㅁㅕ	29 一
(합	ㅎㅏㅂ	14 四
(하뷔다	ㅎㅏㅂㅜㅣㄷㅏ	31 四
하비다	ㅎㅏㅂㅣㄷㅏ	31 四,104 一
하비작거리다	ㅎㅏㅂㅣㅈㅏㄱㄱㅓㄹㅣㄷㅏ	104 一
하비작하비작	ㅎㅏㅂㅣㅈㅏㄱㅎㅏㅂㅣㅈㅏㄱ	164 一
(핫것	ㅎㅏㅅㄱㅓㅅ	60 四
하소	ㅎㅏㅅㅗ	10. 一
핫옷	ㅎㅏㅅㅗㅅ	60 四,92 三
(항가새	ㅎㅏㅇㄱㅏㅅㅐ	69 三
(항결	ㅎㅏㅇㄱㅕㄹ	5 一
(항길	ㅎㅏㅇㄱㅣㄹ	5 一
(항문	ㅎㅏㅇㅁㅜㄴ	57 三
하전하다	ㅎㅏㅈㅓㄴㅎㅏㄷㅏ	104 二
(하처	ㅎㅏㅊㅓ	9 三
하품	ㅎㅏㅍㅜㅁ	29 一
(하픔	ㅎㅏㅍㅡㅁ	29 一
(하야곰	ㅎㅏㅑㄱㅗㅁ	26 三
(하야금	ㅎㅏㅑㄱㅡㅁ	26 三
(하얀직하다	ㅎㅏㅑㄴㅈㅣㄱㅎㅏㄷㅏ	38 三
하얗다	ㅎㅏㅑㅎㄷㅏ	103 二
(하여곰	ㅎㅏㅕㄱㅗㅁ	26 三
하여금	ㅎㅏㅕㄱㅡㅁ	26 三
(하염족하다	ㅎㅏㅕㅁㅈㅗㄱㅎㅏㄷㅏ	33 三
하염직하다	ㅎㅏㅕㅁㅈㅣㄱㅎㅏㄷㅏ	33 三
해끅하다	ㅎㅏㅣㄱㄱㅡㄱㅎㅏㄷㅏ	106 三
해끄무레하다	ㅎㅏㅣㄱㄱㅡㅁㅜㄹㅔㅎㅏㄷㅏ	106 三
해끗해끗	ㅎㅏㅣㄱㄱㅡㅅㅎㅏㅣㄱㄱㅡㅅ	106 三
(해금	ㅎㅏㅣㄱㅡㅁ	66 二
해넘어가다	ㅎㅏㅣㄴㅓㅁㅓㄱㅏㄷㅏ	103 三
해넘이	ㅎㅏㅣㄴㅓㅁㅣ	103 三
해뜩해뜩	ㅎㅏㅣㄷㄷㅡㄱㅎㅏㅣㄷㄷㅡㄱ	106 三
해마다	ㅎㅏㅣㅁㅏㄷㅏ	69 二
해말쑥하다	ㅎㅏㅣㅁㅏㄹㅅㅅㅜㄱㅎㅏㄷㅏ	103 二
해미	ㅎㅏㅣㅁㅣ	106 四
햅쌀	ㅎㅏㅣㅂㅅㅅㅏㄹ	89 一
해바라기	ㅎㅏㅣㅂㅏㄹㅏㄱㅣ	69 二
해복하다	ㅎㅏㅣㅂㅗㄱㅎㅏㄷㅏ	54 三
(햇곡	ㅎㅏㅣㅅㄱㅗㄱ	47 一
햇곡식	ㅎㅏㅣㅅㄱㅗㄱㅅㅣㄱ	47 一
햇발	ㅎㅏㅣㅅㅂㅏㄹ	103 二
햇살(新米)	ㅎㅏㅣㅅㅅㅏㄹ	89 一
햇살(日光)	ㅎㅏㅣㅅㅅㅏㄹ	103 二
해쓱하다	ㅎㅏㅣㅅㅅㅡㄱㅎㅏㄷㅏ	103 四
해신하다	ㅎㅏㅣㅅㅣㄴㅎㅏㄷㅏ	54 三
해사하다	ㅎㅏㅣㅅㅏㅎㅏㄷㅏ	103 二
해소	ㅎㅏㅣㅅㅗ	67 三
해소일	ㅎㅏㅣㅅㅗㅣㄹ	47 三
(행결	ㅎㅏㅣㅇㄱㅕㄹ	5 一
(행금	ㅎㅏㅣㅇㄱㅡㅁ	66 二
(행길	ㅎㅏㅣㅇㄱㅣㄹ	5 一
행자	ㅎㅏㅣㅇㅈㅏ	15 二
(행자치마	ㅎㅏㅣㅇㅈㅏㅊㅣㅁㅏ	15 二
행주	ㅎㅏㅣㅇㅈㅜ	15 二
행주치마	ㅎㅏㅣㅇㅈㅜㅊㅣㅁㅏ	15 二
(행혀	ㅎㅏㅣㅇㅎㅕ	41 四
행여	ㅎㅏㅣㅇㅕ	41 四
해지다([illegible])	ㅎㅏㅣㅈㅣㄷㅏ	10. 三
해지다([illegible]落)	ㅎㅏㅣㅈㅣㄷㅏ	106 三
해질결	ㅎㅏㅣㅈㅣㄹㄱㅕㄹ	60 四
해질녁	ㅎㅏㅣㅈㅣㄹㄴㅕㄱ	60 四,10. 三
(해질머리	ㅎㅏㅣㅈㅣㄹㅁㅓㄹㅣ	60 四
(해질무리	ㅎㅏㅣㅈㅣㄹㅁㅜㄹㅣ	60 四
해파리	ㅎㅏㅣㅍㅏㄹㅣ	69 二
해포	ㅎㅏㅣㅍㅗ	23 一
(해푸	ㅎㅏㅣㅍㅜ	23 一
(해작	ㅎㅏㅣㅈㅏㄱ	70 四
(향일화	ㅎㅑㅇㅣㄹㅎㅘ	69 二
(햐처	ㅎㅑㅊㅓ	9 三
허깨비	ㅎㅓㄱㄱㅐㅂㅣ	54 四
허겁지겁	ㅎㅓㄱㅓㅂㅈㅣㄱㅓㅂ	104 二

(허구레	ㅎㅓㄱㅜㄹㅔ	54 四
허구리	ㅎㅓㄱㅜㄹㅣ	54四,104一
헌것	ㅎㅓㄴㄱㅓㅅ	77 三
(헌대	ㅎㅓㄴㄷㅐ	16 四
헌데	ㅎㅓㄴㄷㅔ	16 四
(헌듸	ㅎㅓㄴㄷㅡㅣ	16 四
(허다	ㅎㅓㄷㅏ	13 二
허덕지덕	ㅎㅓㄷㅓㄱㅈㅣㄷㅓㄱ	103 三
허덕허덕	ㅎㅓㄷㅓㄱㅎㅓㄷㅓㄱ	103 三
허둥지둥	ㅎㅓㄷㅜㅇㅈㅣㄷㅜㅇ	103 三
허둥허둥	ㅎㅓㄷㅜㅇㅎㅓㄷㅜㅇ	103 三
허드래	ㅎㅓㄷㅡㄹㅐ	103 三
허드잡이	ㅎㅓㄷㅡㅈㅏㅂㅣ	103 三
헐근거리다	ㅎㅓㄹㄱㅡㄴㄱㅓㄹㅣㄷㅏ	103 三
헐근헐근	ㅎㅓㄹㄱㅡㄴㅎㅓㄹㄱㅡㄴ	103 三
헐떡거리다(喘)	ㅎㅓㄹㄸㅓㄱㄱㅓㄹㅣㄷㅏ	103 三
헐떡거리다(滑滑)	ㅎㅓㄹㄸㅓㄱㄱㅓㄹㅣㄷㅏ	103 四
헐떡헐떡(喘)	ㅎㅓㄹㄸㅓㄱㅎㅓㄹㄸㅓㄱ	103 三
헐떡헐떡(滑滑)	ㅎㅓㄹㄸㅓㄱㅎㅓㄹㄸㅓㄱ	103 四
헐떡이다	ㅎㅓㄹㄸㅓㄱㅣㄷㅏ	103 三
헐렁거리다	ㅎㅓㄹㄹㅓㅇㄱㅓㄹㅣㄷㅏ	103 四
헐렁하다	ㅎㅓㄹㄹㅓㅇㅎㅏㄷㅏ	103 四
헐렁헐렁	ㅎㅓㄹㄹㅓㅇㅎㅓㄹㄹㅓㅇ	103 四
헐렁이	ㅎㅓㄹㄹㅓㅇㅇㅣ	104 一
(헐듸	ㅎㅓㄹㄷㅡㅣ	16 四
헐쑥하다	ㅎㅓㄹㅆㅜㄱㅎㅏㄷㅏ	103 四
헐쭉하다	ㅎㅓㄹㅉㅜㄱㅎㅏㄷㅏ	103 四
허릅숭이	ㅎㅓㄹㅡㅂㅅㅜㅇㅇㅣ	104 一
허리	ㅎㅓㄹㅣ	104 一
허리띠	ㅎㅓㄹㅣㄸㅣ	69 一
험상궂다	ㅎㅓㅁㅅㅏㅇㄱㅜㅈㄷㅏ	104 一
험상스럽다	ㅎㅓㅁㅅㅏㅇㅅㅡㄹㅓㅂㄷㅏ	104 一
(허미	ㅎㅓㅁㅣ	19 二
허방	ㅎㅓㅂㅏㅇ	18 四
허방짚다	ㅎㅓㅂㅏㅇㅈㅣㅍㄷㅏ	60 四
(허방치다	ㅎㅓㅂㅏㅇㅊㅣㄷㅏ	60 四
허벅살	ㅎㅓㅂㅓㄱㅅㅏㄹ	65 四
(허븨적거리다	ㅎㅓㅂㅡㅣㅈㅓㄱㄱㅓㄹㅣㄷㅏ	65 三
허비다	ㅎㅓㅂㅣㄷㅏ	104 一
허비적거리다	ㅎㅓㅂㅣㅈㅓㄱㄱㅓㄹㅣㄷㅏ	65三,104一
허비적허비적	ㅎㅓㅂㅣㅈㅓㄱㅎㅓㅂㅣㅈㅓㄱ	104 一
헛간	ㅎㅓㅅㄱㅏㄴ	104 一
헛것	ㅎㅓㅅㄱㅓㅅ	54 四
헛김나다	ㅎㅓㅅㄱㅣㅁㄴㅏㄷㅏ	18 一
헛노릇	ㅎㅓㅅㄴㅗㄹㅡㅅ	18 二
헛듣다	ㅎㅓㅅㄷㅡㄷㄷㅏ	18二,104一
헛말	ㅎㅓㅅㅁㅏㄹ	74 二
헛보다	ㅎㅓㅅㅂㅗㄷㅏ	18二,104一
헛청	ㅎㅓㅅㅊㅓㅇ	104 一
헛코골다	ㅎㅓㅅㅋㅗㄱㅗㄹㄷㅏ	65 四
(허사	ㅎㅓㅅㅏ	54 四
헛아궁이	ㅎㅓㅅㅏㄱㅜㅇㅇㅣ	104 二
허섭쓰레기	ㅎㅓㅅㅓㅂㅆㅡㄹㅔㄱㅣ	103 三
허수하다	ㅎㅓㅅㅜㅎㅏㄷㅏ	104 二
허수아비	ㅎㅓㅅㅜㅏㅂㅣ	62四,9二
헛일	ㅎㅓㅅㅣㄹ	54 四
헝겁지겁	ㅎㅓㅇㄱㅓㅂㅈㅣㄱㅓㅂ	104 二
(헝클다	ㅎㅓㅇㅋㅡㄹㄷㅏ	41 四
허천하다	ㅎㅓㅊㅓㄴㅎㅏㄷㅏ	104 二
허탕	ㅎㅓㅌㅏㅇ	104 二
허턱대다	ㅎㅓㅌㅓㄱㄷㅐㄷㅏ	65 三
허옇다	ㅎㅓㅕㅎㄷㅏ	103 二
허위적허위적	ㅎㅓㅜㅣㅈㅓㄱㅎㅓㅜㅣㅈㅓㄱ	104 二
허위허위	ㅎㅓㅜㅣㅎㅓㅜㅣ	104 二
헤근거리다	ㅎㅔㄱㅡㄴㄱㅓㄹㅣㄷㅏ	103 四
헤근헤근	ㅎㅔㄱㅡㄴㅎㅔㄱㅡㄴ	103 四
헤뜨리다	ㅎㅔㄸㅡㄹㅣㄷㅏ	6二,104二
(헤다(數)	ㅎㅔㄷㅏ	9 三
헤다(泳)	ㅎㅔㄷㅏ	104 二
(헤대다	ㅎㅔㄷㅐㄷㅏ	5 三
헤매다	ㅎㅔㅁㅐㄷㅏ	5三,30二
(헷가비	ㅎㅔㅅㄱㅏㅂㅣ	54 四
(헷것	ㅎㅔㅅㄱㅓㅅ	54 四
(헷김나다	ㅎㅔㅅㄱㅣㅁㄴㅏㄷㅏ	18 一
(헷노릇	ㅎㅔㅅㄴㅗㄹㅡㅅ	18 二
(헷듣다	ㅎㅔㅅㄷㅡㄷㄷㅏ	18 二

(헷보다	ㅎㅔㅅㅂㅗㄷㅏ	18 二
헤적헤적	ㅎㅔㅈㅓㄱㅎㅔㅈㅓㄱ	104 二
헤죽헤죽	ㅎㅔㅈㅜㄱㅎㅔㅈㅜㄱ	104 二
헤지다	ㅎㅔㅈㅣㄷㅏ	104 二
(헤지르다	ㅎㅔㅈㅣㄹㅡㄷㅏ	5 三
헤집다	ㅎㅔㅈㅣㅂㄷㅏ	104 二
헤치다	ㅎㅔㅊㅣㄷㅏ	104 二
(헤트리다	ㅎㅔㅌㅡㄹㅣㄷㅏ	6 二
헤엄치다	ㅎㅔㅓㅁㅊㅣㄷㅏ	60四,104二
헤엄하다	ㅎㅔㅓㅁㅎㅏㄷㅏ	104 二
(헤염헤다	ㅎㅔㅕㅁㅎㅔㄷㅏ	60 四
헤여지다	ㅎㅔㅕㅈㅣㄷㅏ	104 二
혀	ㅎㅕ	9 三
(현반	ㅎㅕㄴㅂㅏㄴ	9 三
현판	ㅎㅕㄴㅍㅏㄴ	9 三
(혀다	ㅎㅕㄷㅏ	10 四
혈기	ㅎㅕㄹㄱㅣ	102 四
(혈마	ㅎㅕㄹㅁㅏ	9 三
혓바닥	ㅎㅕㅅㅂㅏㄷㅏㄱ	9 四
(혜다	ㅎㅖㄷㅏ	9 三
(혹서	ㅎㅗㄱㅅㅓ	69 一
혹혹	ㅎㅗㄱㅎㅗㄱ	105 一
(호갭질하다	ㅎㅗㄱㅐㅂㅈㅣㄹㅎㅏㄷㅏ	54 四
호기롭다	ㅎㅗㄱㅣㄹㅗㅂㄷㅏ	104 三
호기스럽다	ㅎㅗㄱㅣㅅㅡㄹㅓㅂㄷㅏ	104 三
혼나다	ㅎㅗㄴㄴㅏㄷㅏ	61 一
혼내다	ㅎㅗㄴㄴㅐㄷㅏ	61 一
(혼뜨다	ㅎㅗㄴㄸㅡㄷㅏ	61 一
(혼띄다	ㅎㅗㄴㄸㅢㄷㅏ	61 一
(혼띔하다	ㅎㅗㄴㄸㅢㅁㅎㅏㄷㅏ	61 一
혼자	ㅎㅗㄴㅈㅏ	10三,104三
(혼차	ㅎㅗㄴㅊㅏ	10 三
(호도	ㅎㅗㄷㅗ	25 三
호두	ㅎㅗㄷㅜ	25 三
호드기	ㅎㅗㄷㅡㄱㅣ	102 四
호드득호드득	ㅎㅗㄷㅡㄷㅡㄱㅎㅗㄷㅡㄷㅡㄱ	104 四
홀딱	ㅎㅗㄹㄸㅏㄱ	104 四
홀딱거리다	ㅎㅗㄹㄸㅏㄱㄱㅓㄹㅣㄷㅏ	103 四
홀딱홀딱	ㅎㅗㄹㄸㅏㄱㅎㅗㄹㄸㅏㄱ	103 四
홀랑거리다	ㅎㅗㄹㄹㅏㅇㄱㅓㄹㅣㄷㅏ	103 四
홀랑하다	ㅎㅗㄹㄹㅏㅇㅎㅏㄷㅏ	103 四
홀랑홀랑	ㅎㅗㄹㄹㅏㅇㅎㅗㄹㄹㅏㅇ	103 四
홀로	ㅎㅗㄹㄹㅗ	23一,104三
(홀루	ㅎㅗㄹㄹㅜ	23 一
홀짝(脫衣)	ㅎㅗㄹㅉㅏㄱ	104 四
홀짝(急跳)	ㅎㅗㄹㅉㅏㄱ	104 四
홀짝거리다	ㅎㅗㄹㅉㅏㄱㄱㅓㄹㅣㄷㅏ	104 四
홀짝홀짝	ㅎㅗㄹㅉㅏㄱㅎㅗㄹㅉㅏㄱ	105 一
홀쪽하다	ㅎㅗㄹㅉㅗㄱㅎㅏㄷㅏ	105 一
홅이다	ㅎㅗㄹㅌㅣㄷㅏ	105 一
홀홀(飮粥)	ㅎㅗㄹㅎㅗㄹ	105 一
홀홀(飛揚)	ㅎㅗㄹㅎㅗㄹ	105 二
(호랑나비	ㅎㅗㄹㅏㅇㄴㅏㅂㅣ	64 三
(호랑이	ㅎㅗㄹㅏㅇㅇㅣ	68 一
호래아들	ㅎㅗㄹㅐㅇㅏㄷㅡㄹ	105 一
홀어미	ㅎㅗㄹㅓㅁㅣ	69 二
호리다	ㅎㅗㄹㅣㄷㅏ	105 一
홈질하다	ㅎㅗㅁㅈㅣㄹㅎㅏㄷㅏ	54 四
홈착거리다	ㅎㅗㅁㅊㅏㄱㄱㅓㄹㅣㄷㅏ	105 一
홈착홈착	ㅎㅗㅁㅊㅏㄱㅎㅗㅁㅊㅏㄱ	105 一
홈치다	ㅎㅗㅁㅊㅣㄷㅏ	105 一
홈켜잡다	ㅎㅗㅁㅋㅕㅈㅏㅂㄷㅏ	111 三
홈켜쥐다	ㅎㅗㅁㅋㅕㅈㅟㄷㅏ	111 三
(홈타구니	ㅎㅗㅁㅌㅏㄱㅜㄴㅣ	11 四
홈타기	ㅎㅗㅁㅌㅏㄱㅣ	11 四
(홈태기	ㅎㅗㅁㅌㅐㄱㅣ	11 四
홈패다	ㅎㅗㅁㅍㅐㄷㅏ	111 三
호미	ㅎㅗㅁㅣ	19 二
홉	ㅎㅗㅂ	14 四
호박	ㅎㅗㅂㅏㄱ	69 二
호박개	ㅎㅗㅂㅏㄱㄱㅐ	54 四
(호바기	ㅎㅗㅂㅏㄱㅣ	54 四
(호방	ㅎㅗㅂㅏㅇ	18 四
호비다	ㅎㅗㅂㅣㄷㅏ	112 一
호비작거리다	ㅎㅗㅂㅣㅈㅏㄱㄱㅓㄹㅣㄷㅏ	112 一
호비작호비작	ㅎㅗㅂㅣㅈㅏㄱㅎㅗㅂㅣㅈㅏㄱ	112 一
(홋	ㅎㅗㅅ	9 二

홍두깨틀	ㅎㅗㅇㄷㅜㄱㄱㅏㅣㅌㅡㄹ	65	四
(홍초	ㅎㅗㅇㅊㅗ	68	二
(호적	ㅎㅗㅈㅓㄱ	67	三
호젓하다	ㅎㅗㅈㅓㅅㅎㅏㄷㅏ	1 4	三
(홏	ㅎㅗㅊ	9	二
(호초	ㅎㅗㅊㅗ	25	三
호추	ㅎㅗㅊㅜ	25	三
홑	ㅎㅗㅌ	9	二
(홑것	ㅎㅗㅌㄱㅓㅅ	61	一
(홑고의	ㅎㅗㅌㄱㅗㅡㅣ	62	一
홑몸	ㅎㅗㅌㅁㅗㅁ	69	二
(홑벌	ㅎㅗㅌㅂㅓㄹ	63	四
(홑중의	ㅎㅗㅌㅈㅜㅇㅡㅣ	62	一
홑옷	ㅎㅗㅌㅗㅅ	61	一
화끈화끈	ㅎㅗㅏㄱㄱㅡㄴㅎㅗㅏㄱㄱㅡㄴ	104	三
확확	ㅎㅗㅏㄱㅎㅗㅏㄱ	104	三
환	ㅎㅗㅏㄴ	76	三
화나다	ㅎㅗㅏㄴㅏㄷㅏ	104	三
화닥닥	ㅎㅗㅏㄷㅏㄱㄷㅏㄱ	104	四
화드득화드득	ㅎㅗㅏㄷㅡㄷㅡㄱㅎㅗㅏㄷㅡㄷㅡㄱ	104	四
활딱	ㅎㅗㅏㄹㄷㄷㅏㄱ	1.4	四
(활때	ㅎㅗㅏㄹㄷㄷㅏㅣ	54	四
활싹	ㅎㅗㅏㄹㅅㅅㅏㄱ	104	三
활씬	ㅎㅗㅏㄹㅅㅅㅣㄴ	104	三
(활살	ㅎㅗㅏㄹㅅㅏㄹ	38	三
활짝(廣開)	ㅎㅗㅏㄹㅈㅈㅏㄱ	104	三
활짝、脫衣)	ㅎㅗㅏㄹㅈㅈㅏㄱ	104	四
활찐	ㅎㅗㅏㄹㅈㅈㅣㄴ	104	三
활촉	ㅎㅗㅏㄹㅊㅗㄱ	66	一
활활	ㅎㅗㅏㄹㅎㅗㅏㄹ	105	二
화라지	ㅎㅗㅏㄹㅏㅈㅣ	54	四
활옷	ㅎㅗㅏㄹㅗㅅ	15	一
홧홧	ㅎㅗㅏㅅㅎㅗㅏㅅ	104	三
화살	ㅎㅗㅏㅅㅏㄹ	38三,116一	
황률	ㅎㅗㅏㅇㄹㅠㄹ	61	一
(황무니	ㅎㅗㅏㅇㅁㅜㄴㅣ	57	三
황밤	ㅎㅗㅏㅇㅂㅏㅁ	61	一
황새	ㅎㅗㅏㅇㅅㅏㅣ	66	一
황소	ㅎㅗㅏㅇㅅㅗ	39	二
(황초	ㅎㅗㅏㅇㅊㅗ	64	二
(황파	ㅎㅗㅏㅇㅍㅏ	66	三
(황화장사	ㅎㅗㅏㅇㅎㅗㅏㅈㅏㅇㅅㅏ	14	一
(황아장사	ㅎㅗㅏㅇㅏㅈㅏㅇㅅㅏ	14	一
(황에장사	ㅎㅗㅏㅇㅓㅣㅈㅏㅇㅅㅏ	14	一
(황요	ㅎㅗㅏㅇㅛ	39	二
(황우장사	ㅎㅗㅏㅇㅜㅈㅏㅇㅅㅏ	14	一
화젓가락	ㅎㅗㅏㅈㅓㅅㄱㅏㄹㅏㄱ	66	一
화풀이하다	ㅎㅗㅏㅍㅜㄹㅣㅎㅏㄷㅏ	88	三
화양적	ㅎㅗㅏㅑㅇㅈㅓㄱ	79	一
홱	ㅎㅗㅏㅣㄱ	105	二
홰나무	ㅎㅗㅏㅣㄴㅏㅁㅜ	66	一
횅댕그렁하다	ㅎㅗㅏㅣㅇㄷㅏㅣㅇㄱㅡㄹㅕㅇㅎㅏㄷㅏ	105	二
횅하다	ㅎㅗㅏㅣㅇㅎㅏㄷㅏ	105	二
(회(鮰)	ㅎㅗㅣ	80	二
회(膾)	ㅎㅗㅣ	104	三
획	ㅎㅗㅣㄱ	105	二
회똑거리다	ㅎㅗㅣㄷㄷㅗㄱㄱㅓㄹㅣㄷㅏ	105	二
회똑회똑	ㅎㅗㅣㄷㄷㅗㄱㅎㅗㅣㄷㄷㅗㄱ	105	二
회똘회똘	ㅎㅗㅣㄷㄷㅗㄹㅎㅗㅣㄷㄷㅗㄹ	105	二
회동그랗다	ㅎㅗㅣㄷㅗㅇㄱㅡㄹㅏㅎㄷㅏ	104	四
회리바람	ㅎㅗㅣㄹㅣㅂㅏㄹㅏㅁ	48	三
회매하다	ㅎㅗㅣㅁㅏㅣㅎㅏㄷㅏ	104	四
(회복통	ㅎㅗㅣㅂㅗㄱㅌㅗㅇ	63	二
횟갓	ㅎㅗㅣㅅㄱㅏㅅ	104	三
(횟배	ㅎㅗㅣㅅㅂㅏㅣ	63	二
횡듣다	ㅎㅗㅣㅇㄷㅡㄷㄷㅏ	104	一
횡보다	ㅎㅗㅣㅇㅂㅗㄷㅏ	104	一
(회차리	ㅎㅗㅣㅊㅏㄹㅣ	14	四
회창거리다	ㅎㅗㅣㅊㅏㅇㄱㅓㄹㅣㄷㅏ	105	三
회창회창	ㅎㅗㅣㅊㅏㅇㅎㅗㅣㅊㅏㅇ	105	三
(회초간	ㅎㅗㅣㅊㅗㄱㅏㄴ	67	二
회초리	ㅎㅗㅣㅊㅗㄹㅣ	14四,104四	
(회충	ㅎㅗㅣㅊㅜㅇ	50	二
(회통	ㅎㅗㅣㅌㅗㅇ	67	一
(회호리바람	ㅎㅗㅣㅎㅗㄹㅣㅂㅏㄹㅏㅁ	48	三
(회화나무	ㅎㅗㅣㅎㅗㅏㄴㅏㅁㅜ	66	一
(회야나무	ㅎㅗㅣㅑㄴㅏㅁㅜ	66	一
(회오리바람	ㅎㅗㅣㅗㄹㅣㅂㅏㄹㅏㅁ	48	三

후끈후끈	ㅎㅜㄱㄱㅡㄴㅎㅜㄱㄱㅡㄴ	104 三
훅훅(風吹)	ㅎㅜㄱㅎㅜㄱ	104 三
훅훅(飲粥)	ㅎㅜㄱㅎㅜㄱ	105 一
훈기	ㅎㅜㄴㄱㅣ	104 四
훈김	ㅎㅜㄴㄱㅣㅁ	104 四
후닥닥	ㅎㅜㄷㅏㄱㄷㅏㄱ	104 四
후드득후드득	ㅎㅜㄷㅡㄷㅡㄱㅎㅜㄷㅡㄷㅡㄱ	104 四
훌떡	ㅎㅜㄹㄷㄷㅓㄱ	104 四
훌떡거리다	ㅎㅜㄹㄷㄷㅓㄱㄱㅓㄹㅣㄷㅏ	103 四
훌떡훌떡	ㅎㅜㄹㄷㄷㅓㄱㅎㅜㄹㄷㄷㅓㄱ	103 四
훌렁거리다	ㅎㅜㄹㄹㅓㅇㄱㅓㄹㅣㄷㅏ	103 四
훌렁하다	ㅎㅜㄹㄹㅓㅇㅎㅏㄷㅏ	103 四
훌렁훌렁	ㅎㅜㄹㄹㅓㅇㅎㅜㄹㄹㅓㅇ	103 四
훌뿌리다	ㅎㅜㄹㅂㅂㅜㄹㅣㄷㅏ	66 一
훌쩍(脫衣)	ㅎㅜㄹㅈㅈㅓㄱ	104 四
훌쩍(急跳)	ㅎㅜㄹㅈㅈㅓㄱ	104 四
훌쩍거리다	ㅎㅜㄹㅈㅈㅓㄱㄱㅓㄹㅣㄷㅏ	104 四
훌쩍훌쩍	ㅎㅜㄹㅈㅈㅓㄱㅎㅜㄹㅈㅈㅓㄱ	105 一
훌쭉하다	ㅎㅜㄹㅈㅈㅜㄱㅎㅏㄷㅏ	105 一
훑이다	ㅎㅜㄹㅌㅣㄷㅏ	105 一
훌훌(飛揚)	ㅎㅜㄹㅎㅜㄹ	105 二
훌훌(飲粥)	ㅎㅜㄹㅎㅜㄹ	105 一
후레아들	ㅎㅜㄹㅔㅇㅏㄷㅡㄹ	105 一
후리다	ㅎㅜㄹㅣㄷㅏ	105 一
(후리깨	ㅎㅜㄹㅣㄱㄱㅐ	44 四
훔척거리다	ㅎㅜㅁㅊㅓㄱㄱㅓㄹㅣㄷㅏ	105 一
훔칙훔칙	ㅎㅜㅁㅊㅣㄱㅎㅜㅁㅊㅣㄱ	105 一
훔치다	ㅎㅜㅁㅊㅣㄷㅏ	105 一
훔켜잡다	ㅎㅜㅁㅋㅕㅈㅏㅂㄷㅏ	111 三
훔켜쥐다	ㅎㅜㅁㅋㅕㅈㅜㅣㄷㅏ	111 三
훔패다	ㅎㅜㅁㅍㅐㄷㅏ	111 三
후무리다	ㅎㅜㅁㅜㄹㅣㄷㅏ	29 一, 105 一
(후므리다	ㅎㅜㅁㅡㄹㅣㄷㅏ	29 一
(후부	ㅎㅜㅂㅜ	61 一
후비다	ㅎㅜㅂㅣㄷㅏ	112 一
후비적거리다	ㅎㅜㅂㅣㅈㅓㄱㄱㅓㄹㅣㄷㅏ	112 一
후비적후비적	ㅎㅜㅂㅣㅈㅓㄱㅎㅜㅂㅣㅈㅓㄱ	112 一
훗날	ㅎㅜㅅㄴㅏㄹ	61 一, 105 一
훗서방	ㅎㅜㅅㅅㅓㅂㅏㅇ	61 一
훗훗하다	ㅎㅜㅅㅎㅜㅅㅎㅏㄷㅏ	105 二
후살이	ㅎㅜㅅㅏㄹㅣ	66 一
후제	ㅎㅜㅈㅔ	105 一
후텁지근하다	ㅎㅜㅌㅓㅂㅈㅣㄱㅡㄴㅎㅏㄷㅏ	105 二
후터분하다	ㅎㅜㅌㅓㅂㅜㄴㅎㅏㄷㅏ	105 二
(후투새	ㅎㅜㅌㅜㅅㅐ	63 二
훨떡	ㅎㅜㅓㄹㄷㄷㅓㄱ	104 四
훨썩	ㅎㅜㅓㄹㅅㅅㅓㄱ	104 三
훨씬(超等)	ㅎㅜㅓㄹㅅㅅㅣㄴ	108 一
훨씬(廣闊)	ㅎㅜㅓㄹㅅㅅㅣㄴ	104 三
훨쩍(廣闊)	ㅎㅜㅓㄹㅈㅈㅓㄱ	104 三
훨쩍(脫衣)	ㅎㅜㅓㄹㅈㅈㅓㄱ	104 四
훨찐	ㅎㅜㅓㄹㅈㅈㅣㄴ	104 三
훨훨	ㅎㅜㅓㄹㅎㅜㅓㄹ	105 二
휑뎅그렁하다	ㅎㅜㅔㅇㄷㅔㅇㄱㅡㄹㅓㅇㅎㅏㄷㅏ	105 二
휑하다	ㅎㅜㅔㅇㅎㅏㄷㅏ	105 二
휙	ㅎㅜㅣㄱ	105 二
휘뚝거리다	ㅎㅜㅣㄷㄷㅜㄱㄱㅓㄹㅣㄷㅏ	105 二
휘뚝휘뚝	ㅎㅜㅣㄷㄷㅜㄱㅎㅜㅣㄷㄷㅜㄱ	105 二
휘뚤휘뚤	ㅎㅜㅣㄷㄷㅜㄹㅎㅜㅣㄷㄷㅜㄹ	105 二
휘다	ㅎㅜㅣㄷㅏ	43 三
(후일	ㅎㅜㅣㄹ	61 一
휘몰다	ㅎㅜㅣㅁㅗㄹㄷㅏ	105 二
휘몰이하다	ㅎㅜㅣㅁㅗㄹㅣㅎㅏㄷㅏ	105 二
(휘뿌리다	ㅎㅜㅣㅂㅂㅜㄹㅣㄷㅏ	66 一
(휫바람	ㅎㅜㅣㅅㅂㅏㄹㅏㅁ	9 四
휘적지근하다	ㅎㅜㅣㅈㅓㄱㅈㅣㄱㅡㄴㅎㅏㄷㅏ	105 三
휘적휘적	ㅎㅜㅣㅈㅓㄱㅎㅜㅣㅈㅓㄱ	104 二
휘주근하다	ㅎㅜㅣㅈㅜㄱㅡㄴㅎㅏㄷㅏ	105 三
휘질근하다	ㅎㅜㅣㅈㅣㄹㄱㅡㄴㅎㅏㄷㅏ	105 三
휘청거리다	ㅎㅜㅣㅊㅓㅇㄱㅓㄹㅣㄷㅏ	105 三
휘청휘청	ㅎㅜㅣㅊㅓㅇㅎㅜㅣㅊㅓㅇ	105 三
휘추리	ㅎㅜㅣㅊㅜㄹㅣ	104 四
휘파람	ㅎㅜㅣㅍㅏㄹㅏㅁ	9 四
휘휘하다	ㅎㅜㅣㅎㅜㅣㅎㅏㄷㅏ	104 三
(휘우다	ㅎㅜㅣㅜㄷㅏ	43 三
(휴서	ㅎㅠㅅㅓ	9 三
흉	ㅎㅠㅇ	9 四

흉내	ㅎㅠㅇㄴㅐ	9四,105三
(흉복통	ㅎㅠㅇㅂㅗㄱㅌㅗㅇ	67 一
흉보다	ㅎㅠㅇㅂㅗㄷㅏ	9 四
흉잡히다	ㅎㅠㅇㅈㅏㅂㅎㅣㄷㅏ	9 四
흉하다	ㅎㅠㅇㅎㅏㄷㅏ	9 四
흉하적	ㅎㅠㅇㅎㅏㅈㅓㄱ	9 四
흉허물	ㅎㅠㅇㅎㅓㅁㅜㄹ	9 四
흉헙다	ㅎㅠㅇㅎㅓㅂㄷㅏ	10 一
휴지	ㅎㅠㅈㅣ	9 三
흑보기	ㅎㅡㄱㅂㅗㄱㅣ	66二,105三
흑숙학숙	ㅎㅡㄱㅅㅜㄱㅎㅏㄱㅅㅜㄱ	8 三
흑자	ㅎㅡㄱㅈㅏ	16 一
흑죽학죽	ㅎㅡㄱㅈㅜㄱㅎㅏㄱㅈㅜㄱ	8 三
흑지	ㅎㅡㄱㅈㅣ	16 一
흔덕거리다	ㅎㅡㄴㄷㅓㄱㄱㅓㄹㅣㄷㅏ	105 三
흔덕흔덕	ㅎㅡㄴㄷㅓㄱㅎㅡㄴㄷㅓㄱ	105 四
흔덕이다	ㅎㅡㄴㄷㅓㄱㅣㄷㅏ	105 三
흔뎅거리다	ㅎㅡㄴㄷㅔㅇㄱㅓㄹㅣㄷㅏ	105 三
흔뎅흔뎅	ㅎㅡㄴㄷㅔㅇㅎㅡㄴㄷㅔㅇ	105 四
흔들거리다	ㅎㅡㄴㄷㅡㄹㄱㅓㄹㅣㄷㅏ	105 三
흔들흔들	ㅎㅡㄴㄷㅡㄹㅎㅡㄴㄷㅡㄹ	105 四
흔드렁거리다	ㅎㅡㄴㄷㅡㄹㅓㅇㄱㅓㄹㅣㄷㅏ	105 三
흔드렁흔드렁	ㅎㅡㄴㄷㅡㄹㅓㅇㅎㅡㄴㄷㅡㄹㅓㅇ	105 四
흔드적거리다	ㅎㅡㄴㄷㅡㅈㅓㄱㄱㅓㄹㅣㄷㅏ	105 三
흔드적흔드적	ㅎㅡㄴㄷㅡㅈㅓㄱㅎㅡㄴㄷㅡㅈㅓㄱ	105 四
흔적없다	ㅎㅡㄴㅈㅓㄱㅓㅂㅅㄷㅏ	106 二
흖다	ㅎㅡㄴㅎㄷㅏ	116 一
흔하다	ㅎㅡㄴㅎㅏㄷㅏ	116 一
흐너지다	ㅎㅡㄴㅓㅈㅣㄷㅏ	85 二
흐드러지다	ㅎㅡㄷㅡㄹㅓㅈㅣㄷㅏ	106 二
(흙구들	ㅎㅡㄹㄱㄱㅜㄷㅡㄹ	61 一
흙금흙금	ㅎㅡㄹㄱㄱㅡㅁㅎㅡㄹㄱㄱㅡㅁ	106 二
흙긋흙긋	ㅎㅡㄹㄱㄱㅡㅅㅎㅡㄹㄱㄱㅡㅅ	106 二
(흙담	ㅎㅡㄹㄱㄷㅏㅁ	65 四
흙덩어리	ㅎㅡㄹㄱㄷㅓㅇㅓㄹㅣ	106 二
흙덩이	ㅎㅡㄹㄱㄷㅓㅇㅣ	106 二
흙뭉치	ㅎㅡㄹㄱㅁㅜㅇㅊㅣ	106 二
흙뭉텅이	ㅎㅡㄹㄱㅁㅜㅇㅌㅓㅇㅣ	106 二
흙방	ㅎㅡㄹㄱㅂㅏㅇ	61 一
흙벽	ㅎㅡㄹㄱㅂㅕㄱ	65 三
흙비	ㅎㅡㄹㄱㅂㅣ	69 三
흘겨보기	ㅎㅡㄹㄱㅕㅂㅗㄱㅣ	66 三
흘겨보다	ㅎㅡㄹㄱㅕㅂㅗㄷㅏ	106 二
흘근거리다	ㅎㅡㄹㄱㅡㄴㄱㅓㄹㅣㄷㅏ	94 四
흘근흘근	ㅎㅡㄹㄱㅡㄴㅎㅡㄹㄱㅡㄴ	94 四
흘금흘금	ㅎㅡㄹㄱㅡㅁㅎㅡㄹㄱㅡㅁ	106 二
흘기죽죽	ㅎㅡㄹㄱㅣㅈㅜㄱㅈㅜㄱ	106 二
흘기다	ㅎㅡㄹㄱㅣㄷㅏ	106 二
흘레	ㅎㅡㄹㄹㅔ	37 三
(흘르다	ㅎㅡㄹㄹㅡㄷㅏ	38 三
흘림	ㅎㅡㄹㄹㅣㅁ	69 二
흘미죽죽	ㅎㅡㄹㅁㅣㅈㅜㄱㅈㅜㄱ	106 二
흘미주근	ㅎㅡㄹㅁㅣㅈㅜㄱㅡㄴ	106 二
흘쩍거리다	ㅎㅡㄹㅈㅈㅓㄱㄱㅓㄹㅣㄷㅏ	94 四
흘쩍흘쩍	ㅎㅡㄹㅈㅈㅓㄱㅎㅡㄹㅈㅈㅓㄱ	94 四
흘쭉거리다	ㅎㅡㄹㅈㅈㅜㄱㄱㅓㄹㅣㄷㅏ	94 四
흘쭉흘쭉	ㅎㅡㄹㅈㅈㅜㄱㅎㅡㄹㅈㅈㅜㄱ	94 四
(흐레	ㅎㅡㄹㅔ	37 三
흐르다	ㅎㅡㄹㅡㄷㅏ	38 三
흐리멍덩하다	ㅎㅡㄹㅣㅁㅓㅇㄷㅓㅇㅎㅏㄷㅏ	106 二
흐리터분하다	ㅎㅡㄹㅣㅌㅓㅂㅜㄴㅎㅏㄷㅏ	106 二
(흠나다	ㅎㅡㅁㄴㅏㄷㅏ	61 一
흠뻑	ㅎㅡㅁㅂㅂㅓㄱ	8 一
흠썩	ㅎㅡㅁㅅㅅㅓㄱ	8 一
(흠씬	ㅎㅡㅁㅅㅅㅣㄴ	8 一
흠실흠실	ㅎㅡㅁㅅㅣㄹㅎㅡㅁㅅㅣㄹ	106 三
흠쭉	ㅎㅡㅁㅈㅈㅜㄱ	8 一
흠지다	ㅎㅡㅁㅈㅣㄷㅏ	61 一
흠치르르	ㅎㅡㅁㅊㅣㄹㅡㄹㅡ	103 三
흐물흐물	ㅎㅡㅁㅜㄹㅎㅡㅁㅜㄹ	106 三
흐무러지다	ㅎㅡㅁㅜㄹㅓㅈㅣㄷㅏ	106 二
흥감스럽다	ㅎㅡㅇㄱㅏㅁㅅㅡㄹㅓㅂㄷㅏ	3 三
흥글방망이놀다	ㅎㅡㅇㄱㅡㄹㅂㅏㅇㅁㅏㅇㅣㄴㅗㄹㄷㅏ	54 四
(흥뎅이치다	ㅎㅡㅇㄷㅔㅇㅣㅊㅣㄷㅏ	54 四
(흥성	ㅎㅡㅇㅅㅓㅇ	8 三
흥정	ㅎㅡㅇㅈㅓㅇ	8 三
(흥캄스럽다	ㅎㅡㅇㅋㅏㅁㅅㅡㄹㅓㅂㄷㅏ	3 三
흩어지다	ㅎㅡㅌㅓㅈㅣㄷㅏ	104 二

희끈희끈	ㅎㅡㅣㄱㄱㅡㄴㅎㅡㅣㄱㄱㅡㄴ	106 三
희끔하다	ㅎㅡㅣㄱㄱㅡㅁㅎㅏㄷㅏ	106 三
희끄무레하다	ㅎㅡㅣㄱㄱㅡㅁㅜㄹㅓㅣㅎㅏㄷㅏ	106 三
희끗희끗(目眩)	ㅎㅡㅣㄱㄱㅡㅅㅎㅡㅣㄱㄱㅡㅅ	106 三
희끗희끗(白點)	ㅎㅡㅣㄱㄱㅡㅅㅎㅡㅣㄱㄱㅡㅅ	106 三
(흭보기	ㅎㅡㅣㄱㅂㅗㄱㅣ	66 二
(희고곰팡쓸다	ㅎㅡㅣㄱㅗㄱㅗㅁㅍㅏㅇㅅㅅㅡㄹㄷㅏ	61 一
(흰개	ㅎㅡㅣㄴㄱㅏㅣ	65 一
흰떡	ㅎㅡㅣㄴㄷㄷㅓㄱ	106 三
흰무리	ㅎㅡㅣㄴㅁㅜㄹㅣ	106 三
흰밥	ㅎㅡㅣㄴㅂㅏㅂ	33 四
흰자	ㅎㅡㅣㄴㅈㅏ	106 三
흰자위	ㅎㅡㅣㄴㅈㅏㅜㅣ	106 三
흰죽	ㅎㅡㅣㄴㅈㅜㄱ	33 四
희떱다	ㅎㅡㅣㄷㄷㅓㅂㄷㅏ	61 一
희뜩희뜩(目眩)	ㅎㅡㅣㄷㄷㅡㄱㅎㅡㅣㄷㄷㅡㄱ	106 三
희뜩희뜩(白點)	ㅎㅡㅣㄷㄷㅡㄱㅎㅡㅣㄷㄷㅡㄱ	106 三
희다	ㅎㅡㅣㄷㅏ	33 四
희짓다	ㅎㅡㅣㅈㅣㅅㄷㅏ	33 四
희읍스럼하다	ㅎㅡㅣㅡㅂㅅㅡㄹㅓㅁㅎㅏㄷㅏ	33 四
(힌밥	ㅎㅡㅣㄴㅂㅏㅂ	33 四
(힌죽	ㅎㅡㅣㄴㅈㅜㄱ	33 四
(히다	ㅎㅣㄷㅏ	33 四
힘	ㅎㅣㅁ	10 一
(힘줄	ㅎㅣㅁㅈㅜㄹ	9 三
(히짓다	ㅎㅣㅈㅣㅅㄷㅏ	33 四
(히읍스럼하다	ㅎㅣㅡㅂㅅㅡㄹㅓㅁㅎㅏㄷㅏ	33 四

ㅏ

아끼다	ㅏㄱㄱㅣㄷㅏ	12 一
악다구니	ㅏㄱㄷㅏㄱㅜㄴㅣ	54 四
(악다귀	ㅏㄱㄷㅏㄱㅜㅣ	54 四
악머구리	ㅏㄱㅁㅓㄱㅜㄹㅣ	73 二
악쓰다	ㅏㄱㅅㅅㅡㄷㅏ	77 一
악지부리다	ㅏㄱㅈㅣㅂㅜㄹㅣㄷㅏ	106 三
악지쓰다	ㅏㄱㅈㅣㅅㅅㅡㄷㅏ	106 三
악지세다	ㅏㄱㅈㅣㅅㅓㅣㄷㅏ	106 三
악지세우다	ㅏㄱㅈㅣㅅㅓㅣㅜㄷㅏ	106 三
악지스럽다	ㅏㄱㅈㅣㅅㅡㄹㅓㅂㄷㅏ	106 三
악치듯	ㅏㄱㅊㅣㄷㅡㅅ	61 一
(악패듯	ㅏㄱㅍㅏㅣㄷㅡㅅ	61 一
아가	ㅏㄱㅏ	106 四
(아갈찌	ㅏㄱㅏㄹㅈㅈㅣ	6 四
아가리	ㅏㄱㅏㄹㅣ	6 四
(아감지	ㅏㄱㅏㅁㅈㅣ	40 二
아가미	ㅏㄱㅏㅁㅣ	40二,106四
아가씨	ㅏㄱㅏㅅㅅㅣ	106 四
(아강이	ㅏㄱㅏㅇㅣ	6 四
(아궁지	ㅏㄱㅜㅇㅈㅣ	40 二
아궁이	ㅏㄱㅜㅇㅣ	40 二
아귀	ㅏㄱㅜㅣ	49三,106四
아귀세다	ㅏㄱㅜㅣㅅㅓㅣㄷㅏ	61 二
(아귀차다	ㅏㄱㅜㅣㅊㅏㄷ	61 二
(아귀탕이	ㅏㄱㅜㅣㅌㅏㅇㅣ	49 三
(아금이(牙)	ㅏㄱㅡㅁㅣ	12 四
(아금이(犬齒)	ㅏㄱㅡㅁㅣ	65 一
(아긔자긔	ㅏㄱㅡㅣㅈㅏㄱㅡㅣ	35 三
아기	ㅏㄱㅣ	12一,106四
아기씨	ㅏㄱㅣㅅㅅㅣ	106 四
아기자기	ㅏㄱㅣㅈㅏㄱㅣ	35 三
아기죽거리다	ㅏㄱㅣㅈㅜㄱㄱㅓㄹㅣㄷㅏ	108 二
안	ㅏㄴ	116 一
안간힘	ㅏㄴㄱㅏㄴㅎㅣㅁ	41 一
(안가님	ㅏㄴㄱㅏㄴㅣㅁ	41 一
안갚음	ㅏㄴㄱㅏㅍㅡㅁ	5 一
안개	ㅏㄴㄱㅏㅣ	106 四
안달뱅이	ㅏㄴㄷㅏㄹㅂㅏㅣㅇㅣ	47 一
(안달이	ㅏㄴㄷㅏㄹㅣ	47 一
안뒷간	ㅏㄴㄷㅜㅣㅅㄱㅏㄴ	69 三
안손님	ㅏㄴㅅㅗㄴㄴㅣㅁ	69 三
안슬프다	ㅏㄴㅅㅡㄹㅍㅡㄷㅏ	107 四
안집	ㅏㄴㅈㅈㅣㅂ	69 三
(안직	ㅏㄴㅈㅣㄱ	33 三
안차고다라지다	ㅏㄴㅊㅏㄱㅗㄷㅏㄹㅏㅈㅣㄷㅏ	106 四
안차다	ㅏㄴㅊㅏㄷㅏ	106 四
안팎꼽사동이	ㅏㄴㅍㅏㄱㄱㄱㄱㅗㅂㅅㅏㄷㅡㅇㅣ	61 二
(안팎꼽장이	ㅏㄴㅍㅏㄱㄱㄱㄱㅗㅂㅈㅏㅇㅣ	61 二
않다	ㅏㄴㅎㄷㅏ	116 一

아나서	ㅏㄴㅏㅅㅓ	96	三
아니	ㅏㄴㅣ	116	一
아니하다	ㅏㄴㅣㅎㅏㄷㅏ	116	一
아뜩하다	ㅏㄷㄷㅡㄱㅎㅏㄷㅏ	106	四
아뜩아뜩	ㅏㄷㄷㅡㄱㅏㄷㄷㅡㄱ	109	二
아달	ㅏㄷㅏㄹ	15	四
아득히다	ㅏㄷㅡㄱㅎㅏㄷㅏ	106	四
아드득	ㅏㄷㅡㄷㅡㄱ	111	二
아드등거리다	ㅏㄷㅡㄷㅡㅇㄱㅓㄹㅣㄷㅏ	112	三
아드등아드등	ㅏㄷㅡㄷㅡㅇㅏㄷㅡㄷㅡㅇ	112	三
아들	ㅏㄷㅡㄹ	15四, 10	一
아들자식	ㅏㄷㅡㄹㅈㅏㅅㅣㄱ	107	一
알	ㅏㄹ	77	三
앍둑배기	ㅏㄹㄱㄷㅜㄱㅂㅏㅣㄱㅣ	108	三
앍득앍득	ㅏㄹㄱㄷㅡㄱㅏㄹㄱㄷㅡㄱ	108	三
앍박앍박	ㅏㄹㄱㅂㅏㄱㅏㄹㄱㅂㅏㄱ	108	三
앍작앍작	ㅏㄹㄱㅈㅏㄱㅏㄹㄱㅈㅏㄱ	108	三
앍죽앍죽	ㅏㄹㄱㅈㅜㄱㅏㄹㄱㅈㅜㄱ	108	三
알갱이	ㅏㄹㄱㅏㅣㅇㅣ	77	三
알금뱅이	ㅏㄹㄱㅡㅁㅂㅏㅣㅇㅣ	108	三
알금솜솜	ㅏㄹㄱㅡㅁㅅㅗㅁㅅㅗㅁ	108	三
알금알금	ㅏㄹㄱㅡㅁㅏㄹㄱㅡㅁ	108	三
알락달락	ㅏㄹㄹㅏㄱㄷㅏㄹㄹㅏㄱ	107	二
알락알락	ㅏㄹㄹㅏㄱㅏㄹㄹㅏㄱ	107	二
알랑알랑	ㅏㄹㄹㅏㅇㅏㄹㄹㅏㅇ	108	三
알랴차	ㅏㄹㄹㅑㅊㅏ	107	一
알량하다	ㅏㄹㄹㅑㅇㅎㅏㄷㅏ	40	二
알록달록	ㅏㄹㄹㅗㄱㄷㅏㄹㄹㅗㄱ	107	二
알록알록	ㅏㄹㄹㅗㄱㅏㄹㄹㅗㄱ	107	二
알로록달로록	ㅏㄹㄹㅗㄹㅗㄱㄷㅏㄹㄹㅗㄹㅗㄱ	107	二
알로록알로록	ㅏㄹㄹㅗㄹㅗㄱㅏㄹㄹㅗㄹㅗㄱ	107	二
알롱달롱	ㅏㄹㄹㅗㅇㄷㅏㄹㄹㅗㅇ	107	二
알롱알롱	ㅏㄹㄹㅗㅇㅏㄹㄹㅗㅇ	107	二
알른알른	ㅏㄹㄹㅡㄴㅏㄹㄹㅡㄴ	107	一
알리다	ㅏㄹㄹㅣㄷㅏ	54	四
알림장	ㅏㄹㄹㅣㅁㅈㅏㅇ	55	一
알맹이	ㅏㄹㅁㅏㅣㅇㅣ	77	三
알몸	ㅏㄹㅁㅗㅁ	107	一
알몸뚱이	ㅏㄹㅁㅗㅁㄷㅜㅇㅣ	107	一
알밤	ㅏㄹㅂㅏㅁ	107	一
알쏭달쏭	ㅏㄹㅅㅅㅗㅇㄷㅏㄹㅅㅅㅗㅇ	107	二
알쏭알쏭	ㅏㄹㅅㅅㅗㅇㅏㄹㅅㅅㅗㅇ	107	二
알씬거리다	ㅏㄹㅅㅅㅣㄴㄱㅓㄹㅣㄷㅏ	107	一
알씬알씬	ㅏㄹㅅㅅㅣㄴㅏㄹㅅㅅㅣㄴ	107	一
알짜	ㅏㄹㅈㅈㅏ	38	四
(알짬	ㅏㄹㅈㅈㅏㅁ	33	四
알쭝알쭝	ㅏㄹㅈㅈㅜㅇㅏㄹㅈㅈㅜㅇ	107	一
알찐거리다	ㅏㄹㅈㅈㅣㄴㄱㅓㄹㅣㄷㅏ	107	一
알찐알찐	ㅏㄹㅈㅈㅣㄴㅏㄹㅈㅈㅣㄴ	107	一
알젓	ㅏㄹㅈㅓㅅ	107	一
(알천	ㅏㄹㅊㅓㄴ	33	四
(알토	ㅏㄹㅌㅗ	38	四
앓다	ㅏㄹㅎㄷㅏ	38	一
알알하다	ㅏㄹㅏㄹㅎㅏㄷㅏ	107	三
알암	ㅏㄹㅏㅁ	107	一
아랑주	ㅏㄹㅏㅇㅈㅜ	62	四
아래	ㅏㄹㅏㅣ	16	二
아랫동	ㅏㄹㅏㅣㅅㄷㅗㅇ	107	一
아랫동아리	ㅏㄹㅏㅣㅅㄷㅗㅇㅏㄹㅣ	107	一
아랫도리	ㅏㄹㅏㅣㅅㄷㅗㄹㅣ	107	一
아랫목	ㅏㄹㅏㅣㅅㅁㅗㄱ	23	一
(아랫묵	ㅏㄹㅏㅣㅅㅁㅜㄱ	23	一
아랫사랑	ㅏㄹㅏㅣㅅㅅㅏㄹㅏㅇ	95	三
아래통	ㅏㄹㅏㅣㅌㅗㅇ	107	一
(아레	ㅏㄹㅓㅣ	16	二
아렴풋하다	ㅏㄹㅕㅁㅍㅜㅅㅎㅏㄷㅏ	108	四
아령칙하다	ㅏㄹㅕㅇㅊㅣㄱㅎㅏㄷㅏ	108	四
아로롱다로롱	ㅏㄹㅗㄹㅗㅇㄷㅏㄹㅗㄹㅗㅇ	107	二
아로롱아로롱	ㅏㄹㅗㄹㅗㅇㅏㄹㅗㄹㅗㅇ	107	二
아롱다롱	ㅏㄹㅗㅇㄷㅏㄹㅗㅇ	107	二
아롱지다	ㅏㄹㅗㅇㅈㅣㄷㅏ	23	一
아롱아롱	ㅏㄹㅗㅇㅏㄹㅗㅇ	107	二
아뢰다	ㅏㄹㅗㅣㄷㅏ	27	一
(아룽지다	ㅏㄹㅜㅇㅈㅣㄷㅏ	23	一
(아뤼다	ㅏㄹㅜㅣㄷㅏ	27	一
아른거리다	ㅏㄹㅡㄴㄱㅓㄹㅣㄷㅏ	103	四
아른아른	ㅏㄹㅡㄴㅏㄹㅡㄴ	103	四
아르렁거리다	ㅏㄹㅡㄹㅓㅇㄱㅓㄹㅣㄷㅏ	112	三

아름답다	ㅏㄹㅡㅁㄷㅏㅂㄷㅏ	107 三
아르렁아르렁	ㅏㄹㅡㄹㅓㅇㅏㄹㅡㄹㅓㅇ	112 三
알음장	ㅏㄹㅡㅁㅈㅏㅇ	55 —
알음알음	ㅏㄹㅡㅁㅏㄹㅡㅁ	108 四
(알으키다	ㅏㄹㅡㅋㅣㄷㅏ	57 四
아리땁다	ㅏㄹㅣㄸㅏㅂㄷㅏ	107 三
아리다	ㅏㄹㅣㄷㅏ	107 三
아릿아릿	ㅏㄹㅣㅅㅏㄹㅣㅅ	109 —
(아리새	ㅏㄹㅣㅅㅐ	65 四
암	ㅏㅁ	116 —
(암뀌	ㅏㅁㄱㄱㅜㅣ	35 三
(암굴다	ㅏㅁㄱㅜㄹㄷㅏ	55 —
암내	ㅏㅁㄴㅐ	69 三
암놈	ㅏㅁㄴㅗㅁ	61 二
암만	ㅏㅁㅁㅏㄴ	80 三
암상스럽다	ㅏㅁㅅㅏㅇㅅㅡㄹㅓㅂㄷㅏ	107 三
암상하다	ㅏㅁㅅㅏㅇㅎㅏㄷㅏ	46三, 107三
암수	ㅏㅁㅅㅜ	107 三
암수거리	ㅏㅁㅅㅜㄱㅓㄹㅣ	107 三
암죽	ㅏㅁㅈㅜㄱ	116 —
(암커나	ㅏㅁㅋㅓㄴㅏ	46 三
암컷	ㅏㅁㅋㅓㅅ	61 二
암팡스럽다	ㅏㅁㅍㅏㅇㅅㅡㄹㅓㅂㄷㅏ	107 三
암펌같다	ㅏㅁㅍㅓㅁㄱㅏㅌㄷㅏ	107 三
(암하다	ㅏㅁㅎㅏㄷㅏ	46 三
아마	ㅏㅁㅏ	107 三
아마도	ㅏㅁㅏㄷㅗ	107 三
(아모	ㅏㅁㅗ	25 四
(아모개	ㅏㅁㅗㄱㅐ	25 四
(아모데	ㅏㅁㅗㄷㅔ	25 四
(아모렇거나	ㅏㅁㅗㄹㅓㅎㄱㅓㄴㅏ	25 四
(아모렇든지	ㅏㅁㅗㄹㅓㅎㄷㅡㄴㅈㅣ	25 四
(아모렴	ㅏㅁㅗㄹㅕㅁ	25 四
(아모리	ㅏㅁㅗㄹㅣ	25 四
(아모쪼록	ㅏㅁㅗㅈㅈㅗㄹㅗㄱ	25 四
아무	ㅏㅁㅜ	25 四
아무개	ㅏㅁㅜㄱㅐ	25 四
아무데	ㅏㅁㅜㄷㅔ	25 四
아물거리다	ㅏㅁㅜㄹㄱㅓㄹㅣㄷㅏ	29 —
아물다	ㅏㅁㅜㄹㄷㅏ	55 —
아무렇거나	ㅏㅁㅜㄹㅓㅎㄱㅓㄴㅏ	25四, 116—
아무렇든지	ㅏㅁㅜㄹㅓㅎㄷㅡㄴㅈㅣ	25 四
아무렴	ㅏㅁㅜㄹㅕㅁ	25 四
아무리	ㅏㅁㅜㄹㅣ	25 四
아무쪼록	ㅏㅁㅜㅈㅈㅗㄹㅗㄱ	25 四
아뭏거나	ㅏㅁㅜㅎㄱㅓㄴㅏ	46三, 116—
아무아무	ㅏㅁㅜㅏㅁㅜ	79 —
아물거리다	ㅏㅁㅜㄹㄱㅓㄹㅣㄷㅏ	29 —
아뿔싸	ㅏㅂㅂㅜㄹㅅㅅㅏ	107 三
(아바지	ㅏㅂㅏㅈㅣ	13 四
아버지	ㅏㅂㅓㅈㅣ	13 四
(아부지	ㅏㅂㅜㅈㅣ	13 四
아비	ㅏㅂㅣ	12 —
아싹	ㅏㅅㅅㅏㄱ	109 —
아씨	ㅏㅅㅅㅣ	106 四
(아수롭다	ㅏㅅㅜㄹㅗㅂㄷㅏ	55 —
아쉽다	ㅏㅅㅜㅣㅂㄷㅏ	55 —
아슬랑아슬랑	ㅏㅅㅡㄹㄹㅏㅇㅏㅅㅡㄹㄹㅏㅇ	112 三
아슬아슬	ㅏㅅㅡㄹㅏㅅㅡㄹ	112 三
아스스	ㅏㅅㅡㅅㅡ	112 三
(아시	ㅏㅅㅣ	55 —
(앙뀌	ㅏㅇㄱㄱㅜㅣ	35 三
앙끼	ㅏㅇㄱㄱㅣ	35 三
앙감질	ㅏㅇㄱㅏㅁㅈㅣㄹ	66 二
앙가슴	ㅏㅇㄱㅏㅅㅡㅁ	66 二
(앙갚음	ㅏㅇㄱㅏㅍㅡㅁ	5 —
(앙굴다	ㅏㅇㄱㅜㄹㄷㅏ	55 —
앙금앙금	ㅏㅇㄱㅡㅁㅏㅇㄱㅡㅁ	109 —
(앙살피다	ㅏㅇㅅㅏㄹㅍㅣㄷㅏ	43 —
앙살피우다	ㅏㅇㅅㅏㄹㅍㅣㅜㄷㅏ	43—, 107三
앙살하다	ㅏㅇㅅㅏㄹㅎㅏㄷㅏ	107 三
앙잘앙잘	ㅏㅇㅈㅏㄹㅏㅇㅈㅏㄹ	109 二
앙큼상큼	ㅏㅇㅋㅡㅁㅅㅏㅇㅋㅡㅁ	91 四
앙큼스럽다	ㅏㅇㅋㅡㅁㅅㅡㄹㅓㅂㄷㅏ	108 二
앙큼하다	ㅏㅇㅋㅡㅁㅎㅏㄷㅏ	108 二
앙큼앙큼	ㅏㅇㅋㅡㅁㅏㅇㅋㅡㅁ	109 —
앙알앙알	ㅏㅇㅏㄹㅏㅇㅏㄹ	109 二
아짝	ㅏㅈㅈㅏㄱ	109 —
아찔하다	ㅏㅈㅈㅣㄹㅎㅏㄷㅏ	106 四

아찔아찔	ㅏㅈㅈㅣㄹㅏㅈㅈㅣㄹ	109 二
(아자머니	ㅏㅈㅏㅁㅓㄴㅣ	29 一
(아자버니	ㅏㅈㅏㅂㅓㄴㅣ	29 二
(아적 (朝)	ㅏㅈㅓㄱ	33 三
(아적(朝飯)	ㅏㅈㅓㄱ	55 一
(아적밥	ㅏㅈㅓㄱㅂㅏㅂ	55 一
아저씨	ㅏㅈㅓㅅㅅㅣ	107 三
아조	ㅏㅈㅗ	25 四
아주	ㅏㅈㅜ	25 四
아주까리	ㅏㅈㅜㄱㄱㅏㄹㅣ	69 三
아주머니	ㅏㅈㅜㅁㅓㄴㅣ	29 一
아주버니	ㅏㅈㅜㅂㅓㄴㅣ	29二,107三
(아즉	ㅏㅈㅡㄱ	33 三
(아즈랑이	ㅏㅈㅡㄹㅏㅇㅣ	33 三
(아즈머니	ㅏㅈㅡㅁㅓㄴㅣ	29 一
(아즈버니	ㅏㅈㅡㅂㅓㄴㅣ	29 二
아직	ㅏㅈㅣㄱ	33 三
아직까지	ㅏㅈㅣㄱㄱㄱㅏㅈㅣ	61 二
(아직것	ㅏㅈㅣㄱㄱㄱㅓㅅ	61 二
아지랑이	ㅏㅈㅣㄹㅏㅇㅣ	33 三
아질아질	ㅏㅈㅣㄹㅏㅈㅣㄹ	109 二
(아지머니	ㅏㅈㅣㅁㅓㄴㅣ	29 一
(아지버니	ㅏㅈㅣㅂㅓㄴㅣ	29 二
아차	ㅏㅊㅏ	107 三
(아참	ㅏㅊㅏㅁ	33 三
(아치롭다	ㅏㅊㅣㄹㅗㅂㄷㅏ	12 四
(아칭	ㅏㅊㅣㅇ	12 四
(아츰	ㅏㅊㅡㅁ	33 三
(아치	ㅏㅊㅣ	14 一
아치랑아치랑	ㅏㅊㅣㄹㅏㅇㅏㅊㅣㄹㅏㅇ	107 四
아칠아칠	ㅏㅊㅣㄹㅏㅊㅣㄹ	107 四
아침(朝)	ㅏㅊㅣㅁ.	33 三
아침(朝飯)	ㅏㅊㅣㅁ	116 一
아침밥	ㅏㅊㅣㅁㅂㅏㅂ	55一,116一
아퀴	ㅏㅋㅜㅣ	106 四
(아푸다	ㅏㅍㅜㄷㅏ	30 一
아프다	ㅏㅍㅡㄷㅏ	30 一
(아해	ㅏㅎㅏㅣ	55 一
아홉	ㅏㅎㅗㅂ	23 一
(아훕	ㅏㅎㅜㅂ	23 一
(아흔헤	ㅏㅎㅡㄴㄹㅎㅔ	41 四
아흐레(九日)	ㅏㅎㅡㄹㅔ	41四,116三
아흐레 九個日	ㅏㅎㅡㄹㅔ	107 四
아흐렛날	ㅏㅎㅡㄹㅔㅅㄴㅏㄹ	107四,116三
아희	ㅏㅎㅡㅣ	55 一
아예	ㅏㅖ	55一,107四
(아오	ㅏㅗ	25 四
(아옥	ㅏㅗㄱ	26 一
아옷	ㅏㅗㅅ	36 一
아우	ㅏㅜ	25 四
아욱	ㅏㅜㄱ	26 一
아울리다	ㅏㅜㄹㄹㅣㄷㅏ	107 四
아우러지다	ㅏㅜㄹㅓㅈㅣㄷㅏ	107 四
아우르다	ㅏㅜㄹㅡㄷㅏ	107 四
(아웃.	ㅏㅜㅅ	36 一
아우성	ㅏㅜㅅㅓㅇ	107 四
애	ㅐ	116 二
아이	ㅏㅣ	55一,116二
애꾸눈이	ㅐㄱㄱㅜㄴㅜㄴㅣ	69 三
애꾾다	ㅐㄱㄱㅜㄴㅎㄷㅏ	107 四
(애끼다	ㅐㄱㄱㅣㄷㅏ	12 一
(액취	ㅐㄱㅊㅜㅣ	69 三
애고	ㅐㄱㅗ	109 三
애고머니	ㅐㄱㅗㅁㅓㄴㅣ	109 三
(애국	ㅐㄱㅜㄱ	55 一
(애기	ㅐㄱㅣ	12 一
애닳다	ㅐㄷㅏㄹㅎㄷㅏ	107 四
(애비	ㅐㅂㅣ	12 一
(애시	ㅐㅅㅣ	55 一
(앵금질	ㅐㅇㄱㅡㅁㅈㅣㄹ	60 二
(앵도	ㅐㅇㄷㅗ	26 一
앵두	ㅐㅇㄷㅜ	26 一
(앵속	ㅐㅇㅅㅗㄱ	69 三
(애적	ㅐㅈㅓㄱ	55 一
(애전	ㅐㅈㅓㄴ	55 一
(애저녁	ㅐㅈㅓㄴㅕㄱ	55 一
애절하다	ㅐㅈㅓㄹㅎㅏㄷㅏ	107 四
애처롭다	ㅐㅊㅓㄹㅗㅂㄷㅏ	12四,107四

애초	ㅏㅣㅊㅗ	55一,107四
애타다	ㅏㅣㅌㅏㄷㅏ	107 四
애통터지다	ㅏㅣㅌㅗㅇㅌㅓㅈㅣㄷㅏ	107 四
(아이에	ㅏㅣㅔ	55 一
(애예	ㅏㅣㅖ	55 一

ㅑ

약두구러	ㅑㄱㄷㅜㄱㄱㅜㄹㅓ	107 四
약물	ㅑㄱㅁㅜㄹ	61 二
약바르다	ㅑㄱㅂㅏㄹㅡㄷㅏ	108 一
약삭바르다	ㅑㄱㅅㅏㄱㅂㅏㄹㅡㄷㅏ	108 一
(약수	ㅑㄱㅅㅜ	61 二
(약시약시하다	ㅑㄱㅅㅣㅑㄱㅅㅣㅎㅏㄷㅏ	66 四
(약주술	ㅑㄱㅈㅜㅅㅜㄹ	58 一
(약차약차하다	ㅑㄱㅊㅏㅑㄱㅊㅏㅎㅏㄷㅏ	66 四
약탕관	ㅑㄱㅌㅏㅇㄱㅗㅏㄴ	107 四
야경스럽다	ㅑㄱㅕㅇㅅㅡㄹㅓㅂㄷㅏ	39 三
야기부리다	ㅑㄱㅣㅂㅜㄹㅣㄷㅏ	108 一
야단치다	ㅑㄷㅏㄴㅊㅣㄷㅏ	108 一
야들야들	ㅑㄷㅡㄹㅑㄷㅡㄹ	108 一
야드르르	ㅑㄷㅡㄹㅡㄹㅡ	108 一
얄궂다	ㅑㄹㄱㅜㅈㄷㅏ	108 一
얄긋하다	ㅑㄹㄱㅡㅅㅎㅏㄷㅏ	112 四
얄긋얄긋	ㅑㄹㄱㅡㅅㅑㄹㄱㅡㅅ	112 四
얄다랗다	ㅑㄹㄷㅏㄹㅏㅎㄷㅏ	109 三
얄라차	ㅑㄹㄹㅏㅊㅏ	107 一
얄망궂다	ㅑㄹㅁㅏㅇㄱㅜㅈㄷㅏ	108 一
얄망스럽다	ㅑㄹㅁㅏㅇㅅㅡㄹㅓㅂㄷㅏ	108 一
얇다	ㅑㄹㅂㄷㅏ	109 三
얄팍하다	ㅑㄹㅍㅏㄱㅎㅏㄷㅏ	2一,109三
(얄판하다	ㅑㄹㅍㅏㄴㅎㅏㄷㅏ	2 一
야리다	ㅑㄹㅣㄷㅏ	109 四
(얌생이	ㅑㅁㅅㅏㅣㅇㅣ	18 一
(얌소	ㅑㅁㅅㅗ	18 一
얌전스럽다	ㅑㅁㅈㅓㄴㅅㅡㄹㅓㅂㄷㅏ	108 一
얌전하다	ㅑㅁㅈㅓㄴㅎㅏㄷㅏ	108 一
얌치	ㅑㅁㅊㅣ	109 四
(야밤중	ㅑㅂㅏㅁㅈㅜㅇ	65 四
야스락야스락	ㅑㅅㅡㄹㅏㄱㅑㅅㅡㄹㅏㄱ	108 一
야심스럽다	ㅑㅅㅣㅁㅅㅡㄹㅓㅂㄷㅏ	94 三
양귀비	ㅑㅇㄱㅜㅣㅂㅣ	69 三
(양매창	ㅑㅇㅁㅏㅣㅊㅏㅇ	68 四
(양자	ㅑㅇㅈㅏ	55 二
(양종	ㅑㅇㅈㅗㅇ	24 一
(양주머리	ㅑㅇㅈㅜㅁㅓㄹㅣ	31 一
양중	ㅑㅇㅈㅜㅇ	24 一
양지머리	ㅑㅇㅈㅣㅁㅓㄹㅣ	31 一
양추질	ㅑㅇㅊㅜㅈㅣㄹ	31 一
(양취등	ㅑㅇㅊㅜㅣㄷㅡㅇ	47 二
양치질	ㅑㅇㅊㅣㅈㅣㄹ	31 一
양아들	ㅑㅇㅏㄷㅡㄹ	55 二
(양일학	ㅑㅇㅣㄹㅎㅏㄱ	70 四
(야장미	ㅑㅈㅏㅇㅁㅣ	53 四
(야종	ㅑㅈㅗㅇ	24 一
야죽야죽	ㅑㅈㅜㄱㅑㅈㅜㄱ	108 一
(야중	ㅑㅈㅜㅇ	24 一
야지러지다	ㅑㅈㅣㄹㅓㅈㅣㄷㅏ	113 四
야청	ㅑㅊㅓㅇ	12 四
얕다	ㅑㅌㄷㅏ	108 一
야위다	ㅑㅜㅣㄷㅏ	109 四
(얘기	ㅑㅣㄱㅣ	17 四

ㅓ

어깻부들기	ㅓㄱㄱㅏㅣㅅㅂㅜㄷㅡㄹㄱㅣ	101 三
어깻죽지	ㅓㄱㄱㅏㅣㅅㅈㅜㄱㅈㅣ	101 三
(어껼	ㅓㄱㄱㅕㄹ	55 二
억새	ㅓㄱㅅㅏㅣ	91 一
억세다	ㅓㄱㅅㅓㅣㄷㅏ	75 二
억지부리다	ㅓㄱㅈㅣㅂㅜㄹㅣㄷㅏ	108 一
억지쓰다	ㅓㄱㅈㅣㅅㅅㅡㄷㅏ	103 一
억지세다	ㅓㄱㅈㅣㅅㅓㅣㄷㅏ	108 一
억지세우다	ㅓㄱㅈㅣㅅㅓㅣㅜㄷㅏ	108 一
억지스럽다	ㅓㄱㅈㅣㅅㅡㄹㅓㅂㄷㅏ	108 一
억척부리다	ㅓㄱㅊㅓㄱㅂㅜㄹㅣㄷㅏ	108 一
억척스럽다	ㅓㄱㅊㅓㄱㅅㅡㄹㅓㅂㄷㅏ	108 一
어그러지다	ㅓㄱㅡㄹㅓㅈㅣㄷㅏ	55 二
어금지금하다	ㅓㄱㅡㅁㅈㅣㄱㅡㅁㅎㅏㄷㅏ	109 一
어금이	ㅓㄱㅡㅁㅣ	13 四

(어긔다	ㅓㄱㅡㅣㄷㅏ	85 三
(어긔적거리다	ㅓㄱㅡㅣㅈㅓㄱㄱㅓㄹㅣㄷㅏ	35 四
(어긔여차	ㅓㄱㅡㅣㅕㅊㅏ	35 四
어기뚱하다	ㅓㄱㅣㄷㄷㅜㅇㅎㅏㄷㅏ	108 二
어기다	ㅓㄱㅣㄷㅏ	35 三
어기대다	ㅓㄱㅣㄷㅏㅣㄷㅏ	89三,108二
어기적거리다	ㅓㄱㅣㅈㅓㄱㄱㅓㄹㅣㄷㅏ	35四,108二
(어기어지다	ㅓㄱㅣㅓㅈㅣㄷㅏ	55 二
어기여차	ㅓㄱㅣㅕㅊㅏ	35四,109三
(언걸먹다	ㅓㄴㄱㅓㄹㅁㅓㄱㄷㅏ	61 二
언걸입다	ㅓㄴㄱㅓㄹㅣㅂㄷㅏ	61 二
언뜻하면	ㅓㄴㄷㄷㅡㅅㅎㅏㅁㅕㄴ	36三,73四
언덕	ㅓㄴㄷㅓㄱ	108 二
언덕배기	ㅓㄴㄷㅓㄱㅂㅐㄱㅣ	108 二
언짢다	ㅓㄴㅈㅈㅏㄴㅎㄷㅏ	9 三
언저리	ㅓㄴㅈㅓㄹㅣ	82 三
언제	ㅓㄴㅈㅔ	108 二
(언청샌님	ㅓㄴㅊㅓㅇㅅㅐㄴㄴㅣㅁ	36 四
언청이	ㅓㄴㅊㅓㅇㅣ	36四,108二
언치	ㅓㄴㅊㅣ	47二,81一
어느	ㅓㄴㅡ	31 四
어느겨를	ㅓㄴㅡㄱㅕㄹㅡㄹ	69三,108二
(어는새	ㅓㄴㅡㄴㅅㅐ	37 二
어느때	ㅓㄴㅡㄷㄷㅐ	108 二
어느덧	ㅓㄴㅡㄷㅓㅅ	19 三
(어느듯	ㅓㄴㅡㄷㅡㅅ	19 三
어느새	ㅓㄴㅡㅅㅐ	37 二
어느틈	ㅓㄴㅡㅌㅡㅁ	108 二
(어늬	ㅓㄴㅡㅣ	31 四
(어늬새	ㅓㄴㅡㅣㅅㅐ	37 二
어떻게	ㅓㄷㄷㅓㅎㄱㅔ	109二,116二
어뜩하다	ㅓㄷㄷㅡㄱㅎㅏㄷㅏ	106 四
어뜩어뜩	ㅓㄷㄷㅡㄱㅓㄷㄷㅡㄱ	109 二
(어대	ㅓㄷㅐ	17 四
(어데	ㅓㄷㅔ	17 四
어둑컴컴하다	ㅓㄷㅜㄱㅋㅓㅁㅋㅓㅁㅎㅏㄷㅏ	108 二
어둠침침하다	ㅓㄷㅜㅁㅊㅣㅁㅊㅣㅁㅎㅏㄷㅏ	108 二
어득하다	ㅓㄷㅡㄱㅎㅏㄷㅏ	106 四
(어듸	ㅓㄷㅡㅣ	17 四
어디	ㅓㄷㅣ	17 四

얽다	ㅓㄹㄱㄷㅏ	108 二
얽둑배기	ㅓㄹㄱㄷㅜㄱㅂㅐㄱㅣ	108 三
얽둑얽둑	ㅓㄹㄱㄷㅜㄱㅓㄹㄱㄷㅜㄱ	108 三
얽벅얽벅	ㅓㄹㄱㅂㅓㄱㅓㄹㄱㅂㅓㄱ	108 三
얽적얽적	ㅓㄹㄱㅈㅓㄱㅓㄹㄱㅈㅓㄱ	108 三
얽죽얽죽	ㅓㄹㄱㅈㅜㄱㅓㄹㄱㅈㅜㄱ	108 三
얽어 나	ㅓㄹㄱㅓㅁㅏㅣㄷㅏ	72二,108二
(얼골	ㅓㄹㄱㅗㄹ	26 一
(얼구다	ㅓㄹㄱㅜㄷㅏ	43 三
얼굴	ㅓㄹㄱㅜㄹ	26一,108三
얼근하다	ㅓㄹㄱㅡㄴㅎㅏㄷㅏ	108 四
얼금뱅이	ㅓㄹㄱㅡㅁㅂㅐㅇㅣ	108 三
얼금숨숨	ㅓㄹㄱㅡㅁㅅㅜㅁㅅㅜㅁ	108 三
얼금얼금	ㅓㄹㄱㅡㅁㅓㄹㄱㅡㅁ	108 三
(얼뜬	ㅓㄹㄷㄷㅡㄴ	55 二
(얼뜬하면	ㅓㄹㄷㄷㅡㄴㅎㅏㅁㅕㄴ	36 三
얼럭덜럭	ㅓㄹㄹㅓㄱㄷㅓㄹㄹㅓㄱ	107 二
얼럭얼럭	ㅓㄹㄹㅓㄱㅓㄹㄹㅓㄱ	107 二
얼러맞후다	ㅓㄹㄹㅓㅁㅏㅈㅎㅜㄷㅏ	108 三
얼렁뚱땅	ㅓㄹㄹㅓㅇㄷㄷㅜㅇㄷㄷㅏㅇ	108 三
얼렁얼렁	ㅓㄹㄹㅓㅇㅓㄹㄹㅓㅇ	108 三
얼레	ㅓㄹㄹㅔ	69 三
얼레발치다	ㅓㄹㄹㅔㅂㅏㄹㅊㅣㄷㅏ	109 一
얼레빗	ㅓㄹㄹㅔㅂㅣㅅ	37 三
얼룩덜룩	ㅓㄹㄹㅜㄱㄷㅓㄹㄹㅜㄱ	107 二
얼룩얼룩	ㅓㄹㄹㅜㄱㅓㄹㄹㅜㄱ	107 二
얼루룩덜루룩	ㅓㄹㄹㅜㄹㅜㄱㄷㅓㄹㄹㅜㄹㅜㄱ	107 二
얼루룩얼루룩	ㅓㄹㄹㅜㄹㅜㄱㅓㄹㄹㅜㄹㅜㄱ	107 二
얼룽덜룽	ㅓㄹㄹㅜㅇㄷㅓㄹㄹㅜㅇ	107 二
얼룽얼룽	ㅓㄹㄹㅜㅇㅓㄹㄹㅜㅇ	107 二
얼른	ㅓㄹㄹㅡㄴ	55 二
얼른얼른	ㅓㄹㄹㅡㄴㅓㄹㄹㅡㄴ	107 一
(얼르다	ㅓㄹㄹㅡㄷㅏ	38 三
얼리다	ㅓㄹㄹㅣㄷㅏ	43 三
(얼리우다	ㅓㄹㄹㅣㅜㄷㅏ	43 三
얼마	ㅓㄹㅁㅏ	19 三
얼마나	ㅓㄹㅁㅏㄴㅏ	108 三
얼마만큼	ㅓㄹㅁㅏㅁㅏㄴㅋㅡㅁ	108 三
얼마쯤	ㅓㄹㅁㅏㅈㅈㅡㅁ	108 三
(얼멩이	ㅓㄹㅁㅔㅇㅣ	55 二

얼빠지다	ㅓㄹㅂㅂㅏㅈㅣㄷㅏ	18 三
얼싸	ㅓㄹㅅㅅㅏ	108 四
얼쑹덜쑹	ㅓㄹㅅㅅㅜㅇㄷㅓㄹㅅㅅㅜㅇ	107 二
얼쑹얼쑹	ㅓㄹㅅㅅㅜㅇㅓㄹㅅㅅㅜㅇ	107 二
얼씨구	ㅓㄹㅅㅅㅣㄱㅜ	108 四
얼씬아니하다	ㅓㄹㅅㅅㅣㄴㅏㄴㅣㅎㅏㄷㅏ	108 四
얼씬없다	ㅓㄹㅅㅅㅣㄴㅓㅂㅅㄷㅏ	108 四
얼쩍지근하다	ㅓㄹㅈㅈㅓㄱㅈㅣㄱㅡㄴㅎㅏㄷㅏ	108 四
(얼풋	ㅓㄹㅍㅜㅅ	55 二
(얼핀	ㅓㄹㅍㅣㄴ	55 二
(얼핏	ㅓㄹㅍㅣㅅ	55 二
얼얼하다	ㅓㄹㅓㄹㅎㅏㄷㅏ	108 四
어레미	ㅓㄹㅔㅁㅣ	55 二
(어레빗	ㅓㄹㅔㅂㅣㅅ	37 三
어렴풋하다	ㅓㄹㅕㅁㅍㅜㅅㅎㅏㄷㅏ	108 四
어령칙하다	ㅓㄹㅕㅇㅊㅣㄱㅎㅏㄷㅏ	108 四
(어로만지다	ㅓㄹㅗㅁㅏㄴㅈㅣㄷㅏ	26 一
(어룬	ㅓㄹㅜㄴ	30 一
(어루다	ㅓㄹㅜㄷㅏ	28 三
어루더듬다	ㅓㄹㅜㄷㅓㄷㅡㅁㄷㅏ	81 二
어루룽더루룽	ㅓㄹㅜㄹㅜㅇㄷㅓㄹㅜㄹㅜㅇ	107 二
어루룽어루룽	ㅓㄹㅜㄹㅜㅇㅓㄹㅜㄹㅜㅇ	107 二
어루만지다	ㅓㄹㅜㅁㅏㄴㅈㅣㄷㅏ	26 一
어룽더룽	ㅓㄹㅜㅇㄷㅓㄹㅜㅇ	107 二
어룽어룽	ㅓㄹㅜㅇㅓㄹㅜㅇ	107 二
어른	ㅓㄹㅡㄴ	30 一
어른거리다	ㅓㄹㅡㄴㄱㅓㄹㅣㄷㅏ	108 四
어른어른	ㅓㄹㅡㄴㅓㄹㅡㄴ	108 四
어르다	ㅓㄹㅡㄷㅏ	38 三
어름어름	ㅓㄹㅡㅁㅓㄹㅡㅁ	108 四
어리광	ㅓㄹㅣㄱㅗㅏㅇ	108 四
어린것	ㅓㄹㅣㄴㄱㅓㅅ	108 四
(어린내	ㅓㄹㅣㄴㄴㅐ	37 二
어린애	ㅓㄹㅣㄴㅐ	37二, 108四
어릿어릿	ㅓㄹㅣㅅㅓㄹㅣㅅ	109 一
엄	ㅓㅁ	44 二
엄쪽	ㅓㅁㅈㅈㅗㄱ	61 二
(엄찌	ㅓㅁㅈㅈㅣ	61 二
(엄지발	ㅓㅁㅈㅣㅂㅏㄹ	47 一
엄지발가락	ㅓㅁㅈㅣㅂㅏㄹㄱㅏㄹㅏㄱ	47 一
엄지손	ㅓㅁㅈㅣㅅㅗㄴ	47 一
엄지손가락	ㅓㅁㅈㅣㅅㅗㄴㄱㅏㄹㅏㄱ	47 一
(엄짚서기	ㅓㅁㅈㅣㅍㅅㅓㄱㅣ	61 二
엄짚신	ㅓㅁㅈㅣㅍㅅㅣㄴ	61 二
(어마니	ㅓㅁㅏㄴㅣ	14 一
어머니	ㅓㅁㅓㄴㅣ	14 一
(어무니	ㅓㅁㅜㄴㅣ	14 一
어물쩍어물쩍	ㅓㅁㅜㄹㅈㅈㅓㄱㅓㅁㅜㄹㅈㅈㅓㄱ	108 四
어물어물	ㅓㅁㅜㄹㅓㅁㅜㄹ	108 四
어미	ㅓㅁㅣ	18 二
(어뿔까	ㅓㅂㅂㅜㄹㄱㄱㅏ	4 一
(어뿔꺼	ㅓㅂㅂㅜㄹㄱㄱㅓ	4 一
어뿔싸	ㅓㅂㅂㅜㄹㅅㅅㅏ	4一, 107三
없다	ㅓㅂㅅㄷㅏ	19 三
(없수인여기다	ㅓㅂㅅㅜㅣㄴㅕㄱㅣㄷㅏ	43 三
업신여기다	ㅓㅂㅅㅣㄴㅕㄱㅣㄷㅏ	43 三
엇가다	ㅓㅅㄱㅏㄷㅏ	109 一
나가다	ㅓㅅㄴㅏㄱㅏㄷㅏ	46三, 109一
(엇나다	ㅓㅅㄴㅏㄷㅏ	46 三
엇다	ㅓㅅㄷㅏ	109 一
엇먹다	ㅓㅅㅁㅓㄱㄷㅏ	109 一
엇비슷하다	ㅓㅅㅂㅣㅅㅡㅅㅎㅏㄷㅏ	89 四
어썩	ㅓㅅㅅㅓㄱ	109 一
어서	ㅓㅅㅓ	39 二
어슬렁어슬렁	ㅓㅅㅡㄹㄹㅓㅇㅓㅅㅡㄹㄹㅓㅇ	112 三
(어슬하다	ㅓㅅㅡㄹㅎㅏㄷㅏ	42 四
어스레하다	ㅓㅅㅡㄹㅔㅎㅏㄷㅏ	42 四
어슷비슷하다	ㅓㅅㅡㅅㅂㅣㅅㅡㅅㅎㅏㄷㅏ	109 一
엉겅퀴	ㅓㅇㄱㅓㅇㅋㅜㅣ	69 三
엉금엉금	ㅓㅇㄱㅡㅁㅓㅇㄱㅡㅁ	109 一
(엉긔다	ㅓㅇㄱㅡㅣㄷㅏ	35 四
엉기다	ㅓㅇㄱㅣㄷㅏ	35 四
엉너리치다	ㅓㅇㄴㅓㄹㅣㅊㅣㄷㅏ	109 一
엉뚱하다	ㅓㅇㄷㄷㅜㅇㅎㅏㄷㅏ	108 二
(엉덩머리	ㅓㅇㄷㅓㅇㅁㅓㄹㅣ	55 二
엉덩이	ㅓㅇㄷㅓㅇㅣ	55二, 75四
엉망	ㅓㅇㅁㅏㅇ	55 二
(엉치	ㅓㅇㅊㅣ	55 二
엉클다	ㅓㅇㅋㅡㄹㄷㅏ	41 四

(엉크르다	ㅓㅇㅋㅡㄹㅡㄷㅏ	41 四
엉큼성큼	ㅓㅇㅋㅡㅁㅅㅓㅇㅋㅡㅁ	91 四
엉큼스럽다	ㅓㅇㅋㅡㅁㅅㅡㄹㅓㅂㄷㅏ	108 二
엉큼하다	ㅓㅇㅋㅡㅁㅎㅏㄷㅏ	108 二
엉큼엉큼	ㅓㅇㅋㅡㅁㅓㅇㅋㅡㅁ	109 一
(엉킈다	ㅓㅇㅋㅡㅣㄷㅏ	35 四
엉키다	ㅓㅇㅋㅣㄷㅏ	35 四
엉터리	ㅓㅇㅌㅓㄹㅣ	109 一
엉얼엉얼	ㅓㅇㅓㄹㅓㅇㅓㄹ	109 二
엊그지께	ㅓㅈㄱㅡㅈㅣㄲㅔ	55 二
엊그제	ㅓㅈㄱㅡㅈㅔ	55 二
엊지녁	ㅓㅈㅈㅣㄴㅕㄱ	116 二
어찌	ㅓㅉㅣ	109 二
어찔하다	ㅓㅉㅣㄹㅎㅏㄷㅏ	106 四
어찔어찔	ㅓㅉㅣㄹㅓㅉㅣㄹ	109 二
(어지께	ㅓㅈㅣㄲㅔ	55 二
어제	ㅓㅈㅔ	55 二
어젯밤	ㅓㅈㅔㅅㅂㅏㅁ	66 二
어젯지녁	ㅓㅈㅔㅅㅈㅣㄴㅕㄱ	116 二
어줍다	ㅓㅈㅜㅂㄷㅏ	62四,98二
어중되다	ㅓㅈㅜㅇㄷㅚㄷㅏ	109 二
어지간하다	ㅓㅈㅣㄱㅏㄴㅎㅏㄷㅏ	109 二
어질다	ㅓㅈㅣㄹㄷㅏ	109 二
어질어질	ㅓㅈㅣㄹㅓㅈㅣㄹ	109 二
어짓바르다	ㅓㅈㅣㅅㅂㅏㄹㅡㄷㅏ	109 二
어차피	ㅓㅊㅏㅍㅣ	116 二
어차어피	ㅓㅊㅏㅓㅍㅣ	109三,116二
(어치구니없다	ㅓㅊㅣㄱㅜㄴㅣㅓㅂㅅㄷㅏ	55 三
(어청이	ㅓㅊㅓㅇㅣ	36 四
어치	ㅓㅊㅣ	14 一
엎누르다	ㅓㅍㄴㅜㄹㅡㄷㅏ	109 三
엎다	ㅓㅍㄷㅏ	109 三
(엎대다	ㅓㅍㄷㅏㅣㄷㅏ	61 二
(엎더지다	ㅓㅍㄷㅓㅈㅣㄷㅏ	55 二
엎드러지다	ㅓㅍㄷㅡㄹㅓㅈㅣㄷㅏ	55二,109三
엎드리다	ㅓㅍㄷㅡㄹㅣㄷㅏ	61 二
(엎디다	ㅓㅍㄷㅣㄷㅏ	61 二
엎지르다	ㅓㅍㅈㅣㄹㅡㄷㅏ	109 三
엎치다	ㅓㅍㅊㅣㄷㅏ	109 三
엎이누르다	ㅓㅍㅣㄴㅜㄹㅡㄷㅏ	109 三
엎어지다	ㅓㅍㅓㅈㅣㄷㅏ	55三,109三
엎으러지다	ㅓㅍㅡㄹㅓㅈㅣㄷㅏ	55 三
(어여	ㅓㅕ	89 二
어연간하다	ㅓㅕㄴㄱㅏㄴㅎㅏㄷㅏ	109二,116二
(어여뿌다	ㅓㅕㅃㅜㄷㅏ	21 三
(어여쁘다	ㅓㅕㅃㅡㄷㅏ	21 三
어여싸	ㅓㅕㅆㅏ	109 三
(어영가시	ㅓㅕㅇㄱㅏㅅㅣ	69 四
어여차	ㅓㅕㅊㅏ	109 三
(어울르다	ㅓㅜㄹㄹㅡㄷㅏ	38 三
어울리다	ㅓㅜㄹㄹㅣㄷㅏ	107 四
어우러지다	ㅓㅜㄹㅓㅈㅣㄷㅏ	107 四
어우르다	ㅓㅜㄹㅡㄷㅏ	38三,10 四
어운	ㅓㅜㄴ	44 二
어이	ㅓㅣ	116 二
에끄나	ㅔㄲㅡㄴㅏ	109 三
에구	ㅔㄱㅜ	109 三
에구머니	ㅔㄱㅜㅁㅓㄴㅣ	109 三
에게	ㅔㄱㅔ	21一,71四,116二
엔	ㅔㄴ	116 二
엔간하다	ㅔㄴㄱㅏㄴㅎㅏㄷㅏ	116 二
에누리	ㅔㄴㅜㄹㅣ	20 三
에는	ㅔㄴㅡㄴ	116 二
(에다([illegible])	ㅔㄷㅏ	43 一
에다([illegible])	ㅔㄷㅏ	45 四
(에미	ㅔㅁㅣ	18 二
에서	ㅔㅅㅓ	116 二
어이없다	ㅓㅣㅓㅂㅅㄷㅏ	55 三
에우다	ㅔㅜㄷㅏ	43一,109三
에워싸다	ㅔㅜㅓㅆㅏㄷㅏ	109 三
(에이다	ㅔㅣㄷㅏ	45 四

ㅕ

(엮음시조	ㅕㄱㄱㅡㅁㅅㅣㅈㅗ	64 四
(역들다	ㅕㄱㄷㅡㄹㄷㅏ	61 三
(역부러	ㅕㄱㅂㅜㄹㅓ	66 四
(역성들다	ㅕㄱㅅㅓㅇㄷㅡㄹㄷㅏ	61 三
역성하다	ㅕㄱㅅㅓㅇㅎㅏㄷㅏ	61 三

역시	ㅕㄱㅅㅣ	42四,80一
(역여시	ㅕㄱㅕㅅㅣ	42 四
(여긔	ㅕㄱㅡㅣ	35 四
여기	ㅕㄱㅣ	35四,116二
(연감개	ㅕㄴㄱㅏㅁㄱㅏㅣ	69 三
연가시	ㅕㄴㄱㅏㅅㅣ	69 四
(연년이	ㅕㄴㄴㅕㄴㅣ	69 二
(연돌	ㅕㄴㄷㅗㄹ	67 二
연비연비	ㅕㄴㅂㅣㅕㄴㅂㅣ	74 三
연통	ㅕㄴㅌㅗㅇ	75 四
여덟	ㅕㄷㅕㄹㅂ	19 三
(여듧	ㅕㄷㅡㄹㅂ	19 三
(여들헤	ㅕㄷㅡㄹㅎㅓㅣ	41 四
여드레	ㅕㄷㅡㄹㅓㅣ	41四,115四
여드렛날	ㅕㄷㅡㄹㅓㅣㅅㄴㅏㄹ	115 四
열구자	ㅕㄹㄱㅜㅈㅏ	69四,93四,116二
열나다	ㅕㄹㄴㅏㄷㅏ	104 三
(열대	ㅕㄹㄷㅏㅣ	61 三
열매	ㅕㄹㅁㅏㅣ	61 三
엷다	ㅕㄹㅂㄷㅏ	109 三
(열빠지다	ㅕㄹㅂㅂㅏㅈㅣㄷㅏ	18 三
(열씨	ㅕㄹㅅㅅㅣ	64 四
열쇠	ㅕㄹㅅㅗㅣ	61 三
열채	ㅕㄹㅊㅏㅣ	109 四
열통적다	ㅕㄹㅌㅗㅇㅈㅓㄱㄷㅏ	83 一
열하루	ㅕㄹㅎㅏㄹㅜ	116 三
열하룻날	ㅕㄹㅎㅏㄹㅜㅅㄴㅏㄹ	116 三
열흘	ㅕㄹㅎㅡㄹ	109四,115四
열흘날	ㅕㄹㅎㅡㄹㄴㅏㄹ	109四,115四
여러가지	ㅕㄹㅓㄱㅏㅈㅣ	69四,110一
여러날	ㅕㄹㅓㄴㅏㄹ	69 四
여러대	ㅕㄹㅓㄷㅏㅣ	66 二
여러번	ㅕㄹㅓㅂㅓㄴ	69四,109四
여러분	ㅕㄹㅓㅂㅜㄴ	69四,109四
여러차례	ㅕㄹㅓㅊㅏㄹㅕㅣ	109 四
여러해	ㅕㄹㅓㅎㅏㅣ	69 四
(열음	ㅕㄹㅡㅁ	61 三
여름타다	ㅕㄹㅡㅁㅌㅏㄷㅏ	109 四
여리다	ㅕㄹㅣㄷㅏ	109 四
(염글다	ㅕㅁㄱㅡㄹㄷㅏ	55 三
(염료	ㅕㅁㄹㅛ	68 一
(염생이	ㅕㅁㅅㅏㅣㅇㅣ	18 一
염소	ㅕㅁㅅㅗ	18 一
(염증	ㅕㅁㅈㅡㅇ	65 二
염치	ㅕㅁㅊㅣ	109 四
(여목	ㅕㅁㅗㄱ	67 四
여물다	ㅕㅁㅜㄹㄷㅏ	55 三
여무지다	ㅕㅁㅜㅈㅣㄷㅏ	29二,109四
(여므지다	ㅕㅁㅡㅈㅣㄷㅏ	29 二
(엽초	ㅕㅂㅊㅗ	62 三
(여복	ㅕㅂㅗㄱ	26 一
여북	ㅕㅂㅜㄱ	26 一
엿방망이	ㅕㅅㅂㅏㅇㅁㅏㅇㅣ	69 四
엿새	ㅕㅅㅅㅏㅣ	115 四
엿샛날	ㅕㅅㅅㅏㅣㅅㄴㅏㄹ	115 四
(여사여사하다	ㅕㅅㅏㅕㅅㅏㅎㅏㄷㅏ	66 四
(여순	ㅕㅅㅜㄴ	27 三
여쉰	ㅕㅅㅜㅣㄴ	27 三
(여시	ㅕㅅㅣ	69 四
(여시여시하다	ㅕㅅㅣㅕㅅㅣㅎㅏㄷㅏ	66 四
(영	ㅕㅇ	70 四
영글다	ㅕㅇㄱㅡㄹㄷㅏ	55 三
영절스럽다	ㅕㅇㅈㅓㄹㅅㅡㄹㅓㅂㄷㅏ	55 三
(영지감스럽다	ㅕㅇㅈㅣㄱㅏㅁㅅㅡㄹㅓㅂㄷㅏ	55 三
(영픠우다	ㅕㅇㅍㅡㅣㅜㄷㅏ	25 四
영피우다	ㅕㅇㅍㅣㅜㄷㅏ	35 四
여주	ㅕㅈㅜ	30 四
(여지	ㅕㅈㅣ	30 四
(여지러지다	ㅕㅈㅣㄹㅓㅈㅣㄷㅏ	21 三
(여차여차하다	ㅕㅊㅏㅕㅊㅏㅎㅏㄷㅏ	66 四
옅다	ㅕㅌㄷㅏ	108 一
여태	ㅕㅌㅏㅣ	70一,112四
옆	ㅕㅍ	49三,109四
옆구리	ㅕㅍㄱㅜㄹㅣ	104 一
(옆댕이	ㅕㅍㄷㅏㅣㅇㅣ	49 三
(여호	ㅕㅎㅗ	55 三
(여희다	ㅕㅎㅡㅣㄷㅏ	41 四
여우	ㅕㅜ	55 三

여울	ㅕㅜㄹ	29 二
(여위	ㅕㅜㅣ	55 三
여위다	ㅕㅜㅣㄷㅏ	109 四
(여을	ㅕㅡㄹ	29 二
여의다	ㅕㅡㅣㄷㅏ	41 四
예(答語)	ㅕㅣ	37 二
예(此處)	ㅕㅣ	116 二
예닐곱	ㅕㅣㄴㅣㄹㄱㅗㅂ	39 三
(여이다	ㅕㅣㄷㅏ	41 四
예로부터	ㅕㅣㄹㅗㅂㅜㅌㅓ	70 一
예뿌다	ㅕㅣㅂㅂㅜㄷㅏ	21 三
예쁘다	ㅕㅣㅂㅂㅡㄷㅏ	21 三
옛적	ㅕㅣㅅㅈㅓㄱ	109 四
예사롭다	ㅕㅣㅅㅏㄹㅗㅂㄷㅏ	15 一
예순	ㅕㅣㅅㅜㄴ	27 三
(예수롭다	ㅕㅣㅅㅜㄹㅗㅂㄷㅏ	15 一
(예쉰	ㅕㅣㅅㅜㅣㄴ	27 三
(옛닐곱	ㅕㅣㅅㄴㅣㄹㄱㅗㅂ	39 三

ㅗ

오	ㅗ	110 一
옥다	ㅗㄱㄷㅏ	110 一
(옥다구니	ㅗㄱㄷㅏㄱㅜㄴㅣ	54 四
옥사장이	ㅗㄱㅅㅏㅈㅏㅇㅣ	61 三
옥쇄장	ㅗㄱㅅㅗㅏㅣㅈㅏㅇ	61 三
옥수수	ㅗㄱㅅㅜㅅㅜ	70 一
(오곰하다	ㅗㄱㅗㅁ하ㄷㅏ	30 一
(오구리다	ㅗㄱㅜㄹㅣㄷㅏ	30 一
(오굿하다	ㅗㄱㅜㅅ하ㄷㅏ	30 一
오글쪼글	ㅗㄱㅡㄹㅈㅈㅗㄱㅡㄹ	111 一
오그러뜨리다	ㅗㄱㅡㄹㅓㄷㄷㅡㄹㅣㄷㅏ	111 一
오그러지다	ㅗㄱㅡㄹㅓㅈㅣㄷㅏ	11[illegible] 四
오글오글	ㅗㄱㅡㄹㅗㄱㅡㄹ	111 一
오그리다	ㅗㄱㅡㄹㅣㄷㅏ	30一,111一
오금뜨다	ㅗㄱㅡㅁㄷㄷㅡㄷㅏ	61 三
(오금밀리다	ㅗㄱㅡㅁㅁㅣㄹㄹㅣㄷㅏ	61 三
오긋하다	ㅗㄱㅡㅅ하ㄷㅏ	30一,110一
온갖	ㅗㄴㄱㅏㅈ	21四,110一
온통	ㅗㄴㅌㅗㅇ	21 四
(오날	ㅗㄴㅏㄹ	30 一
오냐	ㅗㄴㅑ	110 一
(오누(兄妹)	ㅗㄴㅜ	27 四
(오누(矢筈)	ㅗㄴㅜ	30 二
(오눌	ㅗㄴㅜㄹ	30 一
오뉘	ㅗㄴㅜㅣ	27 四
오늘	ㅗㄴㅡㄹ	30一,110一
오늘날	ㅗㄴㅡㄹㄴㅏㄹ	110 一
오늬	ㅗㄴㅡㅣ	30 二
오똑하다	ㅗㄷㄷㅗㄱ하ㄷㅏ	111 一
오똑오똑	ㅗㄷㄷㅗㄱㅗㄷㄷㅗㄱ	111 一
오달지다	ㅗㄷㅏㄹㅈㅣㄷㅏ	109四,116三
오도독	ㅗㄷㅗㄷㅗㄱ	111 二
(오돌막	ㅗㄷㅗㄹㅁㅏㄱ	55 三
(오도머니	ㅗㄷㅗㅁㅓㄴㅣ	7 二
오동통하다	ㅗㄷㅗㅇㅌㅗㅇ하ㄷㅏ	111 二
오도거니	ㅗㄷㅗㄱㅓㄴㅣ	7 二
오들막	ㅗㄷㅡㄹㅁㅏㄱ	55 三
(오듸	ㅗㄷㅡㅣ	35 四
오디	ㅗㄷㅣ	35 四
올(縑條)	ㅗㄹ	110 一
올(今年)	ㅗㄹ	116 三
옭매다	ㅗㄹㄱㅁㅐㄷㅏ	110 一
(올감지	ㅗㄹㄱㅏㅁㅈㅣ	40 二
옭아매다.	ㅗㄹㄱㅏㅁㅏㅣㄷㅏ	110 一
올가미	ㅗㄹㄱㅏㅁㅣ	40 二
올강올강	ㅗㄹㄱㅏㅇㅗㄹㄱㅏㅇ	88 三
올공올공	ㅗㄹㄱㅗㅇㅂㅗㄹㄱㅗㅇ	88 三
올공올공	ㅗㄹㄱㅗㅇㅗㄹㄱㅗㅇ	88 三
올근올근	ㅗㄹㄱㅡㄴㅗㄹㄱㅡㄴ	88 三
올되다	ㅗㄹㄷㅗㅣㄷㅏ	110 二
(올[illegible]다	ㅗㄹㄹㅡㄷㅏ	38 三
올막졸막	ㅗㄹㅁㅏㄱㅈㅗㄹㅁㅏㄱ	110 一
올망졸망	ㅗㄹㅁㅏㅇㅈㅗㄹㅁㅏㅇ	110 一
올목졸목	ㅗㄹㅁㅗㄱㅈㅗㄹㅁㅗㄱ	110 一
(올빼미	ㅗㄹㅂㅂㅏㅣㅁㅣ	12 四
올빼미	ㅗㄹㅂㅂㅏㅣㅁㅣ	12 四
올벼	ㅗㄹㅂㅕ	39一,110二
올차다	ㅗㄹㅊㅏㄷㅏ	110 二

(올창이	ㅗㄹㅊㅏㅇㅣ	12 四
올챙이	ㅗㄹㅊㅏㅣㅇㅣ	12 四
올치	ㅗㄹㅊㅣ	110 一
올통볼통	ㅗㄹㅌㅗㅇㅂㅗㄹㅌㅗㅇ	111 二
올해	ㅗㄹㅎㅏㅣ	116 三
(올은쪽	ㅗㄹㅇㅡㄴㅉㅗㄱ	61 三
(오락지	ㅗㄹㅏㄱㅈㅣ	40 二
오라기	ㅗㄹㅏㄱㅣ	40二,11 一
(오라바니	ㅗㄹㅏㅂㅏㄴㅣ	14 一
(오라바님	ㅗㄹㅏㅂㅏㄴㅣㅁ	14 一
(오라바지	ㅗㄹㅏㅂㅏㅈㅣ	14 一
오라버니	ㅗㄹㅏㅂㅓㄴㅣ	14 一
오라버님	ㅗㄹㅏㅂㅓㄴㅣㅁ	14 一
(오라버지	ㅗㄹㅏㅂㅓㅈㅣ	14 一
(오랑각	ㅗㄹㅏㅇㄱㅏㄱ	61 三
오랑집	ㅗㄹㅏㅇㅈㅣㅂ	61 三
(올여	ㅗㄹㅕ	89 一
오련하다	ㅗㄹㅕㄴㅎㅏㄷㅏ	111 二
오른쪽	ㅗㄹㅡㄴㅉㅗㄱ	61 三
(오른편	ㅗㄹㅡㄴㅍㅕㄴ	61 三
(오른편짝	ㅗㄹㅡㄴㅍㅕㄴㅉㅏㄱ	61 三
오르다	ㅗㄹㅡㄷㅏ	38 三
오르르	ㅗㄹㅡㄹㅡ	111 二
오리	ㅗㄹㅣ	110 一
옴쏙하다	ㅗㅁㅆㅗㄱㅎㅏㄷㅏ	110 二
옴쏙옴쏙	ㅗㅁㅆㅗㄱㅗㅁㅆㅗㄱ	110 二
옴실거리다	ㅗㅁㅅㅣㄹㄱㅓㄹㅣㄷㅏ	111 三
옴쭉거리다	ㅗㅁㅉㅜㄱㄱㅓㄹㅣㄷㅏ	111 二
옴쭉옴쭉	ㅗㅁㅉㅜㄱㅗㅁㅉㅜㄱ	111 三
옴찍옴찍	ㅗㅁㅉㅣㄱㅗㅁㅉㅣㄱ	111 三
옴죽거리다	ㅗㅁㅈㅜㄱㄱㅓㄹㅣㄷㅏ	111 二
옴죽옴죽	ㅗㅁㅈㅜㄱㅗㅁㅈㅜㄱ	111 三
옴직옴직	ㅗㅁㅈㅣㄱㅗㅁㅈㅣㄱ	111 三
옴질거리다([illegible])	ㅗㅁㅈㅣㄹㄱㅓㄹㅣㄷㅏ	111 三
옴질거리다(陽)	ㅗㅁㅈㅣㄹㄱㅓㄹㅣㄷㅏ	111 四
옴질옴질	ㅗㅁㅈㅣㄹㅗㅁㅈㅣㄹ	111 四
옴츠러뜨리다	ㅗㅁㅊㅡㄹㅓㄸㅡㄹㅣㄷㅏ	111 四
옴츠러들다	ㅗㅁㅊㅡㄹㅓㄷㅡㄹㄷㅏ	111 四
옴츠러지다	ㅗㅁㅊㅡㄹㅓㅈㅣㄷㅏ	111 四
옴츠리다	ㅗㅁㅊㅡㄹㅣㄷㅏ	32三,111四
옴치다	ㅗㅁㅊㅣㄷㅏ	111 四
옴치리다	ㅗㅁㅊㅣㄹㅣㄷㅏ	32 三
옴켜잡다	ㅗㅁㅋㅕㅈㅏㅂㄷㅏ	111 三
옴켜쥐다	ㅗㅁㅋㅕㅈㅜㅣㄷㅏ	111 三
옴패다	ㅗㅁㅍㅏㅣㄷㅏ	111 三
옴폭하다	ㅗㅁㅍㅗㄱㅎㅏㄷㅏ	23一,110二
옴폭옴폭	ㅗㅁㅍㅗㄱㅗㅁㅍㅗㄱ	110 二
옴푹하다	ㅗㅁㅍㅜㄱㅎㅏㄷㅏ	2 一
•오막사리	ㅗㅁㅏㄱㅅㅏㄹㅣ	55 三
오망떨다	ㅗㅁㅏㅇㄸㅓㄹㄷㅏ	110 四
오망부리다	ㅗㅁㅏㅇㅂㅜㄹㅣㄷㅏ	110 四
오망스럽다	ㅗㅁㅏㅇㅅㅡㄹㅓㅂㄷㅏ	110 四
오목하다	ㅗㅁㅗㄱㅎㅏㄷㅏ	23一,110二
오목오목	ㅗㅁㅗㄱㅗㅁㅗㄱ	110 二
(오묵하다	ㅗㅁㅜㄱㅎㅏㄷㅏ	23 一
오물거리다([illegible])	ㅗㅁㅜㄹㄱㅓㄹㅣㄷㅏ	111 三
오물거리다(陽)	ㅗㅁㅜㄹㄱㅓㄹㅣㄷㅏ	111 四
오물오물	ㅗㅁㅜㄹㅗㅁㅜㄹ	111 四
(오믁하다	ㅗㅁㅡㄱㅎㅏㄷㅏ	23 一
오므러들다	ㅗㅁㅡㄹㅓㄷㅡㄹㄷㅏ	111 四
오므러지다	ㅗㅁㅡㄹㅓㅈㅣㄷㅏ	111 四
오므리다	ㅗㅁㅡㄹㅣㄷㅏ	111 四
(오빠미	ㅗㅃㅏㅁㅣ	12 四
(오빠치	ㅗㅃㅏㅊㅣ	67 三
오비다	ㅗㅂㅣㄷㅏ	112 一
오비작거리다	ㅗㅂㅣㅈㅏㄱㄱㅓㄹㅣㄷㅏ	112 一
오비작오비작	ㅗㅂㅣㅈㅏㄱㅗㅂㅣㅈㅏㄱ	112 一
(옷	ㅗㅅ	8 四
옷고름	ㅗㅅㄱㅗㄹㅡㅁ	116 三
옷단	ㅗㅅㄷㅏㄴ	116 三
오슬오슬	ㅗㅅㅡㄹㅗㅅㅡㄹ	112 三
오스스	ㅗㅅㅡㅅㅡ	112 三
옹골차다	ㅗㅇㄱㅗㄹㅊㅏㄷㅏ	110 二
옹그리다	ㅗㅇㄱㅡㄹㅣㄷㅏ	112 二
(옹긔옹긔	ㅗㅇㄱㅡㅣㅗㅇㄱㅡㅣ	85 四
(옹기	ㅗㅇㄱㅣ	70 一

옹기옹기	ㅗㅇㄱㅣㅗㅇㄱㅣ	85 四
(옹두라지	ㅗㅇㄷㅜㄹㅏㅈㅣ	48 三
옹두리	ㅗㅇㄷㅜㄹㅣ	48三,110二
(옹두리뼈	ㅗㅇㄷㅜㄹㅣㅃㅕ	68 二
(옹바기	ㅗㅇㅂㅏㄱㅣ	12 四
옹배기	ㅗㅇㅂㅏㅣㄱㅣ	12 四
옹송그리다	ㅗㅇㅅㅗㅇㄱㅡㄹㅣㄷㅏ	112 二
옹송크리다	ㅗㅇㅅㅗㅇㅋㅡㄹㅣㄷㅏ	112 二
옹찰옹잘	ㅗㅇㅊㅏㄹㅗㅇㅈㅏㄹ	109 二
옹크리다	ㅗㅇㅋㅡㄹㅣㄷㅏ	112 二
옹알옹알	ㅗㅇㅏㄹㅗㅇㅏㄹ	109 二
옹이	ㅗㅇㅣ	110 二
(오작	ㅗㅈㅏㄱ	15 二
(오적어	ㅗㅈㅓㄱㅓ	55 三
(오좀	ㅗㅈㅗㅁ	29 二
오죽	ㅗㅈㅜㄱ	15 二
오줌	ㅗㅈㅜㅁ	29 二
(오즉	ㅗㅈㅡㄱ	33 三
(오즘	ㅗㅈㅡㅁ	29 二
오직	ㅗㅈㅣㄱ	33 三
오지끈뚝딱	ㅗㅈㅣㄲㅡㄴㄸㅜㄱㄸㅏㄱ	112 二
오지끈오지끈	ㅗㅈㅣㄲㅡㄴㅗㅈㅣㄲㅡㄴ	112 二
오지그릇	ㅗㅈㅣㄱㅡㄹㅡㅅ	70一,98四
오지다	ㅗㅈㅣㄷㅏ	116 三
오징어	ㅗㅈㅣㅇㅓ	55 三
옻	ㅗㅊ	8 四
(옽	ㅗㅌ	8 四
오히려	ㅗㅎㅣㄹㅕ	41 一
왁자지껄하다	Iㅏㄱㅈㅏㅈㅣㄲㅓㄹㅎㅏㄷㅏ	110 二
왁자하다	Iㅏㄱㅈㅏㅎㅏㄷㅏ	110 二
(왁저기	Iㅏㄱㅈㅓㄱㅣ	3 二
왁저지	Iㅏㄱㅈㅓㅈㅣ	3 二
(와가	Iㅏㄱㅏ	67 二
와각와각	Iㅏㄱㅏㄱ Iㅏㄱㅏㄱ	110 三
와글와글	Iㅏㄱㅡㄹ Iㅏㄱㅡㄹ	110 三
완자	Iㅏㄴㅈㅏ	70 一
와당탕	Iㅏㄷㅏㅇㅌㅏㅇ	111 二
왈딱	Iㅏㄹㄸㅏㄱ	110 三
왈칵	Iㅏㄹㅋㅏㄱ	110 三
와락	Iㅏㄹㅏㄱ	110 三
와르르	Iㅏㄹㅡㄹㅡ	111 二
와싹와싹	Iㅏㅆㅏㄱ Iㅏㅆㅏㄱ	87 三
와삭와삭	Iㅏㅅㅏㄱ Iㅏㅅㅏㄱ	87 三
왕개미	Iㅏㅇㄱㅏㅣㅁㅣ	66 三
왕겨	Iㅏㅇㄱㅕ	74 三
왕골자리	Iㅏㅇㄱㅗㄹㅈㅏㄹㅣ	110 三
왕벌	Iㅏㅇㅂㅓㄹ	55三,110三
:왕퉁이	Iㅏㅇㅌㅜㅇㅣ	55 三
왕파리	Iㅏㅇㅍㅏㄹㅣ	93 二
(왕왕	Iㅏㅇ Iㅏㅇ	15 四
와지끈뚝딱	Iㅏㅈㅣㄲㅡㄴㄸㅜㄱㄸㅏㄱ	112 二
와지끈와지끈	Iㅏㅈㅣㄲㅡㄴ Iㅏㅈㅣㄲㅡㄴ	112 二
왜	Iㅏㅣ	27 一
(왜가다	Iㅏㅣㄱㅏㄷㅏ	64 三
왜글왜글	Iㅏㅣㄱㅡㄹ Iㅏㅣㄱㅡㄹ	110 三
왜그르르	Iㅏㅣㄱㅡㄹㅡㄹㅡ	110 三
왱그렁뎅그렁	Iㅏㅣㅇㄱㅡㄹㅓㅇㄷㅓㅣㅇㄱㅡㄹㅓㅇ	110 三
왱뎅	Iㅏㅣㅇㄷㅓㅣㅇ	110 三
왱뎅그렁(金聲)	Iㅏㅣㅇㄷㅓㅣㅇㄱㅡㄹㅓㅇ	110 三
왱뎅그렁(喧騷)	Iㅏㅣㅇㄷㅓㅣㅇㄱㅡㄹㅓㅇ	110 三
왜장녀	Iㅏㅣㅈㅏㅇㄴㅕ	110 三
오얏	ㅗㅑㅅ	21 四
(오양간	ㅗㅑㅇㄱㅏㄴ	21 四
(오여서다	ㅗㅕㅅㅓㄷㅏ	21 四
외	ㅗㅣ	116 三
오이	ㅗㅣ	116 三
(왼갖	ㅗㅣㄴㄱㅏㅈ	21 四
왼쪽	ㅗㅣㄴㅉㅗㄱ	61 四
(왼통	ㅗㅣㄴㅌㅗㅇ	21 四
왼편	ㅗㅣㄴㅍㅕㄴ	61 四
(왼편짝	ㅗㅣㅍㅕㄴㅉㅏㄱ	61 四
외눈퉁이	ㅗㅣㄴㅜㄴㅌㅜㅇㅣ	69 三
(외누리	ㅗㅣㄴㅜㄹㅣ	20 三
외다	ㅗㅣㄷㅏ	43 三
(외대바기	ㅗㅣㄷㅏㅣㅂㅏㄱㅣ	69 三
(외려	ㅗㅣㄹㅕ	41 一
(오이려	ㅗㅣㄹㅕ	41 一
(외로히	ㅗㅣㄹㅗㅎㅣ	41 四

외로이	ㅗㅣㄹㅗㅣ	41 四
외면치레	ㅗㅣㅁㅕㄴㅊㅣㄹㅓㅣ	110 三
외몫	ㅗㅣㅁㅗㄱㅅ	48 三
(외롱몫	ㅗㅣㄹㅗㅇㅁㅗㄱㅅ	48 三
외아들	ㅗㅣㅏㄷㅡㄹ	70 一
(외얏	ㅗㅣㅑㅅ	21 四
(외야서다	ㅗㅣㅑㅅㅓㄷㅏ	21 四
외양간	ㅗㅣㅑㅇㄱㅏㄴ	21 四
외양치레	ㅗㅑㅇㅊㅣㄹㅓㅣ	110 三
외어서다	ㅗㅣㅓㅅㅓㄷㅏ	21 四
(외우다	ㅗㅣㅜㄷㅏ	43 三

ㅛ

욕감태기	ㅛㄱㄱㅏㅁㅌㅏㅣㄱㅣ	2 三
(욕구러기	ㅛㄱㄱㅜㄹㅓㄱㅣ	61 四
욕먹다	ㅛㄱㅁㅓㄱㄷㅏ	110 四
욕보다	ㅛㄱㅂㅗㄷㅏ	110 四
(욕사니	ㅛㄱㅅㅏㄴㅣ	2 三
(욕삼태기	ㅛㄱㅅㅏㅁㅌㅏㅣㄱㅣ	2 三
(욕자배기	ㅛㄱㅈㅏㅂㅏㅣㄱㅣ	2 三
욕장이	ㅛㄱㅈㅏㅇㅣ	61 四
(욕주머니	ㅛㄱㅈㅜㅁㅓㄴㅣ	2 三
요괴스럽다	ㅛㄱㅗㅣㅅㅡㄹㅓㅂㄷㅏ	92 三
(요대	ㅛㄷㅏㅣ	69 二
요런	ㅛㄹㅓㄴ	113 一
요리조리	ㅛㄹㅣㅈㅗㄹㅣ	113 三
요망떨다	ㅛㅁㅏㅇㄷㄷㅓㄹㄷㅏ	110 四
요망부리다	ㅛㅁㅏㅇㅂㅜㄹㅣㄷㅏ	110 四
요망스럽다	ㅛㅁㅏㅇㅅㅡㄹㅓㅂㄷㅏ	110 四
요마적	ㅛㅁㅏㅈㅓㄱ	113 四
요사이	ㅛㅅㅏㅣ	113 四
(용고새	ㅛㅇㄱㅗㅅㅏㅣ	55 三
(용도	ㅛㅇㄷㅗ	68 二
용마루	ㅛㅇㅁㅏㄹㅜ	66 [illegible]
용마름	ㅛㅇㅁㅏㄹㅡㅁ	55 三
(용병	ㅛㅇㅂㅕㅇ	63 四
용수뒤	ㅛㅇㅅㅜㄷㅜㅣ	92 三
요즘	ㅛㅈㅡㅁ	116 三
(요즈막	ㅛㅈㅡㅁㅏㄱ	32 三
요즈음	ㅛㅈㅡㅡㅁ	32三, 113四, 116三
(요지막	ㅛㅈㅣㅁㅏㄱ	32 三
(요지음	ㅛㅈㅣㅡㅁ	32 三

ㅜ

욱기	ㅜㄱㄱㅣ	55 四
욱다	ㅜㄱㄷㅏ	110 一
(욱둥이	ㅜㄱㄷㅜㅇㅣ	55 四
(욱박지르다	ㅜㄱㅂㅏㄱㅈㅣㄹㅡㄷㅏ	30 二
욱신거리다	ㅜㄱㅅㅣㄴㄱㅓㄹㅣㄷㅏ	110 四
욱신덕신	ㅜㄱㅅㅣㄴㄷㅓㄱㅅㅣㄴ	110 四
욱신욱신	ㅜㄱㅅㅣㄴㅜㄱㅅㅣㄴ	110 四
욱실거리다	ㅜㄱㅅㅣㄹㄱㅓㄹㅣㄷㅏ	110 四
욱실덕실	ㅜㄱㅅㅣㄹㄷㅓㄱㅅㅣㄹ	110 四
욱실욱실	ㅜㄱㅅㅣㄹㅜㄱㅅㅣㄹ	110 四
우글거리다	ㅜㄱㅡㄹㄱㅓㄹㅣㄷㅏ	110 四
우글쭈글	ㅜㄱㅡㄹㅈㅈㅜㄱㅡㄹ	111 一
우그러뜨리다	ㅜㄱㅡㄹㅓㄷㄷㅡㄹㅣㄷㅏ	111 一
우그러지다	ㅜㄱㅡㄹㅓㅈㅣㄷㅏ	110 四
우글우글(衆動)	ㅜㄱㅡㄹㅜㄱㅡㄹ	110 四
우글우글(縮皺)	ㅜㄱㅡㄹㅜㄱㅡㄹ	111 一
우그리다	ㅜㄱㅡㄹㅣㄷㅏ	111 一
우긋하다	ㅜㄱㅡㅅㅎㅏㄷㅏ	110 一
운두	ㅜㄴㄷㅜ	7 四
(운작 -	ㅜㄴㅈㅏㄱ	54 一
우뚝하다	ㅜㄷㄷㅜㄱㅎㅏㄷㅏ	111 一
우뚝우뚝	ㅜㄷㄷㅜㄱㅜㄷㄷㅜㄱ	111 一
우당탕	ㅜㄷㅏㅇㅌㅏㅇ	111 二
우두둑	ㅜㄷㅜㄷㅜㄱ	111 二
(우두머니	ㅜㄷㅜㅁㅓㄴㅣ	7 二
우둥룽하다	ㅜㄷㅜㅇㄹㅜㅇㅎㅏㄷㅏ	111 二
우두커니	ㅜㄷㅜㅋㅓㄴㅣ	7 二
우듬지	ㅜㄷㅡㅁㅈㅣ	112 二
울	ㅜㄹ	116 三
(울꺽	ㅜㄹㄱㄱㅓㄱ	4 二
(울구다	ㅜㄹㄱㅜㄷㅏ	55 四
(울떡	ㅜㄹㄷㄷㅓㄱ	4 二
울렁거리다	ㅜㄹㄹㅓㅇㄱㅓㄹㅣㄷㅏ	82 二

울렁울렁	ㅜㄹㄹㅓㅇㅜㄹㄹㅓㅇ	82 三
울먹줄먹	ㅜㄹㅁㅓㄱㅈㅜㄹㅁㅓㄱ	110 一
울멍줄멍	ㅜㄹㅁㅓㅇㅈㅜㄹㅁㅓㅇ	110 一
울묵줄묵	ㅜㄹㅁㅜㄱㅈㅜㄹㅁㅜㄱ	110 一
울컥	ㅜㄹㅋㅓㄱ	4 二
울타리	ㅜㄹㅌㅏㄹㅣ	116 三
울퉁불퉁	ㅜㄹㅌㅜㅇㅂㅜㄹㅌㅜㅇ	111 二
(우래	ㅜㄹㅐ	20 三
(우레	ㅜㄹㅔ	20 三
우련하다	ㅜㄹㅕㄴ하다	111 二
우뢰	ㅜㄹㅗㅣ	20 三
우르르	ㅜㄹㅡㄹㅡ	111 二
우리	ㅜㄹㅣ	111 二
우리네	ㅜㄹㅣㄴㅔ	111 二
우리다	ㅜㄹㅣㄷㅏ	55 四
(움막	ㅜㅁㅁㅏㄱ	61 四
움벼	ㅜㅁㅂㅕ	66 三
움쑥하다	ㅜㅁㅆㅜㄱ하다	110 二
움쑥움쑥	ㅜㅁㅆㅜㄱㅜㅁㅆㅜㄱ	110 二
움실거리다	ㅜㅁㅅㅣㄹㄱㅓㄹㅣㄷㅏ	111 三
움쭉거리다	ㅜㅁㅉㅜㄱㄱㅓㄹㅣㄷㅏ	111 二
움쭉움쭉	ㅜㅁㅉㅜㄱㅜㅁㅉㅜㄱ	111 三
움찍움찍	ㅜㅁㅉㅣㄱㅜㅁㅉㅣㄱ	111 三
움죽거리다	ㅜㅁㅈㅜㄱㄱㅓ ㄹㅣㄷㅏ	111 二
움죽움죽	ㅜㅁㅈㅜㄱㅜㅁㅈㅜㄱ	111 三
(움즉이다	ㅜㅁㅈㅡㄱㅣㄷㅏ	33 三
움직움직	ㅜㅁㅈㅣㄱㅜㅁㅈㅣㄱ	111 三
움직이다	ㅜㅁㅈㅣㄱㅣㄷㅏ	33 三
움질거리다(蠢)	ㅜㅁㅈㅣㄹㄱㅓㄹㅣㄷㅏ	111 三
움질거리다(爵)	ㅜㅁㅈㅣㄹㄱㅓㄹㅣㄷㅏ	111 四
움질움질	ㅜㅁㅈㅣㄹㅜㅁㅈㅣㄹ	111 四
움집	ㅜㅁㅈㅣㅂ	61 四
움츠러뜨리다	ㅜㅁㅊㅡㄹㅓㄸㅡㄹㅣㄷㅏ	111 四
움츠러들다	ㅜㅁㅊㅡㄹㅓㄷㅡㄹㄷㅏ	111 四
움츠러지다	ㅜㅁㅊㅡㄹㅓㅈㅣㄷㅏ	111 四
움츠리다	ㅜㅁㅊㅡㄹㅣㄷㅏ	111 四
움치다	ㅜㅁㅊㅣㄷㅏ	111 四
움켜잡다	ㅜㅁㅋㅕㅈㅏㅂㄷㅏ	111 三
움켜쥐다	ㅜㅁㅋㅕㅈㅜㅣㄷㅏ	111 三
움파	ㅜㅁㅍㅏ	66 三
움패다	ㅜㅁㅍㅐㄷㅏ	111 三
움푹하다	ㅜㅁㅍㅜㄱ하다	110 二
움푹움푹	ㅜㅁㅍㅜㄱㅜㅁㅍㅜㄱ	110 二
우묵하다	ㅜㅁㅜㄱ하다	110 二
우묵우묵	ㅜㅁㅜㄱㅜㅁㅜㄱ	110 二
우물거리다(蠢)	ㅜㅁㅜㄹㄱㅓㄹㅣㄷㅏ	111 三
우물거리다(爵)	ㅜㅁㅜㄹㄱㅓㄹㅣㄷㅏ	111 四
우물우물	ㅜㅁㅜㄹㅜㅁㅜㄹ	111 四
우뭇가사리	ㅜㅁㅜㅅㄱㅏㅅㅏㄹㅣ	47 一,111 四
(우뭇가시	ㅜㅁㅜㅅㄱㅏㅅㅣ	47 一
우므러들다	ㅜㅁㅡㄹㅓㄷㅡㄹㄷㅏ	111 四
우므러지다	ㅜㅁㅡㄹㅓㅈㅣㄷㅏ	111 四
우므리다	ㅜㅁㅡㄹㅣㄷㅏ	111 四
우박	ㅜㅂㅏㄱ	70 二
(우방	ㅜㅂㅏㅇ	55 四
우비다	ㅜㅂㅣㄷㅏ	112 一
우비적거리다	ㅜㅂㅣㅈㅓㄱㄱㅓㄹㅣㄷㅏ	112 一
우비적우비적	ㅜㅂㅣㅈㅓㄱㅜㅂㅣㅈㅓㄱ	112 一
웃	ㅜㅅ	112 一
(웃걸이	ㅜㅅㄱㅓㄹㅣ	61 四
(웃더깡이	ㅜㅅㄷㅓㄲㅏㅇㅣ	18 二
(웃더깽이	ㅜㅅㄷㅓㄲㅐㅇㅣ	18 二
(웃더껑이	ㅜㅅㄷㅓㄲㅓㅇㅣ	18 二
웃더껭이	ㅜㅅㄷㅓㄲㅔㅇㅣ	18 二
웃도리	ㅜㅅㄷㅗㄹㅣ	23 一
(웃두리	ㅜㅅㄷㅜㄹㅣ	23 一
웃목	ㅜㅅㅁㅗㄱ	23 一
(웃묵	ㅜㅅㅁㅜㄱ	23 一
우썩우썩	ㅜㅆㅓㄱㅜㅆㅓㄱ	112 二
웃청	ㅜㅅㅊㅓㅇ	66 三
웃층	ㅜㅅㅊㅡㅇ	66 三
우선	ㅜㅅㅓㄴ	27 三
웃옷	ㅜㅅㅗㅅ	61 四,112 一
우수	ㅜㅅㅜ	112 一
우수리	ㅜㅅㅜㄹㅣ	112 一
(웃음바탕	ㅜㅅㅡㅁㅂㅏㅌㅏㅇ	61 四
웃음판	ㅜㅅㅡㅁㅍㅏㄴ	61 四

우습게보다	ㅜㅅㅡㅂㄱㅔㅂㅗㄷㅏ	112 一
우습게여기다	ㅜㅅㅡㅂㄱㅔㅕㄱㅣㄷㅏ	112 一
우습다	ㅜㅅㅡㅂㄷㅏ	112 一
웅그리다	ㅜㅇㄱㅡㄹㅣㄷㅏ	112 二
웅덩이	ㅜㅇㄷㅓㅇㅣ	5 四
웅숭그리다	ㅜㅇㅅㅜㅇㄱㅡㄹㅣㄷㅏ	112 二
웅숭크리다	ㅜㅇㅅㅜㅇㅋㅡㄹㅣㄷㅏ	112 二
웅절웅절	ㅜㅇㅈㅓㄹㅜㅇㅈㅓㄹ	109 二
웅크리다	ㅜㅇㅋㅡㄹㅣㄷㅏ	112 二
웅큼	ㅜㅇㅋㅡㅁ	39 四
(웅텅이	ㅜㅇㅌㅓㅇㅣ	5 四
웅얼웅얼	ㅜㅇㅓㄹㅜㅇㅓㄹ	109 二
우쩍우쩍	ㅜㅉㅓㄱㅜㅉㅓㄱ	112 二
우적우적	ㅜㅈㅓㄱㅜㅈㅓㄱ	112 二
우죽	ㅜㅈㅜㄱ	112 二
우지끈뚝딱	ㅜㅈㅣㄲㅡㄴㄸㅜㄱㄸㅏㄱ	112 二
우지끈우지끈	ㅜㅈㅣㄲㅡㄴㅜㅈㅣㄲㅡㄴ	112 二
(우큼	ㅜㅋㅡㅁ	39 四
우악살스럽다	ㅜㅏㄱㅅㅏㄹㅅㅡㄹㅓㅂㄷㅏ	112 二
우악스럽다	ㅜㅏㄱㅅㅡㄹㅓㅂㄷㅏ	112 二
우악하다	ㅜㅏㄱㅎㅏㄷㅏ	112 二
원	ㅜㅓㄴ	70 二
(원간	ㅜㅓㄴㄱㅏㄴ	55 四
(원성이	ㅜㅓㄴㅅㅓㅇㅣ	70 二
원수	ㅜㅓㄴㅅㅜ	31 二
원숭이	ㅜㅓㄴㅅㅜㅇㅣ	70 二
(원청강	ㅜㅓㄴㅊㅓㅇㄱㅏㅇ	55 四
(원체	ㅜㅓㄴㅊㅔ	55 四
원낙	ㅜㅓㄴㄴㅏㄱ	55 四
(워느니	ㅜㅓㄴㅡㄴㅣ	55 四
(월력	ㅜㅓㄹㄹㅕㄱ	62 一
(월방	ㅜㅓㄹㅂㅏㅇ	36 四
워썩워썩	ㅜㅓㅅㅅㅓㄱㅜㅓㅅㅅㅓㄱ	87 三
워석워석	ㅜㅓㅅㅓㄱㅜㅓㅅㅓㄱ	87 三
우엉	ㅜㅓㅇ	55 四
(웨	ㅜㅔ	27 一
(웬만치	ㅜㅔㄴㅁㅏㄴㅊㅣ	55 四
웬만큼	ㅜㅔㄴㅁㅏㄴㅋㅡㅁ	55 四
웬만하다	ㅜㅔㄴㅁㅏㄴㅎㅏㄷㅏ	116 三
(웬수	ㅜㅔㄴㅅㅜ	31 二
우연만하다	ㅜㅕㄴㅁㅏㄴㅎㅏㄷㅏ	109 二, 116 三
위	ㅜㅣ	112 一
(위선	ㅜㅣㅅㅓㄴ	27 三

ㅠ

(유기	ㅠㄱㅣ	57 一
윤나다	ㅠㄴㄴㅏㄷㅏ	74 四
윤달	ㅠㄴㄷㅏㄹ	55 四
(윤삭	ㅠㄴㅅㅏㄱ	55 四
(윤월	ㅠㄴㅜㅓㄹ	55 四
(율모	ㅠㄹㅁㅗ	26 一
율무	ㅠㄹㅁㅜ	26 一

ㅡ

으깨다	ㅡㄲㅐㄷㅏ	17 二, 112 三
으끄러뜨리다	ㅡㄲㅡㄹㅓㄸㅡㄹㅣㄷㅏ	112 三
으끄러지다	ㅡㄲㅡㄹㅓㅈㅣㄷㅏ	4 二, 112 三
으끄지르다	ㅡㄲㅡㅈㅣㄹㅡㄷㅏ	112 三
(으끼다	ㅡㄲㅣㄷㅏ	17 二
윽박다	ㅡㄱㅂㅏㄱㄷㅏ	112 三
윽박지르다	ㅡㄱㅂㅏㄱㅈㅣㄹㅡㄷㅏ	30 二, 112 三
으그러뜨리다	ㅡㄱㅡㄹㅓㄸㅡㄹㅣㄷㅏ	112 三
(으그리다	ㅡㄱㅡㄹㅣㄷㅏ	39 四
은조롱	ㅡㄴㅈㅗㄹㅗㅇ	70 二
(은헤	ㅡㄴㅎㅓㅣ	20 一
은혜	ㅡㄴㅎㅕㅣ	20 一
으드득	ㅡㄷㅡㄷㅡㄱ	111 二
으드등거리다	ㅡㄷㅡㄷㅡㅇㄱㅓㄹㅣㄷㅏ	112 三
으드등으드등	ㅡㄷㅡㄷㅡㅇㅡㄷㅡㄷㅡㅇ	112 三
(을르다	ㅡㄹㄹㅡㄷㅏ	38 三
(을마	ㅡㄹㅁㅏ	19 三
으레	ㅡㄹㅕㅣ	31 四
으르다	ㅡㄹㅡㄷㅏ	38 三
으르렁거리다	ㅡㄹㅡㄹㅓㅇㄱㅓㄹㅣㄷㅏ	112 三
으르렁으르렁	ㅡㄹㅡㄹㅓㅇㅡㄹㅡㄹㅓㅇ	112 三
으리으리	ㅡㄹㅣㅡㄹㅣ	112 三
(음달	ㅡㅁㄷㅏㄹ	7 二
음전하다	ㅡㅁㅈㅓㄴㅎㅏㄷㅏ	112 四

음충하다	ㅡㅁㅊㅜㅇ하ㄷㅏ	112 四
(읎다	ㅡㅂㅅㄷㅏ	19 三
으썩	ㅡㅅㅅㅓㄱ	109 一
으슬렁으슬렁	ㅡㅅㅡㄹㄹㅓㅇㅡㅅㅡㄹㄹㅓㅇ	112 三
으스러뜨리다	ㅡㅅㅡㄹㅓㄷㄷㅡㄹㅣㄷㅏ	89 一
으스러지다	ㅡㅅㅡㄹㅓㅈㅣㄷㅏ	112 三
으슬으슬	ㅡㅅㅡㄹㅡㅅㅡㄹ	112 三
으스스	ㅡㅅㅡㅅㅡ	112 三
응그리다	ㅡㅇㄱㅡㄹㅣㄷㅏ	39 四
응달	ㅡㅇㄷㅏㄹ	7 二
응석	ㅡㅇㅅㅓㄱ	108 四
응얼응얼	ㅡㅇㅓㄹㅡㅇㅓㄹ	109 二
으쩍	ㅡㅈㅈㅓㄱ	109 一
으츠러지다	ㅡㅊㅡㄹㅓㅈㅣㄷㅏ	112 三
(으크러지다	ㅡㅋㅡㄹㅓㅈㅣㄷㅏ	4 二
의거리	ㅡㅣㄱㅓㄹㅣ	112 四
(의게	ㅡㅣㄱㅔ	21 一
의논	ㅡㅣㄴㅗㄴ	4 三
(의론	ㅡㅣㄹㅗㄴ	4 三
(의례	ㅡㅣㄹㅖ	21 四
의뭉스럽다	ㅡㅣㅁㅜㅇㅅㅡㄹㅓㅂㄷㅏ	112 四
의뭉하다	ㅡㅣㅁㅜㅇ하ㄷㅏ	112 四
의심스럽다	ㅡㅣㅅㅣㅁㅅㅡㄹㅓㅂㄷㅏ	61 四
(의심쩍다	ㅡㅣㅅㅣㅁㅈㅈㅓㄱㄷㅏ	61 四
의장	ㅡㅣㅈㅏㅇ	112 四
의젓하다	ㅡㅣㅈㅓㅅ하ㄷㅏ	112 四
	ㅣ	
이까짓	ㅣㄱㄱㅏㅈㅣㅅ	112 四
(익달하다	ㅣㄱㄷㅏㄹ하ㄷㅏ	55 四
익숙하다	ㅣㄱㅅㅜㄱ하ㄷㅏ	55 四
(이갑실	ㅣㄱㅏㅂㅅㅣㄹ	14 三
이거	ㅣㄱㅓ	116 三
이것	ㅣㄱㅓㅅ	116 三
이겹실	ㅣㄱㅕㅂㅅㅣㄹ	14 三
(이긔다	ㅣㄱㅡㅣㄷㅏ	85 四
이기다(勝)	ㅣㄱㅣㄷㅏ	85 四
이기다(揑)	ㅣㄱㅣㄷㅏ	112 四
(인군	ㅣㄴㄱㅜㄴ	56 二
인뚱이	ㅣㄴㄷㄷㅜㅇㅣ	61 四
(인뒤웅이	ㅣㄴㄷㅜㅣㅜㅇㅣ	61 四
(인저	ㅣㄴㅈㅓ	18 三
인제	ㅣㄴㅈㅔ	18三, 113四
이날	ㅣㄴㅏㄹ	70 二
이날저날	ㅣㄴㅏㄹㅈㅓㄴㅏㄹ	70 三
이녁	ㅣㄴㅕㄱ	61四, 76一
이닙	ㅣㄴㅣㅂ	[illegible] 一
(이따감	ㅣㄷㄷㅏㄱㅏㅁ	15 四
이따금	ㅣㄷㄷㅏㄱㅡㅁ	15 四
이따위	ㅣㄷㄷㅏㅜㅣ	112 四
이때	ㅣㄷㄷㅐ	112 四
(이다	ㅣㄷㅏ	89 二
(이닥지	ㅣㄷㅏㄱㅈㅣ	86 三
이달	ㅣㄷㅏㄹ	70 三
이달저달	ㅣㄷㅏㄹㅈㅓㄷㅏㄹ	70 三
이다지	ㅣㄷㅏㅈㅣ	86 三
(이대도록	ㅣㄷㅐㄷㅗㄹㅗㄱ	36 三
(이대지	ㅣㄷㅐㅈㅣ	86 三
(이동안	ㅣㄷㅗㅇㅏㄴ	62 二
(이듬날	ㅣㄷㅡㅁㄴㅏㄹ	56 四
이듬달	ㅣㄷㅡㅁㄷㅏㄹ	112 四
이듬해	ㅣㄷㅡㅁ해	66 三
(일깨다	ㅣㄹㄱㄱㅐㄷㅏ	43 二
일깨우다	ㅣㄹㄱㄱㅐㅜㄷㅏ	43四, 71三
일곱	ㅣㄹㄱㅗㅂ	23 一
•일굽	ㅣㄹㄱㅜㅂ	23 一
일긋하다	ㅣㄹㄱㅡㅅ하ㄷㅏ	112 四
일긋얄긋	ㅣㄹㄱㅡㅅㅑㄹㄱㅡㅅ	112 四
일긋일긋	ㅣㄹㄱㅡㅅㅣㄹㄱㅡㅅ	112 四
일기죽얄기죽	ㅣㄹㄱㅣㅈㅜㄱㅑㄹㄱㅣㅈㅜㄱ	112 四
일기죽일기죽	ㅣㄹㄱㅣㅈㅜㄱㅣㄹㄱㅣㅈㅜㄱ	112 四
(일다(早)	ㅣㄹㄷㅏ	88 三
일다(興)	ㅣㄹㄷㅏ	118 二
(일러로	ㅣㄹㄹㅓㄹㅗ	66 一
(일로부터	ㅣㄹㄹㅗㅂㅜㅌㅓ	88 三
(일르다(早)	ㅣㄹㄹㅡㄷㅏ	88 三
(일르다(謂)	ㅣㄹㄹㅡㄷㅏ	88 三
일부터	ㅣㄹㅂㅜㅌㅓ	66 四

일쪽얄쪽	ㅣㄹㅈㅈㅜㄱㅑㄹㅈㅈㅜㄱ	112 四
(일쪼기	ㅣㄹㅈㅈㅡㄱㅣ	38 三
일찍	ㅣㄹㄹㅈㅈㅣㄱ	116 四
일찌기	ㅣㄹㅈㅈㅣㄱㅣ	38三,116四
일컫다	ㅣㄹㅋㅓㄷㄷㅏ	55 四
(일커르다	ㅣㄹㅋㅓㄹㅡㄷㅏ	55 四
(일헤	ㅣㄹㅎㅔ	41 四
(일홈	ㅣㄹㅎㅗㅁ	55 四
일희	ㅣㄹㅎㅡㅣ	41 四
(일히	ㅣㄹㅎㅣ	41 四
이랑	ㅣㄹㅏㅇ	113 一
이랬다저랬다	ㅣㄹㅐㅅㅅㄷㅏㅈㅓㄹㅐㅅㅅㄷㅏ	113 一
이럭저럭	ㅣㄹㅓㄱㅈㅓㄹㅓㄱ	113 一
이런	ㅣㄹㅓㄴ	113 一
(이런고로	ㅣㄹㅓㄴㄱㅗㄹㅗ	61 四
이런대로	ㅣㄹㅓㄴㄷㅐㄹㅗ	113 一
이런즉	ㅣㄹㅓㄴㅈㅡㄱ	113 二
일어나다	ㅣㄹㅓㄴㅏㄷㅏ	113 二
이런양으로	ㅣㄹㅓㄴㅑㅇㅡㄹㅗ	113 一
이러니저러니	ㅣㄹㅓㄴㅣㅈㅓㄹㅓㄴㅣ	113 二
이러면	ㅣㄹㅓㅁㅕㄴ	113 二
이러므로	ㅣㄹㅓㅁㅡㄹㅗ	61 四
이렁성저렁성	ㅣㄹㅓㅇㅅㅓㅇㅈㅓㄹㅓㅇㅅㅓㅇ	113 二
이렁저렁	ㅣㄹㅓㅇㅈㅓㄹㅓㅇ	113 一
이러저러하다	ㅣㄹㅓㅈㅓㄹㅓㅎㅏㄷㅏ	113 三
이렇게	ㅣㄹㅓㅎㄱㅔ	113二,116四
이렇다저렇다	ㅣㄹㅓㅎㄷㅏㅈㅓㄹㅓㅎㄷㅏ	113 二
이렇든지저렇든지	ㅣㄹㅓㅎㄷㅡㄴㅈㅣㅈㅓㄹㅓㅎㄷㅡㄴㅈㅣ	109 三
이렇듯	ㅣㄹㅓㅎㄷㅡㅅ	116 四
이렇듯이	ㅣㄹㅓㅎㄷㅡㅅㅣ	113二,116四
이례	ㅣㄹㅖ	41四,115四
이러이러하다	ㅣㄹㅓㅣㄹㅓㅎㅏㄷㅏ	66四,113三
이렛날	ㅣㄹㅔㅅㄴㅏㄹ	115 四
(이로	ㅣㄹㅗ	26 一
이로부터	ㅣㄹㅗㅂㅜㅌㅓ	38 三
이루	ㅣㄹㅜ	26 一
이르다(早)	ㅣㄹㅡㄷㅏ	38 三
이르다(謂)	ㅣㄹㅡㄷㅏ	38 三
이름	ㅣㄹㅡㅁ	55 四
이리(狼)	ㅣㄹㅣ	41 四
이리(此處)	ㅣㄹㅣ	56 一
이리(如此)	ㅣㄹㅣ	116 四
(일일히	ㅣㄹㅣㄹㅎㅣ	41 四
일일이	ㅣㄹㅣㄹㅣ	41 四
이리저리	ㅣㄹㅣㅈㅓㄹㅣ	113 三
이리쿵저리쿵	ㅣㄹㅣㅋㅜㅇㅈㅓㄹㅣㅋㅜㅇ	113 一
입	ㅣㅁ	11 三
(입군	ㅣㅁㄱㅜㄴ	56 二
입금	ㅣㅁㄱㅡㅁ	56 二
이만저만	ㅣㅁㅏㄴㅈㅓㅁㅏㄴ	113 一
(이만치	ㅣㅁㅏㄴㅊㅣ	26 四
(이만침	ㅣㅁㅏㄴㅊㅣㅁ	26 四
(이만콤	ㅣㅁㅏㄴㅋㅗㅁ	26 四
이만큼	ㅣㅁㅏㄴㅋㅡㅁ	26 四
이마적	ㅣㅁㅏㅈㅓㄱ	70三,11 四
(이마치	ㅣㅁㅏㅊㅣ	26 四
(이마침	ㅣㅁㅏㅊㅣㅁ	26 四
(이마콤	ㅣㅁㅏㅋㅗㅁ	26 四
(이마큼	ㅣㅁㅏㅋㅡㅁ	26 四
(이명주	ㅣㅁㅕㅇㅈㅜ	67 二
이무기	ㅣㅁㅜㄱㅣ	56 三
(이믜	ㅣㅁㅡㅣ	35 四
이미	ㅣㅁㅣ	35 四
(입귀	ㅣㅂㄱㅜㅣ	42 一
입내	ㅣㅂㄴㅐ	105 三
(입때	ㅣㅂㄷㄷㅐ	70 一
(입때까지	ㅣㅂㄷㄷㅐㄱㄱㅏㅈㅣ	70 一
입담	ㅣㅂㄷㅏㅁ	62 四
입맛	ㅣㅂㅁㅏㅅ	70 三
(입맞호다	ㅣㅂㅁㅏㅈㅎㅗㄷㅏ	26 一
입맞후다	ㅣㅂㅁㅏㅈㅎㅜㄷㅏ	26 一
(입맞히다	ㅣㅂㅁㅏㅈㅎㅣㄷㅏ	26 一
입버릇	ㅣㅂㅂㅓㄹㅡㅅ	70 三
(이뿌다	ㅣㅂㅂㅜㄷㅏ	21 三
(이쁘다	ㅣㅂㅂㅡㄷㅏ	21 三
(입쌀(正米)	ㅣㅂㅅㅅㅏㄹ	39 一

(입살(唇)	ㅣㅂㅅㅏㄹ	15 二
(입설	ㅣㅂㅅㅓㄹ	15 二
입술	ㅣㅂㅅㅜㄹ	15 二
입천장	ㅣㅂㅊㅓㄴㅈㅏㅇ	62 一
(입하늘	ㅣㅂㅎㅏㄴㅡㄹ	62 一
입아귀	ㅣㅂㅏㄱㅜㅣ	42 一
이밥	ㅣㅂㅏㅂ	7 四
이번	ㅣㅂㅓㄴ	66 四
이복	ㅣㅂㅗㄱ	72 三
이보다	ㅣㅂㅗㄷㅏ	113 三
잇다	ㅣㅅㄷㅏ	39 二
(이쌀	ㅣㅅㅅㅏㄹ	39 一
잇살	ㅣㅅㅅㅏㅌ	113 三
잇새	ㅣㅅㅅㅏㅣ	113 三
잇속	ㅣㅅㅅㅗㄱ	113 三
이사이	ㅣㅅㅏㅣ	62二,113四
이손	ㅣㅅㅗㄴ	113 四
이슥하다	ㅣㅅㅡㄱㅎㅏㄷㅏ	39 二
이슬비	ㅣㅅㅡㄹㅂㅣ	113 四
이심스럽다	ㅣㅅㅣㅁㅅㅡㄹㅓㅂㄷㅏ	94 三
(이시미	ㅣㅅㅣㅁㅣ	56 三
잉어	ㅣㅇㅓ	39 四
(잉임	ㅣㅇㅣㅁ	5 一
(이짝	ㅣㅈㅈㅏㄱ	15 一
(이쩍	ㅣㅈㅈㅓㄱ	19 二
이쪽(此方)	ㅣㅈㅈㅗㄱ	15 一
이쪽(齒片)	ㅣㅈㅈㅗㄱ	19 二
이자	ㅣㅈㅏ	113 四
이전	ㅣㅈㅓㄴ	103 四
이제	ㅣㅈㅓㅣ	113 四
이죽거리다	ㅣㅈㅜㄱㄱㅓㄹㅣㄷㅏ	48 三
(이주겨거리다	ㅣㅈㅜㄱㅕㄱㄱㅓㄹㅣㄷㅏ	48 三
이즘	ㅣㅈㅡㅁ	116 四
(이즈막	ㅣㅈㅡㅁㅏㄱ	32 三
이즈음	ㅣㅈㅡㅡㅁ	32三,115四,116四
이지러지다	ㅣㅈㅣㄹㅓㅈㅣㄷㅏ	21三,113四
(이지막	ㅣㅈㅣㅁㅏㄱ	32 三
(이지음	ㅣㅈㅣㅡㅁ	32 三
이처럼	ㅣㅊㅓㄹㅓㅁ	113 三
(이치다	ㅣㅊㅣㄷㅏ	36 三
이탓지탓	ㅣㅌㅏㅅㅈㅓㅣㅌㅏㅅ	70 四
이튿날(翌日)	ㅣㅌㅡㄷㄴㅏㄹ	56 四
이튿날(第二日)	ㅣㅌㅡㄷㄴㅏㄹ	115 四
이틀	ㅣㅌㅡㄹ	115 四
이틀거리	ㅣㅌㅡㄹㄱㅕㄹㅣ	70 四
이틈	ㅣㅌㅡㅁ	113 三
잎	ㅣㅍ	49 四
잎나무	ㅣㅍㄴㅏㅁㅜ	66 四
잎담배	ㅣㅍㄷㅏㅁㅂㅏㅣ	62 三
(잎사귀	ㅣㅍㅅㅏㄱㅜㅣ	49 四
(잎새	ㅣㅍㅅㅏㅣ	49 四
(잎초	ㅣㅍㅊㅗ	62 三
(이파리	ㅣㅍㅏㄹㅣ	4 四
(이팝	ㅣㅍㅏㅂ	7 四
(이편(此方)	ㅣㅍㅕㄴ	15 一
(이편(自己)	ㅣㅍㅕㄴ	61 四
이핑계지핑계	ㅣㅍㅣㅇㄱㅕㅣㅈㅓㅣㅍㅣㅇㄱㅕㅣ	70 四
이아치다	ㅣㅑㅊㅣㄷㅏ	35 三
이애	ㅣㅏㅣ	116 四
이아이	ㅣㅏㅣ	116 四
이야기	ㅣㅑㄱㅣ	17 四
(이얘기	ㅣㅑㅣㄱㅣ	17 四
(이어	ㅣㅓ	19 四
이어서	ㅣㅓㅅㅓ	18 三
이엉	ㅣㅓㅇ	70 四
(이에서	ㅣㅓㅣㅅㅓ	113 三
(이여서	ㅣㅕㅅㅓ	18 三
이우다	ㅣㅜㄷㅏ	30 四
(이욱하다	ㅣㅡㄱㅎㅏㄷㅏ	39 二
(이이다	ㅣㅣㄷㅏ	30 四
(이일학	ㅣㅣㄹㅎㅏㄱ	70 四

—〔끝〕—